LES ORIGINES FRANÇOISES.

Par M. DE CASENEUVE.

LES ORIGINES DE LA LANGUE FRANÇOISE,

PAR Mr DE CASENEUVE:

Nouvellement mises au jour avec quelques Remarques, & une Préface contenant en abbrégé la Vie de l'Auteur,
Par Mr SIMON DE VAL-HEBERT.

A PARIS,

Chez JEAN ANISSON Directeur de l'Imprimerie Royale, rue Saint-Jacques, à la Fleur de Lis de Florence.

M. DC. XCIV.

AVEC PRIVILEGE DU ROY.

A MONSEIGNEUR
FOUCAULT,

INTENDANT DE JUSTICE,

POLICE, ET FINANCES,

EN LA GÉNÉRALITÉ DE CAEN.

Monseigneur,

Je viens enfin vous rendre compte d'un bien qui vous appartient. C'est un Ouvrage célébre dont l'infortune & le mérite vous ont touché jusqu'au point de l'adopter, & de ne rien épargner pour le tirer du profond oubli dans lequel il seroit demeuré enseveli. Je fus témoin, MONSEIGNEUR, de la joye avec laquelle feu Mr Ménage, informé de l'heureux sort de ce manuscrit, té-

moigna son impatience de le voir ; & de la maniere obligeante dont vous voulûtes bien accepter l'offre qu'il vous fit de le faire imprimer à la suite de la nouvelle édition qu'il commençoit de ses Origines.

Ce n'est donc pas pour trouver un Patron & un Protecteur à ce Livre, que je vous le présente : c'est pour m'acquiter de ce que je dois à la mémoire de Mr Ménage, que j'ose nommer icy & le Varron & l'Atticus de notre siécle ; c'est pour suivre ses intentions qui ont toujours été de vous donner cette marque publique de sa reconnoissance.

Je ne prétens pas, MONSEIGNEUR, me servir de cette occasion pour entreprendre de rendre votre Nom plus célébre. Il s'est rendu assez recommandable par les Intendances de Bearn & de Poitou. On sait que par un heureux ménagement, dont votre admirable prudence vous rendit le succés facile, vous avez appaisé les troubles intestins dont le Parlement de Bearn étoit agité. On sait que dans cette Province, & ensuite dans celle de Poitou, vous avez eu l'avantage de contribuer à rétablir le culte de la Religion Catholique, & à couronner l'entreprise du glorieux Monarque qui vous animoit de son Zéle & de sa pieté.

Si vous n'avez plus trouvé de ces monstres à combatre dans la Province dont l'Intendance vous est aujourd'huy confiée, vous n'y avez pas trouvé de moindres occasions de signaler vos soins pour sa défense & pour sa sureté. Tandis que pour satisfaire à la principale fonction de votre Ministére, vous avez fait connoître cette fermeté, que l'amour de la Justice a toujours rendûe incorruptible & inébranlable contre la fraude & le crime ; vous avez laissé goûter ces maniéres douces & faciles, qui font le soulagement des peuples & la félicité des honnêtes gens. Dans cette contrée, où les Muses semblent se plaire avec quelque sorte de préférence, vous n'avez rien negligé, MONSEIGNEUR, pour leur marquer votre amour : & si parmi les pénibles mouvemens,

insepainséparables de votre Ministére, vous trouvez des heures pour les cultiver ; vous n'en usez jamais que comme d'un divertisse-ment permis, qui rent votre esprit plus propre à de nouvelles appli-cations.

C'est dans ces momens de relâche que vous avez si bien fait paroître votre amour pour les belles Lettres. Mais quoy-que par une inclination qui a toujours été votre passion dominante, vous vous soyez appliqué à l'étude de la belle Antiquité ; les Medaïlles & autres Monumens précieux, dont votre Cabinet est rempli, n'ont pû donner de bornes à votre curiosité : & vous avez fait voir par l'acquisition des Origines de Mr de Caseneuve, que les excellens Manuscrits n'étoient pas indignes de votre attachement.

Le soin que j'ay pris de publier cet Ouvrage, est bien payé, MONSEIGNEUR, par l'avantage qu'il m'a donné d'être connu de vous, & d'avoir quelque part en l'honneur de votre bienveillan-ce. Mr Ménage m'aiant confié cet excellent Manuscrit en mou-rant, vous fîtes de moy un jugement assez favorable, pour ne me pas croire indigne d'un si précieux dépost : & cette marque particu-liere qu'il vous plut me donner de votre confiance & de votre estime, m'engage aussi à une reconnoissance publique, & à vous reïterer icy les tres-humbles protestations du zéle respectueux avec lequel je suis,

MONSEIGNEUR,

Votre très-humble & très-obeïssant
serviteur H. P. SIMON,
DE VAL-HE'BERT.

¶

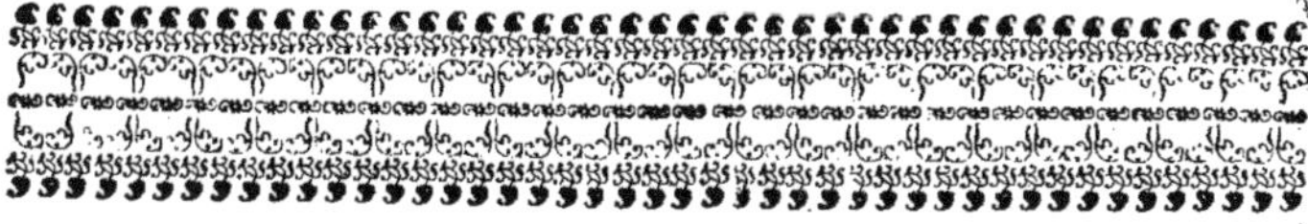

PRÉFACE.

LE nom de Monſieur de Caſeneuve n'eſt pas inconnu dans la République des Lettres. Tous les beaux ouvrages qu'il a donnés au public de ſon vivant, & ceux qu'on a pris ſoin de publier après ſa mort, font aſſés connoître quel étoit ſon mérite dans les Sciences. Il étoit d'une fort honnête famille de Toulouſe; comme je l'apprens de l'Hiſtoire abbrégée de ſa Vie, écrite en Latin par M. Médon Conſeiller au Préſidial de Toulouſe. Il étoit né le dernier jour d'Octobre de l'année 1591. Après l'étude de la Theologie, il acquit une connoiſſance ſi parfaite de la Juriſprudence, qu'un grand Juriſconſulte de ſon tems ſe fit une habitude de le nommer par honneur *Legum Fodina.* Le progrès merveilleux qu'il avoit fait dans les Langues Grecque & Romaine pendant le cours de ſes études préliminaires, luy fit naître l'envie d'apprendre les Langues vulgaires; comme l'Alleman, l'Eſpagnol, l'Italien, & l'ancien Provençal. Et cette étude luy fut d'un grand ſecours pour l'intelligence des Auteurs Latins des derniers tems, qu'il examina avec beaucoup de ſoin & d'application. Comme il aimoit naturellement une vie paiſible & retirée, il la chercha dans l'Etat Eccléſiaſtique : & mépriſant tous les avantages que ſon mérite & la fortune luy offroient, il ſe contenta d'une ſimple Prébende dans l'Egliſe de Saint Etienne de Toulouſe. Son mérite luy acquit la bienveillance des illuſtres de ſa Province. Meſſieurs de Montchal & de Marca, ſucceſſivement Archevêques de Toulouſe, l'honorérent de leur eſtime & de leur conſidération. Mais le premier luy donna des marques trés-particulieres de l'inclination naturelle qu'il avoit pour les gens de Lettres, & une part ſinguliere dans ſon amitié. C'eſt aux preſſantes inſtances de ce Prélat que nous ſommes redevables du beau Traité du *Franc-Alleu de Languedoc,* que notre Auteur donna au public. L'approbation univerſelle qu'eut cet ouvrage, & entr'autres l'avantage qu'il eut d'être admiré de l'Aſſemblée des Etats de Languedoc, engagérent M. de Caſeneuve à écrire l'Hiſtoire de ſa Province, à la ſollicitation encore du même M. de Montchal, qui fut prié par cette illuſtre Compagnie de luy en faire la propoſition, & de luy aſſûrer pour cet effet une penſion conſidérable. M. Médon remarque que M. de Caſeneuve rejetta les offres de la penſion, & qu'il dît à M. de Montchal qu'il ne vouloit point d'autre motif pour l'engager à ce travaïl, que l'avantage qu'il avoit d'être né Toulouſain, & que le plaiſir de rendre ſervice à ſa patrie luy tiendroit lieu de récompenſe. Cet ouvrage, qu'il intitula *La Catalogne Françoiſe,* fut d'autant plus agreablement reçu dans ce tems-là, qu'il contribua beaucoup à confirmer les droits & les prétentions de la Couronne de France ſur la Catalogne, qui venoit de ſe rendre à l'obeïſſance du feu Roy, pére de notre Auguſte Monarque.

Il a auſſi donné des preuves de ſa pieté & de ſon zêle pour la gloire de l'Egliſe dans les différens ouvrages de pieté qu'il a compoſés, & dont je donneray le Catalogue à la fin de ce diſcours. J'aurois entrepris avec plaiſir un plus ample détaïl des particularités de ſa vie & de ſes occupations, ſi je n'avois fait reflexion que n'ayant rien à ajoûter à ce que nous en a dit le Savant M. Médon, ſon Compatriote & ſon ami particulier, je ne ferois que l'office de traducteur d'un diſcours qui eſt encore entre les mains de la plûpart des Savans.

Je ſupplie donc les Lecteurs de ne me ſavoir pas mauvais gré ſi je laiſſe à part toutes les autres circonſtances, pour ne m'attacher icy qu'à ce qui regarde ce traité des Origines de notre Langue. Il y a aſſés bon nombre d'années que cet ouvrage eſt compoſé, comme on le verra par une Lettre de l'Auteur dont je donneray copie cy-après. L'état irrégulier auquel j'ay ſon Manuſcrit, ne permet pas de douter qu'il n'ait eu deſſein de le revoir tout entier, puis qu'il en a luy-même mis au net tout le commencement juſques & compris le mot *BAILLIF;* & depuis le commencement de la lettre *F,* juſques & compris le mot *JATE.*

Je ne ſaurois être de l'avis de ceux qui publient à la ſourdine que Mr Ménage, craignant que cet ouvrage ne fît tort au ſien, fit agir quelques amis *incognitò* pour faire quiter à noſtre Auteur le deſſein de le publier. Mr Ménage & Mr de Caſeneuve étoient rivaux ſans ſe connoître, ou du moins ne ſe connoiſſoient-ils que ſur la réputation de leurs autres ouvrages. Le concours ne de deux excellens hommes ſur une matiére que perſonne avant eux n'avoit encore portée ſi loin, pouvoit faire qu'un effet agreable. La curioſité des Savans excitée par la nouveauté du ſujét, les auroit ſans doute engagés à prendre ces deux ouvrages pour juger de leur mérite.

L'état où j'ay trouvé les Mémoires de notre Auteur me fait croire qu'aïant commencé à les revoir, une pure civilité luy fit tomber la plume de la main, comme on le verra par la ſuite de ce Diſcours.

M. Ménage rendit compte de ſa conduite dans le diſcours préliminaire de ſon livre, en ces terines : *Au reſte, depuis que ce Recœuil eſt imprimé, j'ay ſû que M. de Caſeneuve avoit travaillé pluſieurs années ſur le même ſujet, & qu'il féſoit imprimer à Toulouſe le livre qu'il en a compoſé. Ce que j'ay vu de ſes autres ouvrages, & ſa grande réputation ; car je ne le connois que par là ; ne me permettent pas de douter du mérite de ſon travail : & j'en ſuis tellement perſuadé,*

§ ij

PREFACE.

que je proteste icy que j'aurois supprimé le mien, si les choses eussent été en leur entier quand j'ay reçu cét avis.

Quand son livre fut achevé d'imprimer, il en envoya un exemplaire à Mr de Caseneuve, qui répondit à cette civilité par une lettre que j'ay heureusement trouvée parmi les Manuscrits qu'il m'a fait l'honneur de me laisser par son Testament. Comme elle justifie le procedé de ces deux illustres rivaux, on ne sera pas fâché de la voir icy.

Monsieur, *L'honneur que vous me faites de parler de moy avantageusement dans votre Preface, & le présent du livre qu'il vous a plu m'envoyer, me font plutost des sujets de honte que de vanité. Je me connois assez pour ne savoir pas que je ne mérite rien de semblable. On vous a fait croire,* Monsieur, *que je faisois imprimer un livre de la matiere du vôtre. Je croy que vous avez déja sû le contraire. Il est vray qu'il y a quelques années que je commençay à mettre la main; mais ayant là-dessus été obligé d'écrire pour notre Province, j'abandonnay si-bien mon premier dessein qu'il ne m'en souvenoit plus. On me presse pourtant de donner au public ce peu que j'en avois fait: & j'aurois peine à me défendre de l'importunité de ceux qui me le conseillent, si je ne leur remontrois que tout ce que je saurois faire après vous, ne seroit que des ombres pour donner du relief à vôtre ouvrage. Je vous rends un million de graces, &c. A Toulouse le 18. Nov. 1650.*

Mr de Caseneuve ne survêcut que peu d'années à cette liaison d'amitié. Il fut attaqué d'une fiévre pestilentielle qui l'emporta le dernier jour d'Octobre de l'année mil six cens cinquante-deux.

Je n'ay pas eu le tems de m'informer du sort de tous ses ouvrages. Je say seulement que ses Origines Françoises étant tombées entre les mains de M. Tornier, célébre Avocat de Toulouse, & l'un de ses héritiers, dont il avoit épousé une niéce, il avoit toujours regardé cet ouvrage comme un tresor précieux & qui fesoit un des plus considérables ornemens de son Cabinet. Mais Monsieur Foucault, aujourd'huy Intendant à Caen, homme d'un mérite distingué dans les Lettres, aussi-bien que dans les grands Emplois qui lui sont confiés depuis vingt ans, aïant été envoyé Intendant à Montauban en 1674. il rechercha la connoissance de M. Tornier, qui ne put résister long-tems au louable empressement qu'il lui témoigna d'avoir cét excellent Manuscrit.

Monsieur Foucault n'aïant eu d'autre vûe dans l'acquisition de cet ouvrage, que d'en faire un meilleur usage que n'avoit fait M. Tornier, il n'en fut pas plûtost le maître qu'il rechercha les occasions d'en faire part aux Savans.

Tout le monde sait que Mr de Segrais, par un excès d'amour pour sa Patrie, s'est retiré depuis plusieurs années dans sa maison de Caën; où dans les charmans entretiens d'une Compagnie célébre de gens de Lettres qu'il a formée, son esprit & son savoir ne se font pas moins admirer, qu'ils ont fait autrefois à Paris dans l'Illustre Académie dont il a l'honneur d'être membre.

Comme il a toujours été un des meilleurs amis de feu Mr Ménage, & qu'ils avoient ensemble un commerce de Lettres assés régulier, il ne fut pas des derniers à savoir que Mr Ménage avoit enfin résolu de donner une nouvelle édition de ses *Origines de la Langue Françoise.* Il fit part de cette nouvelle à Monsieur Foucault, & le convia de contribuer à ce travail, en communiquant à Mr Ménage le manuscrit des Origines Françoises de Mr de Caseneuve. Monsieur Foucault, qui n'avoit rien plus à cœur que de rencontrer une occasion aussi favorable à ses intentions, accorda sans peine à Mr de Segrais ce qu'il luy demandoit au nom de Mr Ménage: & Mr de Segrais sans perdre de tems, mande à son ami le succès de sa négociation.

L'envie qu'avoit toujours eû Mr Ménage de voir un travail de la nature du sien, & dont tous les Savans du tems avoient plaint le sort, changea la jalousie dont on l'accuse en une véritable tendresse. Touché de la générosité de Monsieur Foucault, il en écrivit à Mr de Segrais, & lui marqua qu'il ne croioit pas pouvoir mieux faire connoître combien il étoit sensible à l'honnêteté de Monsieur Foucault, qu'en lui offrant de faire imprimer l'ouvrage de Mr de Caseneuve à la suite du sien. Monsieur Foucault n'avoit garde de refuser une chose qu'il souhaitoit tacitement. Il en voulut écrire lui-même à Mr Ménage, pour lui témoigner *qu'il se savoit très-bon gré d'avoir retiré, étant Intendant à Montauban, des mains d'un des héritiers de M. de Caseneuve le travail qu'il avoit fait sur cette matiere; qu'il étoit très-glorieux à la mémoire de ce Savant homme qu'il voulût bien prendre soin de mettre ses découvertes au jour; que pour lui il s'estimoit doublement heureux, & d'avoir garanti ces Origines de l'oubli, & de ce qu'elles lui procuroient la connoissance d'une personne qui fait les délices & l'admiration des gens de Lettres.* Ce sont les termes de sa Lettre, qui est du 13. Aoust 1689.

L'embaras que causoit à Mr Ménage le soin de son propre travail, ne lui laissoit pas toute la liberté qu'il auroit souhaité. Il voyoit un nombre infini de nouvelles découvertes à ajoûter aux premiéres. Il falloit copier l'ancienne édition pour ajuster ce qu'il avoit préparé pour la nouvelle; tantost se dédire d'une opinion, tantost en fortifier une autre: c'étoit un labyrinthe d'où il ne savoit par où sortir. Il se repentoit de n'avoir pas commencé plutost à revoir ses mémoires, & il appréhendoit avec quelque sorte de raison de n'avoir pas assés de tems pour voir la fin de cette nouvelle édition. L'ordre que j'imaginay pour faciliter l'éxécution de son dessein ne lui déplut pas: & par un excès de confiance il se reposa sur moy du soin de relire ses écrits, & de suppléer aux petites fautes qu'un empressement assés naturel lui fesoit souvent commettre.

Comme il prévoyoit que son travail seroit de longue haleine, il changea de résolution à l'égard de celui de Mr de Caseneuve. Il proposa à quelques-uns de ses amis d'en entreprendre l'édition : & le chagrin de voir que personne ne se pressoit de lui accorder ce soulagement, me fit penser à examiner l'affaire de plus près. Je luy déclaray le dessein que j'avois de me charger d'un soin dont tout le monde se défendoit, & il eut assés bonne opinion de moy pour ne pas balancer à me confier la conduite de cet ouvrage.

Les précautions qu'il avoit prises jusqu'alors font assés voir qu'il avoit toujours prévû ce qui arriva à la fin. Car pour faire connoître à Monsieur Foucault qu'il avoit connu le prix de son présent, il cite son Manuscrit dans toutes les occasions qui s'en présentent, jusques à rapporter presque toujours les propres termes de l'Auteur.

Malgré l'occupation qu'il me donnoit pour son Livre, il voulut neantmoins avoir la satisfaction de voir un essay de celui de M.r de Caseneuve : & j'ay eu la consolation de luy en faire voir quatre feuilles tirées. L'impression de son ouvrage approchoit de sa fin, lorsque la mort en vint interrompre le cours. Il mourut le vingt-troisiéme jour de Juillet de l'année derniere 1692, à un mois près de la fin de la soixante & dix-neuf-iéme année de son âge.

Il m'a fait l'honneur par son Testament de me confier ce qui lui restoit de Mémoires pour continuer l'impression de son Livre, qui étoit arrestée Note de *SEVLTE*. Cette mort changea entierement les mesures que j'avois prises pour les Origines de M.r de Caseneuve. Quoique j'en eusse commencé l'édition du vivant & de l'aveu de M.r Ménage, la clause honorable de son Testament ne m'autorisoit pas assés pour pouvoir continuer. La bienséance vouloit que j'obtinsse l'agrément de M.r Foucault, qui commença en m'accordant généreusement cette faveur, à me donner des marques de son estime & de sa confiance.

Je ne puis m'empêcher d'avoüer icy que j'ay trouvé ce travail plus épineux par la suite, qu'il ne m'avoit paru au commencement. L'Auteur avoit revû environ sa quatriéme partie de son Manuscrit, & il l'avoit même mise au net de sa main : la suite a été continuée par une autre main qui n'y avoit pas apporté assés d'exactitude. J'ay suppleé en plusieurs endroits des mots que l'Auteur avoit laissés en blanc, quand j'ay eû la connoissance de ce que sa mémoire lui avoit refusé. Par exemple, au mot *ADVOVE'*, il cite *une Charte d'Eberhard Archevêque de* . . . . . . j'ay suppleé *Saltzbourg*. Au mot *FOIRE*, il avoit seulement indiqué la Loy 17. ff. *de Vsuris* ; j'ay suppleé les termes de la Loy. Au mot *FOREST*, il avoit cité *S. Hugon Evêque de* . . . . . . jay suppleé *Lincolne*. Au mot *HAVRE*, il n'y a que les deux premieres lignes qui soient de l'Auteur, qui avoit seulement indiqué *La Coutume de Boulogne art.* . . . . j'ay suppleé le reste de la Note. Au mot *LAMBRIS*, il avoit voulu citer un Auteur qui appelloit un lambris *materiariam incrustationem*, & il avoit laissé le nom en blanc : j'ay suppleé dans les Additions & Corrections que c'étoit *Budée*. Au mot *FVSIL*, il a cité un endroit d'Isidore Liv. 15, & c'est du Livre 16. Il y a apparence qu'icy, comme dans plusieurs autres endroits, il travailloit de mémoire : car après avoir laissé la place de *edquòd* en blanc, il avoit mis *exilit* pour *exiliat*. Il avoit apparemment vû ce passage dans le *Pliniana Exercitationes* de M. de Saumaise à la page 717, où la seconde citation d'Isidore est de la même maniere que M.r de Caseneuve l'a rapportée : & elle est d'une autre maniere dans Isidore, où au-lieu d'*aridis fungis*, il y a *aliis fungis* ; au-lieu de *profert ignem*, il y a *præbet ignem* ; & l'adverbe *vulgò* n'y est pas. Il y a plusieurs autres endroits où j'ay crû qu'il ne seroit pas inutile de fournir quelques pensées, lorsqu'elles m'ont paru donner quelque éclaircissement, ou appuyer ce qui étoit avancé par l'Auteur. Ce que j'ay ajoûté dans cette vûe se connoîtra par des étoiles ou asterisques *que j'ay mis au commencement de ces petits supplémens ; comme on le peut voir sur les mots *DEPANE'*, *ETANCHER*, *FVMIER*, *GALOPER*, & en plusieurs autres endroits.

Il se trouvera dans cette édition d'autres endroits que je n'ay pas remplis, & que j'ay laissés comme je les ay trouvés dans l'original. J'ay crû que j'en devois user ainsi, après avoir perdu beaucoup de tems à des recherches inutiles, & à vérifier les autorités d'un ouvrage qui n'est exact que dans ce qui a été mis au net par l'Auteur, encore y ay-je bien trouvé des pierres d'attente. Quoyque cette partie de son Manuscrit ne soit pas fort correcte ; j'aurois souhaité qu'il nous eût au-moins donné la suite dans la même disposition. Cette suite n'est qu'une confusion de caïers dont chacun contient, sans aucun ordre, tous les mots dont l'Auteur a recherché l'origine : ensorte qu'un caïer comprent tous les mots qui commencent par *G*, un autre ceux qui commencent par *H*, & ainsi des autres. Et tous ces Mémoires sont écrits d'un caractére assés ordinaire à la plûpart des Savans ; qui dans la crainte de perdre, même en écrivant, une pensée qui paroît juste, & qui vient souvent lorsqu'on y pense le moins, ne se donnent pas la patience d'écrire les mots tout-au-long, & ne marquent le plus souvent que les trois ou quatre premieres lettres d'un mot de trois ou quatre syllabes. C'est l'état où j'ay trouvé près des trois quarts de ces Mémoires, ou plutost de ces brouillons, dont le nombre prodigieux de difficultés ne m'a pas donné peu d'exercice, pour mettre cet ouvrage dans l'état où il est. Je ne doute pas qu'il ne s'y trouve encore des fautes, nonobstant les corrections que j'ay données à la fin. J'ay remarqué même depuis deux jours, qu'au-lieu de corriger une faute dans les Additions, on en a fait une segonde. C'est au mot *AVBAIN*, où il faut corriger *Galfredus Monemutensis*. Au mot *ESCLAVE* il y a *miseraliter* pour *miserabiliter* : & plus bas, *fut prise sous le nom* . . . . . pour *fut comprise*. Au mot *COVPER*, au-lieu de *prendere & copulare*, corrigez *& capulare*. Au mot *GIROVETTE*, après *baculi*, ajoutez *vel canna* : & au-lieu de *fertur*, il faut *defertur*. Ce sont les termes du Catholicon que j'ay leus depuis quelques jours. Au mot *FAGOT*, après ces mots [il est croyable qu'ils ont été ainsi appelés de *fagus*] il faut entendre la suite de cette forte : *parce que les Anciens ont souvent compris sous le nom de* fagus *presque toutes les espéces d'arbres qui portent le glan : & que le glan, selon eux, aiant été la viande & la nourriture des premiers hommes, les arbres glandiféres ont été appelés* fagi, ἀπὸ τῦ φάγειν. C'est la pensée de l'Auteur que j'avois mal renduë, pour n'avoir pu lire un certain mot de sa Note.

On trouvera dans les Additions qui sont à la fin de cet ouvrage trois Notes qui se sont trouvées oubliées dans le cours de l'impression : la premiere est sur le mot *BLOND*, la seconde sur le mot *BOULANGER*, & la troisiéme sur le mot *BUIMES*. Ces trois mots sont distingués chacun par deux petites croix au commencement, de cette maniere ††*BLOND*, &c. J'y ay aussi ajoûté quelques autres pensées qui avoient été oubliées par celuy qui a continué la copie de ce Manuscrit après celle de l'Auteur. Comme cette copie est fort lisible, je m'en servis pour avoir celle qui m'étoit necessaire : & c'est pour suppléer à son peu de fidelité que j'ay donné les Additions & Corrections, conformément aux Mémoires originaux de l'Auteur, que j'ay revûs assés exactement. On y trouvera aussi quelques remarques que Mr Médon avoit faites dans les marges du Manuscrit de l'Auteur. Et dans une petite Note que j'ay donnée sur le mot *GANS*, j'ay dit qu'il faut voir l'*Hagionomasticon* de Mr Chastelain à la fin de ces Origines. Cet *Hagionomasticon* est au commencement de celles de M. Ménage, ensuite des Principes de l'Art des Etymologies, parce qu'on a jugé que ces deux Traittés avoient du rapport ensemble *S. Betarius* y est rendu en François par *S. Boaire.*

S'il reste encore quelques fautes dans le corps de ce Livre, elles ne peuvent être que légéres; & le Lecteur voudra bien, en faveur de la peine que cet Ouvrage m'a coûté, excuser quelques petites fautes qui échapent aux plus exacts, & dont la recherche demanderoit un tems dont la Fortune ne me permet pas de disposer.

Il ne me reste plus qu'à donner icy le Catalogue des Ouvrages de Mr de Caseneuve. Il seroit à souhaiter pour sa gloire & pour le bien des Lettres, que Mr Tornier voulût bien ne pas laisser plus long-temps dans l'oubli ceux qui restent encore à publier.

CATALOGUE

DES OURAGES DE Mr DE CASENEUVE

TANT IMPRIME'S QUE MANUSCRITS,

imprimé en-suite de sa Vie écrite en Latin par M. Médon.

OUVRAGES IMPRIME'S.

LA Caritée, ou Cyprienne Amoureuse. *8°. à Toulouse chez P. Bosc.*
De l'Institution de la Noblesse. *in 12°. ibid.*
Le Petit Jesus. *in 24. ibid.*
La Vie de St Edmond, Roy d'Angleterre. *8°. ibid.*
Le Franc-Alleu de Languedoc. *fol. Toulouse chez J. Boude.*
La Catalogne Françoise. *in 4°. P. Bosc.*
Lettre à Mr des Etats, en date du 28. May 1649. *in 4°. J. Boude.*
L'Origine des Jeux Fleureaux, *4°. Raimond Bosc, 1659.* Cet ouvrage a été publié depuis la mort de l'Auteur, par Mr Tornier son héritier.
Les Origines Françoises. *fol. à Paris, J. Anisson, 1694.*

OUVRAGES NON-IMPRIME'S.

TRaitté des Justices de France.
Histoire des Comtes de Toulouse, par Gouvernemens, liv. 1.
Traitté des Armoiries.
Un Traitté de la Langue Provençale & de ses Poëtes.
Μισολαός, *Sive Satira in calamitates sui temporis.* Il fit cette Satire peu de tems avant sa mort.
De l'Origine des François.
Histoire des Favoris de France.

A B

ABANDONNER. Nous verrons sur le mot de *ban*, qu'en matiere de Police il signifie la *Crie ou Proclamation par laquelle il est permis, enjoint, ou deffendu de faire quelque chose.* De *Ban*, sont formés *Banon, Bannie, & Bandée*, qui se disent des choses dont l'usage est permis par *Ban, Crie, ou Proclamation.* Le temps de *Banon*, dans la Coutume de Normandie, art. 81. est celui durant lequel les bestes peuvent impunément & indifferemment paistre par tous les champs. La permission de vendanger, donnée par *Ban ou Crie*, est appelée *Bannie*, ou *Bandée.* La Coutume de Nivernois, chap. 13. art. 1. *L'on ne peut vendanger vignes étant en Bannie, avant l'ouverture du Ban.* La Coutume de Bourbonnois art. 351. *Et partant n'est entendu que les Seigneurs desdites vignes ne les puissent garder plus longuement, que du jour assigné de la Bandée.* Et art. 352. *vignes qui se vendangent hors bandée.* De mesme source vient le mot *bandon*, qui signifie la licence qu'on prend de laisser paistre les bestes, sans estre gardées de personne, & sans que la permission en soit donnée par Ban ou Crie. La Coutume de Meaux art. 179. parlant des bestes trouvées dans les prés ou gaignages: *Si c'est à garde faite ou à bandon.* Celle de Nivernois chap. 15. art. 6. *Si pourceaux sont trouvez fougeans en estangs vuides, & sont pris à bandon.* Et celle d'Orleans art. 156. *prise de bestes, soit à bandon & sans garde.* De là est formé le verbe ABANDONNER, qui signifioit originairement *exposer les champs à la pasture de toute sorte de bestes.* La Coutume de Nivernois chap. 14. art. 14. *Pré en prairie régulierement est abandonné pour pasturer toutes bestes, réservé pourceaux, depuis que le foin est entierement dehors dudit pré, jusqu'à la Nostre Dame de Mars.* Mais enfin le verbe *abandonner* a été transféré à tout ce qui est exposé à l'usage licite ou illicite.

ABBOYER. De *baubari*, ou *baubare*, on a fait *aboyer*, comme qui diroit *abaubare.* Les Gloses: *Baubantur*, ὑλακτοῦσιν. Baubant, *latrant*, ὑλακτῶσιν. Non. Marcellus: Baubare, *latrare : à canum voce. Lucretius lib. 5.*

Et cum deserti baubantur in ædibus.

ABBREUVER. En ancienne Langue Gauloise & Britannique, comme remarque Camdenus en sa Bretagne, *Briva* signifioit *le gué ou passage d'une riviere.* Et ainsi, dit-il, le lieu d'Angleterre appelé *Duro-*

A B

Briva signifie *trajet d'eau :* comme aussi en France, *Briva Odera; Briva Isara*, maintenant *Pontoise; & Samaro-Briva*, qui signifie *le passage ou trajet de la riviere de Somme.* De sorte qu'il y a apparence, que comme d'ordinaire on abbreuve les animaux dans les trajets ou passages des rivieres qui sont guéables, de *briva* on a formé le verbe *abbreuver;* comme qui diroit *abrivare.* Que si depuis on a pris *briva* pour un Pont, comme il se voit en *Briva Isara*, qui est *Pontoise;* c'est, à mon avis, parcequ'on a basti des ponts sur les mesmes trajets des villes qui portoient déja le nom de *Briva.* Je ne sçay si je dois assurer, que comme dans les gués des rivieres l'eau sautelle par dessus le gravier, les anciens Gaulois ont formé *briva* du verbe βρύειν, qui signifie le mouvement de l'eau lorsqu'elle jaillit de sa source, qui se dit en Latin *scaturire.* En effet, les Gascons appellent *Briv*, le courant de l'eau.

ABONNER. Anciennement *bonne* signifioit *limite;* & *borne*, qui en est formé, par l'addition de la lettre R. Glaber Rodulphus Histor. lib. 2. cap. 10. *Multi ibi limites, quos alii bonnas nominant, suorum recognoverunt agrorum.* Jean de Meun au Roman de la Rose :

Les terres ensemble partirent.

Et au partir bonnes y mirent.

De *bonne* on forma le verbe *abonner*, qui signifie *limiter & borner à certain prix la valeur de quelque chose.* La Coutume de Mante art. 23. *Si ce n'est que le fief fut amété & abonné.* Où il est remarqué dans la note marginale, *Améter & abonner, signifient ici mesme chose, qui est quand le Seigneur Feodal & le Vassal se bornent par accord de ce que l'on doit payer pour les profits du fief.* La Coutume de Tours art. 122. *Pour abonner ou changer hommage à devoir, n'est point le fief despecé, c'est à dire, pour en borner & limiter la valeur au payement de quelqu'autre redevance.* Dans la mesme Coutume de Tours art. 96. *abonner* signifie *apprécier*, qui est le mesme que *limiter la valeur de quelque chose à certain prix. Pour roncin de service non apprécié, ou abonné, sera payé la cinquiéme partie de la valeur du fief pour une année.* Comme de *bonne* on a fait *borne;* ainsi d'*abonner* on a fait *abourner*, qui signifie la mesme chose. La Coutume d'Anjou art. 131. *Le sujet qui doit cheval de service, est quitte en payant la somme de cent sols tournois, sinon que le cheval de service fust abourné à plus ou moins.* La Coutume de

A

Chateauneuf, art. 21. *Si le fief est abourné, on se doit régler selon l'abournage.*

ABOUTIR. C'est proprement *confiner, & se terminer.* Les anciens élevoient des monceaux de terre pour servir de bornes & de limites aux champs, que le Jurisconsulte Paulus appelle *bodones* ou *botones;* & les Auteurs *Finium Regundorum, botontinos;* comme je dirai sur les mots *bout & bouton.* Ces monceaux ou levées de terre, sont appelés *butina,* dans la Loy des Ripuariens tit. 60. §. 4. *Si ibidem infra terminationem aliqua judicia* (il faut lire *absque judicio*) *suâ arte, vel butina, aut mutuli facti exstiterint, ad sacramentum non admittatur, sed in præsenti cum legis beneficio cogatur restituere.* Nous appellons encore *bute,* une éminence ou levée de terre. Je ne fais nulle difficulté de dériver de là le verbe *aboutir,* de mesme que nos vieux François, de *marche,* qui signifie *terme & confin,* ont formé *amarchir,* qui est *se terminer & confiner.*

ABRI. En Languedoc *abric.* Il n'y a point de doute que ce mot ne vienne d'*apricus,* bien qu'en une signification différente: Car nous disons, *se mettre à l'abri du soleil & de la pluye,* pour dire, *se mettre à couvert:* & *apricus* est proprement *un lieu exposé au Soleil.* Les Gloses: *apricus, ἀποσκιος, ἀσκιος.* Et un autre Glossaire: *εὐδιασμός, apricus.* Mais il y a apparence que nous avons pris *se mettre à l'abri,* pour *se mettre à couvert:* parceque les choses exposées au soleil sont en quelque façon à couvert du froid & du mauvais tems. En Languedoc & en Gascogne on dit *abrica,* ou *abriga,* pour *se mettre à couvert:* du Latin *apricari.* Varro *in Ministeriû: Licet videre multos quotidie in hyeme in sole apricari.*

ACABLER. La naturelle signification de ce verbe est *atterrer,* ou porter par terre par la pesanteur d'une charge, ou par la violence des coups. Il pourroit bien être formé du verbe Latin-barbare *caplare;* duquel pourtant je ne trouve autre marque que le Participe, *caplosus,* qui, dans les Glossaires de Papias & d'Ansileubus, signifie *froissé & jetté contre terre, ou contre quelque chose dure. Caplosus, Elisus.* D'où vient sans doute le mot *chablis,* qui, dans les Ordonnances des Eaux & Forets, signifie les branches des arbres que les vents, ou tel autre accident, font tomber à terre. Toutefois je ne say si je le dois former d'une machine de guerre appelée *cabulus;* laquelle, selon la description qu'en a fait Guillaume le Breton, liv. 7. de sa Philipide, jettoit de si grandes pierres, que non seulement elle abbatoit les murailles, mais crevoit par le milieu & se froissoit elle-mesme.

> *——— sed mox ingentia saxa*
> *Emittit cabulus, nequiensque ferire, dehiscit;*
> *Per mediumque crepat: pars corruit altera muri;*
> *Altera pars stans recta manet: patuitque foramen*
> *In sua damna ruens.*

ACARER. Comme *confronter,* qui signifie mesme chose, est formé de *front;* parceque les témoins confrontés aux personnes accusées leur doivent être présentés & opposés front à front; de mesme ce verbe vient de *care,* qui en Languedoc & en Gascogne signifie *visage;* mot derivé du Grec: car dans le Poëte Sophocle, *κάρα,* se trouve pris au mesme sens, dans la Tragédie intitulée *l'Electre,* pag. 137. de l'édition de H. Etienne.

ACARIATRE: *Opiniastre, testu.* Quelques-uns le forment de *κάρα,* ou *κάρα,* qui signifie *teste:* comme de *teste* nous avons fait *testu,* qui signifie, *opiniastre.*

ACCOLE'E. C'est le coup qu'on donnoit aux nouveaux Chevaliers lors de leur creation, ainsi appelé parcequ'il étoit donné sur le chignon du col. Le Roman de Guillaume au court nez, décrivant les cérémonies observées lorsqu'il fut fait Chevalier par Charlemagne:

> *Karles li baise la bouche & le menton:*
> *De sa main dextre le fiert el chaaignon;*
> *Puis li a dit, Dex barnage te dont.*

Lambertus Ardensis en l'Histoire des Comtes de Guines & des Seigneurs d'Ardres, décrivant comme saint Thomas de Cantorbie fit Chevalier Baldric, Comte de Guines: *Qui eidem Comiti in signum militiæ gladium lateri, & calcaria sui militis pedibus aptavit, & alapam collo ejus inflixit.* Otlïus magnus livre 14. de l'Hi-

stoire du Septentrion, dit que ce coup se donnoit sur le dos du nouveau Chevalier, afin qu'il luy fut comme un mémorial, & un moyen de s'en souvenir à l'avenir. Car parlant des Nations du Septentrion, qui ont coutume de s'entre-donner des coups de poing sur les épaules lorsque le Prettre met l'anneau dans le doigt de l'épousée, *Nec silendum est,* dit-il, *quòd sub ipsâ annuli impositione, pugno dorso tenus sese astantes impetunt, ut eadem ratione actum corroborent: uti in auratâ militis creatione, ut memor sit, servari solet.* Mais, selon mon avis, ce coup, ou soufflet, se donnoit sur le chignon du col, ou sur les épaules du nouveau Chevalier, comme le dernier coup qu'il devoit recevoir par derriere, l'exhortant par cette action de ne tourner jamais le dos aux ennemis: ce qu'il est aisé d'inférer de ces paroles de Lambertus Ardensis cy-dessus alleguées, où il décrit comme Arnoul II. fils de Baudouin II. Comte de Guines, fut fait Chevalier. *Convocavit filios suos, & nothos, & amicos, in curiam suam apud Ghisnas, in die sancto Pentecostes, & ei militarem non repercutiendus dedit alapam; & militaribus eum in virum perfectum dedicavit sacramentis.* Où, parceque le mot *repercutiendus* ne peut être entendu que du nouveau Chevalier qui recevoit l'accolée, il faut necessairement lire *non repercutiendo;* bien que les Auteurs de ce tems-là soient en possession de pécher impunément contre la Grammaire. Je ne say si le Chevalier Bayard faisoit reflexion à ce mystére de l'Accolée, lorsque se voyant blessé à mort, il se fit appuyer contre un arbre, le visage tourné contre les ennemis, disant, que puisque durant sa vie il ne leur avoit jamais tourné le dos, il ne vouloit pas qu'on luy reprochât de l'avoir fait en sa mort. Mais encoreque originairement l'*Accolée* se fist par un soufflet ou coup de main, on la donna depuis avec l'épée nue, du plat de laquelle on frappoit les épaules du nouveau Chevalier. J'en pourrois alléguer quantité d'exemples, mais il me suffit d'en rapporter un que du Tillet à trouvé dans le Thresor des Chartres. L'an 1415. l'Empereur Sigismond séant au Parlement de Paris, assista au plaidoyé d'entre les sieurs de Pettel & de Seignel, qui disputoient l'Office de Seneschal de Beaucaire; & oyant qu'on reprochoit à Seignel, qui luy avoit esté recommandé, qu'il n'estoit pas Chevalier, il l'appella, & prenant l'épée de l'un de ses Gentilshommes, il en frappa trois coups sur son dos, luy ceignit l'épée, luy fit chausser les esperons, & le fit Chevalier sur l'heure. Toutefois Jacobus Durantius Casselius *Variar. lib. 1. cap. 8.* dit seulement, par conjecture, que cette façon de donner l'Accolée pourroit bien tirer son origine de cette ancienne coutume des gens de guerre; qui, prestans le serment militaire, tenoient l'épée nue sur leurs épaules, comme il se voit dans le livre 21. d'Ammian Marcellin, dont voicy les paroles: *Jussique universi in ejus jurare nomen solemniter; gladiis cervicibus suis admotis, sub execrationibus diris, verbis juravere conceptis.* L'usage de l'Accolée étoit jadis si fréquent en France, que toutes sortes de coups furent enfin appelés *colées.* Les anciennes Coutumes de Paris, intitulées, *Li establissements li Roy de France, selon l'usage de Paris, d'Orleans, & de toute Baronnie,* au livre 2. *Et doit dire; Sire, il me frappa de ses armes esmoulues, & me donna coups & colées, dont cuir creva & sang en issit.* Et en un autre endroit du mesme livre: *Cil qui sera trouvé en son tort, & aura la colée donnée, & il soit de ce attaint par tesmoins, payera LX. sous d'amende à la joulire.*

ACCORDER. *Mettre d'accord; Unir des affections divisées; & concilier des opinions contraires.* Robert Etienne croit que ce verbe est formé de ces deux mots Latins *ad cor,* quasi *ad unum cor, sive ad eamdem voluntatem adducere.* Mais il est bien plus croyable que c'est une métaphore prise des instrumens de Musique, desquels on dit *accorder & mettre d'accord,* lorsqu'on en tend les cordes à un point capable de rendre une parfaite harmonie. Nous disons aussi *accorder,* par la même métaphore, quand une personne ne refuse pas à un autre ce qu'elle luy demande, parceque leurs volontés devenant conformes, deviennent semblables à deux cordes de Musique accordées par unisson & consonance.

ACCOUTRER : *orner & agencer.* Comme de *culter*, qui dans Pline liv. 18. chap. 18. signifie ce fer tranchant, duquel au labourage on se sert pour fendre la terre, nous avons fait le mot *coultre*, qui signifie la mesme chose ; de mesme de *cultellare*, nous avons formé le verbe *accoutrer* : car en matiere d'habits *cultellare*, en Latin-Barbare, signifie *plisser les habits*, parce que les plis en ayant été bien pressés, représentent le tranchant d'un couteau. Ainsi Pline, livre 32. chap. 2. appelle le dos de la muréne, *cultellatum* ; parcequ'il est tranchant en forme de couteau : *Infixam hamo invertere se. quoniam sit dorso cultellato, spinaque lineam præsecare.* Cæsarius, ancien Moine d'Alberstad, *lib. 4. Historiarum Mirabilium cap. 15.* introduisant Noradin, fils de Saladin, qui blâmoit le luxe des Chrétiens du Levant, luy fait dire ces paroles : *Superbia verò sic in iis regnavit, ut cogitare non sufficerent quali modo vestimenta sua inciderent, stringerent, atque cultellarent.* Or que *cultellare* signifie en cet endroit *plisser*, il se peut facilement juger de ces paroles du mesme Cæsarius, décrivant la modestie de Noradin : *Nulla erat in vestibus plicarum multiplicitas, nulla curiositas ; licet ipsa vestium materia foret satis pretiosa.* Ainsi faut-il entendre ces paroles du mesme Auteur, livre 10. chap. 11. *Erat indutus vestibus purpureis atque cultellatis.* Cette mode de plisser les habits étoit jadis en telle estime, & l'usage en étoit si commun, qu'il y avoit des femmes, qui, pour ne faire autre métier, étoient appellées *vestiplica.* Les Gloses d'Isidore : *Vestiplica, fœmina quæ vestes plicat.* Si bien que par la suite du tems le verbe *accoutrer*, qui ne s'entendoit que de cette sorte d'agencement, fut enfin étendu à toutes sortes d'ornemens d'habits.

ACCROCHER : *arrester, & prendre avec quelque chose de crochu.* Ce verbe est de l'ancienne Langue Françoise, ou Tioise. Dans la Loy Salique, titre 69. art. 2. *incrocare* est accrocher, ou pendre à une branche d'arbre taillée en forme de croc, qui vient de mesme origine. *Si quis hominem, sine consensu Judicis, de ramo, ubi incrocatur, deponere præsumpserit.* Nos vieux François disoient *encrouer.* Le Roman de Guillaume au court nés :

Je te feroie encrouer à un arbre.

Le Roman de Guion de Tournant :

De noier, ou d'ardoir, ou d'encrouer au vent.

ACHEPTER. Dans les Capitulaires de Charles le Chauve, tit. 16. chap. 13. *acaptare* signifie *se rendre vassal d'un Seigneur* : comme il se voit en ces paroles, adressées à ceux qui s'étoient détachés du parti de Charles le Chauve : *Et mandat vobis noster Senior, quia si aliquis de vobis talis est, cui suus Senioratus non placet, & illi simulat ut ad alium Seniorem melius, quàm ad illum acceptare possit*, &c. Ce verbe est formé de *caput*, parceque les vassaux reconnoissent leur Seigneur comme leur Chef ; d'où vient que les Seigneurs Suzerains sont appelés souvent, *Domini Capitales* ; de mesme que ceux qui commandent à la guerre sont appelés *Capitaines*, & en vieux François *Chevetaines*, à l'égard de leurs soldats. Or, comme les mots passent avec le temps d'une signification à un autre, & produisent d'autres termes qui portent toûjours les marques de leur origine, le verbe *acaptare*, qui ne servoit que pour signifier la reconnoissance de celui qui devenoit vassal d'un Seigneur, fut étendu à toute sorte d'infeodation, & à celles mesme qui furent faites à certain prix d'argent : d'où se formèrent les mots, *Acapitum, Acaptio, & Acaptamentum*, lesquels signifient proprement le droit d'entrée que les vieux Actes appellent *intragium* ; & les Coutumes de Bourbonois & de Nivernois *Entrage*, qui est certaine somme d'argent qu'on payoit au Seigneur, pour l'infeodation d'un bien, qui étoit de trop grand prix pour être donné sous la seule obligation de l'hommage, ou sous la redevance d'une petite Censive. Il y a dans le Regître *Olim*, de la Chambre des Comptes de Paris, intitulé *Feuda*, un Acte de l'infeodation du Château de Beaucaire, & des terres qui en dépendoient, faite à Simon Comte de Monfort, par l'Archevesque & Chapitre d'Arles ; dans lequel ils confessent avoir reçu du Comte, outre cent marcs d'argent de rente annuelle, à laquelle luy & ses Successeurs s'obligent,

pro *Acapito* MCCCC. *marchas boni & legalis argenti. ad pondus Villæ Montispessuli.* Ce droit d'entrée est appelé *prim acapte*, dans un vieux Acte en Langue vulgaire, de l'an 1255. en ces termes : *Et aicei nom donat d'intrada & de prim acapte & de conquerement XI. sols de Melgoires.* Il y a dans un ancien livre des Archives de l'Eglise S. Etienne de Toulouse, un Acte où se lisent ces paroles ; *Et in hoc Fevo dederunt illorum Domino Præposito V. solidos acaptionis.* Et j'ay vu encore un Acte de l'an MCLXIV. où il est dit, *Insuper solvet pro acaptamento viginti solidos Monetæ Tolosanæ, bene pensantes, & unum denarium ejusdem Monetæ, annui census.* Or parceque, par le moyen de ce droit appelé *acapitum, acaptio & acaptamentum*, les Feodataires achetoient en partie les possessions qui leur étoient infeodées ; toutes sortes d'acquisitions faites à prix d'argent furent enfin appellées *achapts*, & la façon de les acquerir, *achepter* : car je trouve que le verbe *acaptare*, duquel il est formé, signifie proprement *achepter.* Dans un Acte rapporté par Fray Diago, livre 11. chap. LXXX. de l'Histoire des anciens Comtes de Barcelonne : *Et ego, Raymundus, Comes Barcinonensis, dono uxori meæ Almodi, & filiis quos de eâ habuero, omnia quæ acaptavi in Balaguerio.* Aprés la Chronique MS. d'Ademar, Moine d'Angoulesme, qui est dans la Bibliotéque de la Maison de Thou, j'ay vu inseré un vieux fragment de l'Histoire d'Aquitaine, sans nom d'Auteur, où se lisent ces paroles : *Fac Castrum per tale conventum, ut si ego valeo acaptare eum Comiti Fulconi de pretio meo, & de tuo, una pars sit mea & alia tua.*

ACHEVER. *Parfaire, ou venir à bout & à chef.* Je me persuade que ce verbe est une métaphore prise des femmes qui dévident du fil, lesquelles achévent leur besogne lorsqu'elles trouvent le chef, c'est à dire le bout de l'écheveau qui est sans doute formé de *chef* ; car encore en Languedoc & en Gascogne on appelle *cab*, (c'est à dire *chef*) le bout du fil ; d'où il semble aussi qu'on a formé *acaba*, qui signifie *achever.* Ce qui me porte à cette opinion, sont les paroles de l'ancienne Chronique extraite de Grégoire de Tours, ou l'Eunuque Narses est introduit parlant de cette sorte : *Filum filabo, de quo Justinus Imperator, nec Augusta, ad caput venire non possint.*

ACIER. C'est une espée de fer, beaucoup plus dur que le commun ; appellé *chalybs*, en Latin. Nous vons formé ce mot du Latin-barbare *aciarium*, dérivé de ἀχὴ, αἰχμὴ σιδήρου, & *acies*, qui signifient, la pointe ou le fer tranchant des armes, & des instrumens de fer qui servent à couper & trancher, parceque la pointe, & le tranchant, sont faits de cette sorte de fer. Les Gloses : *Aciarium*, ςόμωμα. car ce mot Grec signifie entr'autres choses, la force & la dureté du fer.

ADJOURNER. Anciennement en France on donnoit assignation à comparoître en jugement le matin ; parceque, comme il est ordonné au liv. 1. tit. 61. des Capitulaires de Charlemagne, il falloit que les Juges fussent à jeun lorsqu'ils rendoient justice aux Parties. *Rectum autem & honestum videtur, ut Judices jejuni causas audiant & discernant.* De là viennent *adjourner & adjournement* ; lesquels, en vieux François, signifient *le matin*, ou *le point du jour.* L'Histoire du Connétable du Guesclin, chap. 5. *Un logis auquel il reposa jusqu'à l'adjournement.* Et au chap. 9. *On cria aux armes droit à l'adjourner.* Et Froissart vol. 1. chap. 27. *Par vespres & par adjournement* : c'est à dire, *soir & matin.* Le mot *adiurnatus* se trouve dans les Capitulaires de Charlemagne, pour *cité & assigné*, liv. 5. tit. 151. *Pro nimia reclamatione quæ ad nos venit de hominibus Ecclesiasticis, ceu fisculinis, qui non erant adiurnati.* Je ne say si je dois assurer, que tant le verbe *mannire*, que les noms *mannitio, mannita, & mannina*, qui signifient *adjourner, & adjournement*, dans les Loix barbares & dans les Capitulaires, viennent de *mane* ; car aussi bien les Espagnols appellent *mannana*, le matin.

ADJUSTER, ou *ajuster.* Nous disons qu'une *chose est ajustée*, quand elle a ses proportions & ses mesures ; & *un homme ajusté*, lorsqu'il est proprement vestu. C'est une métaphore prise des mesures qui étoient dites *ajuftées*, lorſqu'elles contenoient ce que par raiſon & juſtice elle devoient contenir. Les Coutumes du Comté de Bourgogne, art. 55. *Avoir ſeéts, & adjuſter meſures à blé & à vin.* Où il faut ſans doute lire *ajuſter* : auſſi bien Charles du Moulin, dans la note marginale, explique ce mot, *aquas facere.* C'eſt pourquoy il y avoit anciennement certains pots ou meſures de vin, appelées *juſta & juſtitia.* Pétrus Venerabilis, au livre des Statuts de Clugny : *Statutum eſt, ut non vaſis illis vinariis; quæ juſtitiæ vocantur; ſicut olim facere cogebantur, ſed propriis ſcyphis unuſquiſque bibat.* Le meſme, en l'Epiſtre 20. du livre 1. *Vaſcula vinaria, quæ juſtitias vocant, vel ſimilia, concavare & componere tenta.* Sur lequel paſſage André du Cheſne rapporte ces paroles du Cartulaire de Marmouſtier : *Tres quotidie panes, & quatuor vini juſtas.* Les Anciennes Coutumes du Couvent de Fleury, qui ſont dans le volume intitulé *Bibliotheca Floriacenſis: Potus in juſtitiis, ſicut aliis diebus, ponitur.*

ADROIT. La main droite fait toutes choſes avec tant de facilité & de bonne grace, que celuy qui fait quelque action, tant du corps que de l'eſprit, au gré du monde, eſt à cauſe de cela appelé *adroit* : & l'action, *dextérité.* De meſme les Grecs appellent δεξιός, & les Latins *dexter*, celuy que nous appelons *adroit* ; & δεξιότης, & *dexteritas*, ce que nous appelons *addreſſe*, & *dextérité.*

ADVIS, ADVISER. Nous les avons formé de *viſus*, participe de *videre* : ainſi *adviſer*, ſignifie *voir & appercevoir.* Mais comme *videre* ne ſignifie pas ſeulement l'action des yeux, mais encore celle de l'eſprit, puiſque *videtur* ſignifie *il me ſemble*, & que *videre* ſignifie *conſidérer* : comme en ce lieu d'Ovide.

——————*Video meliora, probeque;*

   Deteriova ſequor:

ainſi prenons-nous *advis*, pour *conſeil*; & *adviſer*, pour *penſer à quelque choſe, & la bien examiner.* Nicolas de Clémangis : *Deputatos fuiſſe certos alios de ſingulis nationibus, ad adviſandum de remediis.* Joachim Perion, & Jean Picard liv. 4. *De Priſca Celtopadia*, tiennent qu'*adviſer* eſt formé de ἀδθρειν, qui ſignifie *conſiderer & prendre garde.*

ADVEU: ADVOUERIE. Parceque les Egliſes & les Abbayes étoient ſous la protection des Advoués, & que ſemblablement toute ſorte de Vaſſaux & de Feudataires ſont ſous la protection de leurs Seigneurs; l'uſage, qui par la ſuite du temps détourne les mots de leur naturelle ſignification, fit que le verbe *advouer* fut pris pour *tenir & relever d'un Seigneur.* Le chap. 2. *De rebus Eccleſiæ non alienandis, in Sexto*, parlant des biens infeodés par les Egliſes : *Ab ipſis eadem advocando, prout in quibuſdam partibus vulgariter dicitur* avoher. Je laiſſe à part un grand nombre de lieux de diverſes Coutumes de France, où *advouer* eſt pris en ce ſens, pour ne pas abuſer de la patience du Lecteur. Du verbe *advouer* on fit *advou*, qui ſe trouve dans quelques exemplaires de la Coutume de Mons art. 7. & 8. d'où vient *adveu*, qui ſignifie ordinairement *la profeſſion & la declaration que le Vaſſal fait de tenir ſa terre d'un Seigneur*; comme il ſe voit à tous propos dans les Coutumes de France. De la meſme ſource vient *advouerie*, que nous avons formé d'*advocatie*, ou *advocatia*, mais ſignifie proprement *tutéle & adoption.* Car dans le tit. 94. de la Somme Rural de Boutillier, *advouerie* ſignifie *adoption.* Et André du Cheſne, dans les Preuves du troiſiéme liv. de l'Hiſtoire de la maiſon de Châtillon, allégue un Acte de l'an 1122. extrait du Regiſtre des Chartes de Champagne, où ſe liſent ces paroles : *Theobaldus, illuſtris Comes Campaniæ, in prædicta matris ſuæ advocatiâ tenebatur.* Où *advocatia* ſignifie *tutéle.*

ADVOUE', ou *Avoyer*. Parce qu'il eſt deffendu, par les Canons, aux gens d'Egliſe de ſe meſler des affaires du monde; & que d'ailleurs il n'eſt pas permis aux Prêtres & aux Moines, de quitter les divins Offices, pour aller pourſuivre dans les Cours de Juſtice les affaires des Egliſes & des Monaſteres, on trouva bon d'établir à cet effet des perſonnes laïques, qui furent appelés *Advocati*, & en François *Advoués*, ou *Avoyers*, Le Canon 99. du Concile de Carthage, remarque le temps de cette inſtitution. *Poſt Conſula-*

ſum Stiliconis, inducta eſt Advocatorum defenſio, pro cauſis Eccleſia. Et parceque la protection & la deffenſe des Egliſes eſt un droit de la Couronne, tels Advoués devoient eſtre demandés au Prince. Les Capitulaires de Charlemagne liv. 7. chap. 303. *Pro Eccleſiarum cauſis, ac neceſſitatibus earum, atque ſervorum Dei, Executores vel Advocati, ſeu defenſores, quotiens neceſſitas ingruerit, à Principe poſtulentur.* Chronicon Beſuenſe : *Anno VIII. Regni Chlotarius defenſorem & Advocatum Gengulphum, virum illuſtriſſimum, Monaſterio Beſuenſi inſtituit, quod ejus Littera indicant. Petiit à nobis, ut illuſtriſſimus vir Gengulphus omnes cauſas ipſius Monaſterii ad perſequendum & redintegrandum deberet recipere.* Et une Charte de l'Empereur Henri le Noir, datée de l'an 1056. rapportée par Nicolaus Zylleſius, en ſon livre intitulé *Defenſio Abbatia Imperialis ſancti Maximini*, parlant de Giſelbert Comte de Luxembourg, & ſes Succeſſeurs, Advouez de l'Abbaye de S. Maximin, au Dioceze de Tréves : *Advocatus verò Giſelbertus, qui impræſentiarum eſt; aliique ſucceſſores ipſius, qui bannum à regiâ manu ſuſceperunt.* La profeſſion de ces Advouez étoit d'aller pourſuivre & plaider les cauſes des Egliſes, dans les Cours de Juſtice. Adrevaldus, Moine de Fleury, au livre *De Miraculis S. Benedicti*, chap. 24. fait mention de deux Advoués, *Advocati Eccleſia*, qui plaiderent une cauſe en la Cour de Zheodoin Viguier, qu'il appelle *Vicarium Mauriacenſem.* Et au chapitre ſuivant, il parle au long d'une autre cauſe debattue devant Jonas, Eveſque d'Orleans, & Donat Comte de Meſun, Commiſſaires du Roy, *Miſſi Dominici*; par l'Advoué de Fleury, nommé *Epitagius*, & par celuy de S. Denis : *Decurſo exhinc non modico tempore, alia iterum oboritur controverſia inter præfatum hujus loci* (il entend Fleury) *Advocatum, atque Advocatum S. Dionyſii.* Le Chronicon Reicherſpergenſe, ſur l'an 1140. rapporte une Charte d'Eberhard, Archeveſque de Saltzbourg, où ſe liſent ces paroles : *Prædia, quæ, Deo miſerante, in poſterum loco acceſſerint, adſignentur Advocatis talibus, à quibus in placitis judicialibus proloquii defenſionem poſſint à vicino habere, ne longinquos Advocatos advocandi vel impoſſibilitas, vel difficultas in detrimentum veniat, & abſente legitimo Prolocutore, prædia, quæ impugnantur, Eccleſia perdat.* Où il faut remarquer, que *proloquium* ſignifie *plaidoirie*, & *poſtulation*; & *Prolocutor*, *Advocat poſtulant.* Or les Advocats étoient appelés *Prolocutores*, parcequ'ils parlent avant que le Juge prononce la Sentence : auſſi étoient-ils appelés, par nos vieux François, *Avant-parleurs*; & par corruption de langage, *Avant-palliers & Amparliers.* Les anciennes Coutumes de Paris, intitulées *Li Etabliſſement li Roy de France, ſelon l'uſage de Paris, d'Orleans, & de toute Baronnie*, liv. 2. au titre *Coment Avocas ſe doit contenir en ſa cauſe : Li Avocas & li Avant-palliers doit mettre avant, & pour ſoy, en jugement, ſes deffenſes.* Et Carondas le Caron, en ſes Annotations ſur le titre 6. de la ſomme Rural de Boutillier : *La mémoire des Advoués eſt abolie, mon vieil Praticien, que j'ay eſcrit à la main, les appelle* Ampaliers, *qui ont adveu de partie pour playdoyer pour li.* Les Advoués avoient de plus certaine juriſdiction dans le détroit des Terres & des Fiefs mouvans des Abbayes. Aimoinus Monachus liv. 3. *De Miraculis S. Benedicti*, chap. 13. parlant de Gauzfred, Advoué de Fleury : *Eò, in domo propriâ, intra memorata urbis Tricaſſinæ muros conſtitutâ, reſidente & judiciariam inter ruſticanos agente actionem.* Beſly dans les Preuves de ſon Hiſtoire des Comtes de Poitou & des Ducs de Guienne, rapporte une Charte de Gaufred Archeveſque de Bourdeaux, extraite des Archives de Maillezay, où il eſt dit que Sebrand étoit Advoué héréditaire de l'Abbaye de Maillezay; & que l'Abbé ne pouvoit juger les affaires des vaſſaux de l'Abbaye, que l'Advoué n'en eût auparavant pris connoiſſance : *Dicebat ſiquidem Sebrandus, ſe Advocatum eſſe Eccleſia Malleacenſis; ita videlicet, quòd cuſtodiam & defenſionem ejuſdem Eccleſia paterno jure ſuam aſſerebat. Superaddebat, ut ſi quis ſuper aliquem de hominibus hujus Eccleſia clamaret, nec per Abbatem Eccleſia juſtitiam conſequi poſſet, priuſquam ipſe ſuſciperet inde clamorem.* Cela pourtant ſe pratiquoit diversement selon les Coutumes des lieux : car, comme il se lit dans la Charte de l'Empereur Henri le Noir, cy-devant rapportée, les Advoués de S. Maximin ne pouvoient espérer la fonction de Juges, que le lendemain de la feste de S. Maximin : *Proximâ die,* dit l'Acte parlant de l'Advoué Giselbert & de ses Successeurs, *post festum S. Maximini, super prædia & mancipia eorum, qui Ministri vel Scaremanni dicuntur, illâ solâ die, si festum celebre vel jejunium non fuerit, placitabunt; sin autem, cùm prima pulsata fuerit, placitum intrabunt, & usque ad Nonam illud tenebunt; posteà verò nullum ibi diutius distringere poterit.* Mais je me persuade volontiers que le mot *ibi* s'entend de l'Abbaye; & que les Advoués pouvoient tenir ailleurs leurs plaids. Il faut pourtant remarquer, qu'il y avoit deux sortes d'Advoués; les uns de petite, les autres de grande consideration. Les premiers avoient la charge de poursuivre & plaider les causes des petites Eglises, & de celles qui dépendoient des Abbayes : & je croy, sauf meilleur avis, qu'il n'étoit pas nécessaire de les demander au Prince, & que les Abbés les pouvoient nommer & établir de leur propre autorité : car encore que nous ayons veu cydevant que les Comtes & Ducs de Luxembourg, Advoués de S. Maximin, devoient prendre l'investiture des Empereurs, l'Abbé ne laissoit pas d'avoir la faculté d'instituer & destituer les petits Advoués des Eglises dépendantes de son Abbaye ; comme il se voit par une Charte de l'Empereur Othon, datée de l'an 990. rapportée par le susdit Nicolaus Zyllesius. *Insuper etiam concedimus, ut idem Abbas, sibique commissa congregatio, eorumque successores, potestatem habeant Advocatias Monasterii sui cui velint dandi, cuique velint tollendi.* Mais c'étoit toujours par concession & privilége de l'Empereur. Et c'est de ces petits Advoués que doit être entendu le Roman de Guillaume au court nés, lorsqu'il introduit Charlemagne en une remontrance qu'il fait à son fils Louis le Debonnaire ; disant, qu'il se donne garde d'admettre en son Conseil les enfans des Avoyers, qu'il met au rang des Vilains, c'est-à-dire, des personnes Roturieres :

> *Que se tu veux il t'aura grant mestier,*
> *Que de Vilain ne fasses Conseiller*
> *Filh à Pruost, ne de filh Avoyer.*

Les autres Advoués que j'ay dit être de grande consideration, étoient des Seigneurs, qui ne se mêloient que de la protection & deffense générale des biens & des droits des Abbayes; lesquelles, pour avoir été dotées d'un grand nombre de possessions, furent enfin contraintes de se mettre sous la protection de quelques grands Seigneurs, lesquels, pour représenter en la deffense générale des droits des Abbayes, celle que recevoient ordinairement les Eglises de ceux qu'on appelloit *Advocatos*, furent aussi appelés *Advocati*, & en François *Advoués*, & *Avoyers*. Et afin qu'ils fussent d'autant plus étroitement obligez à cette protection, les Abbayes leur inféodérent à ces fins des Terres de leur Domaine. Mais parceque ces Advoués en avoient d'autres sous eux, sur lesquels ils se déchargeoient de la poursuite des affaires ordinaires, ils sont appelés *Principales Advocati*, dans la Charte d'Eberhard Archevesque de Saltzbourg, cydessus alléguée; & *Advocati majores*, comme nous allons voir cy-après. Et afin qu'on ne puisse pas révoquer en doute que ces Advoués ne fussent de grands Seigneurs, les Seigneurs de Béthune, dont le nom est si célebre dans les anciennes Histoires, étoient Advouez de l'Abbaye de S. Vast d'Arras, & prenoient la qualité d'*Advoués de Bethune.* Orderic Vital, liv. 6. de l'Histoire Ecclésiastique, parlant de Galbert, Advoué de S. Valery, témoigne qu'il étoit grand Seigneur, puisqu'il écrit qu'il mérita d'avoir à femme la fille de Richard Duc de Normandie : *Galbertus, cognominatus Advocatus de sancto Galerico, filiam Ducis Richardi duxit uxorem.* Les anciens Ducs de Limbourg étoient Advoués de l'Abbaye de S. Trudon: comme il se voit dans une Lettre de l'Abbé Rodolphe, à Valeram, Duc de Limbourg, qui se lit dans le Code *Donationum Piarum*, d'Aubertus Miræus, dont le commencement est conçu en ces termes : *Glorioso Principi,*

& Advocato suo majori, Waleramo, Abbas Rodulphus, & Congregatio S. Trudonis, Où Aubertus Miræus remarque que Valeram est appellé *Advocatus major*, parceque la mesme Abbaye avoit pour sous-Advoué le Comte de Durasse. Bref, nous avons vû cy-devant, que les Ducs de Luxembourg étoient Advoués de l'Abbaye de S. Maximin au Dioceze de Tréves.

Les noms d'*Advocatus*, & d'*Advoué*, devinrent enfin tellement illustres, qu'on les donna aux Ducs, & aux Princes mesmes; non comme Advouez des Eglises, mais à cause de la protection & deffense générale qu'ils donnoient à leurs sujets. Dudo Aquitanicus liv. 2. *De Moribus & Actibus Normanorum*, parlant de Rollo, Duc de Normandie : *Tunc Dacia, pio Duce, Patritioque, atque robustissimo Advocato privata, magno ejulatu concussa, cœpit nimium flere.* Le mesme, au liv. 3. *Gratiâ Dei, te Regem & Advocatum nobis recuperavimus.* Et plus bas : *puto te esse Regem Normanorum, & Advocatum.*

ADVOUER. Les Advocats ou Advoués, dont je viens de parler, devoient intervenir à tous les Actes qu'on passoit touchant le temporel des Eglises. Joachimus Vadianus, au livre *De Collegiis Monasteriisque Germaniæ veteribus*, allégue cette clause d'un ancien Acte : *Ego Bernardus, Augiæ Abbas, cum consensu fratrum meorum, & Advocati mei Wichardi.* Et dans les Centuries des anciennes Chartes Allemandes que Goldast a données au public, il y en a plusieurs, ou l'Advoué est nommé avec l'Abbé & les Moines; & entr'autres, la dix-septiéme. *Convenit inter quemdam virum, nomine Tolonem; & inter Grimaldum, Monasterii S. Galli Abbatem, & Advocatum suum Libonem, unà cum consensu Fratrum, quoddam Concambium.* Et parce que le consentement & l'approbation des Advoués étoient necessaires en tels Actes, on forma de-là le verbe *advocare*; duquel nous avons fait *advouer*; qui signifie *approuver quelque chose & y donner son consentement.* Mathieu Paris dans ses additions aux Vies des Abbés de S. Alban: *Quod frater tuus bene advocaret quod fecit.*

AEROLE. C'est une petite ampoule pleine d'eau, qui se fait sur le corps. Il semble qu'il faudroit écrire *éauérole*; car aussi bien ce mot est formé de *eau*, comme qui diroit *aquariola.* En-effet, en Languedoc on l'appelle *aiguarolle*; de *aigue*, qui signifie *eau* : & lorsque l'eau s'est convertie en pus, on l'appelle *pouiré*; de *pouirit*, qui signifie *pourri.*

AFAIRE. Nous le prenons absolument pour *negotium.* C'est proprement, *agendum*; c'est-à-dire, *tout ce qui est à faire* : aussi appelons-nous *Agenda*, le Mémoire, ou le rôle, des choses que nous avons à faire. Et anciennement dans l'Eglise, *Agenda* signifioit *l'office des Prêtres*, qui est proprement ce qu'ils ont à faire. Le Concile de Carthage 2. 9. *Agenda mortuorum.* Le *Lectionarium B. Hieronymi* : *Agenda matutina.*

AFAITER. C'est proprement, *faire souvent une chose en laquelle on croit avoir bonne grace.* Nous l'avons formé du fréquentatif *factitare.* Les Gloses : *factito*, ἐπιϱγῶ; c'est-à-dire, *travailler avec grand soin.* Aussi dans un autre Glossaire, *factionarius* signifie celuy qui fait profession d'agencer & d'orner les choses : συσκθασὴς, *Factionarius.*

AFFUBLER, ou *affuler.* Ils signifient *couvrir.* Les Anciens, lorsqu'ils alloient aux chams, mettoient par dessus leurs habits un manteau qui se fermoit par devant avec une agrafe, appelée en Latin *fibula*; de mesme que nous fesons maintenant avec des boutons. Virgile au 4. de l'Eneïde, décrivant l'équipage de Didon allant à la chasse :

> *Aurea purpuream subnectit fibula vestem.*

De *fibula* on forma le verbe Latin-barbare *affibulare*; qui signifie *couvrir*; d'où est sorti le François *affubler.* Hugo de Cleriis, Gentilhomme Angevin, qui vivoit du tems du Roy Louis le Gros, en un petit Traité que le Pére Sirmond, Jésuite, a fait imprimer à la fin de ses Notes sur les Epistres de Geoffroy de Vendôme : *Pallium, quo in Curiâ affibulatus erit, dispensatori dabitur.* Les Gloses d'Isidore : *obfibulare, concludere, circumdare.* Il est bien vray qu'en bon Latin on trouve *diffibulare*, mais il signifie *dégrafer la boucle.* Stace liv. 6. de la Thébaïde :

———*torto chlamydem diffibulat auro.*

Toutefois le mesme Hugo de Cleriis prend absolument ce verbe pour *oster le manteau*, & *se mettre en pourpoint. Comes se desbulans è scamno surget ; & de manu Senescalli serculum accipiens, ante Regem & Reginam apponet.* Et dans le chap. *Clerici, De vitâ & honest. Cleric.* aux Decretales, il est pris pour *se découvrir : Palliis diffibulatis non utantur in publico ; sed vel per collum, vel ante pectus hinc inde connexis.*

AFREUX. Je ne sçay s'il le faut dériver d'*Afer*, c'est-à-dire, *Africain & More :* parceque la plû-part des Africains, & particulierement les Négres, ont le visage hideux & épouvantable.

AGA. Cette interjection d'admiration & d'étonnement, fort usitée à Paris, semble être formée d'ἀγάω, qui signifie *admirer*, & *s'étonner.*

AGASSER : *quereller, harceler.* Ce mot est formé du bruit que font les pies, lorsque découvrant quelque animal qu'elles n'ont point accoutumé de voir, elles criaillent aprés luy. Jacques du Fouilloux dans sa Venerie, chap. 19. *Que si il y a en un gagnage quelques cerfs ayant mué ; que si les pies ou grailles les agacent ou decelent, ils retourneront tout incontinent.* Et c'est pourquoy les Gascons & les Picards appellent les Pies *agaces.* Le Glossaire de Papias : Picæ, *ajacia.*

AGENOUILLER. Comme de *fœniculus* nous avons fait *fenouil :* ainsi avons-nous formé *genouil*, de *geniculum*, diminutif de *genu ;* desquels sont aussi venus les verbes *geniculari* & *adgeniculari ;* & de là, *agenouiller.* Tertullien dans son livre de la Pénitence : *Presbyteris advolvi, & caris Dei adgeniculari.* Les Gloses : γονατίζω, *geniculo, geniculor, genua advolvo.*

AGRAFE. Jean Picard, dans son *De Prisca Celtopædia*, liv. 4. aprés Budée, dit que ce mot vient d'ἄγρα, c'est-à-dire *capture, prise.* Mais Budée ajoûte, qu'il pourroit être formé d'ἄγαν, qui signifie *beaucoup*, & de ἀφή, qui signifie *attouchement :* parce que l'agrafe fait que deux choses se touchent & se joignent.

AGRANDIR. Nous l'avons formé de l'ancien verbe *grandire.* Plaute dans son *Aulularia :*
Testudineum istum ego tibi grandibo gradum.

AGREER. Il n'y a point de doute qu'il ne soit formé de *gratus*, duquel il est croyable qu'on fit le verbé Latin-barbare *gratare ;* d'où vient *agréer*, & en Languedoc *agradà.* Toutefois Spelman dans son Glossaire, sur le mot *agreamentum*, veut qu'il soit formé d'*aggradior ;* qu'il dit être pris au sens d'*aggréer*, en quelque endroit de Ciceron, qu'il ne nous a pas pourtant indiqué.

AGRIER, ou **AGRIE'RE.** Il vient d'*agrarium*, formé d'*ager.* C'est la part & la portion que le Seigneur prend sur le champ mesme, lorsqu'il est cultivé. C'est pourquoy il est appelé *Terrage* ou *Champart.* Marculfe liv. 2. des Formules, chap. 36. *Pascuarium & agrarium, aut quodcumque potest exinde solvere.* La Loy des Bajoariens chap. 14. *Qualia tributa reddant, hoc est agrarium, secundum æstimationem Judicis : provideat hoc Judex ; secundum quod habet, donec : de modiis tres donet.* Où l'on voit qu'anciennement ce droit d'*agrier* se prenoit sur le blé lorsqu'il étoit batu : au lieu que maintenant (du moins en beaucoup de lieux du Royaume) on le prend en gerbe sur le champ mesme, comme l'on prend la dixme. En Languedoc on appelle ce droit *Tasque :* de *tesca*, qui en bon Latin signifie *des terres incultes & de peu de rapport ;* parceque leur fertilité n'étant pas assez grande pour payer tous les ans une rente fonciere, les Seigneurs se contentérent, en les inféodant, d'en exiger certaine quantité de gerbes lorsqu'elles étoient cultivées.

AIGLANTIER. Joachim Perion, dans son Traitté *De Lingua Gallica cum Græca cognatione*, dit que c'est *le rosier sauvage :* & le dérive d'ἄγκυθα, qui signifie *épine.* Aussi dans Theophraste, & dans Dioscoride, ἄγκυθίς, ἀκανθίον, & ἄκανθος sont des arbustes, ou des herbes épineuses. Quoy qu'il en soit, il est certain que l'aiglantier est épineux. Guillaume de Loris, au Roman de la Rose :

Par ronces & par aiglantiers,
Dont en la haye avoit assez.
Et *Peyré de Corbia*, ancien Poëte Provençal, appelle *aiglantine*, le buisson ardent dans lequel Dieu apparut à Moyse ; & le compare à Notre-Dame :

Dompna, vos ets l'aiglantina,
Que troubet verds Moysens,
Entre las flammas ardens.

AIGRE. Nous l'avons fait d'*acer :* comme *maigre*, de *macer.* On pourroit aussi le faire venir d'ἄγριον, & d'*agreste*, qui signifient *sauvage :* parce que les fruits sauvages sont d'ordinaire aigres & amers. Joannes Hocsemius liv. 2. chap. 15. des Evesques du Liege, appelle *agresta*, ce que nous appelons *aigres : Vina verò hujus terræ nihil valebant, sed id modicum quod excrevit, erant agresta.*

AIGUIERE. Il n'y a point de doute qu'il ne vienne du mot *aigue*, qui signifie *eau ;* dont l'usage est en Languedoc & en Gascogne : ce qui ne semblera pas étrange à ceux qui sauront que les anciens François disoient *aigue*, pour *eau.* Le Maréchal de Ville-Hardouin, au livre 5. *Li corant de l'aigue les emmenoit contreval le bras.*

AIGUILLE. Ce mot est formé de *acucula, acuncula*, ou *acucla*, diminutifs d'*acus.* Le Livre 1. *De Repudiis*, Cod. Theodos. *Opportet eam usque ad acuculam capitis in domo mariti deponere.* Les Gloses : *Acuncula, acus*, ἄκέρα. Un autre Glossaire : *acucla*, ραφίς. Cette sorte d'aiguille, que les femmes portent à la teste ; & qui leur sert, ou à se grater, ou à demêler les cheveux ; est appelée *discerniculum* par le Poëte Lucilius, & *gnason* dans Festus. Car pour celles qui servent à tenir & attacher les affiquets, & autres piéces d'atour ; & que nous appelons *épingles*, Scaliger à remarqué que les Latins les appellent quelquefois *fistulas*, & que leur nom Grec est χολαμέδες & σύερσις.

AIGUILLETTE. Ce n'est proprement ny le ruban, ny la courroye, avec quoy on attache : mais bien le bout de fer ou d'argent ; qui, pour être semblabe à une aiguille, a donné le nom à l'*aiguillete.*

AIGUISER. De *aigu ;* qui est formé d'*acutus ;* vient le verbe *aiguiser.* Ou bien, nous l'avons fait du verbe Latin-barbare *agusare*, que je juge avoir été autrefois en usage : parce que je trouve dans les Loix de Sicile la diction *aguso*, qui signifie la pointe d'un bâton aiguisé par le bout. *Constitutionum Sicularum lib. 2. tit. 37. lin. 1. Campiones habeant claves æquales, non spinosas, nec cum agusonibus.* En Languedoc, & en Gascogne, *aiguiser* se dit *agusà.*

AIR. Ce que nous appelons *air de chanson*, est le *numerus* des Latins. Virgile dans ses Eglogues :

———*numeros memini, si verba tenerem.*
Monsieur de Saumaise a remarqué, qu'on a formé ce mot de *æra*, qu'on a pris pour *le nombre :* bien que proprement il signifie *la marque du nombre.* Nonius Marcellus : *Æra, numeri nota.* Le Poëte ancien Lucilius,

Hæc est ratio, perversa æra, subducta summa improbè.

AIRÉ. Les oiseaux de rapine ; comme aigles, vautours, autours, faucons, & autres ; font leur nid au sommet des rochers, des arbres, & autres lieux élevés. Ces nids sont appelés en Latin-barbare *aerea.* Les Ordonnances de Jean, Roy d'Angleterre, qui se lisent dans l'Histoire de Mathieu Paris : *Unusquisque liber homo, habeat in boscis suis aerea accipitrum, spervariorum, falconum, aquilarum, & heironum.* Je croy que *aire*, & *aerea*, viennent de *aër :* parceque les nids de cette sorte sorte d'oiseaux sont fort élevés en l'air : ou bien de αἴρειν, qui signifie *hausser, élever.* Toutefois Henri Spelman, dans son Glossaire, tient que *aire* & *aerea*, sont formés du Saxon *Eghe*, & de l'Alleman *Eye*, qui signifient *œuf ;* prenant *aire* & *aerea*, pour les poussins de ces oiseaux ; de mesme que Virgile au 4. des Georgiques prend *nidus* en ce sens-là :

———*ipsæque volucres*
Ore ferunt dulcem nidis immitibut escam.

AISANCE : *Commodité, facilité.* Je ne say s'il vient de mesme source que *aisé* & *aise.* Toutefois nous le pourrions avoir formé du Latin-barbare *Æcentia*, qui se trouve dans la Chartre 39. de la Centurie des Chartes Allemandes, que Goldaſt a fait imprimer: *Et in Reutinchová terras & Sylvas, Suetqua, vel alias acentias.* Toutefois Goldaſt doute s'il faut lire *adjacentias.*

AISE'. On a remarqué qu'il vient de *αἰσιΘ*, qui ſignifie *fortuné & heureux.*

AISE ; *Contentement, plaiſir.* Henri Spelman dans ſon Gloſſaire, ſur le mot *aiſamentum,* dit qu'il vient de *ἴασις,* c'eſt-à-dire *guériſon ;* par la tranſpoſition de l'*A* devant l'*I* ; mais il eſt croyable qu'il vient de meſme origine que *aiſé.*

AISNE'. Il faudroit écrire *ainſné.* Il vient de *ains,* formé d'*ante ;* & de *natus.* Une ancienne Charte intitulée *Saiſina Paganelli,* qu'André du Cheſne a donnée à la fin des Hiſtoriens de Normandie : *Quod Guillelmus Paganellus habeat ſaiſinam terra, qua fuit domini Radulphi Teſſon, ſicut ante-natus.* Et plus bas : *Ante-natus capiet portionem ſuam primus ; & poſt, ſecundò-natus.*

AISSELLE. En Latin *axilla,* qui depuis a été corrompu & changé en *aſcilla,* ou *aſcella.* Le Gloſſaire d'Anſileubus : *Aſcella, locus ſub bracchio.* Joannes Januenſis, *in Catholico :* Aſcella, *locus ſub brachio : dicta, quòd ab eis aſcellis brachia tillentur ; hoc eſt, moveantur, ſecundùm Papiam.* A quoy il fait cette addition : *melius ala, ſive axilla ; nam ala, ſive axilla, partes ſunt ſub brachiis, per quas natura expellit ſordidiores humores.* Un ancien établiſſement de Rouen, qu'André du Cheſne a fait imprimer enſuite des Hiſtoriens de Normandie : *Si fœmina convincatur eſſe litigioſa & maledica : alligabitur fune ſubtus aſcellas, tunc in aquam projicietur.*

ALAMBIC. Scaliger dans ſes Notes ſur le *Culex* de Virgile, dit que les Arabes l'ont formé de leur article *al,* & d'*ἄμβιξ,* qu'Heſychius explique par *χύτρα, κύαθον ;* & qu'Athenée met au nombre des coupes, comme fait auſſi Dioſcoride, dont Pline traduiſant les paroles, explique *ἄμβιξ* par *calix.*

ALBERGUE. C'eſt une eſpéce de Cens qu'on paye en certains endroits du Royaume, & particuliérement en Guienne : duquel on a autrefois compoſé, pour s'exemter du logement des gens de guerre. Auſſi eſt-il formé de *Heribergum,* qui étoit parmy nos anciens François, un camp ou un logement de gens de guerre : de *heri,* qui en Langue Tioiſe ſignifioit *armée.* Le Gloſſaire que Juſte Lipſe a donné dans ſon 3. liv. des Epîtres *ad Belgas.* Heriberga, *caſtra.* Charles le Chauve, dans ſes Capitulaires, Titre 3. chap. 37. *Heribergum noſtrum, quod præterito anno fieri juſſimus.* De-là fut formé le verbe *heribergare,* qui ſignifie *loger des gens de guerre, ou contribuer à leur logement.* Les Capitulaires de Charlemagne liv. 3. chap. 68. *Vt non per aliquam occaſionem, nec pro Waſta, nec de Scara, nec de Wardea, nec pro heribergare, nec pro alio banno, heribannum Comes exactare præſumat.* De *heribergare* on fit *albergare,* qui ſignifie meſme choſe : Les Conſtitutions de Raimond, Comte de Touloufe, que Papirius Maſſo a données dans ſes Annales : *Item, ſtatuimus, ne Barones, milites, & alii homines noſtri, Abbatias, grangias, & alias domos Religioſas, importunitate albergandi opprimere præſumant.* Il eſt bien vray que déja *albergaria* ſe prenoit pour toute ſorte de logement. Jean Beſly, dans les Preuves de ſon Hiſtoire des Comtes de Poitiers, & Ducs de Guienne, rapporte une Chartre de Guillaume Gaufred, Duc de Guienne, qu'il a extraite des Archives du Monſtier-neuf de Poitiers, où ſe liſent ces paroles : *Vt nullus meorum, non filius, non filia, non uxor, non aliquis propinquus, non Dapifer, non Præpoſitus, non Mariſcalcus, non Serviens, aut in aliquo miniſterio poſitus, Monachos jam dicti Monaſterii, aut homines eorum, in quocumque loco eorum habitent, cogat ſibi præbere albergariam aut hoſpitium.* Et un autre Acte, extrait du meſme lieu & du meſme Duc : *Et concedo omnia, ad ipſum Monaſterium pertinentia, libera ab hoſpitio & albergaria ; ſicut Pater meus voluit, & juſſit eſſe ea libera & quieta.* Dans un Acte de l'Hotel de ville de Touloufe, daté de l'an 1204. *Albergatores,* & *Albergatrices,* ſignifient *les Hoſtes & les Hoſteſſes* qui logeoient les Pelerins, dans une rue appelée pour cette raiſon *de Albergariis : Quòd poſtquàm Pe-*

regrini vel Romevi venerint in Carraria de Albergaris de Ponte ; Albergatores vel Albergatrices non recipiant Peregrinos nec Romevos. D'où vient auſſi qu'en Italien *albergare* ſignifie *loger ;* & *albergo,* Logis & Hoſtellevie. Ce droit d'Albergue eſt appelé *Albergaria,* aux Decretales, chap. *Præterea,* 23. *De Jure Patronatus ;* que la Gloſe explique mal, *Pactiones, qua debentur pro comeſtionibus.* Les François diſent encore *Hébergement,* ou *Héberge,* pour *logement.* La Coutume d'Anjou art. 30. *Celuy qui tient à ſoy & hommage le hébergement où il demeure.* Celle de Normandie, art. 356. & celle de la Marche, art. 175. prennent auſſi *hébergement* en ce ſens. Les Coutumes de Calais, art. 180. de Bourbonnois, art. 512. & les Nouvelles de Paris, art. 194. ſe ſervent du mot *Héberge,* pour dire *Logement.*

ALBRENT. C'eſt un petit Canard ſauvage. Joachim Perion, Jean Picard, & pluſieurs autres, ont remarqué qu'il eſt formé de *βρενθος,* qui ſignifie *un Canard.*

ALLE'GER. De *levis,* ſe forma le verbe Latinbarbare *alleviare,* ou *allevigare ;* duquel nous avons fait *alléger.* Le *Chronicon Weingavenſis Monachi,* qui eſt au Tome 1. des Leçons Anciennes de Caniſius, ſur l'an MCXCII : *Cujus mæſtitia, ex tanti viri, & fortis, amiſſione, vix alleviari poterat.* Ekkehardus junior, *De Actis Monaſterii S. Galli,* chap. 14. *Si quem corpore dolentem tangeret, allevigaret.*

ALLER. La premiere ſignification de ce mot, étoit ſe *promener ;* d'où vient qu'on appelle *allées,* dans les jardins, & d'où vient qu'on appelle *allées,* les eſpaces deſtinés aux promenades : de ſorte qu'il y a quelque raiſon de croire, qu'il eſt formé, par contraction, d'*ambulare.* Auſſi trouvons-nous que ce verbe ſignifie proprement *aller :* Nonius Marcellus : Ire, *eſt ambulare.* Cornelius Fronto : *Ambulare incipiunt infantes, inambulare homines.* Le Concile d'Auxerre, tenu l'an 588. Canon 24. *Non licet Abbati, nec Monacho, ad nuptiias ambulare.* Et notez que le titre du Canon eſt tel : *Abbati & Manacho ad nuptias ire non licet.*

ALLEU. Ce mot ſe trouve prononcé diverſement. Boutillier dans ſa Somme Rural dit *aluez.* La Coutume de Meaux art. 189. 190. & 191. *aloy.* Bien que j'en aye parlé amplement dans mon *Franc-Alleu de la Province de Languedoc,* liv. 1. chap. 9. je ne laiſſeray pas d'en redire icy quelque choſe. Nous l'avons formé d'*Allodium,* qui eſt proprement *un bien poſſedé en proprieté pleine & abſolue,* où la directité & l'utilité ſe trouvent unies ſans reconnoiſtre autre puiſſance ſupérieure que la Souveraineté. C'eſt pourquoy il eſt dit être poſſedé *ab integro,* ou *cum omni integritate,* dans quantité d'Actes anciens. Il eſt quelquefois appelé *fundus :* parcequ'au Fief qui luy oppoſé, on ne poſſéde que l'utilité, le fonds ; c'eſt-à-dire, la proprieté demeurant au Seigneur directe. L'ancien Grammairien Greciſinus :

Dicitur Allodium fundus ; fundum, maris imum. Kerardus Augienſis, dans ſes Synonimes : Allodium, *furweg, fundus.* Allodium ſe trouve auſſi expliqué par *prædium,* dans la Loy des Lombards liv. 2. tit. 6. Loy 9. comme auſſi par un ancien interprété d'Horace, rapporté par Lindeburgius, dans ſes Notes ſur le Code des Loix Barbares. Marculfe, & les Actes Anciens, le déſignent ſouvent par ces mots *hæreditàs, proprium,* & *proprietas.* Les Doctes donnent diverſes étymologies du mot *Allodium.* Pithou, en ſon Gloſſaire ſur les Capitulaires de Charlemagne, veut que ce ſoit un vieux mot de la Langue Gauloiſe ; & là-deſſus il allégue Suétone au chap. 24. de la Vie de Jules Céſar : & Pline au liv. 11. chap. 37. Mais parceque dans ces Auteurs il eſt parlé d'une Légion dont Céſar avoit fait la levée en Gaule, appelée *Alauda,* que Pline dit ſignifier en Gaulois *Galerita ;* c'eſt-àdire, *Alouette ;* je ne voy point encore de quel biais ce grand perſonnage veut tirer de-là le mot *Allodium.* Alciat a cru qu'il venoit du verbe *laudo,* parcequé *ab eo nullum alicui laudativum præſtandum eſt.* Beatus Rhenanus lib. 2. *Rerum Germanicarum :* & Joachinus Vadianus, le veulent deriver du mot Alleman *Anlot ;* comme étant un bien inſéparable de la famille. Vitus Amerbachius, en ses Notes sur l'Epitome des Constitutions de Charlemagne, croit qu'il vient du mot Aleman *all*, qui signifie *tous* : parcequ'il appartient tout entier à son possesseur. Joannes Aventinus, dans un Glossaire, le forme d'*ald*, qui signifie *ancien* : parceque l'Alleu est ancien dans la famille, comme étant un bien patrimonial & héréditaire. Jean Bodin liv. 1. chap. 9. de sa République, le fait venir d'*Aldius*, ou *Aldia*, qui signifie *affranchi*, dans les Loix des Lombards. Et le Docteur Cujas veut qu'il soit appelé *Allodium*, *quasi sine leode ; quòd ejus possessor nemini sit leodis :* car *leudis*, ou *leodis*, est un vassal ou Feudataire. Mais voicy mon opinion, que l'honneur & le respect que je dois à ces grands hommes me permet seulement de hazarder comme une simple conjecture. Aprés que les Nations Barbares eurent conquis les terres de l'Empire Romain, on appela *Sortes* le pays de leurs conquestes, où ils établirent leur demeure : parcequ'à mon avis elles leur étoient partagées au sort. Sidonius Apollinaris liv. 7. Epist. 6. *Populos Galliarum, quos limes Gothicæ Sortis incluserat.* Victor Uticensis lib. 2. *de Persecutione Vandalorum : Non semel, sed sapius constat esse prohibitum ut in Sortibus Vandalorum Sacerdotes nostri Conventús minimè celebrarent.* Et Procope au liv. 1. de la Guerre des Vandales : Κλῆϱοι βανδίλων. Cela se voit encore bien plus clairement dans la Loy des Bourguignons, Tit. 6. §. 1. *Si quis fugitivum intra Provincias ad nos pertinentes corripuerit, pro fugitivo solidum unum accipiat.* Et aprés quelques mots : *Si extra Sortem ; duos solidos, is qui fugitivum arripuerit, pro fugitivo componat.* On n'appela pas seulement *Sortem*, le pays où ces Nations établissoient leur demeure : mais encore les terres & les possessions échües en partage aux particuliers ; comme l'on peut voir en ces paroles de la Loy des Wisigots liv. 8. Tit. 5. Loy 5. *Qui Sortem suam concluserit, & altena pascua absente Domino invadit.* Et en celles-cy de la Loy des Bourguignons Tit. 84. §. 1. *Quia cognovimus Burgundiones Sortes suas nimiâ facilitate distrahere ; hoc præsenti lege credidimus statuendum , ut nulli vendere terram suam liceat , nisi illi qui alio loco sortem aut possessiones habet.* Où la deffense de vendre indifféremment à toutes sortes de personnes, fait voir que ces biens appelés *Sortes*, n'étoient pas des Alleus, mais bien des Fiefs ; qui, pour ne commencer que de naître, n'avoient pas encore leur droit & leurs réglemens établis. Or parceque ces Nations, pour se maintenir dans les pays de leurs conquestes, étoient obligées d'avoir toujours les armes à la main : les Princes qui les commandoient leur départirent depuis ces terres, avec obligation de les servir à la guerre: & ne leur en laissèrent que l'usufruit, retenant pour eux la proprieté, c'est-à-dire la faculté d'en pourvoir un autre aprés leur mort : ce qui fut depuis appelé *Feudum*, & *Beneficium*. Ce fut alors, à mon avis, que les possessions héréditaires & patrimoniales, pour être distinguées de cette nature de biens, appelés *Sortes*, prirent le nom d'*Allodium*, ou *Alodis*, formé de la privative *A*, & du mot *los*, qui signifie *sort* en ancienne Langue Tioise ou Allemande. Le Glossaire Latin-Tiois, que Lipse a donné dans le 3.ᵉ liv. de ses Epîtres *ad Belgas* ; *Los, sortem.* Le petit Glossaire qu'Isaac Pontanus a mis à la fin de son dernier livre *Originum Francicarum :* Losse, sorte. Et Kéron, Moine de S. Gal, qui vivoit environ le tems de Charlemagne, en son ancien Glossaire que Goldast a fait imprimer : *Sortiantur, si erlozzan.*

ALMANACH. C'est proprement le Calendrier qui marque les Lunaisons & les Mois. Quelques-uns disent que les Arabes l'ont formé de μήνη, qui signifie la *Lune ;* au Dialecte Dorique μάνα ; & de l'article *al*. Quelques autres tiennent qu'ils l'ont fait du mesme article *al* ; & de *Manach*, qui, en Hebreu, ou Chaldéen, signifie *nombrer & compter :* parceque l'Almanach sert à savoir le nombre des Jours & des Mois. Il me semble qu'on le pourroit aussi former de l'article Arabe *al*, & de μήν, qui est le Dialecte Dorique de μείν, qui signifie *Mois*, parcequ'en-effet il est divisé par mois. Toutefois H. Etienne, au livre *De Latinitate falso suspecta*, chap. 7. assure que c'est un

mot purement Alleman ; & qu'il prend son origine de cette formule, dont les Allemans se servent lorsqu'ils veulent marquer les tems auquel quelque chose est arrivée, *Als man nach der geburt Jesu Christi unsers seligmachers gezelt hat 1560 :* C'est-à-dire, *lorsque depuis la Nativité de Jesus Christ notre Sauveur on comptoit 1560.* ou tel autre nombre.

ALOUETTE : en Latin, *Cassita*, *Galerita*. Nous l'avons formé d'*Alauda*, qui est un mot d'origine Gauloise. Jules Cesar donna ce nom à une Légion qu'il leva dans les Gaules. Plin. liv. xi. chap. 37. *Ab illo. Galerita appellata, posteà Gallico vocabulo etiam Legioni nomen dederat Alauda.* Ce qui est encore plus clairement dit par Suétone en la Vie de Jules César, chap. 24. *Quâ fiduciâ ad legiones quas à Rep. acceperat , alias privato sumptu addidit ; unam etiam ex Transalpinis conscriptam, vocabulo quoque Gallico (Alauda enim appellabatur) quam disciplinâ , cultuque. Romanæ institutam & ornatam posteà universam civitate donavit.* Isaac Pontanus dans son *Glossarium Prisco-Gallicum*, tient que ce nom fut donné à cette Legion, parceque les Soldats portoient sur leurs casques des cimiers, qui ressembloient à la petite touffe de plumes que cet oiseau a sur la teste : & il ajoute, aprés Casaubon, que de-mesme les Perses, au rapport de Plutarque en la Vie d'Artaxerxes, appeloient les Cariens ἀλεκτρυόνας, c'est-à-dire *coqs ;* parce que les cimiers de leurs casques ressembloient à des crestes de coq. Ensuite dequoy le mesme Pontan écrit, que pour la mesme raison ceux de Cléves ayant dressé une Compagnie de Gendarmes, pour résister aux courses des ennemis, on les appella *hanefederen*, c'est-à-dire *crestes de Coq.*

ALOY. Il semble qu'il vienne de *lex ;* comme qui diroit *ad legem :* parceque la monnoie qui est de bonne matiere, est faite conformément à la Loy, & à l'Ordonnance du Prince. C'est pourquoy en Latin la monnoie est appelée *nummus ;* de νόμος, qui signifie *Loy.*

AMAS, AMASSER. Il y en a qui le dérivent d'ἀμάω, qui dans l'Iliade d'Homére signifie *accumuler, assembler.* Mais il y a plus d'apparence de dire qu'il vient de *massa*, qui signifie *un amas de quoy que ce soit.* Les Jurisconsultes font souvent mention de *massa auri, argenti, æris.* La Loy 89. *De Legatis 3. Massâ legatâ, scyphi ex ea facti exigi possunt.* Virgile liv. 1. des Georgiques :

———*massam picis urbe reportat.*

Isidore liv. 16. chap. 2. parlant des montagnes de sel: *Ut muros domosque massis salis faciant.* Et les derniers Grecs ont appelé μάζαν, un monceau & un amas. De *massa* les anciens Latins firent *massare.* Lucréce livre 1.

Ignes in cœtus stringi, massareque corpus :

bien qu'on ait voulu substituer *mutare*, au lieu de *massare :* Les Auteurs du tems moyen en ont aussi formé *immassare.* Isidor. liv. xi. chap. 1. *Ultimi sunt molares, qui concisa à prioribus atque confracta subigunt, molunt, atque immassant.* Toutefois Goropius Becanus dans ses Origines d'Anvers liv. 7. veut, que tant le Latin *massa*, que le François *amasser*, & l'Italien *amazzare*, soient formés du Flaman *mas.* Mas *enim nobis non massam Latinorum ; quamvis ea vox à nostrate descendat ; sed summam rerum multarum in unum coacervatarum signat. Unde Galli Romanizantes*, amasser, & *Itali* amassare, *fecerunt.*

AMANDE. D'*amygdala*, ou *amygdalum*, on fit, par corruption, *amandola*, & *amandula :* d'où nous avons formé *amande.* Marculfe liv. 1. de ses Formules, chap. xi. *Dactylas tantas, pistacias tantas, amandolas tantas.* Anastase le Bibliothécaire dans la Vie de Benoist III. *Amendulas aureas numero undecim.*

AMBASSADEUR. César liv. 6. *de Bello Gallico*, écrit que parmy les anciens Gaulois, *Ambacti* étoient des Cliens, & des personnes qui tenoient aux grands Seigneurs par quelque puissante considération : *Ut quisque est genere copiisque amplissimus, ita plurimos circum se Ambactos Clientesque habet ; hanc unam gratiam potentiamque noverunt.* Quelqu'un se pourroit persuader que c'est un mot Latin : sur ce que Pompeius Festus écrit, que chez le Poëte Ennius,

Ambactus

Ambattus signifie *un serviteur*: & qu'il est composé de la préposition *am*, que les Grammairiens appellent *loquélaire*; & d'*actus*: comme qui diroit *envoyé çà & là*: Am, *præpositio loquelaris*, *significat circum*: *unde servus Ambactus*, *id est circumactus*, *dicitur.* Et plus bas: ambactus, *apud Ennium*, *servus actus dicitur.* Mais Joseph Scaliger, & quelques hommes doctes avec luy, tiennent bien que dans Ennius ce mot est purement Latin: mais que dans César, il est de l'ancienne Langue Gauloise. En effet, en vieille Langue Tioise, ou Allemande, ce mot signifie *Ministre & Officier.* L'ancien Glossaire de Kéron: *Minister*, *ambaht*: *ministraverit*, *ambahtit.* *Officina*, *ambahti*: *officium*, *ambahte*: *officina*, *ambaht.* Dans l'ancien Moine Otfridus, & dans les autres vieux Auteurs de la Langue Tioise, *ambachten* signifie *ouvrer & travailler.* Mais enfin l'usage a élevé ce mot à une plus noble signification: car Isaac Pontanus dans son *Glossarium Prisco-Gallicum*, dit que dans la pluspart des villes de Flandres, *ambachten* signifie ce corps d'assemblée, où un homme, par le choix des autres, tient le principal lieu, & y est honoré comme Chef. Et il ne faut pas trouver étrange, que ce mot soit pris, tantost pour une fonction honorable, & tantost pour une fonction vile & abjecte; puisque dans les Loix Barbares, & dans les anciennes Chroniques, *Ministerialis*, qui signifie mesme chose, se trouve aussi pris pour un *simple Artisan*, & pour un *Officier de Prince ou de Ministre d'Etat.* D'*ambaht* on forma, *ambascia*; qui, dans l'Addition premiere art. 17. de la Loy des Bourguignons, signifie *l'usage & le service qu'on tire d'une beste.* *Quicumque asinum alienum*, *extra Domini voluntatem*, *præsumpserit; aut per unum diem*, *aut duos*, *in ambascia sua.* Le mesme mot signifioit aussi l'employ que le Prince donnoit à quelque personne: car au-lieu de ces paroles, de l'édition commune de la Loy Salique Tit. 1. art. 4. *Si in jussione Regis fuerit occupatus*, on trouve dans l'édition de Basle, *in Ambascia Regis.* Quoyqu'il en soit, il est certain que de là est venu le mot *Ambasiator*, ou *Ambaxator*, qui du commencement signifioit celuy qui avoit la charge de faire quelque chose pour un autre; mais qui depuis a été seulement pris, pour celuy qui porte la parole pour autruy, ou qui a la charge de traitter les affaires d'un autre; bien que maintenant le mot d'*Ambassadeur*, que nous en avons formé, signifie seulement l'Envoyé, ou le Député, qui traite les affaires de Souverain à Souverain. Car anciennement *Ambasciator* étoit pris pour toute sorte de Député. Petrus de Vineis liv. 1. Epist. 8. *Ambaxatores Civitatum rebellium Lombardorum.* Et liv. 3. epist. 82. *Ambaxiatores Civitatum à Papiá.* Et dans une Lettre de l'Empereur Frideric, rapportée par Mathieu Paris dans la Vie de Henri III. *Cum Ambasiatoribus Civitatum rebellium Lombardiá.* Voire mesme il n'y a pas plus d'un siecle & demi, que les Députés, envoyés à nos Rois par quelques Communautés du Royaume, étoient appelés *Ambassadeurs*; comme j'ay vu dans les Registres du Parlement de Toulouse, où les Deputés qu'il envoyoit vers le Roy, prennent la qualité d'*Ambassadeurs*; & comme il se voit dans les Archives des Etats de Languedoc, où les Députés de la Province sont appelés *Ambassadeurs*, en plusieurs Actes.

AMBLER. Il est formé d'*Ambulare*: parceque les bestes d'amble servent à se promener. Fulbert, Evesque de Chartres: *Rogo ut secundum promissionem tuam mittas equum ambulatorem.* Ekkehardus Junior, *De Casibus Monasterii S. Galli*: *Sternatur ambulatrix mea quantocyùs.* Le mesme chap. 10. *Misit post dies istos Dux Burchardo nostro ambulatorem valde decibilem & alacrem: audivit enim eum delicatis equis delectari nimium.* Et chap. 15. *Ambulator autem, cui ipsi insederat, alacritatem equorum post se sentiens.*

AMENDE, ou *Emende*. Il n'y a point de doute que ce mot ne vienne d'*emendare*, qui signifie ordinairement *corriger & réparer*, mais que les Jurisconsultes prennent quelquefois pour *châtier de fait & de parole.* La Loy 7. paragr. *Præterea*, Digest. *De Injuriis*: *Libertum conquerentem; quòd Dominus ei convicium dixerit, vel quòd leviter pulsaverit, vel*

emendaverit. Et la Loy 9. *De Plano*, Dig. *De Officio Proconsulis*: *Libertum non obsequentem emendare, aut verbis, aut fustium castigatione.* De là vient qu'*amende* est une peine pécuniaire: en Latin *mulcta*; parceque ce n'est qu'une espèce de correction qu'on fait pour les fautes qui ne méritent point de plus grande peine, bien que pour certains delits on condamne quelquefois à une amende d'honneur. Il y a long-tems que le verbe *emendare* est pris pour *payer l'amende.* Par la Loy des Bajuvariens Tit. 1. paragr. 11. celuy qui a enlevé une Religieuse, & l'a épousée, est condamné à la remettre dans le Couvent, au profit duquel il est aussi obligé de composer le double de la composition que feroit celui qui auroit enlevé l'épouse d'autruy: *Componat ad illud Monasterium dupliciter; sicut solet componere, qui alienam rapit uxorem.* Et cette composition est ce que nous appelons *amende*: car il y a ensuite de ces paroles, *Et si voluerit emendare & reddere, expellatur de Provincia.* La Loy des Saxons Tit. 10. paragr. 7. *Quicquid servus aut Litus, jubente Domino perpetraverit, Dominus emendet:* ce qu'au paragraphe suivant la Loy appelle *mulctam componat.* Si bien qu'il n'est pas toujours vray de dire, selon le *Speculum Saxonicum* liv. 3. art. 53. que *mulcta judici datur; emenda parti læsa.*

AMIRAL. L'origine de ce mot est fort debattue. Les uns le forment de ἀλμυρίς, qui signifie *la salure de la mer*; parceque les Amiraux sont Chefs des armées navales. Les autres le composent de *Amir*, ou *Emir*, qui signifie *Prince* parmi les Arabes; & ἅλιος qui veut dire *maritime*: aussi les derniers Grecs l'écrivent ἁμηράλιος; comme il se voit dans le *Curopalata.* Mais l'opinion la plus assurée, comme je croy, est que nos anciens François, dans les voyages qu'ils firent en Orient, empruntèrent ce mot des Arabes; lesquels, comme je viens de dire, appellent *Amir*, ou *Emir*, un Prince ou Gouverneur de Province. Mathieu Paris en la Vie de Henri III. parlant de la ville d'*Asur*: *Procurator civitatis qui Linguá eorum Emir dicebatur.* Il est bien vray que les Auteurs écrivent ce mot de diverses façons; car il y en a qui disent *Amiras.* Paulus Diaconus Aquileiensis *Hist. Miscell. lib. 119. Dolo necatus est Hoamen Dux, cùm Amiras decem fuisset annis:* mais avec cette différence, qu'*Amiras* est le titre du Prince Souverain; & *Amyraus*, celuy d'un Gouverneur de Prince. Sigebert dans sa Chronique sur l'an 630. parlant de Mahomet: *Hic in regno Sarracenorum quatuor Prætores statuit, qui Amiræi vocabantur; ipse verò Amiras dicebatur.* Le mesme sur l'an 657. *Muhavias ex Amiræo Amiras factus.* Et encore sur l'an 718. *Zuleimen Amiras, cum Amivais suis, & stolo navium pene trium millium, Constantinopolim triennio obsidet.* Quelques autres Auteurs disent *Admiratus.* Ademarus Engolismensis: *Nabuchodonosor, Babyloniá, quem vocant, Admiratum.* Et Mathieu Paris, dans la Vie de Henri III. *Potestas Janua, quem Admiratum vocant.* Il y en a encore plusieurs qui écrivent *Admiraldus, & Amiralius*; conformément à nostre façon de parler. L'*Historia Gestorum Viâ Hierosolymitana, liv. 5.* qui est dans le 4. Tome des Historiens François du du Chesne:

Tres Ammiraldi; sic Reges quippe vocati Hierusalem.

Robertus Monachus, dans son Histoire de Jerusalem, liv. 4. *Et quos Admiraldos vocant, Reges sunt, qui Provinciis regionum præsunt.* L'Auteur du Supplément de la Chronique de Sigebert: *Stolus etiam Babyloniæ per mensem unum obsedit Accaron.* Et les anciennes Annales de France: *Legatos Aaron Amiralmumminim Regis Persarum.* Bref, ce nom se trouve diversement écrit dans Mathieu Paris, & dans plusieurs autres Historiens: car on y rencontre assez souvent les mots de *Admirabilis, Amiralius, Admiralius, Admiraldus, Admiravisus.* Mais ce qui me confirme davantage en cette opinion, qu'*Amiral* signifie originairement *Chef, & Gouverneur*; & qu'anciennement il n'étoit pas proprement dit d'un Chef d'armée navale; c'est que le Grand Maître des Arbalestriers a été autrefois appelé *Amiral des Arbalestriers.* Enguerrand de Monstrelet, vol. 1. chap. 15. Et là se trouvèrent les François; c'est-à-sçavoir, l'Admiral de France & l'Amiral des

Arbalestriers : lesquels avec leur gens se mirent sur mer. Si ce n'est qu'on veuille dire, que lorsqu'il commandoit dans les armées de terre, il étoit appelé, *Maître des Arbalestriers :* & que lorsqu'il étoit sur mer, il prenoit la qualité d'*Amiral.* Du Tillet en son Recœuil des Rois de France, nous veut persuader que l'Office d'*Amiral* est fort ancien ; & qu'il étoit déja établi du tems de Charlemagne ; parceque, dit-il, Eginard, en la Vie de cet Empereur, appelle Roland *Prefet de la Mer Britanique.* Mais il s'est mépris, en ce qu'il a pris la coste de la mer, pour la mer mesme. Car les paroles d'Eginard sont, *Rutlandus, littoris Britannici Prafectus :* où *littus Britannicum* signifie proprement les villes, les ports, & les terres assises le long de la coste de l'Ocean Britanique. Outre que dans l'édition d'Eginard, qu'André du Chesne a donné dans son recueil des anciens Historiens de France, il y a *Limitis Britannici Prafectus.* Or, qu'en ce tems-là l'Office d'*Amiral* n'étoit pas encore établi, il est aisé de le prouver : parceque Charlemagne envoyant une armée navale en l'Isle de Corséque, pour la deffendre des incursions des Mores ; elle fut commandée, non par un Amiral, mais par le Connétable, qui étoit alors celuy que nous appelons *Grand Ecuyer de France.* Les Anciennes Annales de Fulde, sur l'an DCCCVI. *Eodem anno Rex Burghardum, Comitem Stabuli sui, cum classe misit in Corsicam, ut eam à Mauris, qui superioribus annis illuc pradatum venire consueverant, defenderet.* De sorte que le terme d'*Amiral* ne se trouve pas usité en France, que depuis les voyages de la Terre Sainte. Il est bien vray que l'Amirauté ne fut pas d'abord érigée en Office ; & que jusqu'au regne de Charles V. les Amiraux étoient institués par nos Rois, lorsqu'ils équippoient des armées navales ; & destitués, lorsqu'ils n'en avoient plus affaire. Et le premier qui exerça l'Amirauté en Titre d'Office, fut Amaury, Vicomte de Narbonne ; comme du Tillet a remarqué.

AMORTIR. AMORTISSEMENT. Les Eglises, Chapitres, Colléges, Confrairies, & Communautés, sont appelées *Gens de main morte ;* selon la commune opinion, parce ne pouvant mourir ni aliéner leurs possessions, elles ne peuvent jamais changer de main : bien qu'il y ait plus de raison de les appeler, *Gens de main immortelle,* parce qu'ils ne peuvent jamais mourir. Mais je fais voir sur le mot *Mainmorte,* qu'ils sont ainsi appelés ; de *main,* qui signifie *possession ;* & de *morte,* qui veut dire *inutile & sans fruit :* parceque les possessions que les gens de Main-morte acquièrent, sont inutiles & sans fruit, à l'égard des Seigneurs desquels elles relévent. Et c'est parcequ'ils y perdent les Ventes, les Quints, Requints, Reliefs, Confiscations, & autres Droits dûs, selon les Coutumes des Païs ; qui leur pourroient échoir, si tels biens étoient possedés par des particuliers. Ces biens sont dits *amortis,* c'est-à-dire, rendus inutiles & sans fruit à l'égard des Seigneurs de qui ils sont mouvans ; lorsque de leur consentement, le Roy, par des Lettres d'Amortissement, les décharge de tous les Droits & devoirs feodaux, s'ils sont tenus en fief ; ou de toute sorte de Cens, & autres telles redevances, s'ils sont tenus en roture. Et ce consentement des Seigneurs, est simple ou conditionel, c'est-à-dire, moyennant le payement de l'indemnité, ou la nomination d'homme vivant, mourant & confisquant. Il n'y a pourtant que le Roy qui puisse faire tel amortissement : bien que par Arrest de l'an 1277. rapporté par le Président le Maistre, au chap. 2. *des Amortissemens,* les Pairs de France soient en droit d'amortir les arriere-fiefs qui sont tenus d'eux : Et par la Coutume de Bar, art. 13. *au Duc de Bar seul appartient de donner amortissement des choses acquises par gens d'Eglise, ou de Main-morte, Chapitres, Colléges, ou Communautez.* Le verbe *amortir,* dans les Coutumes, se trouve pris en diverses significations. Dans la Coutume d'Anjou art. 258. *amortir un hommage,* est l'éteindre par la redevance de quelqu'autre devoir, si la personne Coutumiere, (c'est-à-dire, non noble) aborne à quelque devoir, ou amortit la foy & hommage qu'elle doit. Par la Coutume de Rheims art. 23. *Toute personne débile, ou constituée en vieillesse, se peut donner & amortir à tel*

que bon luy semble. Où l'on a fait cette Note marginale : *Amortir, en ce lieu, s'entend de celuy qui se donne, luy & ses biens, à qui luy plaist, à la charge d'estre nourri le reste de sa vie.* Le Coutume de Châlons art. 17. porte que *les gens de condition servile, & de main-morte, peuvent donner, vendre, & engager leurs meubles & héritages, & eux amortir à qui bon leur semble.* Où *amortir* signifie laisser les biens ; en la mesme sorte que les Gens de Main-morte, c'est-à-dire, de servile condition, mourans sans enfans, sont contraints de les laisser à leurs Seigneurs. Quelques autres Coutumes disent *se faire mort,* pour amortir. La Coutume de Cambresis, Titre 1. 70. & 71. *Se faire mort d'un fief en faveur du plus proche héritier.* En Languedoc, *amortir le feu & la chandéle,* est ce qu'on dit en France *éteindre & tuer.*

AMUSER. C'est occuper à une action oiseuse & de peu d'importance Il doit venir de l'Allemand *muss,* qui signifie *oisiveté ;* & *mussig,* c'est-à-dire *oiseux.* Je ne say si ces mots sont formés de *Muse* & de *Musique :* & si les Nations du Septentrion, qui durant leur ancienne barbarie n'estimoient rien que le métier des armes, mirent la profession des Arts Liberaux au rang des choses inutiles, & prirent de là occasion d'appliquer à l'oisiveté les noms de *Muse,* & de *Musique,* sous lesquels les Anciens Philosophes entendent ordinairement les *Arts Liberaux.*

ANDOILLIER. Fouilloux, chap. 21. de sa Venerie, dit que Phébus l'appelle *antoiller.* C'est le premier cors de la teste d'un Cerf; le second est le *surandoillier ;* les autres s'appelent *chevillures.* Puisque Phébus, qui est plus ancien Auteur de la Vénerie, dit que Fouilloux l'appelle *antoillier,* il est croyable que c'est son vray nom : de sorte que je me persuade qu'il est formé d'*ante,* qui signifie *devant,* comme étant le premier cors. Ainsi en Latin *antes,* sont, en une vigne, les premiers ceps ; c'est-à-dire, ceux qui paroissent aux extrémités : & *anta,* les jambages des portes ; parcequ'en entrant elles se présentent les premieres. *Antes sunt extremi ordines vinearum : unde etiam nomen trahunt* antæ, *qua sunt latera ostiorum.* Et il est vray-semblable qu'*antoillier* est formé d'*ante :* de mesme qu'*antilena,* qui signifie le *poitrail du cheval ;* comme étant le contraire de *postilena,* qui signifie *la croupiere.*

ANNATE : c'est-à-dire, *le revenu d'une année.* Aussi est-il formé d'*annus.* Un ancien Acte touchant la Terre d'Alzone, en Languedoc, parlant du Droit de Rachat, qui est la perception des fruits d'une année des successions tombées en ligne collatérale : *Dominus noster Rex Franciæ debet percipere, & percipere consuevit, primam Annatam, seu fructus, reditus, jura, & obventiones, totius dicta Baronia, dicti anni.* Ainsi *Annion,* dans la Coutume de Montargis chap. 18. art. 10. est le respit, ou le delay d'un an, donné aux debiteurs. Mais ordinairement *Annate* est le Droit qu'a le Pape de prendre le revenu d'une année des Benefices vacans. Platina, en la Vie de Boniface IX. écrit que ce fut lui qui le premier établit ce Droit ; bien que quelques autres, du nombre desquels est Thomas de Valsinghan, sur l'an 1316. en fassent auteur le Pape Jean XXII.

APPANAGE. Durant les deux premieres races de nos Rois, les Fils de France partageoient les Etats de leurs Péres en égales portions ; qu'ils possedoient en Titre de Royaume. En la troisiéme, parceque dés son commencement presque tout le Royaume se trouva divisé entre les Seigneurs, en fiefs héréditaires & patrimoniaux, l'aîné des Fils de France succeda seul au Royaume ; les Cadets n'ayant pour tout partage que les Terres du Domaine de la Couronne, sous le nom d'*Appanages.* Paul Emile, en la Vie de Philippe Auguste, dit qu'après la Conqueste de l'Empire de Constantinople, faite par nos François, une grande partie des Terres en fut infeodée, par l'Empereur Baudouin, aux Seigneurs qui avoient aidé à le conquerir ; sous l'obligation de la quatriéme partie des rentes & des tributs, qu'ils devoient envoyer à l'Epargne de l'Empire : à quoy ils engageoient leur foy, par une espéce de serment, que les Grecs appellent παναγιον ; d'où par la suite nos François ont emprunté le mot de *Panage,* ou *Appanage. Hi, & si qui alii donabantur urbium regionumve ditione, jussi sunt quartam partem publicorum vestigalium Fisco Balduini Cæsaris inferre; ac ei se devincire sacratissimâ religione, Panagioque Jurejurando: quo Græco vocabulo etiam vulgò posteà Franci usi sunt.* Si cette étymologie est raisonnable, j'en fais juge le Lecteur. René Choppin, liv. 2. chap. 2. *de Domanio Franciæ*, dit que les mots *Panagium*, ou *Appanage*, sont formés de τὸ πᾶν ἅγιον, c'est-à-dire, *tout saint*: parceque le Domaine de nos Rois, duquel sont tirés les Appanages, est saint & sacré. François Hotman, dans son *Franco-Gallia*, veut qu'*Appanage* soit formé d'*abannen*, qui en Alleman signifie *exclurre*; parceque les Cadets de France sont exclus de la succession de la Couronne, par le moyen des Appanages. Henri Spelman, en son Archéologe, ou Glossaire, semble vouloir persuader qu'*Appanage* est formé du verbe *appendere*; comme qui diroit, *appendagium*: parce qu'il est comme un appendice & une dépendance de la Couronne: & qu'on a fait *Appennage* d'*Appendagium*; de mesme qu'*Arpennium*, d'*Arpendium*, ou *Arvipendium*. Du Tillet, dans son Recœuil des Rois de France, dit que quelques-uns tiennent qu'*Appanage* vient de je ne say quel mot Grec *panegos*, qui signifie *sustentation & provision*. Mais il en apporte au mesme endroit une autre origine, que je trouve beaucoup plus vray-semblable que les précedentes. *Aucuns*, dit-il, *ont dit du nom de pain, qui est mot général pour le vivre & entretien de la personne, tant en Langue Françoise (où en proverbe est dit, il a mangé son pain, pour y avoir esté nourri) qu'Hebraïque: ce que l'oraison Dominicale témoigne, parlant du pain quotidien.* Et certes il y a d'autant plus de raison de croire que le mot *Appanage* est formé de *pain*, qu'en Languedoc on appelle *compagnage*, la viande qu'on mange avec le pain; & que *compagnon*, signifie proprement celui qui vit avec nous; & *compagnie*, la societé de ceux qui mangent & vivent ensemble. Aussi dans les Coutumes, *Appaner une fille*, est la doter, & lui donner dequoy vivre auprès de son mari: & la dot est appelée *Appanage*. La Coutume de Nivernois chap. 23. art. 24. *Fille mariée & apannée, ou dotée par pere & meve vivans.* Et au mesme lieu: *Dot & Apannage.* La Coutume de la Marche art. 291. *La mére, ne le frére, après la mort du pére, ne peuvent apanner leur fille, ou sœur, des biens à elle écheus par succession de ses Prédecesseurs.* Et la Coutume de Bourbonnois art. 265. dit *Apanner*, de toute sorte d'enfans; car parlant d'enfans mariés par échange, *ils sont*, dit-elle, *censés & reputés estre destors apannés.*

APPENS. Nous disons que quelqu'un a été attaqué de guet appens, lorsque ç'a été à dessein, & non par cas fortuit. Les anciens François disoient *guet appensé*. Enguerrand de Monstrelet vol. 1. chap. 73. *Trahisons par tres-grans matruaistiés & aguets appensés conspirées:* Où *apensé* signifie *résolu & prémédité:* aussi vient il de *pensare*, qui, comme nous disons sur le verbe *penser*, signifie quelquefois *penser & estimer.*

APPENTIS. C'est un corps de logis, galerie, ou telle autre sorte de bâtiment, ajouté à une maison. Il vient d'*appendix*, qui signifie *accessoire & augmentation.* Les Gloses: *Appendix, προσθήκη.*

APPOINTER. C'est donner le salaire & la récompense des services rendus. Il est formé de *punctum*, qui signifie *salaire & récompense.* L'Empereur Anastase, en la Loy *Laudabile*, Cod. *de Advoc. divers. Judicum: Inter spectabiles sacri nostri Consistorii Comites divinâ nostrâ Serenitatis manu, puncti consequi solatia.*

APPUYER. Les Latins appellent *podium*, aux maisons & aux Theatres, cette petite muraille qui régne autour du comble du bâtiment, en forme de terrasse; laquelle, pour s'avancer environ un pié hors du plain de la principale muraille, est ainsi appelée, de πούς qui signifie *un pié*: & parceque ce *podium*, sert d'appuy, & de soutien à ceux qui veulent regarder en dehors, on en a fait le verbe Latin-barbare *appodiare*; duquel nous avons formé *appuyer*. Joannes Januensis *in Catholico: Appodio, innitor.* Radulphus Ardens en ses Homélies, parlant de l'Elephant: *Huic venator insidians notat arborem cui se appodiat, cùm requiescit.* Guillaume de Nangis en la Vie de S. Louis: *Appodiantes gla-*

-dios lateri ejus. Guillaume le Breton dans sa Philippide livre 2.

   Fossis jam plenis parmas ad mœnia miles
   Appodiat.

Et Rigordus, *de Gestis Philippi Augusti, Regis Franciæ: Turris autem qua maledicta dicebatur, quæ longo tempore nostris multa mala intulerat, à Minariis Regis fuerat suffossa, & lignis ibi positis appodiata; ita quòd ad ipsius ruinam non restabat, nisi quod ignis supponeretur.*

AQUITTER. Sur le mot *quite*, je fais voir qu'il vient de *quietus*, parceque celuy qui a payé ses dettes, est quiet & en repos. De *quietus* on a formé le verbe Latin-barbare *acquietare*, duquel nous avons fait *acquitter.* Les Loix d'Ecosse, intitulées *Regiam Majestatem*, liv. 2. chap. 41. *Hæreditates instauratas & de debitis acquietatas.* Et liv. 4. chap. 24. *qualiter homo acquietabit contra dominum suum.* Et au chap. 75. du mesme livre: *si autem per Sacramentum illorum acquietetur, quietus sit.* Mathieu Pâris en la Vie de Henri III. *quædam debita dicti Abbatis, per se, & Priores Cellarum mercatoribus transmarinis benignè acquietabat.*

ARBALESTE. Il est formé d'*arcus*, & de *balista.* Guillaume le Breton, comme nous verrons cy-après, l'appelle *arcu-balistarius.* Rigordus, *de Gestis Philippi Augusti: Quidam Arcubalistarius de Castro, indignatus*, &c. Les Gloses: *Arcubalista, σκορπίο.* Aussi bien *Scorpio* en Latin est une machine de guerre; ainsi appelée, à cause des traits qu'elle jettoit, dont la pointe étoit mortelle, comme celle de la queue du Scorpion. Isidore liv. 18. chap. 8. *Scorpio, est sagitta venenata arcu, vel tormentis, excussa.* Anciennement aussi *balista* étoit une machine de baterie. Ovide *lib. 1. Tristium, Eleg. 2.*

   Quàm grave balista mœnia pulsat onus.

On s'en servoit aussi pour deffendre les Villes, & les vaisseaux de guerre: Et parcequ'elle étoit bandée avec un tour, elle étoit appelée *balista à turno*; & en François, *arbaleste à tour.* Marinus Sanutus Torsellus, *in Secretis Fidelium Crucis* lib. 2. cap. 8. *Quòd in quolibet navigio dulcis aqua, balista grossa à turno, cum suis munininibus, portarentur.* Guillaume de Lorris au Roman de la Rose:

   Vous peussiez les mangoneaux
   Voir par dessus les carneaux;
   Et aux archéres tout autour
   Sont les arbalestes à tour.

A l'imitation de ces grandes arbalestes, on en fit de petites, dont un homme seul se pouvoit servir: & parcequ'en les lâchant on les appuyoit contre l'estomach, Marinus Sanutus, au livre cy-dessus allégué, chap. 22. les appelle *balistas à pectoribus.* Elles avoient un os, pour en lâcher le trait, qu'on appeloit *noix*; comme nous fesons encore. Guillaume le Breton, liv. 5. de sa Philippide:

   Guido nucem volvit balista pollice lævo,
   Dextra premit clavem.

Il y avoit cette différence entre les traits des arbalestes, & ceux des arcs: que ceux là étoient appelés *quarreaux*; & ceux-cy *fléches.* Le mesme Guillaume le Breton liv. 2.

   Nec tamen interea cessat balista, vel arcus:
   Quadrellos hic multiplicat; pluit illa sagittas.

Et Rigordus, *de Gestis Philippi Augusti: Quarellos cum balistis, & sagittas cum arcubus.* Guillaume le Breton, au mesme livre, écrit que l'usage des arbalestes étoit inconnu en France durant le régne de Philippe Auguste.

   Francigenis nostris illis ignota diebus
   Res erat omnino, quid balistarius arcus,
   Quid balista foret: nec habebat in agmine toto
   Rex quemquam, sciret armis qui talibus uti.

Et au liv. 7. il dit que ce fut Richard Roy d'Angleterre qui en apprit le premier l'usage aux François. Car décrivant la Parque *Atropos*, qui veut que ce Roy meure d'un coup d'arbaleste, il la fait parler de cette sorte:

   Hâc volo, non aliâ, Richardum morte perire,
   Ut qui Francigenis balista primitus usum
   Tradidit, ipse sui rem primitus experiatur;
   Quamque alios docuit, in se vim sentiat artis.

Toutefois je trouve que durant la Vie de Louis le Gros, ayeul de Philippe Auguste, l'usage des arbalestes étoit déja en France: car Sugger, Abbé de S. Denis, en la Vie de ce Prince, dit qu'il attaqua *Drogonem Montia-*

censem cum magna militari sagittaria manu, & balistaria.
Et plus bas : *Radulphus Viromandensis, ballistarii quadro
oculo est privatus.* Pour concilier ces contrarietés, il
faut remarquer que le Pape Innocent III. qui vivoit
du tems de Philippe Auguste, & de Richard Roy d'Angleterre, deffendit, sur peine d'excommunication, l'u-
sage des arbalestes contre les Chretiens ; *cap. unico de
Sagittariis :* que lorsque Guillaume le B.eton écrit, que
parmi les François, *illis diebus,* l'usage des arbalestes
étoit inconnu, il marque le tems durant lequel on obeïs-
soit à la deffense du Pape ; à laquelle Richard s'étant
rendu desobeïssant, il fut le premier qui par son exemple
rétablit parmi les François l'usage des arbalestes, qui
par un juste jugement de Dieu coûtérent enfin la vie.

ARCABALET. Il est composé d'*arc*, & de *jalet*,
qui, selon R. Estienne, en son Dictionnaire, signifie
un globe, ou boulet : qui est formé de ἰάλλειν, qui signifie *jetter.*

ARCENAL. Quoyque ce mot signifie toute sorte
de magazin d'armes, il n'étoit originairement entendu du lieu où sont bâtis & gardés les vaisseaux de
guerre & leurs équipages; tel qu'est l'Arcenal de Venise. Meursius en son Glossaire Grec-barbare : ἀρσενάλης,
navale. Aussi est-il composé du mot Latin *Arx*, qui
signifie *Citadelle*, & de ἅλς, qui signifie *mer.*

ARCHIVES. C'est le lieu où l'on garde les Actes
& les Documens qui concernent le public. Il est aussi
appelé *Tabularium* ; & en Grec χαρτοφυλάκιον, & γραμμα-
τοφυλάκιον. La Loy 9. paragr. 6. Digest. *de pœnis: In publico
instrumenta deponantur, Archio forte, vel Grammatophy-
lacio.* D'*Archium*, ou, selon quelques autres, *Archivum*,
nous avons formé le mot *Archives.* Quelques-uns le
dérivent d'ἀρχή qui signifie *Principauté*: parceque, di-
sent-ils, c'étoit dans la maison du Prince, qu'on gar-
doit les Actes & les Documens du public. Mais on
pourroit aussi le dériver d'ἀρχαῖον, qui signifie ancien ;
parceque c'est proprement le lieu où l'on garde les
anciens Documens.

ARDILLON. C'est ce petit fer aigu qui prent
& acroche la boucle. Il est formé de l'ancien verbe
François *aerdre*, qui signifie *prendre & acrocher* ; comme qui diroit *aerdrillon.*

ARMOIRIES ou ARMES. C'étoient anciennement des figures que les Gens de guerre portoient
peintes ou gravées sur leurs écus, pour se faire con-
noître sous les armes. Maintenant ce sont des marques
honorables des Familles, qui, par droit de succession,
appartiennent à ceux qui en portent le surnom. L'Ecu
en est le lieu originaire, & comme naturel : d'où vient
qu'elles sont ainsi appelées ; parceque sous le nom d'*arma*, les Romains entendoient particulierement les
Ecus. Il est bien vray que ce mot généralement signifie *les armes deffensives.* Isidore liv. 18. chap. 5. *Arma
sunt quibus ipsi tuemur : tela, quæ emittimus.* Le Glossaire de l'Evesque Goth Ansileubus : *Arma, quibus def-
fendimur, rotunda : tela, quibus oppugnamus, longa.*
Et le Grammairien Servius sur ces paroles, *Arma viri*,
du 4. de l'Eneïde : *Gladius*, dit-il, *abusivè : nam arma
propriè sunt, quæ armos tegunt.* Toutefois il y en a qui
prennent proprement *arma*, pour *les Ecus.* Joseph
Scaliger sur Varron *De Lingua Latina :* Arma *propriè
sunt scuta : ut Tarpeia necata armis Sabinorum, id est
scutis ;* & Ancilia arma, *id est scuta.* Aussi dans les anciennes Gloses Gréques & Latines, ὅπλον, qui signifie toute sorte d'armes, se trouve expliqué par *scutum :* comme *scutum*, par ὅπλον; *scutarius*, par ...
& ὁπλοπώρεος, par *insigniarius*, qui est un faiseur de
Devises & d'Armoiries. Dans le liv. 8. de la Thébaïde de Stace, les Ecus se trouvent en deux endroits
absolument appelés *arma.* Le premier, où il décrit
l'Ecu de Drias, qui avoit pour Devise un Trident &
un foudre :

*Promovet ecce Drias, hic cui niveum arma Tridentem,
Atque auro rude fulmen habent.*

L'autre, où parlant des gens de guerre du pays voisin du mont Parnasse, il leur donne, en faveur d'Apollon, des branches de laurier pour cimier; & pour Devise,
aux uns Tityus, que ce Dieu tua à coups de flèches, &
aux autres l'Isle de Délos, lieu de sa naissance, ou bien
son carquois.

Omnibus immixtæ cono super aspice lauros.

*Armáque vel Tityon vel Delon habentia, vel quæ
Hic Deus innumerá laxavit case pharetras.*
Quant à l'origine des Armoiries, il est certain que
l'ambition de se faire connoître dans les occasions de
la guerre, en fit trouver l'invention. Car les gens de
guerre, craignant que dans le desordre & la confusion
d'une mêlée, où le visage caché sous une visiere baissée,
& l'uniformité des armes de tous les combattans, les
pouvoit faire passer pour inconnus, la gloire de leurs
belles actions ne leur pût être disputée, dans l'incertitude de ceux qui les avoient faites ; ils s'aviserent de
faire peindre ou graver des signes particuliers sur leurs
Ecus, parceque, de toutes les armes, c'est celle qui
est le plus exposée à la vue, puisqu'elles servent à couvrir les autres, & à essuïer les premiers coups des ennemis. C'est pourquoy ces signes, comme il se voit
dans Végéce, furent appelés δείγματα, c'est-à-dire,
indices & *manifestations.* Nos anciens François les appeloient aussi *connoissances.* Le Roman de Guillaume au
court nés :

*Coveut le Comte à son heaume gencé :
As cognoissances de son Escu bandé.*

Et Guillaume le Breton liv. 9 de sa Philippide, parlant
de la Cotte d'armes des Chevaliers, où leurs armoiries
étoient peintes ; dit que c'étoient des signes & des
marques, pour les distinguer les uns des autres :

*Quæque armatura vestis consueta supremo
Serica, cuique facit certis distinctio signis.*

Mais, parceque ceux qui ont écrit des armoiries se
tourmentent fort à la recherche de ceux qui en furent les Inventeurs : sans m'amuser à faire le rapport
de leurs opinions, je dis qu'Hérodote, le plus ancien
des Historiens Grecs, au liv. 1. écrit que les Cariens,
peuples de l'Asie mineure, trouvérent l'invention de
faire des Devises sur les Ecus des gens de guerre;
d'enrichir leurs casques de pennaches, ou tel autre
ornement, & d'attacher au revers des Ecus les anses
qui servent à les manier. Ce qui est confirmé par Strabon, au liv. 14. de sa Geographie, qui fait voir par
l'autorité des Poëtes Anacreon & Alcée, qu'on donnoit aux pennaches des casques, & aux anses des Ecus,
l'épithete de τὰ καρικά, parceque'elles étoient de l'invention de ce peuple.

Les Armoiries n'étoient anciennement que des Devises volontaires, qu'un chacun prenoit selon sa fantaisie, sans que les enfans fussent obligés de porter
celles de leurs peres, ny d'aucun de leurs Prédécesseurs.
Mais parceque maintenant elles sont héréditaires, &
qu'elles passent à tous les descendans avec obligation
de les porter; il faut que je dise en quel tems &
pour quelle raison, de volontaires qu'elles étoient, elles
devinrent nécessaires. Je tiens donc qu'en France, &
par conséquent parmi les autres nations de l'Europe,
qui n'ont été que les singes de ses anciennes Coutumes, les armoiries fixes & héréditaires commencérent avec l'acquisition générale de la propriété des fiefs;
& que ce fut environ le commencement de la troi-
sième Race de nos Rois, que le Roy Hugues Capet,
pour affermir la Couronne sur sa teste & sur celle
de ses Successeurs, & contenter un grand nombre de
Seigneurs qui menaçoient de se détacher de son obeïssance, se trouva obligé, par raison d'Etat, de relâcher
à toute la Noblesse la propriété des Fiefs, qui n'é-
toient la plûpart tenus qu'à vie, comme sont maintenant les Bénéfices de l'Eglise. Cette générale acquisition de la propriété des Fiefs, se fit avec l'observa-
tion de certaines formalités du tems : d'où les Seigneurs prirent occasion de rendre les Armoiries fixes,
héréditaires, & affectées aux familles. Je trouve que
selon la pratique des Romains, & de quelques autres nations, nos anciens François avoient de coutume de s'introduire en la possession d'un bien, dont
on prétendoit la propriété par une saisie, c'est-à-dire,
par l'apposition des Armes du Prince, sous l'autorité
duquel on mettoit, comme en dépost, la chose pré-
tendue, jusqu'à ce qu'elle fut ajugée par sentence
définitive; ce qu'ils appeloient *ad proprium sacire*, &
qui se pratique encore aujourd'huy en matière de sai-
sies, qui en ont pris le nom, comme je fais voir sur
le verbe *saisir.* Là dessus je me persuade, sauf meilleur avis, que la Noblesse qui avoit reçu la propriété

des Fiefs avec attribution de certains droits Royaux, entre lesquels étoit celuy de rendre justice en son nom, crut aussi qu'elle pouvoit saisir son Fief en son nom, & de sa propre autorité; & qu'elle prit la hardiesse de faire cette saisie, ou prise de possession, par l'apposition de ses propres Armes, dont à cet effet elle posa l'Ecu sur la porte de la principale maison du Fief. D'où vient que depuis, les Seigneurs font peindre ou graver leurs armes sur les portes des Hôtels & des Châteaux, pour faire connoître qu'ils leur appartiennent. Et parce qu'auparavant, les Armoiries étoient changeantes & volontaires; les Seigneurs les rendirent dés-lors fixes & nécessaires, & en transmirent l'usage à leurs successeurs, aussi bien que la proprieté des Fiefs. Par ce moyen les Armoiries furent tellement affectées aux Fiefs, qu'elles n'en pouvoient pas être separées: jusques-là mesme que lors qu'un Seigneur prenoit le surnom d'un Fief, il en devoit necessairement porter les Armes. C'est pourquoy anciennement les Seigneurs, & sur tout, les Cadets, épousans l'Héritiére d'un Fief, en prenoient en mesme tems le nom & les armes. J'en pourrois rapporter quantité d'exemples: mais quand j'auray fait voir, que mesme les enfans de France le pratiquoient, il n'y aura personne qui le puisse révoquer en doute. Hugues, frére du Roy Philippe I. ayant épousé l'Héritiére de Herbert Comte de Vermandois, prit les Armes de sa femme, qui portoit d'or échiqueté d'azur. Robert, Comte de Dreux, fils de Louis le Gros, prit les Armes d'Agnês, Comtesse de Brenne, qui portoit d'azur échiqueté d'or à la bordure de gueules. Pierre de Dreux, l'un de ses descendans, surnommé *Mauclerc*, ayant pris pour femme, Alix, Comtesse de Bretagne, prit aussi les Hermines de Bretagne, que ses successeurs, quoy que Princes du sang de France, ont depuis porté. Enfin Pierre, fils du Roy Louis le Gros, ayant épousé Isabelle de Courtenay, en prit le nom & les armes, qui étoient d'or à trois tourteaux de gueules. Ce que du Tillet avoit sans doute remarqué, lors qu'au chapitre des Noms & Surnoms des François, il écrit ces paroles: *Et dura celle forme long temps, que la pluspart des familles n'estoient connues que par l'Escu & Armoiries.* Dequoy, & de la Coutume de saisir les Fiefs, je trouve une belle preuve dans le Roman de Guillaume au Court nés: où Anselise Princesse Sarrazine, desirant connoistre un jeune Seigneur François, luy demande seulement quelles sont les armes de son Fief.

> *Elle l'appelle en Roman tot apris*
> *N'el sot nomer, si li dit, biax amis,*
> *Con avés nom a la Cort Looys?*
> *De queux Escus est vostre Fief saisis.*

Car à-cause de cette saisie, ou prise de possession, qui se faisoit par l'apposition de l'Ecu, comme je viens de dire, le mot *saisir* vint enfin à signifier ce que nous disons maintenant, *blasonner & armoyer*: comme il se voit manifestement en ce lieu de Froissart, vol. 1. chap. 210. *Fist desveloper sa banniere, qui estoit saisie d'or & d'azur à un chef palé.* Le Docte Mr. de Saumaise dérive ce mot *saisir* de σακκίζειν qui signifie *couper la bourse*; bien-que, s'il le faut tirer du Grec, il y ait d'apparence de croire, que le verbe *sacire*, duquel nous l'avons formé, vient de σάκος, qui signifie *un Ecu*: puisqu'en effet *saisir* est proprement mettre l'Ecu & les Armes du Prince sur la possession debattue en justice. Je pourrois encore fortifier de quantité d'autres preuves, ce que je viens de dire de l'origine des Armoiries: mais je les réserve pour un Traité particulier que j'en dois donner au public moyennant la grace de Dieu.

ARPENT, Commot, selon quelques uns, est de l'ancienne Langue Tioise, ou Gauloise: & selon quelques autres, de la Latine. La Loy des Wisigoths liv. 8. tit. 4. Loy 25. *Medietas aripennis.* Liv. 10. tit. 1. L. 14. *Per singula aratra quinquaginta aripennes dare solent.* Grégoire de Tours liv. 5. chap. 27. *Unam amphoram vini per aripennem.* Réginon, liv. 1. *De uno Aripenne unam amphoram vini.* Les anciennes Formules: *Vineam quæ continet Aripennos tantos.* Toutefois le mot *arpentum* se trouve dans la Loy des Bajuvariens tit. 1. chap. 4. paragr. 2. *Pratum arpento clauditur.* Isaac Pontanus

dans son *Glossarium Prisco-Gallicum*, veut que ce mot soit formé d'*aert* ou d'*aerde*, qui signifient *terre*, en Langue Allemande; & de *pand*, qui se dit de tout ce qui est enfermé dans certaines bornes: *Aert enim, & aerde, terram dicimus; pand autem, illud quodcumque certo circumscriptum termino, modoque, intelligimus.* Et il fonde son opinion sur ce que Columelle, ancien Auteur, liv. 5. chap. 1. témoigne que ce mot est de l'ancienne Langue Gauloise. *Galli semi-jugerum Arepennem vocant.* Mais Joseph Scaliger, dans ses Notes sur le Poëme intitulé *Dira*, qu'il attribue à Valerius Cato, soutient que ce mot est d'origine Latine; parceque dans les anciennes Gloses on trouve *Arvipendium*, χοῖνος γεωμετρικός, c'est-à-dire, une espèce de mesure Geométrique: & conclut de-là, qu'il est formé d'*arva* & de *pendere*; mais que de mesme que Plaute a écrit *dispennere*, pour *dispendere*, on a fait aussi *Arepennis* de *Arvipendium*: ce qui semble être en quelque façon confirmé par ce lieu d'Orderic Vital au liv. 5. de son Histoire Ecclesiastique, *unum Agripennem vinea.* Isidore liv. 15. chap. 15. le dérive aussi du Latin, mais c'est du verbe *arare. Actus quadratus undique finitur pedibus CXX: hinc Bœtici Arapennem dicunt; ab arando scilicet.*

ARQUEBUSE. Ce mot est composé d'*arc*, & de *buso*, qui signifie *trou*, en Italien; comme qui diroit, *arc troué* ou *percé*, parce que l'un des bouts de l'arquebuse, qu'on appuye contre la joue, ou contre l'estomach, étant anciennement courbé & crochu, & pour cette raison appelé *croce*, représentoit en quelque façon la moitié d'un arc. Polydore Virgile liv. 2. c. 11. *De Inventoribus Rerum*, tient à la verité qu'*arquebuse* est composé d'*arc* & de *buso*: mais que c'est parcequ'à la guerre on commence les mêlées par les coups d'arquebuse; comme anciennement on fesoit par les flèches; & à cause du trou par où le feu est mis dans le canon qui contient la poudre. *Arcubusius à foramine, opinor, quo ignis in pulverem fistulâ contentum immittitur: nam Itali busium vulgò foramen dicunt. Arcus quòd instar arcûs pugnantibus sit; quippe hodie hujusmodi tormenti usus in primo statim pugnæ loco est, quem olim sagittariis dabant.*

ARRANGER. C'est proprement *ordonner & disposer par ordre* Il est croyable que ce verbe est formé du Latin-barbare *arrigare*, qui signifie *ordonner*. La Loy des Lombards liv. 1. tit. 14. Loy. 17. *Et si, casu faciente, sine hæredibus mortuus fuerit, & ante judicaverit res suas proprias, id est, andegaverit & arrigaverit, secundum legem Longobardorum, habeat cui donaverit.* Où, comme témoigne Lindembrog, les Gloses ont marqué, ARRIGARE IN INFIRMITATE, *res suas ordinare.* Aussi-bien *arrigaverit*, en en ce lieu, explique le verbe *judicaverit*; comme encore maintenant nous prenons le verbe *ordonner*, pour *juger*; & *Ordonnance* pour *Jugement.* Au reste il ne faut pas trouver étrange que d'*arrigare* on ait fait *arranger*; parceque souvent nous prononçons par la syllabe *ran*, ce que les Anciens prononçoient par *ri.* Car l'illustre famille de Rome, qu'on nomme maintenant *Frangipani*, est appelée *Fricapanem*, par Geoffroy de Vendôme liv. 1. epit. 8. & *Domus Frigepanensium*, par Ptolomée, Evêque de Luques, en sa Chronique sur l'an MCXXXIII.

ARREST. Les Jugemens des Cours Souveraines sont ainsi appelés, d'ἀρεστόν, qui signifie *un Decret & une chose conclue & arrestée.* Les Gloses: ἀρεστόν, *placitum.* Et un autre Glossaire: *placitum*, δόγμα, ἀρεστόν. Ce mot vient du verbe ἀρέσκειν, qui signifie *plaire.* Et il est vray que les mots *placitum*; & *plaisir*, qui en est formé; n'appartiennent, en matiere de jugemens, qu'aux Puissances & Cours Souveraines. Et de fait, ce qui est appelé *Parlement*, depuis le commencement de la troisiéme race de nos Rois, étoit appelé *Placitum*, durant la premiere & seconde race; & nous voyons encore qu'il n'y a que le Roy qui se serve de ces mots CAR TEL EST NOTRE PLAISIR; où le mot *plaisir*, ne signifie pas proprement *ce qui plaist*, mais bien *ce qui est ordonné & arresté.*

ARRESTER. Il n'y a point de doute, que lorsqu'il signifie *terminer, conclure, & résoudre quelque chose*, il ne vienne du mot *Arrest.* Mais lorsque nous disont *arrester un prisonnier*, il est croyable qu'il vient de *restis*, qui signifie *une corde*. Guillaume le Breton, liv. 13. de sa Philippide, parlant des prisonniers que les François firent à la Bataille du pont de Bovines:

Jam desunt restes, jam desunt vincla ligandis.

Lindembrog, dans ses Diverses Leçons sur les Loix Barbares, dit que dans le titre 15. paragr. 4. de la Loy Salique, où il y a: *Si quis hominem, præceptum Regis habentem, contra ordinationem Regis adsalire præsumpserit*, l'édition d'Allemagne porte, *extra ordinationem Regis restare, vel adsalire, præsumpserit.* De *restare*, on forma depuis *arrestare.* La Loy des Lombards liv. 3. tit. 1. paragr. 48. *Domini temporales, Consules, & Rectores, per secularem potestatem ves & bona Clericorum occupant & arrestans.*

ARRIEREBAN. La commune oppinion est que ce mot vient d'*Heribannum*, qui se trouve avoir deux significations: la premiere est le cri & la proclamation, par laquelle ceux qui étoient obligés de servir le Prince à la guerre, étoient avertis de se rendre à l'armée. Et ainsi les Capitulaires de Charles le Chauve, expliquent *Heribannum* par ces mots, *Hostis annuntiationem*: où *Hostis* signifie *Armée.* L'autre signification de ce mot est l'amende à laquelle on étoit condamné pour ne s'être pas rendu à l'armée. Les Capitulaires de Charlemagne liv. 3. chap. 67. *Quicumque liber homo in hostem bannitus fuerit, & venire contempserit, plenum heribannum, id est, solidos 60. persolvat.* Et ce mot est composé de *her*, ou *heri*, qui, en ancienne Langue Tioise, signifie *armée*; & de *bannum*, qui veut dire *cri*, & *proclamation.* Je ne puis pourtant me persuader qu'*Arriereban* vienne d'*Heribannum.* Car *Arriereban* est proprement la convocation des Vassaux qui tiennent les Arrierefiefs, & ne relévent que médiatement du Roy: & *Ban* est celle des Vassaux qui tiennent les fiefs mouvans du Roy, sans moyen. De sorte que, comme *Arrierefief* est composé d'*arriere*, que nous avons formé de *retro*, comme *pierre de petra*: puisque les Feudistes l'appellent en Latin *retrofeudum*: il faut par mesme moyen que la convocation de ceux qui tiennent les Arriere fiefs, soit appelée *Arriere-ban*, de *retro* & de *bannum.* Car de mesme qu'*Avant-garde* est la premiere partie de l'armée, & *Arriere-garde*, la derniere; *Ban* en est la premiere convocation, & *Arriere-ban* la derniere.

ARRIERE-FAIX. C'est la membrane dont l'enfant est enveloppé dans le ventre de sa mere. Les Grecs l'appellent χόριον, qui est en Latin *secunda*, ou *secundina.* Nous l'appelons *arrierefaix*, c'est-à-dire, *dernier fardeau*; parcequ'il sort de la matrice après la naissance de l'enfant. Et c'est ainsi qu'*arriere-saison* est le dernier tems de la saison; & *Arriere-garde*, la derniere partie de l'armée. C'est aussi de χόριον, que les Romains nommoient *chordos*, les agneaux qui naissent au delà du tems que la nature leur a prescrit. Varron *de Re Rustica* liv. 2. chap. 1. *Dicuntur agni* chordi, *qui post tempus nascuntur ac remanserunt in volvis intimis, vocant* χόριον, *à quo chordi appellati.* Columelle liv. 7. chap. 3. appelle aussi *chordum*, le foin qui vient en la derniere saison. Les Romains appeloient *Chordos*, les hommes qui avoient été dans le ventre de leur mere au delà du tems ordinaire.

ARTICHAUT. Toute la plante est appelée κινάρα, & le bout, ou pour mieux dire, le fruit, σκόλυμος, par les Grecs; & *strobilus* par les Latins, bien que τρόβιλος, soit proprement *une pomme de pin.* Charles Etienne dans son livre *de Re Hortensi*, dit qu'Hippocrate appelle *cocalum*, le fruit de cette plante; & qu'en y ajoutant l'article des Arabes *al*, on en fit *alcocalus*, & enfin, par la corruption de l'article, *articocalus*, d'où nous avons enfin formé *artichaut.*

ARTILLERIE. Nous appelons ainsi les canons, couleuvrines, & autres piéces de batterie de Campagne: bien qu'originairement ce mot signifiât les arbalestes, les traits & les fléches. Aussi est-il formé d'*arcus* & de *telum.* Il est pris quelquefois pour les *arcs*, & pour les *arbalestes*; comme dans le Sire de Joinville, en l'Histoire de S. Louis: *Nul ne tiroit d'arc, d'arbaleste, ou d'autre artillerie.* Mais le plus souvent il est pris pour les traits, & pour les fléches. Frois-

sart vol. 1. chap. 142. *Et tant furent en tel estat, sans eux mouvoir ne reculer, que ces Archers eurent employé toute leur artillerie. Lors jettérent leurs arcs à terre.* Le Sire de Joinville: *Les Turcs leur lancérent par à travers les rues, qui estoient estroites, force de trait & d'artillerie.* Ce mot est aussi pris, pour tout ce qu'on jette pour repousser un assaut. Froissart vol. 1. chap. 40. *Puis fist armer ses gens, & chacun aller aux guettes, pourveus de pierres & chaux vive, & de telle artillerie, comme il appartenoit pour les garder.* Joinville appelle *Maistre de l'Artillerie*, celuy qu'il nomme peu après *Maistre des Arbalestriers.*

ASSAILLIR. Du Latin *assilire* est formé le Latin-barbare *adsalire*, duquel nous avons fait *assaillir.* La Loy Salique tit. 19. paragr. 10. *Si quis alterum in via adsalierit.* Et tit. 37. paragr. 2. *Si quis ingenuus servum alienum adsalierit.* Et les Capitulaires de Charlemagne liv. 5. tit. 212. *Qui peregrino nocuerit, vel eum adsalierit.*

ASSASIN. De mesme qu'en Latin *Sicarius*, qui signifie *Assasin*, est formé de *sica*, qui est une espéce de couteau: ainsi avons-nous formé *Assasin* de *sahs*, qui, en ancienne Langue Tioise, signifie *couteau* ou *poignard.* Withikindus, *lib. 1. Gestorum Saxonicorum*, dit que les Saxons furent ainsi nommés, de ce qu'un Traitté, où ils devoient terminer les différens qu'ils avoient avec les Turingiens, leurs anciens ennemis, ils les poignardérent avec des couteaux qu'ils avoient porté sous leurs casaques: *Cultelli enim,* dit-il, *Linguâ nostrâ* sahs *dicuntur: ideoque Saxones nuncupatos, quia cultellis tantam multitudinem fudissent.* Ce qui se trouve aussi remarqué par le Poëte Engelhusius, Saxon de nation:

Quippe brevis gladius apud illos saxa *vocatur: Unde sibi Saxo nomen traxisse videtur.*

Isaac Pontanus liv. 2. chap. 2. de ses Origines Gauloises, assûre que pour cette raison les anciennes armes de la Saxonie étoient deux couteaux passés en sautoir; & il ajoute, qu'encore de son tems les Danois, & les Frisons Orientaux, appeloient *sahs*, les ciseaux & les couteaux. Le Glossaire ancien, que Lipse a inséré au 3. livre de ses Epîtres *ad Belgas*: Scarsahs, *novacula*: nam sahs, *cultrum notat.* Et Haiminsfeld Goldast, dans ses Notes sur les anciennes Poësies Allemandes, remarque que *sachs* (qu'il dérive du Latin *sica*, ou *saxum*; parceque, comme il fait voir, les Anciens faisoient des couteaux de Pierre) est proprement un *poignard* ou *couteau*: & *Ostersachs*, *sica Paschalis*; c'est-à-dire, le poignard qu'on portoit aux jours de festes Grégoire de Tours liv. 4. chap. 49. dit que Frédegonde fit assassiner le Roy Sigebert, *cum cultris validis, quos vulgò scramasaxos vocant.* Et l'Empereur Frideric liv. 1. chap. 50. *de Arte Venandi cum avibus*, dit qu'il y a une plume de l'aile des oiseaux appelée *saxellus*: parcequ'elle ressemble à un couteau. Il y avoit anciennement en Asie, dans la Province de Tyr, un peuple appelé *Assasini*; & par corruption, *Arsacides*, & *Chasis*; commandé par un Prince Sarrazin nommé le *vieil de la Montagne*, qui, par une obeïssance aveugle, leur faisoit entreprendre d'aller assassiner ceux que bon luy sembloit, & particulierement les Princes Chretiens. Ce peuple étoit proprement appelé *Beduins*, comme témoigne le Sire de Joinville en la vie de S. Louis. *Tanais*, dit-il, *que le Roy sejournoit en Acre, vindrent devers luy les messagers du Prince des Beduins, qui se appelloit* Le vieil de la Montagne. Et il est croyable que dans les voyages que les Princes Chretiens firent en la Terre-Sainte, les Allemans, dont les armées des Empereurs Conrad & Frideric I. étoient composées, donnérent à ce peuple le nom d'*Assassins*: de *sahs*, qui, comme je viens de dire, signifie *poignard* ou *couteau*, en leur Langue, en y ajoutant l'article *al* des Arabes; comme qui diroit *Alsasins*; car ils les devoient du commencement appeler *Sacins*, puisque dans Nicetas ils sont appelés *Chasis.* Et pour faire voir que le nom d'*Assasin* n'étoit pas de la Langue Turque ou Sarrasine; comme quelques-uns s'imaginent; Guillaume, Archevesque de Tyr, dans la Province duquel ce peuple habitoit, auprès de l'Evesché qu'il appelle *Antarade*, dit que les Chretiens du Levant, & les Sarrazins mesmes, ignoroient pourquoy ce nom leur avoit été donné : *Hos*, dit-il, *tam noſtri quàm Sarraceni, neſcimus unde deduɕto vocabulo* Aſſiſinos *vocant*. Mais ce qui fait voir encore plus clairement qu'ils ſont ainſi nommés de *ſahs*, qui ſignifie, *couteau*, ce ſont ces paroles de Mathieu Pâris, dans la Vie de Henri III. *Aſſaſinos, quos* Cultelliferos *appellamus*. Et je trouve dans un ancien Etabliſſement fait l'an 1152. par les habitans de Toulouſe, que les mauvais garçons étoient appelés *Couteliers*, à cauſe des conteaux dont ils ſe ſervoient : *hominem malum quem* Cultellarium *vocant*.

ASSEMBLER : *mettre enſemble*. Il eſt formé de *ſimul* ; comme d'*inſimul* on a fait *enſemble*. Eginardus epiſt. 13. *Quando inſimul fuerimus locuti*.

ASSENER. Ceux qui veulent donner un grand coup, ont accoutumé, pour ne faillir point l'atteinte, d'approcher plutoſt, par forme de viſée & de meſure, leur inſtrument du lieu où ils veulent frapper. Cela s'appelle proprement *aſſener un coup*. Auſſi *aſſener* eſt formé d'*ad*, & de *ſignare* ; comme qui diroit *aſſignare*, c'eſt-à-dire ; *addreſſer le coup à un certain ſigne ou marque*. Et de fait dans les Coutumes, *aſſener*, *aſſenée*, *aſſéne*, ſont meſme choſe qu'*aſſigner*, & *aſſignat*. La Coutume d'Auvergne chap. 21. art. 6. *Le Seigneur direɕt peut faire aſſener ſur la choſe tenue de luy*. La Coutume de Haynaut chap. 53. *Les veſves, pour leurs douaires & aſſénes*. Chap. 72. *Lettres de douaire ou aſſenne*. Et la meſme ; *Aſſenées*. Où il eſt dit dans une Note marginale : Aſſennées, *ou* aſſénes, *ſont aſſignats & conventions de mariage*. Dans le Roman de Perceval le Galois, *aſſener* eſt pris pour *faire ſigne*, ou *appeller par ſigne*.

> *La damoiſelle une meſchine*
> *A tout coiement aſſenée,*
> *Coiement li dit a celée,*
> *Si que nus hom ne l'entendit.*

ASSE'S. Il eſt croyable que comme *ſatis* vient de *ſatio* ; cet adverbe eſt formé d'ἅσω, futur d'ᾅδω, qui ſignifie *ſaouler* ; d'où vient auſſi ἄση, qui veut dire *faſtidium*.

ASSEURER. Comme de *ſecurus* nous avons fait, par contraɕtion, *ſeur* : ainſi du Latin-barbare *adſecurare*, nous avons formé *aſſeurer*. Dans la Charte du Traitté de paix entre Henri II. Roy d'Angleterre & ſes enfans, rapporté par Roger de Hoveden : *Adſecuravit in manu domini Regis patris ſui, quòd illis qui ſervierunt ei, nec malum, nec damnum aliquod hac de cauſâ faciet*.

ASSIETE. Les aſſietes d'étain ou d'argent, qu'on range autour de la table, ſont ainſi appelées, parce qu'elles marquent les places de ceux qui s'y doivent aſſeoir, que les anciens François appeloient *aſſietes*. Froiſſart vol. 4. chap. 91. décrivant le feſtin que fit le Roy Charles VI à l'Empereur Venceſlaüs en la ville de Rheims : *Et fut l'aſſiete de la table telle que je vous diray : à la table du Roy fut tout premierement aſſis le Patriarche de Hiéruſalem, le Roy d'Allemagne après ; le Roy de France le tiers, & le Roy de Navarre le quart*.

ASSOMMER. De σάγμα, qui ſignifie *charge*, vient le Latin-barbare *ſauma*, dont nous avons fait *ſommier*, qui eſt une beſte de charge : de là je croy que nous avons auſſi formé le verbe *aſſommer*, qui ſignifie proprement *accabler ſous la peſanteur des coups*. Voyez *Sommier*.

ASSOUVIR : *remplir & ſaouler*. Il ſemble que c'eſt une Metaphore priſe des étangs qui ſont dits *aſſouver*, lors qu'ils ſe rempliſſent ſuffiſamment d'eau. La Coutume de Nivernois chap. 37. art. 22. *Eſtang qui n'aſſouve point de luy meſme ; s'il eſt d'agouſt, eſt priſé chacun arpent vingt ſols ; & s'il eſt de fontaine, vingt-cinq ſols ; & s'il aſſouve de luy meſme, trente ſols*.

ATACHER en Languedoc & en Gaſcogne on dit *eſtacà*. Les anciens François appelloient *étaque*, & depuis *étache*, un pieu ou un pal planté dans la terre pour y arreſter & attacher quelque choſe. La Coutume de Haynaut chap. 109. *Faire une maiſon ſur quatre eſtaques*. Enguerrand de Monſtrelet vol. 1. chap. 2. *Une chaiſne tenant à une eſtache*. La Coutume de Rheims art. 351. *Planter bouquets & étaches*. Celle d'Artois

art. 98. *Eſtaches de moulin à vent*. Je crois que ce mot eſt formé de *ſtava*, qui ſelon Pithou ſe trouve dans les vieux exemplaires de la Loy Salique tit. 30. §. 32. au lieu de *ſtatua*, & qui ſignifie, *un pal*. Mais ſoit qu'il y faille lire *ſtava* ou *ſtatua*, ces mots ſont ſans doute formés du verbe *ſtare*. De *étaque* ou *étache*, on fit *atache*, & de là le verbe *attacher*, qui ſignifioit originairement *lier & arreſter* quelque choſe contre une étache ; & qu'on a depuis étendu à tout ce qui eſt cloué & arreſté. Mathieu l'âris, en la Vie de Henri III. *Retentus, quod vulgariter dicitur* attachiatus. Dans une Charte rapportée par le meſme Auteur en la Vie du Roy Jean : *Liceat Comiti, vel Ballivo noſtro, attachiare & imbreviare catalla defunɕti*. Et dans ſes Additions aux Vies des Abbés de S. Auban : *Attachiare & diſtringere*. Les Loix de Malcolme, Roy d'Ecoſſe liv. 2. chap. 9. *Malefaɕtor debet attachiari, & duci in carcerem*.

ATISER. Joachim Périon dans ſes Dialogues *de Lingua Gallica origine*, tient qu'il eſt formé d'ἀτύζω, qui ſignifie *irriter*. Mais Robert Etienne dans ſon Diɕtionnaire, le forme d'*ad*, & de *titio*, qui ſignifie *tiſon*.

ATOUR : *ornement*. Henri Spelman en ſon Archeologue, ou Gloſſaire, croit que ce mot eſt formé du verbe *tourner*, qu'il prend pour *changer*, & *donner une choſe au-lieu d'une autre* : parceque ceux qui ont le ſoin de donner les habits & les ornemens aux Princes, leur en changent ſouvent. *A Gallico* tourner ; *hoc eſt, vertere, commutare, rem unam in vicem alterius dare ; unde qui Nobilibus ſunt à veſtium mutatione, eoſque ornant & inſtruunt, (Coſmeta nempe & Camerarii)* Atourneurs *appellantur*. Mais je ne ſay ſi en diſant *à Gallico*, il entend la Guienne, où les Anglois ont été long tems les maîtres ; & où *tournà* ſignifie *changer*. Car pour *tourner*, les François ne le prennent point en ce ſens. Toutefois on pourroit dire qu'*atour* vient de *tourner* ; entant qu'il ſignifie *faire & agençer au tour* ; & que les ornemens des femmes ont été appelés *atours*, parcequ'en matiere de gentilleſſes & d'ornemens, qui ſont ordinairement de figure ronde, il eſt neceſſaire de les arrondir au tour.

ATRAPER. Il vient de *trape*, qui eſt une machine à ſurprendre les oiſeaux, le diminutif duquel eſt *trebuchet* ; en changeant le P en B. François Pithou témoigne, que là où nous liſons, dans l'édition ordinaire de la Loy Salique tit. 7. *Si quis turturem de reti alterius, aut quamlibet aviculam de quolibet laqueo vel decipulâ furatus fuerit*, il y a dans les vieux exemplaires, & dans l'édition d'Allemagne, *ſi quis aucellum de trapa furaverit*.

AVANCER, AVANCE. Il eſt certain, comme je fais voir ſur le mot *Doreſnavant*, que *avant* eſt formé d'*antea* ou *ante*. Et ainſi *avancer* eſt fait d'*antecedere* ; & *avance*, d'*anteceſſus*. Car *antecedere* ſignifie *prendre* ou *bailler par avance*. Les Gloſes : προλαμβάνω *præcapio*, antecapio, *præſumo, præcedo*, antecedo. Sénéque liv. 4. de *Beneficiis : Ego quod cui debeam ſcio, aliis poſt longam diem repono, aliis in anteceſſum*. Quintilien, Declam. 12. *Proſit mihi quod apud negociatores ſolet in anteceſſus dedi*.

AVANTGARDE, ARRIEREGARDE. Les Armées ſont diviſées en trois parties Avantgarde, Bataille, & Arrieregarde. La premiere & la derniere ſont pour garder, c'eſt-à-dire, conſerver & maintenir la Bataille, en laquelle conſiſte la plus grande force de l'Armée. L'une eſt formée d'*Antegarda* ; & l'autre de *Retrogarda*. Le *Geſta Ludovici VII. Regis, filii Ludovici Groſſi R. Illi de Retrogarda putabant, quòd, ſicut ordinaverant adſcenſo monte, ibi deberent ſiſtere, & ſua tentoria collocare, & propter hoc quia neſciebant Antegardam ulteriùs prætergreſſam*.

AUBAIN, AUBAINE. Les Etrangers, nés dans les Terres qui ne ſont pas de la Couronne de France, ſont appelés *Aubains*. Il y a diverſes origines de ce mot. Quelques-uns le forment d'*albinatus* qu'ils compoſent d'*alibi*, & de *natus*. Les autres d'*Advena* : car les Aubains ou Etrangers ſont appelés *Advena* dans les Capitulaires de Charlemagne liv. 3. chap. 18. & dans ceux de Charles le Chauve tit. 12. chap. 9. & tit. 13.

chap. 6. Ils font auffi appelés *Adventitii* titre 31. chap. 31. Toutefois les Doctes ont déja remarqué que le mot *Aubain*, est formé d'*Albanus*, ou d'*Albinus*. Les Ecoffois, ou, pour mieux dire, les Hibernois, aufquels appartient proprement le nom de *Scoti*, étoient anciennement appelés *Albani* ou *Albini*. C'est pourquoy en quelques endroits d'Ecoffe ils font encore appelés *Alibanons*. Et Gerardus Mercator dans fon *Atlas*, dit qu'encore maintenant ceux des Ecoffois naturels qui ont retenu quelque marque de leur ancienne Langue, appellent l'Ecoffe *Albain*; & les Irlandois *Alabany*. Voire mefme George Buchanan liv. 5. de l'Hiftoire d'Ecoffe, foutient qu'Alcuin est furnommé *Albinus*; parcequ'il étoit Ecoffois de Nation. D'où il appert que Julien Peleus, Queftion 117. n'a pas raifon de dire qu'*Albinus* est un mot corrompu, qui ne fe trouve en aucun bon Auteur. Ceux de cette Nation avoient accoutumé de voyager dans les pays étrangers, & mefme d'y établir leur demeure. Walafridus Strabo liv. 2. chap. 47. de la Vie de S. Gal: *De natione Scotorum, quibus confuetudo peregrinandi jam penè in naturam converfa est, quidam advenientes*, &c. De forte que par la fuite du tems, toute forte d'Etrangers, nés hors du Royaume, furent appelés *Albani*. Des Lettres patentes des Rois Lothaire & Louis, données en faveur d'Elifiard Evefque de Paris: *Nec de liberis hominibus, Albanifque, ac Colonis in fupradictâ terrâ commanentibus, aliquem cenfum, vel aliquas redhibitiones accipere præfumat*. Et un Acte de l'an M L X V. extrait des Archives de l'Abbaye de S. Pierre de Hafnon, rapporté par André du Chefne dans fes Preuves de l'Hiftoire des Comtes de Guifnes: *Advenas, quos Albanos vocant*. Galfredus Momemetenfis liv. 2. chap. 3. de l'Hiftoire des anciens Rois de Bretagne, écrit que l'Ecoffe ou l'Hibernie, a pris le nom d'*Albania*, de fon ancien Roy *Albanactus*; lequel, comme remarque Ponticus Verunnius liv. 2. de l'Hiftoire de Bretagne, étoit fils de ce Brutus qu'on croit avoir donné le nom à la Bretagne. Mais il est bien plus croyable que le mot *Albania* est formé d'*Albion*, qui est le nom que les anciens Auteurs donnent à la Bretagne. Du mot *Aubain* fe forment *Aubaine*, *Aubenage*, ou bien *Aubrineté* ou *Aubanité*; comme difent les Coutumes d'Artois & de Haynaut; qui est le Droit par lequel le Roy fuccède aux biens des Aubains ou Etrangers qui meurent dans les Terres de fon obeïffance.

Ce Droit d'Aubaine, qui n'appartient qu'au Roy, & duquel on a fait un Droit de fouveraineté, est dans le Royaume de France l'une de ces coutumes contraires à la liberté naturelle, que les nations du Septentrion ont introduites dans les Terres de l'Empire Romain par leurs conquefes: & l'un de ces Droits, que Boutiller en fa Somme Rural appelle *Hayneus*. Auffi certes est-il odieux, dautant qu'il repugne à l'hofpitalité, à laquelle la nature, la raifon, & la Religion mefme oblige les hommes. Encore que nous ayons divifé le monde en tant de Provinces, il n'est à proprement parler qu'une ville, puifque tous les hommes n'y refpirent qu'un mefme air, n'y font éclairés que d'un mefme foleil; & que les Rois qui commandent aux Provinces, n'y font que des Capitaines ou des Commiffaires de Quartier, relevant d'un feul Prince fouverain, qui est Dieu. Le monde, dit Philon Juif, au livre intitulé *La Vie du Politique, ou de Jofeph*, n'est qu'une grande ville, ἡ μεγαλόπολις ὁ κόσμος ἐςί. Et Tertulien, dans l'Apologétique, affure que les premiers Chrétiens ne confidéroient le monde que comme une feule République: *unam omnium Rempublicam agnofcimus mundum*. Et c'est pourquoy ayant été demandé à Socrate d'où il étoit; du monde, répondit-il: *totius enim mundi*; dit Cicéron *Tufculan. v. fe incolam & civem arbitrabatur*. De forte que comme dans une Ville, ou dans un Etat, ceux qui paffent d'un quartier à l'autre, ne perdent point la qualité de citoyens, on ne devroit pas confidérer comme Etrangers, ceux qui fortent d'un Royaume pour aller habiter en un autre, y établir leur fortune, & y vivre foumis aux mefmes Loix que les autres habitans. Auffi felon le Droit Romain; dont les Loix font fans doute les

plus juftes du monde, les hommes de condition libre, de quelque nation qu'ils fuffent, habitans dans les terres de l'Empire, y étoient tenus pour Citoyens Romains, depuis la Conftitution de l'Empereur Antonin, dont il est fait mention en la Loy *In toto orbe*, §. *de Statu hominum*, & dans la Novelle 78. chap. 5. De là vient que, felon le mefme Droit, il fut permis aux Etrangers, non feulement d'établir leur habitation en tel endroit de l'Empire que bon leur fembleroit, mais encore d'y avoir la libre difpofition de leurs biens: *Omnes Peregrini & Advenæ liberè hofpitentur ubi voluerint: & hofpitati fi teftari voluerint de rebus fuis, liberam ordinandi habeant facultatem, quorum ordinatio inconcuffa fervetur*, dit l'Authentique *Omnes Peregrini*, au Code *Communia de fucceff.* Les Aubains ou Etrangers ont auffi la mefme liberté de difpofer de leurs biens dans les Loix des Lombards *L. unica, Titulo de Advenis, lib. 3.*

AVEUGLE. De la privative *ab*, & d'*oculus*, on fit le Latin-barbare *aboculus*; duquel nous avons formé *aveugle*. Car il fe trouve des Auteurs qui difent *abocellus*, pour *aveugle*. Petrus Blefenfis *Sermone* 13. *Noli fequi retributiones, ne faciant te fenem abocellum.* Et *Sermone* 43. *Ne munera exoculent te, & faciant fenem abocellum.*

AUMAILLE. Joachim Périon dans fon livre *De Lingua Gallica cum Græca Cognatione*, dit que les Payfans & les Marchands appellent les brebis & les moutons du feul nom d'*aumaille*; qu'il dérive ou de μαλλὸς qui fignifie *laine & toifon*, ou de μῆλον, qui fignifie *brebis*. Toutefois dans la Coutume de Sens, art. 147. il est pris pour les bœufs & pour les vaches; *On ne peut mener beftes aumailles, chevalines, chévres, ou autres qui peuvent porter dommage, au rejett es bois & taillis* En effet Herman de Valenciennes, au Roman da la Bible, introduit Pharaon, qui raconte de cette forte à Jofeph le fonge qu'il avoit fait des fept vaches graffes & des fept maigres:

> *L'autre jour m'endormi, & en dormant fongeay*
> *Que j'eftuye en un champ; tout flori le trouvay;*
> *Herbe i ot aumaille, quatorze en i trouvay.*

AUMOSNE. Il est formé d'*eleemofyna*, qui fignifie en Grec *mifericorde*. On le prenoit anciennement pour toute forte de charité faite aux pauvres ou à l'Eglife. Les anciennes Coutumes de Paris, intitulées *Li Eftabliffement li Roy de France, felon l'ufage de Paris*, &c. *De héritage qui est donné en aumofne, en Religion.* La Coutume de Normandie art. 139. *Par aumofne ou bienfait que faffe le Vaffal de fon bien à l'Eglife.* Les anciens François étoient fi charitables, que comme s'ils n'euffent eu de bourfe que pour faire l'aumofne, ils l'appeloient *aumofniere*. Les anciennes Coutumes de Paris, que je viens d'alléguer, difent au livre premier, que *le Gentilhomme qui pert fes meubles par meffait, s'il porte les armes, en conferve une partie, & entr'autres, le lit de fa femme, une robe à contoyer fa femme, & un anel, & une ceinture, & une aumofniere.* Guillaume de Lorris au Roman de la Rofe:

> *Lors a de s'aumofniere traite*
> *Une petite clef bien faite.*

Et plus bas:

> *De gans d'aumofniere de foye,*
> *Et de ceinture de contoye.*

Une Morale manufcrite, compofée par l'ordre du Roy Philippe III. parlant de la Charité: *C'est le denier-Dieu, dont l'on achate tous les biens du monde, & toutes-voyes remaint tousjours dans l'aumofniere.*

AUMUSSE. Encore que les Chanoines la portent fur les bras, il est certain que c'étoit anciennement un habillement de tefte, Lazare Baïf, en fon livre *de Re Veftiaria*, chap. 16. croit que ce mot est formé du verbe *amicire*: car parlant des Chanoines, *tempore æftivo*, dit-il, *utuntur amictu pelliceo, quem ab amiciendo ut opinor, vulgò aumiciam vocant.* Mais il n'y a point de doute qu'il est formé d'*almutium*, qui fignifie mefme chofe. Radevicus *de Geftis Friderici I.* liv. 2. chap. 67. parlant du Chancelier Rolland: *Cum pellibus nigro pallio coopertum, & cum nigro almutio.* Aux Clémentines, *de Statu Monachorum*, &c. chap. 1. *Almutiis de panno nigro, vel pellibus, caputiorum*

loco

loco, cum caputiis habitûs quem gestaverint, sint contenti. Où l'on voit que les aumusses étoient indifféremment faites de drap ou de peaux. On pourroit dire que du commencement elles étoient des marques de dignité: car outre que nous venons de voir qu'un Chancelier en portoit, je trouve que les Empereurs mêmes s'en sont servis. L'ancienne Chronique de Flandres, chap. 105. parlant de l'entrevûe de l'Empereur Charles de Luxembourg, & du Roy Charles VI. *A leur assemblée l'Empereur osta aumusse & chaperon tout jus; & le Roy osta son chapel tant seulement.* Ce qui pourroit porter quelqu'un à croire qu'*almutium* vient d'*almities.* Sosipater Charisius, Instit. Grammatic. lib. 1. *Almities,* εὐπρέπεια, c'est-à-dire, *ornement.* Les Gloses: *Almities,* αὔξησις ἀρχῆς : c'est-à-dire, *accroissement de dignité.* Et ce mot est dérivé d'*almus,* qui signifie quelquefois *honorable & glorieux.* Les Gloses: *Almus,* κλυτός, ἔνδοξος. Toutefois il y a quelque apparence de croire, que du commencement les *aumusses* étoient un habillement de teste, fait de poil ou de peaux d'animaux; que les Moines, ou les Chanoines, portoient par forme de mortification: & qu'elles furent appelées *almutia;* d'*alma,* que je trouve avoir été pris pour *cilicium.* Les anciennes Annales que Mr. Pithou a données au public, sur l'an DCCCLXXVIII. racontant comme le Pape Jean VIII. étant contraint d'abandonner la ville de Rome, à cause de la persécution de Lambert & d'Albert, ou Adalbert, disent qu'il couvrit l'autel de S. Pierre d'un cilice: *Altare S. Petri Cilicio cooperuit, & cuncta ostia ejusdem Ecclesiae clausit.* Ce que Pierre le Bibliothécaire, dans son *Historia Francorum Abbreviata,* sur la mesme année, a écrit en ces termes: *Inde templum Petri clausit, cujus ara priùs almâ adoperta est.* On pourroit aussi dire qu'*almutium* & *aumusse* sont des mots formés, par corruption, d'*armilaus,* ou *armelausa;* qui signifient le scapulaire des Moines, ou tel autre sorte d'habit, qui couvroit la reste & les épaules. Isidore liv. 19. de ses Origines chap. 22. Armelausa *vulgò dicta, quòd antè & retro divisa atque aperta est; in armos tantùm clausa, quasi* armiclausa, C *literâ ablatâ.* Les Gloses du mesme Isidora: Armilaus, *Scapulare Monachorum.* Quelques-uns se sont imaginés qu'*aumusse* est formé de *haut* & de *mucer:* comme qui diroit *hautmuce;* parce qu'elle muce, c'est-à-dire, *cache,* la plus haute partie du corps.

AUTAN. C'est proprement le vent qui souffle en France du costé de la mer Méditerranée, ainsi appelé, d'*altum* qui signifie *la mer.* En-effet, sur les costes du Bas-Languedoc on l'appelle *marin.* Toutefois *altanus* est proprement ce vent qui souffle seulement sur la mer. Car comme remarque Isidore dans ses Origines liv. 13. chap. xi. cette douce agitation de l'air, qui n'est pas assez forte pour porter le nom de *vent,* & qu'il appelle *spiritus,* est appelée *altanus* sur la mer, & *aura* sur la terre: *duo sunt autem extra hos ubique spiritus, magis quàm venti, Aura & Altanus. Aura ab acre dicta, quasi aerea; quòd lenis sit motus aeris: agitatus enim aer, auram facit; unde & Lucretius,*

aereas auras. Altanus qui in pelago est, per derivationem ab alto, id est mari, vocatur. La mesme chose est remarquée par Papias. *Altanus, flatus qui in alto est, id est in pelago.*

AUTOUR. Toute sorte d'oiseaux de proye sont appelés *accipitres; ab accipiendo,* comme qui diroit oiseaux preneurs. C'est-pourquoy ils sont aussi appelés *acceptores.* Charisius Sosipater: *Acceptor & accipiter dicitur. Virgilius enim accipiter dixit; Lucilius, acceptor.* Ainsi pourroit-on dire que le mot *autour,* est formé, par contraction, d'*acceptor.* Mais parceque l'autour est appelé *astore* en Italien, & *astou* en Gascon; on pourroit aussi dire qu'il est formé d'*asterias,* c'est-à-dire, *étoilé:* qui est un oiseau de proye, ainsi appelé, parcequ'il a le plumage marqueté, & comme parsemé d'étoiles. Aristote en fait mention liv. 9. chap. 36. de l'Histoire des animaux. Toutefois Raphaël Volaterran au liv. 25. dit que les Italiens ont formé *astore* du nom d'un oiseau de proye appelé *astorgius: Astorgios Pausanias ponit, quos Italici astores dicunt.* Mais j'aime bien mieux dériver les mots d'*autour, astore,* & *astou;* d'*astur,* qui est un oiseau de proye, ainsi appelé, parceque les Asturies, Provinces d'Espagne, en produisent de fort bons, desquels fait mention Julius Firmicus *lib. 5. Matheseos.* Il est aussi appelé *asturco,* pour la mesme raison. Papias: *Asturco, Accipiter major.* Au-reste, nos anciens François avoient en telle estime la chasse de l'oiseau, ou fauconnerie, que dans les Capitulaires de Charlemagne liv. 4. tit. 21. il est deffendu de saisir pour l'amende appelée *Wirgildus,* ny l'Autour, ny l'épée. *In compositionem Wirgildi volumus, ut ea dentur, quae in lege continentur, exceptô accipitre & spatâ.* Ce que l'Empereur Louis le Debonnaire ordonne encore dans la Loy des Lombards liv. 1. tit. 9. Loy 33.

AUTRUCHE. Il n'y a point de doute qu'il ne soit formé de *struthio.* Mais comme les François prononcent l'*au* par *o,* il est croyable que de l'article Grec ὁ, & de στρουθός, ils ont formé *autruche.* Et c'est l'opinion de Joachim Périon, dans son livre *De Lingua Gallica cum Graecâ cognatione.*

AYEUL. En Languedoc *aujol.* Ils ne sont point formés d'*avus;* mais bien de son diminutif Latin-barbare *aviolus.* Un Acte de l'an 1194. qui est dans les Archives de l'Hôtel de Ville de Toulouse: *Idelphonsus, Comes Tolosae; qui fuit Aviolus ipsius Domini Raymundi, Comitis Tolosae.*

AZUR: couleur bleue. Jul. Caesar Scaliger Exercitation 325. contre Cardan, dit qu'il vient de *lazul,* qui en Langue Arabe signifie une espéce de terre, ou de pierre, qui teint en bleu: *Maura vox haec & Arabum Lazul; à glebâ, sive lapide, quem* κύανον *Graeci, nos caeruleum, privato vocabulo.* Frotarius, Evesque de Toul, en une de ses Epîtres qu'André du Chesne a donnée au 2. vol. de son Recueil des Historiens de France: *Peto ut nobis mittas, ad decorandos parietes, colores diversos qui ad manum habentur, videlicet auripigmentum, folium Indicum, minium, Lazur, atque Prasinum.* Meursius en son Glossaire Grec-barbare: λαζούριον, *color caeruleus.*

B A A.

BAAILLER. De *beer,* ou *bayer;* qui signifie en vieux François, *ouvrir la bouche;* est formé le fréquentatif *baailler,* qui est *ouvrir souvent la bouche:* comme de *badà,* qui en Languedoc signifie *beer,* on a fait *badaillà,* qui signifie *baailler.* L'origine de ces mots est le Latin-barbare *badare,* qui signifie *baailler.* Les Gloses d'Isidore: *Hispitare, oscitare, badare:* où au-lieu de *hispitare,* il faut lire *hiscitare,* qui est le fréquentatif de *hiscere.*

BABIL. Il y en a qui croyent que ce mot vient de *Babel,* ou *Babylone;* où se fit la confusion des Langues. Je croirois plutost que ce mot prent son origine de la voix non-articulée des muets & des enfans, lorsqu'ils veulent dénouer leur langue; lesquels communément ne savent former autre syllabe que *baba:* d'où vient le verbe βαβάζω, qui dans Hesychius signifie *parler d'une voix non articulée;* & le verbe Flamand *babelen,* qui signifie mesme chose. Goropius *lib. 5. Originum Antuerpianarum:* Babelen *id est, confusè & inarticulatè loqui, ut non intelligatur.* Les anciens Grecs appelérent aussi les nations Etrangeres *barbares;* parceque dans la prononciation de leur langue, qu'ils n'entendoient point, ils ne pouvoient pas comprendre qu'ils articulassent bien leurs mots; comme témoigne Strabon liv. 14. de sa Geographie. Et même Leon d'Afrique, dans la premiere Description d'Afrique, dit que la Barbarie est ainsi appelée, parceque les Blancs, dont elle est habitée, furent appelés *Barbares*, d'un mot qui fignifie parmi eux *murmurer*. Auffi appelons-nous, *barboter*, quand quelqu'un parle entre les dents, & d'une voix confufe & non articulée. Or, parceque ceux qui parlent beaucoup & avec une grande volubilité de langue, prononcent d'ordinaire des paroles imparfaites, que le Latin appelle *verba tertiata*; de là vient, qu'on appelle *babil*, le caquet de ceux qui parlent beaucoup.

BABOUIN. Un fot, un niais. Il vient du Latin-barbare *Bavo*, qui fignifie mefme chofe. Le Gloffaire de l'Evefque Goth Anfileubus : Bavones, *ftulti, ruftici*. Ou de *Baburrus*. Les Glofes d'Ifidore : Baburrus, *ftultus*. Papias : Baburrus, *ftultus, ineptus*. Baburria, *ftultitia, ineptia*.

BACHELIER. C'eft maintenant celuy qui eft promu au premier degré d'une fcience. Beatus Rhenanus, dans un avis au Lecteur, fur les œuvres de Tertullien, écrit qu'environ l'an M. C X L. les Collections de Pierre Lombard ayant été reçues & enfeignées dans Paris, & le Decret de Gratian ayant été publié & lû environ le mefme tems à Bologne, on commença dans les Univerfitez de ces deux Villes à donner le titre de *Docteurs*, à ceux qui avoient enfeigné publiquement les écrits de ces deux perfonnages : & que ces Docteurs, ayant premierement reçu le pouvoir & la faculté d'enfeigner, par l'exhibition d'un petit bâton qu'on leur mettoit en main, furent appelés *Bacillarii*; à bacillo; & en François Bacheliers, comme, dit-il, on le peut vérifier par les plus anciennes Conftitutions de l'Univerfité de Paris : *Nam in vetuftioribus Parifienfis Academiæ codicibus, qui conftitutiones gymnafii continent, Bacillarii nominantur; à bacillo, ut videtur, deducto vocabulo*. Il eft affurément bien vray, comme dit cet Auteur, que le mot *Bacillarius*, qui fe lit dans ces Conftitutions, eft formé de *Bacillus* : mais il n'y eft pas dit, qu'en l'inftallation de ces anciens Docteurs on leur mit un bâton en main : & c'eft une conjecture qu'on ne fauroit appuyer de la moindre autorité. Mais il eft certain que le nom de *Bachelier* a plutoft appartenu aux armes, qu'aux Lettres; & que c'eft à l'imitation des Bacheliers d'Armes, que ceux des Lettres ont été ainfi appelés. Ce qu'on ne trouvera pas étrange, puifqu'anciennement il y avoit même des Chevaliers de Loix. Froiffart vol. 1. chap. 179. *Et fi convint qu'il pardonnaft la mort de fes trois Chevaliers; les deux d'armes, & le tiers de Loix*. Il eft certain qu'anciennement les jeunes Gentilshommes, qui pour apprendre le métier des armes s'exerçoient à la Quintaine, aux Joûtes, & aux Tournois, furent appelés *Bacillarii* ou *Baculares*, parcequ'ils fefoient leurs exercices avec des bâtons aifés à rompre; ou fi c'étoit en quelque occafion de pompe & de magnificence, ils fe fervoient de Lances fans fer, ou avec fer de rochet, qui étoit différent du fer de guerre, comme l'on peut voir dans Enguerrand de Monftrelet vol. 1. chap. 38. Et j'ay vu il n'y a pas long-tems, que pour épargner les Lances, on jouftoit à Quintaine avec de petits bâtons qu'on entoit dans un tronçon de lance qui demeuroit toujours entier dans la main du Cavalier, & le bâton fe brifoit & voloit en éclats. Ainfi les Gladiateurs Romains s'exercoient avec des bâtons de bois ou de fer, comme font nos fleurets : & cela s'appeloit *rudibus batuere*; d'où vient *rudimentum*, qui fignifie *apprentiffage & commencement de métier* : voire-même les jeunes foldats Romains s'efcrimoient avec des épées de bois, que Polybe appelle ξυλίναις μαχαίραις; & Diön, en la Vie de l'Empereur Commode, ξίφους ξυλίνους. La Quintaine, qui, comme je diray en fon lieu, étoit une ftatûe de bois contre laquelle on jouftoit, étoit l'exercice des jeunes Gentilshommes, où ils alloient rompre les bâtons, pour apprendre à rompre les lances à la guerre contre les hommes armés. L'Hiftoire de Bertrand du Guefclin chap. 1. parlant des exercices de la jeuneffe, dit qu'il *faifoit dreffer Quintaines, & y jouftoit* Et l'ancien Roman de Gerard de Rouffillon, écrit en Langue Provençale, fait voir que c'étoit l'exercice des jeunes Gentilshommes, qu'il appelle *donzels*, c'eft-à-dire *Damoifeaux*.

Quan le Reys ac mengeat dort marinna.

Lhi Donzel van burdir à la Quintana.

Or, que les jeunes Gentilhommes fuffent appelés *Baculares*, ce lieu d'Orderic Vital liv. 10. de l'Hiftoire Ecléfiaftique, le témoigne clairement; où parlant d'un jeune Chevalier, *Helia*, dit-il, *candidam jufferunt tunicam indui*; *pro quâ* candidus Bacularis *folitus eft ab illis appellari*. De Bacularis, ou Bacillarius, on forma le mot de *Bachelier*. Mathieu Pâris dans la Vie de Henri III. fait voir que les jeunes Chevaliers, qui fréquentoient les Joûtes & les Tournois, étoient appelés *Bacheliers*. *Ipfo quoque tempore Haftiludium commiffum eft apud Brackete, ubi multi de militibus Univerfitatis regni, qui fe volunt Bachelarios appellari, contriti funt*. Il dit *contriti funt*, parceque ces jeunes Gentilshommes, pour n'avoir pas affés de force & d'adreffe, étoient fouvent malmenés & froiffés aux Tournois & aux Joûtes, par les coups de bâton dont on s'y fervoit au lieu de lances; ce qui s'appeloit pour cette raifon *baculari*, de *baculus*. Mathieu Paris, au lieu cy-deffus allégué : parlant de Guillaume de Valence frère Uterin de Henri III. Roy d'Angleterre : *Ætate tener, & viribus imperfectus, impetus militum durorum & Martiorum fuftinere non prævalens, multa amifit proftratus, & egregiè, ut introductiones militiæ initiales addifceret, baculatus*. Matthæus Weft-Monafterienfis fur l'an M C C L I I I. parlant auffi d'une Joûte : *Proftrati, fpoliati, & baculati, fomentis & balneis indiguerunt diuturnis*. D'où vient enfin que l'on dit *baculare*, pour *battre* Pierre de Blois ferm. 1. *baculavit eum qui habebat mortis imperium*. Et parceque ce n'étoit que les jeunes Gentilshommes, qui pour s'exercer de la forte avec des bâtons, étoient appelés *Bacheliers*; le mot de *Bachelier* fut en-fuite pris abfolument pour *jeune homme*. Albertus Aquenfis, dans fon Hiftoire de Jérufalem, liv. 3. *Caftrum adolefcentium, quod dicitur* de Bakelers. Herman de Valenciennes au Roman de la Bible :

Dont le quierent treftuit & vieil & bachelier.

Guillaume de Lorris au Roman de la Rofe, pour dire qu'il fiet bien à un jeune homme de favoir chanter, danfer, & jouer des inftrumens de Mufique,

Si aviens bien à Bachelier,
Que il fache de vieler,
De fleuter & de danfer.

La vieille Chronique de Flandres chap. 30. parlant d'Edouard fils de Henri III. Roy d'Angleterre : *Un jour fift affembler grande partie de Bacheliers, & jeunes gens du pays, & difoit qu'il vouloit aller bahourder*. Et au chap. 43. *Les jeunes Bacheliers vinrent à luy, poignant des efperons*. En-effet l'épithete de *jeune* fe trouve jointe au mot *Bachelier* : le Roman de Guillaume au court nés :

Li ton bachelier, li nouvel rofteor,
Cil deffient la guerre dela paix ont poor.

Enfin le mot *Bachelier*, dans nos anciens livres François, & particulierement en divers endroits de Froiffart, fignifie un jeune Gentilhomme qui n'a pas encore reçu l'Ordre de Chevalerie, ou un jeune Chevalier qui n'a pas encore acquis aifés d'expérience au métier des armes. Voire-même on appelle en Picardie *Bacheléfe*, une jeune fille, ou une Chambriere.

De tout ce que je viens de dire, il fe peut aifément juger, s'il fe faut tenir à l'opinion de quelques favans hommes, qui avouent à la verité que *Bachelier* vient de *baculus* : mais qui croient que c'eft à caufe du combat qui fe fefoit *cum baculo & fcuto*, en un gage de bataille; c'eft-à-dire, lorfque par ordre de Juftice on remettoit au fort des armes la décifion d'une affaire dont il n'y avoit point de preuve. Car cela n'a rien de commun avec nos Bacheliers, qui étoient des jeunes Gentilshommes; là où ces Champions qui fe battoient *cum baculo & fcuto*, étoient des perfonnes de baffe condition, qui fe battoient de la forte, ou pour leur propre caufe ou pour celle d'autruy. Outre qu'il fe trouve rarement que les Gentilshommes qui fefoient un champ mortel, comme difent nos anciens Hiftoriens, fe foient battus avec l'Ecu & le bâton; mais bien à cheval, avec les armes d'un Cavalier, qui étoient l'Ecu, la Lance,

l'épée, & la hache d'armes, comme je feray voir fur
le mot *Champion.* Quelques autres, fondés fur ce
que dans Froiffart vol. 1. chap. 123. on trouve écrit
Bachevaleureux (mot fans doute corrompu, puifque
Denis le Sauvage a noté à la marge, que dans quelques exemplaires il y a *Bacheleureux*) fe font per-
fuadés que le mot *Bachelier* étoit formé, par contraction, de *bas Chevalier:* & c'eft l'opinion de Fauchet. Charles Loifeau chap. 5. des Ordres, tient que
Bachelier eft formé de *bas échelon*, comme étant le
dernier degré de Chevalerie. Cujas fur le tit. 7. du
liv. 3. *de Feudis*, doute s'il faut dériver ce mot
de *Vaffallus* ou de *Buccellarius.* Que fi dans la Coutume d'Anjou art. 63. les Seigneurs qui ne font Comtes, Vicomtes, Barons, ny Châtelains; mais qui ont
des Châteaux & maifons fortes, qui font des parties
de ces Comtés, Vicomtés, Baronnies, ou Châtel-
lenies, font appelés *Bacheliers*; c'eft abufivement: de
même qu'il y a des Fiefs dont les Seigneurs font
qualifiés *Damoifeaux*, bien que proprement & originairement *Damoifeau* foit un jeune Gentilhomme,
comme je fais voir en fon lieu.

BADIN. Ifaac Cafaubon fur ces mots de Suétone
pro ftulto Baceolum; ou, comme lifent quelques autres, *Bateolum*; qui fe lifent dans le chap. 8. de la
Vie d'Augufte, dit que les Syriens appellent les enfans βάβια, comme auffi la Déeffe qui préfide à l'enfance; que *Bateolus*, fe dit proprement des enfans;
& que de la même fource viennent ces mots François, *Badin, Babouin, Bavard*, & femblables.

BAGAGE. BAGUES. Sous le nom de *Bagues*,
nous entendons maintenant les *Anneaux.* Nous l'a-
vons formé de *bacca*, qui fignifie *perle.* Virgile en
fon petit Poëme intitulé *Culex*;

> —— nec Indi
> *Conchea bacca maris pretio eft.*

Et dans l'Encide, il appelle *monile baccatum* un car-
quan couvert & parfemé de perles. Les anciens François appeloient *Bagues*, non feulement les anneaux,
mais encore toute forte de pierreries & d'ornemens
d'or & d'argent, ou de telle autre, riche matiere:
voire-même appeloient-ils *bagues*, les marchandifes
& les équipages, non feulement des gens de guerre,
mais encore dé toute forte de perfonnes. Enguerrand de Monftrelet vol. 1. chap. 15. *Deftrousserent dix-
huit charges de vins & autres bagues.* Et chap. 78.
*En print & deftrouffa plufieurs avec un chariot chargé
de bonnes bagues.* Encore difons-nous *fe rendre à
bagues fauves.* De là vient le mot *bagage*, duquel on
fe fert maintenant.

BAGATELLE. C'eft un diminutif de *bague*;
lequel fignifie une chofe de neant. Il eft croyable que
fon origine n'eft autre que celle de *baguenaude*: fi
ce n'eft que, comme c'eft un diminutif de *bague*, on
ait voulu par ce mot faire entendre le peu d'eftime
qu'on fait de tous ces petits joyaux dont les femmes
font tant de gloire, que les anciens Latins compre-
noient fous le mot *nuga*, puifqu'ils appeloient *nu-
givendos* les marchands qui en pourvoioient les femmes. Nonius Marcellus : Nugivendus *ab antiquis
dicebatur; qui aliquid mulieribus venderet.* Les Italiens appellent *Bagatello*, un Boufon ou Joueur de
farces. Le *Corona pretiofa*: bagatello; μοσκαρὰς, jocu-
culator, γιλωτοποιός.

BAGUENAUDE, BAGUENAUDIER. De *bac-
ca*; qui eft proprement le fruit rond de certains arbres, tels que font le laurier, le lierre, le myrte,
& le houx; certaines chofes rondes ont été appelées
bacca, comme les perles & le fruit rond de quelques
herbes. D'où vient que l'herbe appelée en Grec ἁλι-
κάκαβΘ, en Latin *folanum*, & en Arabe *alcakengi*,
eft appelée par quelques-uns, en François, *baguenaude*: de *bacca*, à caufe du petit fruit rond qu'elle
produit dans une envelope rouge. Le même en eft
de la plante appelée *colytea*; qu'on appelle auffi en
François *baguenaude*, & *baguenaudier*, à caufe du petit fruit rond qu'elle produit dans fa coffe.

BAGUENAUDE. Ce mot, qui fignifie une
chofe de neant, vient auffi de *bacca*: parce qu'entre
les fruits, celuy du laurier, du lierre, du myrte &
autres femblables, qu'on comprent fous le nom de

bacca, n'eft pas bon à manger, & par ce moyen eft
eft mis entre les chofes inutiles & de nulle valeur.

BAIGNER. Comme de *balneum*, nous avons
fait *bain*; ainfi du verbe Latin-barbare *balneare*, nous
avons formé *baigner.* Guillaume le Breton liv. 4. de
fa Philippide:

> —— *dum fe medii fervore diei
> Balneat, incauto cujufdam gurgite rivi.*

BAILLIF. Il eft formé de *Bajulus.* Les enfans; &
fur tout ceux de bonne maifon, avoient, outre la
nourrice, une femme appelée *gerula*; comme il fe
voit en plufieurs endroits de Tertullien, & particulierement au liv. *De Animâ*; où, parlant d'un enfant, il dit,
*exinde & matrem fpiritu probat, & nutricem fpiritu
examinat, & gerulam fpiritu agnofcit.* Et quand les
enfans étoient fevrés, ou prefts à fevrer, ils avoient
auffi des hommes pour les porter & les gouverner,
qui étoient appelés *geruli & bajuli*; à gerendo & baju-
lando. Les Glofes de Papias : Gerulus, *portitor*; gerulus, *nutritor.* Le *Catholicon parvum*: bajulus, *porteur, ou bailleur à nourice.* De là vint que les Gouverneurs des Princes & des grands Seigneurs, bien
que leurs nourriçons fuffent affés grands pour n'ê-
tre pas portés, furent appelés *Bajuli*, & leur Gou-
vernement *Bajulatio.* L'ancienne Chronique de Dagobert fils de Clotaire II. chap. 2. dit Dagobert
donna à fon fils, S. Arnoul Evefque de Mets, *ut
eum fecundum fuam fapientiam enutriret, eique tramitem Chriftianæ Religionis oftenderet, atque ei Cu-
ftos & Bajulus effet.* Aymoin liv. 4. chap. 15. pag. 165.
*Hermarus, Gubernator Palatii Ariberti, filii Regis,
fimulque Bajulus à pueritiâ.* La Continuateur de ce
même Auteur parlant de *——————— Fi-
lium cognominem fibi, Ludovicum Bernardi Comitis
Arvernici bajulationi fpecialiter committens.* Hincmar
Epift. 2. qui eft l'xi. dans l'édition que le P. Sirmond
en a faite chap. 2. écrivant à Charles le Gros: *Juveni-
bus fidelibus filiis veftris, maturos ac prudentes, atque
fobrios bajulos fingulis conftituito; qui oderint avari-
tiam, ut eos verbo & exemplo juftitiam diligere do-
ceant.* L'ufage de ce mot paffa même en Gréce fous
la même fignification. Cedren, parlant d'Antiochus
Gouverneur de l'Empereur Theodofe le jeune, l'appelle Βαίχλον; & Codinus Curopalata, au liv. des Offices du Palais de Conftantinople, parle de la Charge
du μεγάλος Βαίχλϴ, qui étoit le Gouverneur du fils
de l'Empereur: où le Jurifconfulte Julius Pacius remarque, conformément à mon opinion, qu'il étoit
appelé *Bajulus*, parcequ'il portoit le Prince tandis
qu'il étoit petit: Bajulus *itaque Magnus eft, qui Im-
peratorem infantem quafi geftavit ulnis; educavitque
& inftituit; inde à pueritiâ ipfius fynecdochicè fum-
ptâ appellatione ab illa prima cura quæ ad infantes ad-
hiberi folet.* Je trouve même que le mot *Baillif* fut
pris pour un *Gouverneur d'enfant.* Herman de Valenciennes, au Roman de la Bible, introduit l'Ange qui
dit à Jofeph qu'il feroit Gouverneur & nourricier de
Jefus-Chrift:

> *Quand fera nes li enfes, tu feras fi Baillis.*

BALAY. Encore qu'il ferve à balayer; c'eft-à-dire
nettoyer toute forte d'ordures; il eft pourtant ainfi
appelé, parcequ'il fert à nettoyer la balle, c'eft-à-
dire, la féparer du grain. Auffi en Languedoc *engra-
niere* eft *un balay*: & *engranà*, *balayer.*

BALE. Ces ordures qui fe féparent du blé, feigle,
& tels autres grains, quand on les vanne; & qu'en
Latin on appelle *acus*; de βάχλς, qui entr'autres chofes, fignifie *jetter & fecouer*: parcequ'en vannant, ces ordures font jettées & fecouées.
Jul. Cæf. Scaliger Exercit. 325. 12. *quâ ratione etiam
vannus ab eadem jactatione βάχλς; idcirco acus à Vaf-
conibus appellatur* balla, *quia fuccutitur & ventilatur.*

BALLE. Ces gros pacquets de marchandifes
qu'on fait pour envoyer, felon nos Dictionnaires,
font appelés *balles*; de βάχλς, qui fignifie *envoyer.*

BALUSTRE BALUSTRADE. C'eft ainfi
que les Architectes, & Menuifiers, appellent les cloi-
fons dont les colonnes reprefentent la figure des
fleurs du grenadier fauuage, appelé *baluftre*; de *balau-
ftrum.*

BANC. Ger. Joan. Voffius liv. 2. chap. 1. *de Vitiis*

Sermonis, croit que, comme par l'addition de la lettre N on a fait *quotiens* de *quoties*, & *thensaurus* de *thesaurus*; de-même on a fait *bancus*, d'*abacus* qui signifie *banc* ou *siege*: & il assure là-dessus, que dans quelques Auteurs de la derniere Latinité on lit *in abaco sedere*, au même sens que quelques-uns disent *in banco sedere*.

B A N D E. Troupe, Compagnie. *Bandum* signifie *un drapeau*, *une Enseigne de gens de guerre*. Radevicus *de Gestis Friderici Imperatoris* liv. 2. chap. 67. *Cum bandis & aliis Papalibus insignibus*; d'où nous avons fait le diminutif *banderole*. De sorte que, comme encore *Cornette* signifie le Drapeau & la Compagnie des gens de cheval: de même *Bandeau* signifie l'Enseigne d'une Compagnie de gens de guerre; & *Bande*, la Compagnie même. Ainsi les Romains appeloient *vexillum*, le Drapeau des gens de cheval; & *vexillatio*, la Compagnie. Suidas: Βάνδον, ὅτι καλοῦσι Ῥωμαῖοι τὸ στρατίον, ὃ ὂν πολέμω. Procopius, *De Bello Vanlico*, liv. 2. τὸ σημεῖον ὂν δὴ βάνδον καλοῦσι Ῥωμαῖοι.

B A N D E R. Quand on dit *bander un arc*, je croy que ce verbe vient de *pandare*, qui signifie *courber*. Car en-effet, plus on bande un arc, plus il se courbe. Et parcequ'en bandant un arc, la corde en demeure plus roide & plus tendûe; je croy aussi qu'on a transferé l'usage du verbe *bander*, à tout ce qui est tendu & roide.

B A N L I E U E. C'est le territoire sur lequel s'étent la Juridiction des Magistrats Municipaux, ou des Juges ordinaires d'une ville: ainsi appelé, parcequ'ils y ont pouvoir de faire des proclamations, criées, deffenses, & autres tels actes de Justice & de Police, qui sont compris sous le nom de *Ban*. Et parceque tel territoire ne s'étent guére plus d'une lieue loin des Villes, à Toulouse on l'appelle *Gardiage*; & à Bourges, *Septanie*. Ce mot est formé de *Banni-leuga*. Le P. Sirmond sur l'Epître 16. du livre 2. de Geffroy, Abbé de Vendôme, rapporte ces paroles d'un acte de Louis le Gros, fait en faveur de l'Abbaye de S. Denis; *Item statuimus, ut quicumque sit intra Banni-leugam S. Dionysii, vel intra terminos antiquitus institutos, à nullo rapiatur, neque res ejus diripiantur*. Yvo Carnotensis Episc. 130. Un Acte ancien de la ville de Rouen, que du Chesne a fait imprimer dans le volume des Histoires de Normandie: *Infra Banleugam Rothomagensem*. Il y a des Coutumes en France, où *Banlieue* signifie l'étendue du terroir dont les habitans sont obligés d'aller moudre au moulin bannier. Et Geoffroy Abbé de Vendôme liv. 2. de ses Epîtres: *Castellô, & Castelli banleugâ, Divinum officium abstulistis*.

B A N Q U E T E R. Ce mot a pris son origine de la débauche de nos anciens François, qui après avoir fait bonne chére, avoient accoutumé de faire emporter les tables; & demeurant assis sur les bancs, recommençoient à boire d'autant; & cela s'appeloit *banqueter*. Ce qui se voit clairement décrit dans Grégoire de Tours chap. 17. du liv. x. en ces paroles: *Invitatis ad epulum multis, hos tres in uno fecit sedere subsellio: cúmque in eo prandium elongatum fuisset spatio, ut nox mundum obrueret, ablatâ mensâ, (ut mos Francorum est) illi in subsellia sua, sicut locati fuerant, residebant: potatôque vinô multô, in tantum crapulati sunt; ut pueri eorum madefacti, per angulos domûs, ubi quisque corruerat, obdormirent.* Le mot de *banqueter* pourroit aussi venir de ce qu'anciennement aux festins, où peu de gens étoient appelés, ils se servoient de bancs, au-lieu de tables. Le même Grégoire de Tours liv. 5. chap. 7. décrivant le Roy Chilperic, qui n'avoit à son dîner qu'un Evêque & un Seigneur, dit qu'ils avoient devant eux un banc chargé de bonnes viandes. *Ad dexteram ejus Berthrandus Episcopus, ad lavam verò Ragnemundus, stabat; & erat ante eos scamnum pane desuper plenum, cum diversis ferculis.* Or dans les bonnes maisons ces bancs demeuroient d'ordinaire couverts de quelque beau tapis: comme on fait à-present les tables. Le même Grégoire de Tours liv. 9. chap. 25. *Mandans iterum actori, ut domo mundatâ, stragulis scamna operiret.*

B A R A G O U I N. Un Langage barbare qu'on n'entent pas. Il doit venir de *bargenna*. Le Glossaire: πρωφάνεσις βαεβαρική, *bargenna*.

B A R B A C A N E. Ce mot est en usage en beaucoup d'endroits du Royaume. Les uns croyent que c'est une *Casemate*; les autres une *Echauguette*. Vigenére s'imagine que c'est un créneau: car il traduit ces paroles du liv. . de Ville-Hardouin, *Et dreciérent à une barbacane deux eschelles*; par celles-cy, *Ils plantérent deux eschelles à un creneau*. Mais c'est proprement une fausse-braye, ou muraille de dehors, là où elle est double; *antemurale*. Albertus Aquensis au liv. 4. de son Histoire de Jérusalem: *Inter muros & antemurale, quod vulgò barbicanas vocamus*. Et au liv. 6. *Barbicanas; scilicet muros exteriores*. Petrus Vallisfernensis dans son Histoire des Albigeois chap. 63. *Dimissis barbicanis ad castrum confugerunt, seque intra murorum ambitum concluserunt*. Et au chap. 79. *Barbacanas, quas hostes extra muros fecerant, destruxerunt*. Le Sire de Joinville en la Vie de S. Louis: *Le Roy fist faire une barbacane devant le pont, dont je vous ay devant parlé: & étoit faite en maniere, qu'on pouvoit assez entrer dedans par deux costés tout à cheval.* Car on appeloit aussi *barbacanes*, les deffenses qu'on fesoit au bout d'un pont. Une vieille Carte intitulée *Chirographus Rothomagensium, De Convenventionibus habitis cum Domino Rege 1204.* que du Chesne a fait imprimer à la fin des Historiens de Normandie: *Nos etiam tradidimus eidem Regi Francia barbacanam qua est in capite pontis.*

B A R B O U I L L E R. Il vient sans doute de *barbe*. Et de fait, dans la Comédie, ou Farce, le barbouillé est le bouffon qui se couvre de farine la face & la barbe. Et ainsi dans les Gloses d'Isidore, *barbustinus* est celui qui a la barbe remplie de crasse & d'ordure. *Barbustinus homo, qui fert barbam plenam prorisinis*: où Bonav. Vulcanius tient fort à propos, qu'il faut lire *porriginis*; car *porrigo* signifie *la teigne, & la crasse des cheveux*.

B A R D E. C'est l'armure ou les paremens dont on couvroit un cheval pour une bataille, ou pour un jour de feste & de magnificence. Il vient du Latin-barbare *bardatus*, qui signifie la même chose. Le Glossaire: *Bardatus*, τὸ σκεῦος. Car ce mot, ou σκεύη, signifie l'appareil ou l'ornement dont nous parons le corps. Xénophon, liv. 4. de l'Institution de Cyrus, le prent pour *la barde d'un cheval*. ἐπὶ τῆς ἵππου σκεύη.

B A R G U I G N E R. Ce verbe signifie *contester avec trop de finesse*, lorsqu'il est question de conclurre un Traité, ou de clorre un marché. Mais en vieux François il signifioit simplement *marchander*. Le Roman de Guillaume au Court nés, en son Moynage, décrivant comme il s'en va voir la mer pour marchander le poisson necessaire pour la provision du Couvent:

Vet à la mer li poysson bargaigner.

Et ainsi prenons-nous maintenant le verbe *marchander*, pour *parler beaucoup* en matiere de Traittés & de Conférences. Nous l'avons tiré du verbe Latin-barbare *barcaniare*, qui signifie *marchander & traffiquer*. Les Capitulaires de Charles le Chauve tit. 28. *Missus Reip. provideat, ut si non invenit illum denarium merum & bene pensantem, ut cambiare illum mercanti jubeat. Si autem denarium illum bonum invenerit, consideret ætatem, & infirmitatem, & sexum; quia & femina barcaniare solent.* Ce verbe se devoit primitivement entendre des marchés qui se fesoient sur la mer: car il vient, à mon avis, de *barca*, qui étoit l'esquif avec lequel les marchands alloient & venoient du Port aux navires pour faire leurs marchés; ou avec lequel ils mettoient à terre leurs marchandises, pour les exposer en vente. Isidore liv. 19. chap. 1. *Barca est qua cuncta navium commercia ad litus portat.* Nos anciens François disoient *bargue*, pour *barque*. Et ainsi de *barcaniare* ils ont fait *barguigner*. Les Annales de Bertinian sur l'année 876. *Cum centum circiter navibus magnis, quas nostrates bargas vocant.*

B A R R E, B A R R E A U. Le lieu où les Avocats plaident est ainsi appelé, parcequ'il est enclos d'une barriere: aussi est-il appelé *Parquet*, à cause de la ressemblance qu'il a avec un parc où les brebis sont enfermées. Et c'est pourquoy le mot *caula*, qui signifie les parcs des brebis, signifie aussi le lieu où les Avocats plaident. Les Gloses d'Isidore : Caulæ, *Cancelli Tribunalis ubi sunt Advocati.*

BARRES. C'étoit en l'ancienne Pratique, ce que les Jurisconsultes appellent *Exceptions.* Li Establissement li Roy de France, liv. 2. *Si comme de Barres peremptoires qui ont lieu jusqu'à jugement, ou jusqu'à sentence selon Droit escrit, ou Code* Sententiam rescindi non posse, *en la Loy* Peremptorias Exceptiones. Et en un autre endroit : *Doit mettre avant & pour soy en jugement, ses deffenses & ses Barres.* Le Traitté des Vertus & des Vices : *Li segond sont le faux fuitifs, qui noyent ce que droit est, & quierent Barres & delays pour tollir à autruy le sien.*

BARRICADE. C'est une sorte de retranchement tumultuaire & fait à la haste : ainsi appelé, parcequ'il se fait d'ordinaire de poinçons & autres tonneaux, appelés en Languedoc *barriques* ; mot qu'on pourroit deriver de βαρύς, qui signifie *pesant* : parcequ'étant remplies de vin elles sont malaisées à remuer à cause de leur pesanteur. Et ainsi *barril*, qui est un petit vaisseau à mettre du vin, vient de βαρύλλιον, qui signifie *petit fardeau* : comme aussi dans Vitruve liv. 3. chap. 2. *baryca* & *barycephala* sont de certains bâtimens fort peu élevés ; lesquels, bien-que soûtenus & portés par des colonnes petites & graîles, ne laissent pas d'être fort appesantis & chargés de matériaux, tels que sont les arcostiles de certains Cloîtres d'Eglise. Toutefois j'aime bien mieux dériver *barrique* de βαρύς : non en la signification de *pesanteur*, mais en celle de *gravité de son* ; parceque les tonneaux étant touchés tant soit peu, retentissent. Et aussi ce mot vient de βαρυηχής, qui signifie *fesant grand bruit* ; de même que les tonneaux sont ainsi appelés, par imitation du bruit qu'ils font quand on les touche.

BARRIL. Voyez *barricade.*

BAS. Nous appelons *bas*, ce qui est au dessous. Il y en a qui le dérivent de βάσις, qui est le bas, l'appuy, & le soûtenement de quelque chose ; comme la base & le fondement des colonnes : mais j'aimerois mieux le dériver de βάσσων, qui est un comparatif de βαθύς, qui signifie *profond.*

BAS DE CHAUSSE. De βάσις, qui signifie le pied & le soûtien, la partie inférieure de quelque chose. De ce mot viennent les mots de *bas*, *baisser*, *abbaisser.* De là vient aussi le mot de *bas-de-chausse* : parceque βάσις signifie *allûre, démarche* ; qui est l'action de la jambe. βάσκαρα, ou βασκάρη, étoit le nom de certaine chaussûre. Le Glossaire de Papias : Baxeus, *calceus* : Baxeæ, *calciamenta mulierum, propriè Comædorum.* Curopalates, *De Officiis Constantinopolitani Palatii*, appelle κυρσβάκια, des bas-de-chausses courts. Le Glossaire de Papias : Baxus, *curtus ; à base.* Et Tertullien *De Pallio* : *Si Philosophus in purpura, cur non & in baxa Tyria ? Baxa autem genus est calciamenti* : comme il se peut voir dans le 2. livre d'Apulée, *pedes palmeis bacceis indutus ; genus sandaliorum.*

BAST. Il vient de βασάζω, qui signifie *porter* une charge : d'où sortent βάσαγμα, & βασαγή, qui signifient *fardeau, charge.* Bastagarii étoient ceux qui portoient, sur des bestes de charge, le bagage & les provisions de l'armée. La Loy 4. Cod. *de Murilegulis & Gynæciariis & Bastagariis.*

BASSIN. Il y a beaucoup d'apparence que les anciens François écrivoient *bachin* : car il vient de l'ancien Gaulois *bachinon.* Grégoire de Tours liv. 9. *Cum duabus pateris ligneis, quas vulgò* bacchinon *vocant ; eisdemque similiter ex gemmis fabricatis auro.*

BASTARD. Cujas sur la Novelle 18. & Borcholten, sur le premier des Institutes, tiennent que ce mot est d'origine Allemande ; & qu'il est composé de *boes-art*, c'est-à-dire, *degeneris animi* : & cette opinion est particulierement fondée sur la Loy derniere, au Code *De Naturalibus liberis* ; où les bâtards sont appelés *degeneres homines.* Henri Spelman tient aussi que ce mot est Alleman ; mais qu'il est formé de *bas*, qui dans toutes les Langues de l'Europe signifie *infime & abject* ; & de *stard*, qui signifie *né* : &

qu'ainsi *bâtard* signifie *un homme de basse & abjecte naissance.* Kilianus au contraire veut que ce mot soit formé de *best aerd* ; id est, *optimæ indolis ac naturæ.* Quod tamen dici posse per antiphrasim conjicit, quasi *minimè bonæ indolis.* Quelques autres le dérivent de βασύγις, qui signifie *une femme débauchée.*

BATAILLE. De *batuere* ; qui, comme je feray voir sur le verbe *battre*, signifie *escrimer, & s'exercer aux armes* ; on fit *batualia*, & *batalia*, qui étoit proprement l'action & l'exercice de ceux qui apprenoient à faire des armes ; lesquels étoient aussi appelés *Batuatores.* Cassiodore dans son Orthografe : Battualia, *quæ vulgò* battalia *dicuntur ; exercitationes autem militum vel gladiatorum significantur.* Inde etiam Batuatores βατυατάς dici puto. De là se forma le verbe *batalare*, qui signifie *manier les armes avec adresse.* La Loy des Baïvariens, tit. 2. chap. 10. §. 1. *Equum viriliter ascendere ; arma sua velociter batalare.* Les Gloses : τῶν μονομάχων *hæc batualia.* C'est ainsi qu'il faut lire, au-lieu de *virtualia.* Toutefois *batalia* signifie quelquefois, non l'exercice de l'escrime, mais bien un combat tumultuaire, & de peu de personnes. L'Addition 1. à la Loy des Bourguignons tit. 5. paragrafe 2. *Si ad battalia mulier foras curte suâ exierit, & aut vulnera acceperit, aut ei crinis incisus fuerit.* Il est aussi pris pour les escarmouches des Enfans-Perdus. Helmoldus *Chronic. Slavorum* liv. 1. chap. 93. *Et dixit ad juniores de exercitu, quos præliandi stulta cupido incitabat, hostem provocare, & suscitare batalias.* Mais nos anciens François appeloient *bataille* le combat à outrance que la justice ordonnoit pour le jugement des affaires où il n'y avoit point de preuve suffisante : & cela s'appeloit proprement *Champ de bataille.* Les anciennes Coutumes de Paris, intitulées Li Establissement : *Li autres li pourroient chalanger par un champ de bataille, cors à cors, ou par deux autres champions.* Maintenant *bataille* signifie seulement les grands combats de guerre, & particulierement ceux qui se donnent à jours & lieux assignés.

BATEAU. C'est le nom des petites barques, & particulierement des esquifs de navires. Godefroy, Moine, dans ses Annales, sur l'année 1218. *Orta est maxima tempestas, & naves separatæ sunt ab invicem ; & quædam ex eis batellos suos vi tempestatis amiserunt.* Nous appelons *bateaux*, les barques des rivieres ; & sur tout, celles qui servoient au passage & aux trajects. Ce mot, à mon avis, est formé de βαίνω, qui signifie *aller* : lequel pourtant n'est en usage que dans la composition, parceque les bateaux ne servent que pour aller sur l'eau. Ainsi ναοβάτης est celui qui s'embarque, ou qui est porté sur le bateau : & dans la Loy 1. Digest. *De Exercitoria Actione*, ἐπιβάτης, selon les Pandectes Florentines, sont des bateaux ; ainsi appelés, comme dit Antonius Augustinus *lib.* 4. *Emendationum, cap.* 16. ἀπὸ τῦ ἄγειν τοὺς ἐπιβάτας, parcequ'ils conduisent les passans. Or toutefois Baïf, dans son livre *De Re Navali*, croit qu'il faut lire ἐπιβαρίδες, qu'il dit être des *bateaux* qui servent seulement sur les rivieres, *ad* ἐπιβάτας *solùm, id est*, vectores, *trajiciendos.* Henri Spelman, dans son Glossaire, semble vouloir dire que *batellus* est un diminutif de *batus*, qui, en Hébreu, est *un vaisseau de mesure liquide*, dont il est fait mention dans S. Luc chap. 16. d'où vient *batiola*, qui se trouve dans l'épitre 47. du liv. 1. de S. Grégoire, & que les Gloses expliquent par ποτήριον, qui est *une coupe.*

BATELEUR. C'est celui qui fait de petits sauts de souplesse. Il y en a qui tiennent qu'il vient de βαττολόγος, qui signifie *un grand parleur* : parceque ces gens préparent d'ordinaire par de longs discours leurs spectateurs à l'admiration de ce qu'ils veulent faire. Mais je me tiendrois plus volontiers à l'opinion de Saumaise, qui croit que ce mot tire son origine de *batalare*, qui signifie *manier les armes avec adresse & souplesse de corps.* La Loy des Baïvariens tit. 2. chap. 10. *Equum viriliter ascendere, arma sua velociter batalare.* Et tit. 30. chap. 10. §. 14. *Et stat rectus, ut non possit plicari : hoc impedimentum est ad arma batalare.* Et de fait, la plûpart des Bâteleurs font leurs sauts, & tours de souplesse, avec des épées & des poignards.

BATTRE. Nous l'avons formé de *battuere*, ou *baltuere*. *Battuere*, en sa naturelle signification, étoit ce que nous disons *escrimer*, & *s'exercer aux armes*. Suétone dans la Vie de Caligula chap. 32. *Batuebat pugnatoriis armis*. Il est vray que long-tems auparavant il signifioit quelquefois *battre*, & *frapper*. Plaute dans son *Casina* :

> ———*Qui, quæso, potiùs quàm Sculponeas,*
> *Quibus batuatur tibi os, senex nequissime.*

En laquelle signification il a été pris dans la derniere Latinité. Papias : *Battuit, concidit, percussit*. Les Gloses : *Battutum* : τυπτηθὲν. Les Loix Alémaniques tit. 98. paragrafe 2. *Si porcarius ligatus, de via ostatus vel battutus fuerit ; sic ut duo teneant & tertius percutiat*. Ainsi, *forbatudus* est celui qui a été tué avec juste cause ; comme il se voit clairement dans le titre 79. de la Loy des Baïvariens, qui est *De Homine Forbatudo* : & dans les Formules *secundum Legem Romanam*, Form. 30. *Absque ulla fraude, vel concludio, & in sua culpa secundum ipsam Legem forbatudum fecit*. Où Mr. Bignon allégue ce livre d'un Decret du Roy Childebert, *Judex loci illius solatio collecto ipsum raptorem occidat ; & jaceat forbatudus*. Autrefois il a signifié *battre la monnoye*. Les Gloses : *Battuit*, κατακόπτει. Car, encore que l'ordinaire signification de κατακόπτειν soit *couper* & *trancher*, Xénophon le prent pourtant pour *batire monnoye*.

Battuere signifioit aussi *piler*, ou *battre dans un pilon, dans un mortier*. Marcellus Empiricus chap. 36. *Tandiu battues, donec sit subactissimum*. C'est-pourquoy dans les Gloses κοπανιστήριον, qui est *un pilon*, est expliqué par *battuarium*. Il étoit aussi pris pour *battre le blé*, ou autres grains, *dans un aire*. Les Gloses ; *Batuo*, ἀλοάω : car c'est ce que signifie ce verbe Grec. De *battuere* on fit *battidere*. Les Loix des Lombards liv. 1. tit. 6. Loy 1. *Si turpiter eum tenuerit aut battiderit*. Et tit. 8. Loy 24. *Si battiderit aut percusserit*. Loy 31. *Siquis alienum servum aut ancillam battiderit, & per ipsam battiduram ponderosi facti sint*. Et au titre 2 Loy 47. il est pris pour *vaincre* ; en la mesme façon que nous disons *battre les ennemis* : *Qui omnes alios viros in grege battit & vincit*. Et dans les Capitulaires de Charles le Chauve, tit. 3. chap. 29. il signifie *battre le blé*. *De manopera in scuria battere*. Où *scuria* est pris pour *une grange*.

BAVARD. Un homme qui se vante & se glorifie. Il vient du verbe Latin-barbare *bavo*, qui signifie *faire gloire*. Le vieux Glossaire : *Babit*, γαυριᾷ. R. Etienne le dérive de βάβαξ. L'Etymologique : λάλος, φλύαρος.

BAUDRIER. Fauchet liv. 2. de ses Origines, dit que le baudrier étoit ainsi appelé, parcequ'il étoit fait de cuir sec & manié par un Baudroyeur ; qui est un ouvrier qui baudroye & endurcit les peaux en les maniant.

BAZANE. C'est un cuir de vil prix. Mathieu Pâris, dans les Vies des Abbés de S. Auban : *Calceamenta de vili corio, quod vulgò bazan vocant*. La couleur de ce cuir est d'ordinaire un blanc sale, c'est-à-dire, meslé de quelque noirceur : d'où vient que nous appelons *bazané*, le teint enfumé & noirci. Scaliger dans ses Exercitations contre Cardan 32. 16. parlant de la couleur appelée en Latin *luridus color* : *Est autem pallidus ingrato nigrore mistus ; qui color coriis quibusdam*, *basanum Gallis. Ea coria Veteres lora & lura*. Où l'on voit qu'il tient, que comme les Latins ont fait *luridus*, d'un noir appelé *lora* ou *lura* ; de même nous avons fait *bazané*, de *bazane*.

BAZOCHE. Joannes Lucius *lib. 1. Placit. tit. 3.* tient que ce mot vient de βαζοχεῖν ; qui, dans l'interpréte d'Aristophane, signifie *dire des mots de raillerie*. Mais Mornac sur la Loy 15. au Code *De Judiciis*, n'en peut pas demeurer d'accord avec luy ; & soutient, que comme les François ont fait *bazoge*, de *basilica*, ils en ont aussi fait *bazoche*. Et il assure ensuite, que son opinion a été approuvée par des hommes de grand sçavoir, tels que Pierre Pithou, Nicolas le Févre, Fauchet, & Antoine Loisel : & par là il veut dire que *basilica* signifie quelquefois *la maison, le Palais*, & *la Cour d'un Prince*. Nous en avons

formé *bazoche*, qui est proprement la Cour du Roy des jeunes Praticiens.

BEC. Ce mot nous est demeuré de l'ancienne Langue Gauloise. Suétone, dans la Vie de Vitellius, parlant de M. Antoine I. *Cui Tolosæ nato cognomen in pueritia Becco fuerat : id valet Gallinacei rostrum*. Où *Becco* est *bec de coq*. Mr. de Saumaise sur Tertullien *De Pallio*, pag. 70. Hesychio, μύκα sunt κέρατα. Hæc dicebantur & βῆκα. Unde vox beccum, pro corneo rostro : quod vocabulum Gallicum esse scribit Suetonius. Gallorum fortasse Massiliensium, qui à Græcis accepere : nam & Græcè loquebantur. Non magis sanè Gallica illa vox, quàm sagum, reno, braca, bulga, petoritum ; quas Gallicas volunt esse, cùm pura Græca fuerint. de qua re nos alibi.

BEDEAU. C'étoit anciennement une espéce de Sergens qui fesoient les exploits de Justice en toute sorte de Cours, tant souveraines que subalternes : bien que Fauchet ait écrit, sans fondement, qu'ils servoient aux Justices subalternes, de même que font les Sergens aux Royales. Les Ordonnances d'Ecosse, intitulées *Regiam Majestatem*, liv. 4. chap. 14. *Adveniente die quindeno, pars prosequens compareat in Curia, & petat partem suam ; & faciat eam vocari per Bedellum, ter vel quater ad minus*. Les Ordonnances du même Royaume, intitulées *Leges Burgorum*, chap. 61. *Si autem citatus fuerit à Bedello suo coram idoneis testibus, & non venerit ad Curiam Domini Regis*. Car chaque ville avoit ses Bedeaux. La même, au chap. 112. *Omnis citatio in Burgo debet fieri per Bedellum Burgi*. Toutefois on les trouve souvent distingués des Sergens. Les Ordonnances d'Ecosse, intitulées *Iter Camerarii*, chap. 5. dont le titre est *De Servientibus, vel Bedellis calumniandis*. Le Traitté des Vertus & des Vices : *Li quins est li pechés des Baillis & des Prevos, & des Bedeaux, & des Sergens, qui accusent & qui chalongent les pauvres gens*. L'Ordonnance de S. Louis, rapportée par le Sire de Joinville : *Nous deffendons aussi que Baillif, Prevost, ne autre, ne tiennent trop grand nombre de Sergens, ne de Bedeaux, en façon que le commun peuple en soit grevé*. Leurs charges se trouvent maintenant confondües avec celles des Huissiers & des Sergens : leur nom étant seulement demeuré aux Officiers des Universités, qui, avec des masses d'argent, marchent par honneur devant les Docteurs Régens & Professeurs publics. Ce qui me porte à croire, que c'étoient les anciens Sergens, que les anciennes Coutumes appellent *Sergens à verge, & à masse d'argent ; & Sergens Bâtonniers*. Fauchet s'est imaginé que les Bedeaux étoient ceux-là mêmes que nos anciens Historiens appeloient *Bidaux*. Mais je feray voir cy-aprés ce que c'étoit que *Bidaux*, & d'où ce mot tiroit son origine. Car pour celui de *Bedellus*, il y a une Glose marginale sur le chap. 5. des Ordonnances d'Ecosse, intitulées *Iter Camerarii*, qui a remarqué qu'il étoit dit, *quasi pedellus*, à *pedo*, *hoc est baculo*, *præsertim pastorali*. Car j'ay déja dit que les Bedeaux devoient être de ces Sergens qu'on appeloit *Sergens Bâtonniers*.

BEFFROY. C'est ainsi qu'on appelle une tour, & une Echauguette, où une sentinelle fait le guet pour avertir ceux de la Ville de ce qu'elle peut découvrir, & leur donner, en cas de besoin, l'effroy & l'alarme, par le son d'une cloche. Ce qui a porté R. Etienne à croire qu'il est ainsi appelé, comme qui diroit *bis effroy*. Le Sire de Joinville en la Vie de S. Louis, l'appelle *bafray*. *Et pour garder*, dit-il, *ceux qui fesoient ladite chaussée ; il fit faire deux bafrays, qu'on appelle* chats, chatels. Guillaume le Breton liv. 2. de sa Philippide, l'appelle *belfragium*.

> *Cratibus & lignis rudibus Belfragia surgunt,*
> *Turribus alta magis, & moenibus ; unde valerent*
> *Agmina missilibus, telisque quibuslibet, uti ;*
> *Detectosque hostes facili prosternere jactu.*

Et au livre 7.

> *Parte alia turres, quibus est Belfragia nomen,*
> *Roboribus crudis compacta, atque arbore multa.*
> *Intactis dolabrâ ; ruditer quibus ascia solos.*

Abscidevat ramos ; sic educuntur, ut usque
Aëra sub medium longo volumine tendant,
Ut doleat murus illis depressior esse.
Où l'on voit clairement, que c'étoit une grande machine de bois, que les assiegeans élevoient, en forme de tour, pour battre les ennemis en ruine, & les empêcher de deffendre leurs murailles. Que si cet Auteur les appelle *Belfragia* ; ce n'est que pour rendre le mot plus doux à l'oreille, & le faire facilement entrer dans le vers. Car le vray nom de cette machine étoit *Berfredum*. Orderic Vital liv. 5. de l'Histoire Ecclésiastique : *Ingentem machinam, quam Berfredum vocitant, contra munitionem erexit, & copiosè bellicis apparatibus instruxit.* Et pour être plainement instruit dans l'une & l'autre de ces deux vérités, il ne faut que lire Froissart, volume 1. chap. 100. *Les Anglois qui seoient devant la Reole, & qui y furent plus de neuf sepmaines, avoient fait charpenter deux Beffroys de gros mesrien, à trois estages ; & seant chacun beffroy sur quatre rouelles : & estoient ces Beffroys devant la ville, tout couverts de cuir boulu, pour deffendre du feu & du traict : & avoit en chacun estage cent Archers.* Enguerrand de Monstrelet vol. 2. *Aprés qu'ils eurent garny le Beffroy, pour sonner la grand'cloche de la ville.* Et pour faire voir qu'on se servoit anciennement de ces grandes machines pour faire les approches des murailles, il ne faut que lire l'Histoire de Guesclin chap. 6. *Et avoit fait faire un grand Beffroy de bois, moult haut, lequel ils firent trainer sur roues, jusques prés du fossé.* Les Coutumes Locales d'Amiens l'expliquent encore plus clairement art. 19. *Au son de la cloche du Beffroy.*

BEGUIN, EMBEGUINE'. *Beguin* est proprement ce bandeau de toile dont on couvre le front des petits enfans : ainsi appelé, parceque les Religieuses, anciennement appelées *Beguines*, s'en servoient, comme elles font encore. Il se peut aisément vérifier par plusieurs lieux des Auteurs qui ont écrit depuis 400. ans : Et sur tout par le chap. 21. du liv. 1. des Histoires Mémorables de Césaire, Moine de Heisterbach, où *Begina* signifie *Religieuses*. Ce nom leur fut donné à cause d'un grand homme de bien, nommé *Lambert le Bégue*, qui pas ses exhortations porta grand nombre de femmes & de filles à faire vœu de chasteté, lesquelles pour cette raison furent appelées *Beguines*, comme temoigne Ægidius Aureæ vallis Monachus ; chap. 51. de l'Histoire des Evesques de Liége. Voicy ses paroles : *Suscitavit Deus Spiritum sancti cujusdam Sacerdotis, viri Religiosi, qui Lambertus le Begue, quia balbus erat, de Sancto Christophoro dicebatur : à cujus cognomine mulieres & puella, quæ castè vivere proponunt, Beguines Gallicè cognominantur ; quia ipse primus extitit, qui eis præmium castitatis verbo & exemplo prædicavit.* De cette sorte de Religieuses, toutes les autres, de quelque Ordre qu'elles fussent, furent appelées *Beguines* : d'où vient le verbe *embeguiner*, c'est-à-dire, persuader avec cajollerie ; qui se dit maintenant de toute sorte de gens, mais qui du commencement ne s'entendoit que des filles qui se laissoient porter à prendre le beguin, c'est-à-dire, à se faire Religieuses. Apres que Lambert le Bégue, par ses beaux discours & exemples, ut induit beaucoup de filles à renoncer au monde en prenant le voile, & en retranchant de leurs habits ce grand luxe, un autre grand Prédicateur, appelé *Frére Thomas*, ut ensuite assés d'autorité sur l'esprit des femmes mondaines, pour les obliger à renoncer à cette pompe & superfluité d'habits, comme nous apprent Enguerrand de Monstrelet volume 2. *Par les exhortations d'un Prédicateur, nommé Frére Thomas, les femmes se disposerent à mettre jus leurs atours ; & prindrent autres tels & semblables, que portoient femmes de beguinage.*

BELIER. Joachim Périon veut que ce mot soit formé d'*aries* : je ne say pourquoy. Car il y a bien plus d'apparence de dire qu'il est ainsi appelé, de sa façon de crier, que nous appelons *bêler*, & le Latin *balatus*.

BELITRE. C'est un mot d'injure & de mépris. Joseph De l'Escale, sur ces mots de Varron liv. 1. chap. 5. *Videbo jam vos balatrones, & huic afferam meum*

---

corium & flagra, le fait venir du mot *balatro*, par lequel les Romains entendoient un homme vil, abject, & de neant ; parcequ'ils appeloient *balatrones*, la boue des rues, & les rognûres des vieux souliers. Festus : Balatrones, & blatras, *bullæ luti ex itineribus ; aut quod de calceamentorum soleis evaditur, appellabant.* Porphyrion, sur ce lieu d'Horace, *mendici, mima, balathrones,* entent par ce mot, ceux qui par l'excès de parler rent méprisables ; qu'il veut être ainsi appelés, *à balatu & vaniloquentia.* Toutefois Joseph de l'Escale, sous pretexte qu'il se lit dans Lucréce,
Aufer abhinc lachrimas, baratro, compesce querelas,
tient qu'ils furent premiérement appelés *baratrones,* tanquam, dit-il, *dignos qui in barathrum conjicerentur ex consuetudine Atheniensium, qui maleficos in barathram conjicerent.* R. Etienne, dans un petit Receuil des noms des herbes & des arbres, appelle du nom de *blitram,* un poireau rouge. *Ea herba est insulsa & inutilis : unde meretrix Blitea apud Plautum in Truculento. Galli vocem suam, quà inutiles homines blitres appellant, hinc deduxisse videntur. Festus Blitrum, à Græca voce βλάξ, deducit.* Charle Etienne dans son *De Re Hortensi :* Blitrum, *olus omnium insipidissimum & fatuum : unde vulgò rudes & inutiles blitros appellamus ;* blistres.

BERCAIL. Troupeau de brebis. Du Latin *vervex,* qui signifie *un belier,* on a fait le Latin-barbare *berbix ;* d'où nous avons fait *brebis.* De *berbix* on a fait *berbical,* d'où nous avons formé *bercail.* Voyez plus bas sur le mot *berger.*

BERENGER. C'est un mot Alleman, qui signifie un parc d'ours, où celuy qui les dompte les met. Pontius Heuterus, dans son Traité intitulé *Etyma variorum nominum utriusque sexûs hominum, Germanica originis :* Berengard, berengarius, *septum ursorum ; eorumque domitor.*

BERGAMOTTE. C'est une espéce de poire qui a pris son nom de Bergame en Italie, d'où elle fut apporté en France. Car Ch. Etienne dans son livre intitulé *Seminarium,* dit qu'à peine de son tems on commença d'en planter les arbres en France.

BERGER. Encore-que, selon la commune opinion, ce mot soit formé de *berg,* qui en Alleman signifie *montagne ;* parceque les bergers ménent paître leurs troupeaux dans les montagnes : je tiens pourtant qu'il vient de *berbicarius,* ou *berbigarius,* formé de *berbix,* qui signifie *une brebis.* La Loy des Allemans tit. 98. paragraphe 3. *Et quod de Berbicario, Stotario, & Vaccario sit.* Où Lindeburgius dans les Notes, ou Diverses Leçons qu'il a fait imprimer devant son Glossaire sur les Loix Barbares, dit que dans l'édition d'Allemagne il y a *berbigario :* d'où sans doute nous avons fait *berger ;* qui est proprement *un Pasteur de brebis ;* comme de *Vicarius* on a fait *Viguier.*

BERNARD. Ce nom nous a été apporté des Langues Septentrionales : & signifie en Alleman *courage & force d'ours.* Pontius Heuterus, dans son Traité intitulé *Etyma variorum nominum utriusque sexûs hominum, Germanica originis :* Berenhard, Bernardus, *Cor, animus ursinus.* Et un Auteur sans nom, qui est dans un Receuil d'anciens Historiens Allemans : Bernhart, *robur ursi.*

BESANT. C'est une ancienne monnoye de Constantinople : ainsi appelée de l'ancien nom de cette ville, qui étoit *Bisantium.* Orderic Vital. liv. 9. *Panis paximatus, & permodicus ; siquando inveniebatur, Bisanteo comparabatur.* Guibertus Abbas, dans son Histoire de Jérusalem liv. 4. *Octo Bisanteorum pretio, quos ibi purpuratos vocitant.* Mais cet Auteur s'est trompé, en croyant que les Besans étoient ainsi appelés à Constantinople, par la ressemblance de ce mot avec ὑπέρπυρον, qui étoit de nom de cette monnoye, & que nos François, au rapport de Ville-Hardouin, appeloient *perprés.* En Armoiries on appelle *besans,* les ronds faits de metal, que la Noblesse Françoise, qui avoit porté les armes sous les Empereurs de Constantinople, & dont la solde avoit été payée en besans, commença de prendre pour armes. Car on sait que les Empereurs de Constantinople avoient des François à la solde, dont le Capitaine étoit même appelé, à la mode des François, *Connétable*. O' *Mίζας Κονλοσαύλος*, se trouve dans Curopalata.

BEURRE. Il est croyable que nous l'avons formé de *butyrum*, par contraction. Toutefois parcequ'en plusieurs lieux le beurre est de couleur rousse & jaunâtre, je ne say si je dois assurer qu'il vient de *burrum*. Festus: Burrum *dicebant Antiqui, quod nunc dicimus* luscum. Et de fait, *burranica potio* étoit une potion composée de lait. Le même Festus: Burranica potio *appellatur, lacte commixtum ; à rufo colore quem* burrum *vocant*.

BICHE. De βὴ ; qui est, au Dialecte Attique, comme témoigne Suidas, la voix des brebis ; a été formé βῆκη, qui selon Hesychius signifie tantost *brebis*, tantost *chévre* ; d'où dans la moyenne Latinité on a tiré, à mon avis, *bica* ; qu'on a pris proprement pour la femelle des cerfs. C'est pourquoy Mr. de Saumaise dit que dans le Concile d'Auxerre, où l'on lit ordinairement *vitula & cervalo*, il faut lire *bicula*. Et de *bica* nous avons avons fait *biche*.

BIDAUTS. C'étoit une espéce de Gens de guerre dont Froissart fait mention en beaucoup d'endroits. Vol. 1. chap. 63. *Et pouvoient estre environ six banniers & deux cens bacinets, & six cens Bidaux, tous à* pied. Et chap. 104. *Là avoit grand foison de bidaux & de gens du païs mal payés*. Et chap. 111. *Genevois, Vidaus ; & Arbalestriers*. Ils étoient ainsi appelés *Bidarii, à binis dardis* ; parcequ'ils étoient armés de deux dards ou javelots. Joannes Hocsemius, *De Gestis Pontificum Leodiensium*, liv. 1. chap. 24. *Conduxerat namque quosdam Bidarios ; à binis, quæ portant missilia, dictos : quos Isidorus, non milites, sed velites, à volitando, vocatos insinuat*.

BIERE. C'est une boisson dont on se sert en plusieurs endroits du Royaume, & de l'Europe. Les François sur tout, la font avec de l'orge & de l'avoine ; & les autres avec du froment : & tous y ajoutent, ou la fleur, ou la graine du houblon. Hainsmensfeld Goldast nous donne deux étymologies de ce mot : l'une, de l'Hébreu *beri*, qui signifie *froment* ; l'autre de *biren* qui signifie en Alleman *poire* : ce qui témoigne que les Allemans font quelquefois entrer la poire en la composition de ce brevage. Goropius liv. 5. *Originum Antuerpianarum*, dit que ce mot vient du Flamand *bier*, qui signifie *rendre honneur* : parce que, dit-il, les Flamans ont de coutume de presenter à boire à ceux qu'ils veulent honorer.

BIERE'. C'est sur quoy on porte les morts à la la sépulture. Goropius liv. 4. *Originum Antuerpianarum*, dit que tout ainsi que cela est appelé en Latin *feretrum à ferendo*, il est aussi appelé en Flamand *bery*, du verbe *ber* qui signifie *porter*.

BIGARRE'. Il semble être formé de *variegatus*. Mais il y a bien plus d'apparence de le dériver d'une façon d'habits appelée *vestis bigerica*, dont Sulpitius Severus, en la Vie de S. Martin livre 3. dialog. 2. fait mention. E *proximis tabernis*, dit-il, *bigericam vestem, brevem, atque hispidam quinque comparatam argenteis, rapit ; atque ad Martini pedes iratus apponit*. Cette sorte d'habits, ou plutost d'étoffe, étoit ainsi appelée, parce qu'elle étoit en usage parmy les peuples appelés *Bigerri*, qui font maintenant ceux de Bear ; qui, pour être vestus d'ordinaire d'une étoffe grossiere & velue, sont appelés *pelliti* par Paulinus, en des vers qu'il addresse au Poëte Ausone.

Dignaque pellitis habitas deserta Bigerris.

En-effet, le menu peuple de Bear se sert encore de cette sorte d'habits, que nous appelons *Cappes de Bear*, dont il s'en voit quantité ; qui sont d'une étoffe grossiere & velue, & avec cela bigarrée de diverses couleurs. Isaac Pontanus dans son *Glossarium Prisco-Gallicum*, sous pretexte qu'en quelque édition on lit *biherrica*, au-lieu de *bigerica*, dans le passage de Sulpitius Severus, s'est persuadé que c'est la vraye leçon ; & veut que le mot *bigerica* signifie seulement *velu*, parcequ'en Alleman *harich* & *bearich*, signifient *velu*.

BIGLE. Qui a les yeux tellement tournés, que lorsqu'il regarde d'un côté, il semble addresser sa vûe d'un autre. Comme nous avons fait *aveugle d'aboculus*, ou *abocellus* : nous avons aussi fait *bigle*

de *bioculus* ; comme s'il avoit deux regards différens. Le Latin l'appelle *strabo* : & *pætus* : l'Italien *guercio* : en Languedoc *guershé*, du Latin-barbare *guelcus*. Joannes Januensis *in Catholico* : Pætus, *id est, guelcus, strabo*.

BIGOT. Les Hypocrites ; & ceux qui couvrent leurs vices des apparences d'une dévotion extérieure ; pourroient être ainsi appelés, du mot Allemand *bigot*, qui signifie *par Dieu* ; parceque telles Gens ont d'ordinaire le nom de Dieu en la bouche. Une ancienne Chronique, extraite de la Bibliothéque de Mr. de Thou, & rapportée par André du Chesne dans son Receuil des Anciens Historiens de France, raconte que Rollon étant conseillé par les siens de baiser les piés à Charles, petit fils de Charles le Chauve, en reconnoissance de ce qu'il luy donnoit le Duché de Normandie & sa fille Gisle en mariage, refusa de le faire, disant en sa Langue *ne se bigot : quasi, non de par Dieu*. Dequoy le Roy les Courtisans s'étant moquès luy donnerent le soubriquet de *Bigot* ; d'où vient que les Normans ont été depuis appelés *Bigots*. *Rex verò*, dit la Chronique, *& sui illum deridentes & sermonem ejus corrupte referentes, illum vocaverunt* Bigoth ; *unde & Normanni adhuc* Bigothi *dicuntur*. L'ancien Roman de Girard de Roussillon, écrit en langue Provençale fait mention d'un peuple appelé *Bigots*, lequel il joint avec ceux de l'Aquitaine & de la Gaule Narbonnoise :

Bigot, e Provenzal, e Rovergues,
    E Bascle, & Gasco, & Bordales.

Et en un autre endroit :

Bigot e Provenzal vengon essens.

Ce qui ne peut être entendu des Normans, mais bien des peuples du Bas-Languedoc, qui étoient anciennement appelés *Gots* ou *Wisigots* : de sorte qu'il y a apparence que *bigot* est un nom formé par contraction de *Wisigots*, & qu'il a été depuis appliqué aux hypocrites ; dautant que les Wisigots étant héretiques Arriens, n'étoient Religieux qu'en apparence. Quoyqu'il en soit, le dernier vers de ce Roman, fesant marcher ensemble les Bigots & les Provençaux, témoigne que c'étoient deux peuples voisins. Et pour faire voir que le mot de *bigot* a été appliqué aux hypocrites, & à ceux qui n'ont que l'apparence de pieté & de dévotion, il ne faut que jetter les yeux sur l'Histoire de Louis XI. ou Chronique Scandaleuse, pour y lire qu'après que le Roy Louis XI. eut senti defaillir ses forces, il fit venir grand nombre de bigots & gens de dévotion, comme Hermites, & saintes Creatures ; pour, dit l'Auteur, sans cesse prier à Dieu qu'il permit qu'il n'en mourût point.

BILLET. BILLETTE. C'est un écrit compris dans un peu de papier : en Latin *libellus*. Meursius en son Glossaire Grec-barbare : βίλλος, *liber*. Ce mot est sans doute formé, par contraction, de βίβλος, qui signifie *livre*. En Armoiries on appelle *billettes*, des petits carrés longs, qui représentent la figure d'un billet de papier.

BISCUIT. Le pain qu'on fait pour l'usage des navires, *nauticus panis*. Il est sans doute qu'il a été ainsi appelé, de *biscoctum*, c'est-à-dire, *deux fois cuit*. Les Grecs l'appellent ἄρτον δίπυρον, c'est-à-dire, *pain qui a été remis dans le feu*. Pline liv. 22. chap. 25. *Vetus aut nauticus panis, tusus, atque iterum coctus, sistit alvum*. Hesychius : Δίπυρος ἄρτος, ὁ ἐκ δωτέρου ὀπλωμένος. Cette sorte de pain se trouve aussi dans Pausanias. Et *paximacium*. Suidas : πιξαμᾶ, ὁ δίπυρος ἄρτος. Cassianus Coll. XI. cap. 19. *Cujus aquissimum modum in duobus paximaciis statuerunt, quos parvulos panes vix libra unius pondus habere certissimum est*. Il se trouve aussi appelé *paximus*, & *paximas*. Ordericvital IV. 9. parlant de notre armée à Antioche : *Multi expiraverunt fame ; panis paximatus, & permodicus, si quando inveniebatur, bizantio comparabatur*.

BISE. Olaüs Magnus liv. 1. de l'Histoire de Septentrion, raconte que les vents y sont tellement impétueux, que leurs tourbillons enlévent les hommes de dessus les chevaux, souslévent les cailloux, comme si ce n'étoit que du sable, & arrachent les toits des maisons, & les emportent bien loin. Ce vent de Nort a été appelé *bise*, qui signifie *tourbillon*, en ancienne

langue

langue Teudifque. Le Gloffaire que Jufte Lipfe a recœuilli d'un ancien Pfautier, & qu'il rapporte en la
3. Centurie de fes Lettres *ad Belgas* : *Bifa, turbo, ut
Gallis* vent de bize.

BLAFARD. *Un teint blafard*, c'eft-à-dire, *pâle
& de couleur effacée.* Joachim Perion *De Lingua Gallica cum Graca cognatione*, le dérive de ψαφαρὸς,
qui fignifie *obfcur & noir.* Je ne fay s'il y auroit raifon
de dire qu'il vint de βλίφαρυν, qui fignifie *la pau-
piere* ; parcequ'aux perfonnes malades, & fur tout aux
femmes, lorfqu'elles ont le teint effacé, ce deffaut
paroift, particulierement aux paupieres qui en paroif-
fent plombées & de couleur livide.

BLâMER : BLâ ME. Ces mots viennent
de *blafphemare* & *blafphemia* : comme l'on peut juger
par une infinité de lieux, où ils fignifient *blâmer &
blâme.* Aymoinus Monachus liv. 4. chap. 35. *Tan-
tummodo blafphemabatur à pluribus, quòd effet avari-
tiæ deditus.* Dudo, *De Moribus & Actis Normanorum*, liv. 2. *Me pro nihilo duxiftis, quando pralium
fine me inchoaftis : blafphemabor à cunctis gentibus qua
auditura funt hos eventus.* Le même, livre 3. *precor
ut eruas me, aliquo fophifmate, à blafphemia hujus
rumoris.* Je trouve auffi dans un vieux Gloffaire M S.
*blafphemare, id eft, reprehendere, detrahere, vitupe-
rare :* Et en un autre endroit du même Gloffaire : *blafphemia.* Enguerrand de Monftrelet vol. 2. *Pour le blaf-
phème qu'on pourroit avoir des parlers au monde.*

BLANC. Jules Cæfar Scaliger, contre Cardan
Exercit. 325. 11. croit que ce mot vient de βλὰξ, qui
fignifie *languiffant & foible* : parceque toutes chofes
blanches font d'ordinaire foibles. *Vulgus*, dit-il, *album
dicit* blanc : *quòd à Græco eft languidum fignificante.
Sanè umbratilem colorem fic primùm à militibus expro-
bratum puto. vox eft pervulgata* βλὰξ. *Theophraftus
in* 3°. *De caufis, alba omnia putat imbecilliora.*

BLE. En Languedoc & en Gafcogne, on dit *blad* ;
parceque de toutes les herbes, il n'y en a point dont
le germe foit plus néceffaire à la vie de l'homme. Il
y a raifon de croire que ce mot tire fon origine de
βλαςὸς, ou βλαςύν, qui fignifie *le germe & la naiffance
des herbes.* Et de fait, encore les Allemans appellent
blatt, la feuille des plantes : les Flamans *bladt* ; & *bla-
deren*, produire des feuilles.

BLEU. Mr. de Saumaife fur Tertullien *De Pallio :
Conchylii porrò coloris Plinius tres facit gradus ; quorum
vegetiffimus, qui in viola ferotina cernitur ; minus vegetus
& faturatus, qualis in malva flore ; omnium dilutiffimus
in heliotropio, cujus flos cæruleus eft. hunc colorem vulgò biutum vocamus, quafi ablutum vel dilutum. & fanè
caruleus color, quem Graci* κυανοῦν *vocant, nihil aliud
eft quàm purpura dilutior & pallidior.* Joannes Goropius Becanus *Originum Antuerp.* lib. 6. Blaw, *quo
cerulus, non faturatus & cafius color fignificatur.*

BLOQUER. On dit *qu'une ville eft bloquée*,
quand les ennemis fe font fi bien retranchés tout autour, qu'il n'y peut rien entrer. Ce verbe eft formé
de *blocail*, qui fignifie certaine matiere dont on fefoit
les clôtures des maifons & des jardins ; que quelques-
uns croyent être le moillon, bien qu'il en foit diftingué dans la Coutume d'Amiens, art. 25. *Un chacun doit clofture fuffifante de pierres, brique, blocail,
moillon, ou pallis, de fept pieds de hauteur pour le moins.*

BLUTER. Parcequ'en fecouant le bluteau il fe
vuide infenfiblement. Ce verbe a été pris de *blutare*,
ancien verbe barbare, qui fignifie *vuider.* Aux Loix
des Lombards, liv. 1. chap. 26. *Si quis cafam cujuf-
cumque blutaverit, aut res eorum tulerit :* où la Glofe a
remarqué ; *blutaverit, evacuaverit.*

BOCAL. C'eft un vafe de verre qui a le gou-
let étroit. Il vient de *boccola*, qui fignifie un *vafe*
ou *gobelet.* La Glofe : *boccola*, εἶδος ἀγγείου. Il eft
ainfi appelé, de *bucca*, ou, comme prononce l'Italien,
bocca.

BOIDIE. Trahifon, tromperie, fineffe. Le Roman
de Guillaume au court nés :

*Por ce te veux monftrer que tu as foy mentie.
Vers ton feignor as fait trahifon & boidie.*

Herman de Valenciennes au Roman de la Bible, parlant de Rachel, lorfqu'elle déguifa Jacob pour luy faire
donner la bénédiction plutoft qu'à Efaü :

A dont fe pourpenfa d'une molt grand boidie.
Par là on voit affés que Pafquier s'eft trompé, en
expliquant *boidie* par *vue*, dans les vers de Thibaut
Comte de Champagne.

BOIS. En Languedoc *bofc.* Il vient du verbe βό-
οκιν, qui fignifie *paitre* : parceque les bois fervent de
pâturages. Nous appelons auffi *bois*, les bûches & les
fagots qu'on couppe pour brûler. Les Loix d'Ecoffe,
intitulées *Regiam Majeftatem : Cum plauftro vel cum
equo afportando bofcum.* Leges Burgorum, cap. 38. *Qui
portant bofcum, turbas, vel petas, ad vendendum.*

BOISER. Il fignifie *trahir, tromper.* Le Roman de
Guillaume au court nés, au Couronnement de Louis,
introduifant Charlemagne qui donne à Louis le Debonnaire des préceptes pour bien régir fes Etats :

*Que fi tu veux il t'aura grand meftier
Que de vilain ne faces confeiller,
Filh à Prevoft ny de filh avoier :
Ils boiferoient à petit por loyer.*

Et en un autre endroit :

*Enfi doit l'on traitor ioftifer,
Qui fon feignor veult trahir & boifer.*

BOISTE. De *buftea.* Le Comte S. Everard, mary
de Gifle, fille de Louis le Debonnaire, dans fon Tefta-
ment, qui fe voit au Code *Donationum piarum* d'Aubertus Myræus : *De paramento Capellæ noftra, bufteam
criftallinam cum Reliquiis legavit.*

BOITER. Clocher : Lat. *claudicare.* Nous appelons *emboiture*, la jointure des os : & nous difons
qu'*un os eft déboité*, quand il eft forti de fon lieu, &
comme l'on dit, difloqué. C'eft pourquoy nous appelons *boiter*, l'action de celuy, qui a difficulté de
marcher, lorfqu'un os du pié ou du genouil s'eft
déboité : fi ce n'eft qu'on veuille dire, que *boiter*
vient de l'ancien verbe Latin *betere* ou *bitere*, qui fignifie *marcher.* Pacuvius, dans Nonius Marcellus : *Vos
hinc defenfum patriam in pugnam betite.* Plaute dans
fon *Curcullio*, Acte 1. Scene 2. *fi illa ad me betet.*

BONACE. Tertullien *De Pallio : Sic & mari fides
infamis, dum & flabris aquè mutantibus, de tranquillo
probum, de fluftris temperatum, & extemplò de decu-
manis inquietum. Probum, bonum* interpretatur Salma-
fius, qui & alicubi fe legiffe addit *bonum mare & fa-
ventes ventos : unde ait derivatum bonace.*

BON CHRETIEN. Les poires de bon-chretien,
comme écrit Ch. Etienne dans fon Traitté des Arbres, intitulé *Seminarium*, furent apportées de la Campagne d'Italie à Naples, du tems que le Rey Charles VIII. y étoit. Il y en a qui tiennent qu'elles ont
pris ce nom de S. François de Paule, qu'on appeloit
de fon tems *le bon homme*, & *le bon Chretien* ; parceque
ce fut luy qui le premier ut le foin d'en faire apporter l'arbre.

BONNET. C'étoit certain drap, dont on fefoit des chapeaux, ou habillemens de tefte, qui en
ont retenu le nom, & qui ont été appelés *bonnets* ;
de-même que nous appelons d'ordinaire *Caftors*,
les chapeaux qui font faits de poil de caftor. Le Roman de Guillaume au court nés, dans le Charroy de
Nifmes :

Un chapel, & de bonnet, en fa tefte.
Guillaume de Nangis en la Vie de S. Louis : *Ab illo
tempore nunquam indutus eft fquarleto, vel panno viridi,
feu bonneta.*

BORDEL. Ces femmes débauchées, qui vendent à vil prix l'ufage de leurs corps, ont de tout
tems accoutumé de loger dans des cabanes ou petites
maifons. Il eft dit dans le livre 4. chap. 25. du livre
des Rois, que Jofias, purgeant le Temple des abominations que l'idolatrie y avoit introduites, fit abatre le petit logis des ruffiens & des femmes débauchées : *Deftruxit quoque ædiculas effeminatorum, qua
erant in domo domini : pro quibus mulieres texebant
quafi domunculas luci.* Où De Lyra explique *domunculas luci*, par *cortinas ad faciendum proftibula in luco.*
Anciennement à Rome les femmes perdues fe tenoient
auffi dans de petits logemens, en un lieu appelé *fu-
burra*, proche des murs de la ville : & fous des lieux
voutés, appelés *fornices* ; d'où vient le mot *fornica-
tion.* Elles fe tenoient dans des étables, d'où elles
furent appelées *proftibula.* Nonius Marcellus : *profti-*

bulum, quòd ante ſtabulum ſtet, quaſtûs noɛturni ac diurni gratiâ. De là vient qu'on appelle un lieu infames *Bordel*, qui ſignifie proprement *une petite maiſon.* L'Auteur de l'Hiſtoire des Normans, liv. 7. chap. 14. dit que *domuncula & bordellum*, ſont ſynonimes : car parlant d'un homme nommé *Sorengus*, qui fut de nuit inveſti dans une petite maiſon par un Gentilhomme nommé *Richard de Sainte Scolaſtique : Protinus*, dit-il, *quidam miles potens, nomine* Richardus de S. Scolaſtica, *cujus terram devaſtaverat, domunculam circumdedit cum ſua familia. Sorengus verò expergefaɛus de bordello exiit.* Jean de Meun, au Roman de la Roſe, appelle auſſi *bordels*, les cabanes des bergers.

> *Couvertes eſtoient de geneſtes,*
> *De feuilles & de rameaux,*
> *Leurs bordels & leurs hameaux.*

Et dans les Annales Anciennes, en la Deſcription d'un Siége par Charlemagne, les huttes des ſoldats ſont appelées *borderes. Eodem anno verni temporis obſedit dominus Rex Carolus Heriſburgo, & Franci ſedebant in gyrum per borderes.* Car anciennement en France les petites maiſons champêtres étoient appelées *bordes.* L'Hiſtoire de Gueſclin chap. 46. *Et boutérent le feu par tout, qu'il ne demeura en eſtat borde ne maiſon.* D'où vient le mot de *bordelage*, qui ſignifie certain droit que payoient les maiſons champêtres, & les terres qui en dépendoient.

BORNE. Limite. Nos Anciens François diſoient *bonne.* Les Anciennes Coutumes de Paris liv. 11. au Titre *De faire bonnage*, ou *De faire partie ſans jouſtiſſe: Se freres Couſtumiers partiſſoient enſemble, il porroient bien ſeignier lor parties de piex ou de pierres; car il ne porroient mettre bonnes, ne ne devroient ſans jouſtiſſe: & ſe il y meſtoient bonnes ſans jouſtiſſe, il en fairoient l'amende à la jouſtiſſe, de chaſcune bonne 60. ſols.* Rodulphus Glaber liv. 2. chap. 10. *Multi ibi limites, quos alii bonnas nominant, ſuorum recognoverunt agrorum.* Jean de Meun, an Roman de la Roſe:

> *Les terres enſemble partirent,*
> *Et au partir bonnes y mirent.*

Ce mot vient de βɣρὸς, qui ſignifie *un monceau de terre.* Les Gloſes: βɣρὸς, *tumulus, collis:* parceque les Anciens marquoient les limites des chams par des monceaux de terre, appelés *botones, & botontini.*

BOSSU. Il y en a qui le veulent dériver de *gibboſus*, retranchant la premiere ſyllabe. Mais parceque *boſſe* ſignifie *enſlûre*, & que les hommes gras ont le ventre enflé & boſſu, je tiens qu'il vient du Latinbarbare *buſſus*, qui ſignifie *gras.* Le Gloſſaire d'Anſileubus: Buſſus, *pinguis obeſus.* Il eſt bien vray que dans les Gloſes qu'on attribue à Iſidore il y a *baſſus, pinguis obeſus.* Mais il eſt tout certain qu'il y faut lire *buſſus*: car dans le Gloſſaire d'Anſileubus il n'y peut avoir de faute dans l'écriture, parceque les mots de chaque lettre y ſont rangés ſelon l'ordre de la premiere ſyllabe; ce qui n'eſt pas obſervé en celuy d'Iſidore.

BOTE. Quelques-uns le dérivent de βλɣτα, qui eſt une eſpéce de chauſſure, chez Suidas. Mais Mathias Martinius, dans ſon *Lexicon Philologicum*, croit que ce mot vient de πɣτλɣν, qui ſignifie une eſpéce de bouteille ou de flacon, parceque les botes ſont des chauſſures longues & larges faites à la façon des bouteilles ou flacons de cuir. Anciennement les botes étoient proprement de gros ſouliers en forme de brodequin, & qui couvroient une partie de la jambe; dont les Moines ſe ſervoient ordinairement. Cæſarius Heiſterbachenſis liv. 7. de ſes *Hiſtoires Mémorables*, chap. 39. parlant des ſouliers d'un Moine, les appelle *boti. Mox per eundem nuntium boti viri Dei mittuntur.* A quoy il ajoute ces paroles, qui font voir clairement que c'étoient des ſouliers. *Eadem verò calceamenta, ob amorem beati vivi in tantum venerebatur, ut in caſtro ſuo capellam ædificaret, atque eoſdem cothurnos ejus altari ligneo, Abbate noſtro præſente, includeret.* Le Roman de Guillaume au court nés, décrivant comme il fut fait Moine:

> *Guillaume firent de ſes dras depoiller,*
> *Errant le font & laver & baigner:*
> *Puis ſi le firent & reve & reognier.*
> *Veſtir le firent & les botes chauſſer.*

Après, il introduit Guillaume même, parlant de ſes botes & témoignant que c'étoient des ſouliers grands & larges:

> *Que ferai-je s'ils me tollent mes botes,*
> *Qui ſont ſi grands que és piés me ſabotent;*
> *A chaſcun pas les cuit perdre en l'encloſtre*
> *Grand peor ai que nes perde en la boe.*

Il n'y a pas long-tems que les botes dont on ſe ſert maintenant pour aller à cheval, ont été ainſi appelés : car je trouve qu'encore du régne de Charles VII. on les appeloit *houſes*, & qu'on diſoit *houſer*, pour *boter.* Enguerrand de Monſtrelet vol. 3. *S'en alla houſer & monter ſur un tres-bon cheval.* Joannes Januenſis *in Catholico : Oſa, quòddam genus calceamenti, ab os oſſis dicitur; quòd primùm de coriis boum oſa faɛta ſunt; & quamvis nunc ex alio genere fiant, priſtinum tamen nomen retinent; unde oſatus, oſæ habens; oſare, calciare.* De là vient le mot *houſeaux.*

BOUC. De *buccus.* La Loy Salique Tit. 5. §. 3. *Si quis buccum furaverit*, DC. den. *culpabilis judicetur.* Dans Grégoire de Tours liv. 9. chap. 23. le bouc eſt appelé *buccus olidus.*

BOUCHER. Il y a apparence qu'ils ſont ainſi appelés, parcequ'ils vendent la viande pour la bouche des hommes. Mais il ſemble d'ailleurs que ce mot eſt formé de *buxerius*, qui ſignifie même choſe. Au livre 39. *Conſtitutionum Sicularum vel Neapolitanarum : Buxerios autem, & piſcium venditores, qui vita hujuſmodi neceſſaria ſubminiſtrant.* Turnébe liv. 26. de ſes Adverſaires chap. 15. *Nos lanionibus à bucca nomen impoſuimus, & buccarios vocavimus.*

BOUCLE. Le Dictionnaire MS. de Jean de Garlandie, compoſé il y a plus de 500. ans : *Pluſcularii ſunt divites per pluſculas ſuas, & lingulas, & mordacula.* Où la Gloſe, qui n'eſt guère moins ancienne que le texte, ajoûte, *Pluſcularii, Gallicè* boucliers. Pluſculas, *Gallicè* boucles: *ab hoc nomine* pluſculus, la, lum; *quod eſt*, aliquantulùm plus. Lingulas *eſt diminutivum hujus nominis* lingua: *id eſt*, ardillon. De ſorte que de là il n'eſt pas mal-aiſé de juger que par le changement de la lettre *P* en *B*, nous avons formé *boucle* de *pluſcula.* Dans Nicetas, en la Vie de l'Empereur Manuel au liv. 2. βɣκλα ſignifie *une boucle.* Mais Meurſius, dans ſon Gloſſaire Grec-barbare, tient que ce mot eſt purement François. Βɣκλα *buccula, fibula; ex Gallico* boucle.

BOUCLIER. La partie du milieu des boucliers eſt appelée en Grec ὀμφαλὸς, c'eſt-à-dire *nombril*; & en bon Latin *umbo.* Les Gloſes : ὀμφαλὶς ἀϲπίδος, *umbo:* & en Latin-barbare *buccula.* Un autre Gloſſaire : *Buccula*, ὀμφαλὶς. De ſorte que, comme ὀμφάλιον dans Suidas, & *umbo* chez les Poëtes, ſignifient le bouclier tout entier, par métonymie, c'eſt-à-dire, prenant la partie pour le tout: de-même nous avons pris *buccula*, pour tout le bouclier, & nous en avons même formé le mot de *bouclier.* Meurſius en ſon Gloſſaire Grec-barbare, comme nous venons de voir, explique le mot βɣκλω, par *buccula*, & *fibula :* & il rapporte enſuite ces lieux des Gloſes d'Iſidore : *Angia, ferrum buccula ſcuti.* Ancile, *ſcuti buccula.* Mais en ces deux ſens, *buccula* ne ſignifie point *boucle*, mais cette partie de l'Ecu, appelée *umbo*, & ὀμφαλὸς.

BOUGE. C'eſt une petite chambre, ou pour mieux dire, la décharge d'une plus grande chambre. Ce mot doit venir de l'ancien Teotiſque. Vitus Amerbachius, dans ſes Notes ſur la Conſtitution de Charlemagne, dit que *bau*, en Alleman, ſignifie *édifier.* Et Iſaac Pontanus liv. 1. *de ſes Origines Françoiſes*, dit qu'en vieux Alleman *bo* ſignifie *habiter*; & *habitation*; & qu'encore en Langue Danoiſe *boc* ſignifie *habiter.*

BOUGETTE. Une petite bourſe. Ce mot nous reſte de l'ancien Langage Gaulois. Feſtus : Bulgas *Galli ſacculos ſcorteos appellant.*

BOUGRE. Nos Anciens François au-lieu de *Bulgarie & Bulgare*, diſoient *Bougrie & Bougre.* Dans l'Hiſtoire du Maréchal de Ville-Hardouin liv. 6. Joanniſſa Roy de Valachie & de Bulgarie, eſt appelé *Roy de Blachie & Bougrie*, qui eſt une Province aſſés proche de Conſtantinople. *De là ſortirent une* espéce d'*Hérétiques, appelés* Bougres, *desquels Matthæus Paris , en la vie de Henry I I I. Roy d'Angleterre parle en ces termes :* Circa dies autem illos invaluit Hæretica pravitas eorum qui vulgariter dicuntur *Paterini & Bugares ;* de quorum erroribus malo tacere quam loqui : *& ajoute ensuite , que leur erreur a esté puissamment refutée par Frere Robert , de l'Ordre des Predicateurs, qui estoit surnommé* Bougre, *pour avoir autrefois fait profession de cette Herefie.* Dans le Livre intitulé *Li Etablissemens le Roy de France* liv. 1. cette Héréfie est nommée *Bougerie. Se aucuns est soupçonnés de Bougerie, la Joustisse laye le doit panre , & envoyer à l'Evesque.* Et notez que le titre du chapitre est tel, *De punir Mescreant & Hérite.* Froissart vol. 4. chap. 7. parlant de Betisach , Treforier du Duc de Berry, qui fut brûlé à Besiers , & qui s'étoit accusé de ne croire point les Myfteres de la Trinité & dé l'Incarnation , & l'Immortalité de l'Ame , dit qu'il avoit confessé de fa volonté , fans contrainte, qu'il étoit Hérétique ; & qu'il avoit tenu depuis longtemps l'opinion de *Bougre.* Deforteque ceux qui ont dressé les Titres des chapitres de cet Auteur, fe font trompés , & ont mal à propos mis en celuy de ce chapitre, que Betisach avoit confessé qu'il étoit Hérétique & Sodomite. Car outre que dans tout le chapitre il ne fe parle point de Sodomie, ce mot d'*opinion* témoigne assés que ce mot de *Bougre,* y est pris pour *Hérétique.* Il est bien vray qu'en ce tems icy le mot de *Bougre* signifie seulement *Sodomite :* & c'est parceque la Sodomie étoit l'une des abominations approuvées par cette forte d'Hérétiques : & c'est pourquoy Mathieu Paris dit , *de quorum erroribus malo tacere quàm loqui*

BOULE. Parcequ'en jouant on la jette, elle a été ainsi appelée, de *Βωλὴ,* qui signifie *jet.* L'ancien Glossaire : *Βωλὴ, jactus, ictus jaculatio , ictio , missio.* Les boulets de l'Artillerie sont ainsi appellés, parcequ'ils sont jettés.

BOULEVERSER. *Renverser sans-dessus-dessous.* Ce verbe devoit anciennement être du labourage, & fignifier ce renversement de terre, que le coutre de la charrue fait en labourant. Et depuis, par métaphore , on l'a entendu de toute forte de renversement : car je tiens qu'il est formé de *Βῶλος,* qui fignifie *gazon & motte de terre ; & de versare ,* ou *vertere :* car aussi bien Virgile dit *vertere terram,* pour *arare. Bouleverser* se peut aussi dire *renverser ;* comme une boule , laquelle fe renverse sans-dessus-dessous , autant de fois qu'elle fait de tours.

BOUQUERAN, ou BOUQUESAN. Le *boucassin , bougueran ,* ou *treillis,* dont nous nous fervons , est une étoffe de trop vil prix , pour me perfuader que ce foit le *bouqueran* des Anciens, qu'ils mettent au rang des plus riches étoffes. Le Roman de Guillaume au Court nés , au Charroy de Nisines :

> *Sy glatons porte , cendeaux , & bouquesans ,*
> *Et escarlates , & vert , & pers vaillans.*

Le Traité des Vertus & des Vices : *Les mauvais riches, qui se vestent si souverainement , comme de trés-souefs bouquerans , & de trés-precieux pourpres.* Il est vraysemblable que c'étoit plutost le nom d'une couleur, que d'une étoffe , comme l'écarlate & la pourpre : auffi-bien les met-on ensemble dans les passages précedens. Du moins je trouve qu'il étoit rouge. Le Roman de Guion de Tournau :

> *Quant la Dame loyt le sang luy va muant ,*
> *Plus vermeille devint que drap de bouquerant.*

Peut-être étoit-ce une espéce de ratine : car l'épithéte de *trés-souef* témoigne qu'il fentoit bon.

BOUQUET. Je croy qu'il est ainsi appelé, parceque, pour en flairer l'odeur , on la porte à la bouche : car en Languedoc & en Gascogne on dit *bouque,* pour *bouche ;* du latin *bucca.*

BOUQUIN. Nous appelons ainsi un vieux livre dont on ne tient plus de conte. H. Etienne croit que nous l'avons formé de *bouch,* qui en Alleman fignifie *un livre de neant.*

BOURDE. Nous appelons ainsi un mensonge, une tromperie, & une chose qui semble être vraye & ne l'est pas. Ce mot, à mon avis , vient de ces combats qui fe fefoient aux Tournois, où l'on fe jouoit,

bien qu'en apparence il femblaft qu'on fe battît tout-de-bon : & cela s'appeloit vulgairement *burdare.* La Charte de Henri III. Roy d'Angleterre , intitulée *Breve Regis , five Mandatum , super Juratis , ad arma,* qu'on voit à la fin de l'Hiftoire de Mathieu Paris , de la derniere édition : *Quòd nulli conveniant ad turnandum , vel burdandum , vel alias quascunque aventuras.* Nos anciens François appeloient cela *behourd, & behourder ;* d'où on fait *bourde , & bourder.* Lambertus Ardenfis dans l'Hiftoire des Comtes de Guines & des Seigneurs d'Hardres : *Vt hic illic bohardicca frequentaret & torneamenta.*

BOURDON. Les bâtons des pelerins , & ceux qu'on porte durant l'Office du Chœur , font ainfi appelés , à caufe des ronds qu'ils ont au bout , ou plutoft, massûes ; en vray Latin *clava,* & en Latin barbare *borda.* Les Glofes d'Ifidore : *clavia , borda.* Mais il faut lire , en cet endroit *clava.* En Languedoc on appele *bourdes,* ces boules , ou ronds qu'on porte au bout des bâtons.

BOURG. C'est maintenant le nom des gros Villages, clos de murailles affez foibles ; qui ne font pas affés grands , ni peuplés, pour porter le nom de *Villes.* Anciennement en France c'étoit un quartier de Ville ; ou , pour mieux dire , un Faux-bourg clos , mais toutefois diftingué de la Ville : comme il fe voit encore dans Carcaffone , & dans Rhodès , qui font divifées en Bourg & Cité : aussi bien que dans les Villes de Narbonne , & de Touloufe ; & même en celle de Rheims, comme il fe voit dans l'Epiftre 1 x. du Pape Alexandre I I I. où il est fait différence entre le Bourg & la Cité de Rheims. Il est bien vray , que fur la décadence de l'Empire Romain *Burgi* étoient proprement des *Forts* fur les frontieres , où l'on mettoit en garnifon des Gens de guerre. Paul Orofe liv. 7. ch. 32. *Crebra per limites habitacula constituta* Burgos *appellant.* La même chofe fe voit dans Ifidore liv. 9. ch. 4. lequel ajoûte , que ceux qui étoient logés dans cette forte de Forts , étoient appelés *Burgarii :* & c'est de ceux-là meme qu'entent parler la Loy unique de *Burgariis ,* au Code Theodofien. Mais parceque cette forte de Forts , pour être bâtis à la hâte , & pour certains tems , n'étoient clos de murailles de brique & de pierre , mais bien feulement de paux de bois ; ils furent appelés *Bourgs* , d'un mot plus ancien , *burgones* , qui fignifie la clôture d'un parc où les Bergers enferment leurs troupeaux. Les Glofes d'Ifidore : Burgones, *caula.* Or on fait affés que le mot *caula* fignifie proprement cette forte de parc. On peut dire la même chofe des bourgs qui joignent les Cités ; lefquels prirent auffi de-là leur nom, pour n'être du commencement clos que d'une enceinte de paux, assez forte pour arrêter les courfes & foudaines invafions des ennemis. Et c'est pourquoy Luytprand liv. 4. écrit que les Romains appeloient *Bourgs,* un *assemblage de maisons* qui n'avoient point d'enclos de murailles. *Domorum Congregationem , qua muro non clauditur ,* Burgum *vocant.*

BOURGEOIS. Ce mot vient de *bourg.* Et quoique maintenant les Citoiens des Villes foient indifféremment appelés *Bourgeois :* neanmoins anciennement on fefoit différence entre *Citoiens & Bourgeois ;* les uns étant les habitans des Cités ; & les autres, des Bourgs. Le Pape Alexandre I I I. Epître 1 x. *Cùm olim ex parte Wacini , & filii sui , Rhemensium Civium causa , qua inter ipsos & Oldevenum , & Joannem , Rhemenfes Burgenfes super domo quadam vertitur . &c.*

BOURRE. En Latin *tormentum.* Ce n'est pas feulement la laine accourcie , & que les Tondeurs de draps tirent des étoffes ; mais encore ce qui fe forme dans les replis des habits , à mefure que nous les ufons ; & autres telles chofes légéres, & de peu de confequence. Ce mot vient de *burra,* qu'Aufone joint avec *quisquilia ,* qui font des chofes de neant & des bagatelles :

> *At nos illepidum rudem libellum ,*
> *Burras , quisquilias , ineptiasque ,*
> *Credemus gremio cui fovendum.*

Où Scaliger croit que *bourre* est un mot de l'ancien Langage de Guienne. *Vsus est ,* dir-il, *vocabulo Aqui-*

*tanico : nam hodieque major pars Aquitanarum natio-
num quisquilias vocat* burras.

BOURREAU. Nos anciens François écrivoient
Bourrel. Enguerrand de Monstrelet Tome premier
chap. 47. *Lesquels par le Bourrel, les uns & les autres, eurent les testes coupées.* Ce mot doit venir de
Βόρος, qui signifie *devoreur* : car d'autant que les
Bourreaux vivent de la mort d'autruy, & du carnage
qu'ils font, ils furent appelés *devoreurs de chair.* Le
Glossaire : *Carnifex,* Δήμιος σαρκοβόρος, c'est-à-dire
devoreur de chair. Et dans un autre Glossaire, *manger la chair* est pris pour *bourreler.* σαρκοφαγῶ,
excarnifico. Salvian *de Gubernatione Dei,* parlant des
Spectacles : *Ubi summum genus deliciarum est mori
homines : aut quod est morte gravius, lacerari, ex-
pleri,* &c. *hoc est, non minus hominum aspectibus, quàm
bestiarum dentibus, devorari.* Prudentius liv 1. contre
Symmachus:

————*Quid sanguine parta voluptas?*

BOURSE. Il n'y a point de doute qu'une bourse
étant d'ordinaire faite de cuir, ce mot ne vienne de
Βύρσα, qui signifie *cuir,* La charité des hommes s'é-
tant refroidie, nous l'appelons du nom de sa matiere :
là ou les Anciens François, plus gens de bien que
nous, l'appeloient *aumosniere;* parcequ'ils ne s'en servoient que pour y porter dequoy subvenir à la néces-
sité des pauvres. Le Traité des Vertus & des Vices
parlant de la charité : *C'est le denier-Dieu dont on
achate tous les biens du monde, & touttes-voies remaint
tousjours dans l'aumosniere :* Dans le livre intitulé
Li Establissement le Roy de France livre 1. il est dit
que *le Gentilhomme qui perd ses meubles pour messait,
s'il est homme qui porte armes, il en conserve une
partie, & entr'autres, le lict sa femme, une robbe à
contoyer sa femme, & un anel, & une ceinture, & une
aumosniere.*

BOUTEILLE. De Βύττις, *cupa.* Les Gloses:
Βύττιον, *cupella.* Βύττις, *cupa.* De là on a fait *butica.*
Papias : *Obba, genus vasis; butica, & buticula :* où
buticella; d'où nous avons formé *bouteille.*

BOUTIQUE. En Italien *Bottega.* Il est formé
d'ἀποθήκη, qui signifie *un magazin,* & un lieu où on
enferme les choses pour les conserver. Bernardinus
Baldus, Urbinas, dans le livre *de Verborum Vitru-
vianorum significatione,* expliquant le mot *apotheca*
du chap. 8. du liv. 6. de Vitruve: Apotheca, *Graeca
vox; repositorium, reconditorium, quivis locus ubi aliquid adservatur. Hinc vernaculum apud nos bottega,
locus in quo merces servantur venales. Vocabuli origo*
ἀποθιθέσθαι, *quod deponere significat, vel collocare.*
H. Etienne *de Latinitate falsò suspecta,* chap. 7.
Ἀποθήκην *hanc ipsam vocem Graecam peperisse arbitror
nostram* boutique. Mr de Saumaise toutefois, en
ses Exercitations sur Pline, soutient que ce mot
ne vient point d'*apotheca,* mais bien d'*Iotheca,* &
gotheca; ou, comme prononçoient les Anciens, *Zotheca,*
qu'il dit être même chose que *valculus,* qui signifie
ces petites loges, où les féves, pois, ou autres tels
grains, sont placés, chacun à part, dans leur gousse
ou écorce.

BOUTON. C'est ainsi que nous appelons les
bourgeons des vignes & des arbres, les enlevûres,
ou petites enflures, qui se font sur le visage; & ces
petits ronds de soye, ou de telle autre matiere, qui
servent à fermer les pourpoints, & autres parties de
l'habit. Ce mot vient à mon avis de *botones, boton-
sones,* & *botontini,* qui signifient de petits monceaux
de terre arrondis, dont on fesoit des rangées pour
marquer les bornes & les limites des Terres : ainsi
qu'ils se voyent représentés dans Hyginus, Affranchi
de l'Empereur Auguste, au livre *De Limitibus Constituendis.* Un Auteur incertain les appelle *botontones
finalos,* & *botontini terra.* Innocentius : *In trivio,
tres botontinos.*

BOYAU. En Languedoc *budel.* Il vient de *bo-
tellus.* La Loy des Anglois, Tit 5. §. 14. *Si intestina, vel botelli perforati, claudi non potuerint.* Lex
Frisionum Tit. 5. §. 52. *si botellum vulneraverit.*

BRACELET. Il vient de *bracchiale,* ou *brachile.*
La Loy Salique Tit. 29. Paragr. 37. *Si quis mulieri
brachile furaverit.* Pline liv 28. *Argento brachili inclusa.*

BRANCHE. Philon Juif, au Traité περὶ Φυτουργίας
Νῶε; appelle l'homme *une plante, non terrestre, mais
celeste,* Φυτὸν οὐκ ἐπίγειον, ἀλλ' οὐράνιον. Et dans l'Evangile de S. Mathieu chap. 8. les hommes sont com-
parés aux arbres. *Video homines velut arbores ambulantes.* De là vient, que le mot *branche* a été formé
de *bracchium.* Et en effet, Virgile appelle *bracchia,*
les branches des arbres.

BRANCHE URSINE. C'est l'herbe que les
Grecs nomment ἄκανθα, ou ἄκανθος. Nous l'appelons
ainsi; non du mot François *branche,* mais de l'Italien *branca,* qui signifie la pate de devant d'une beste
sauvage; parcequ'elle ressemble à la pate de devant
d'un ours.

BRAQUEMART. C'est un coutelas. H. Etienne
croit que nous l'avons formé de βραχεῖα μάχαιρα,
c'est-à-dire *courte épée.*

BRASSER. Ce n'est pas sans raison qu'on a
remarqué que ce verbe vient de βράσσειν, qui signifie
bouillir : puisque *brasser,* c'est faire cuire l'orge ou
l'avoine, dont on fait la biére & la cervoise. Cela est
appelé en Latin-barbare *brasiare,* ou *braciare.* Une
Charte de Henri III. Roy d'Angleterre, rapportée
par Mathieu Paris, en la Vie de ce Roy : *Domos com-
petentes, & necessarias ad braciandum.* Et les Loix
d'Ecosse, appelées *Leges Burgorum,* chap. 69. *Quae-
cumque faemina brasiare voluerit, cervisiam venalem
brasiet.* L'orge même & l'avoine, dont on fesoit les
boissons, étoient appelés *brasia.* La Charte de Henri III.
Roy d'Angleterre, rapportée par le même Mathieu
Paris : *Bladum, & Brasiam, Conventus praedicti, debent moli ad molendina nostra.* Ce que cet Historien
explique aussi dans les Vies des Abbés de S. Auban.
Hordei & avena, commixtorum, quod bresia *vulgariter appellatur.* Au même endroit, il appele *braseriam,*
le lieu où se brassoit la biere.

BRAVE. De βραχύς, ou βραχύδιος; qui signifient
celuy qui dans les combats, ou jeux de prix, donnoit
au vainqueur la récompense ou le prix de son adresse;
est formé βραβεῖον, qui signifie *le prix.* Quelques-uns
veulent qu'il vienne du mot *brave,* qui signifie *hardi
& vaillant.* Mais Goropius Becanus dans ses Origines
d'Anvers liv. 2. s'en mocque : & après avoir dit,
*Ostentator, rerum suarum demonstratione aliquâ exte-
riore factâ;* Brave, *sive, per posterioris vocalis elisio-
nem,* Bras, *vocatur;* il ajoute, *Ridiculi verò sunt,
qui à Graecis eam mutuantur : quia non est ejusdem
cum* βραβεῖον *significationis.* Mais j'aime mieux être de
la premiere opinion; parcequ'en effet ceux qui ont
emporté le prix de la victoire, ont sujet d'en faire
gloire; qui est proprement ce que nous disons *bra-
ver,* & *faire le brave.*

BRAYE. Haut-de-chausse. En Languedoc *brague.*
Il vient de *braca,* ancien mot Gaulois, qui signifioit
un haut-de-chausse. Diodore de Sicile, parlant des
Gaulois : χρῶνται δὲ ἀναξυρίσιν, ἃς ἐκεῖνοι βράκας καλοῦσιν.
Les Gloses: *Bracca,* ἀναξυρίδες. Une partie des Gaules,
à-cause de l'usage de ces brayes, fut appelée *Braccata.*

BREBIS. De *vervex,* qui signifie *un mouton,* le
Latin-barbare a fait *vervix,* & *berbix,* qui signifient
même chose : d'où nous avons formé *brebis,* que
nous prenons maintenant pour la seule femelle. Les
Gloses Anciennes : *Berbix,* πρόβατον. Les Gloses
Grec-Latines: πρόβατον ἄγριον, *verbella, ovis, verbix.*
Les Loix des Wisigots liv. 7. Tit. 2. L. 1. *De ber-
bicibus vel quibuscunque pecoribus.* La Loy des Bourguignons, Tit. 8. Paragr. 3. *Unum porcum, aut unum
verbicem, praesumendi habent potestatem.* La Loy Salique, Tit 4. Paragr. 1. *Si quis anniculum, vel binum
berbicem, furaverit.*

BRIGANS. Nous appelons ainsi les voleurs; &
Brigantins, les vaisseaux des Ecumeurs de mer. Les
Anglois appellent aussi *Brigans,* les voleurs. Camden
dans sa Bretagne, est en doute si ce mot est de l'ancienne Langue Gauloise, ou de la Britanique, & si
les Anciens peuples de la Bretagne, appelés *Bri-
gands,* ont eu ce nom pour avoir été adonnés aux
voleries : d'autant que, comme écrit Pausanias, ils
furent privés d'une partie de leurs possessions par
Antoninus Pius, à-cause des ravages qu'ils fesoient
sur les terres des voisins. Strabon appelle aussi *Brigant,*

certains peuples des Alpes adonnés aux mêmes voleries. Et dans Tacite, il est fait mention d'un *Julien
Belga*, homme hardi jusqu'à la témérité, surnommé
Brigandicus. Pour moy je ne saurois présentement
donner la vraye étymologie de ce mot : & tout ce
que j'en puis dire, c'est qu'il y a environ trois cens
ans qu'en France il y avoit des gens de guerre appelés *Brigans*. Froissart vol. 1. chap. 40. parlant
de l'armée du Duc de Normandie, où étoit le Connétable & les Maréchaux de France : *Ils étoient six
mille hommes armés, & huit mille, tant Brigans que
autres gens de l'Ost, poursuivans.* Et au chap. 128 :
*Si pouvoient estre cent hommes d'armes, & deux mille
Archers, & deux mille Brigans.* Et au chap. 198 : *Or
vindrent les Brigans François, qui n'avoient pas peu si tost
venir que les gens d'armes : Car ces Brigans, qui
estoient bien neuf cens, estoient à pied.* Or comme
anciennement les soldats des Gardes des Rois, qui
étoient appelés *latrones* ; comme qui diroit *laterones* ;
s'étant enfin abandonnés aux larcins, & aux voleries,
donnérent le nom à toute sorte de Larrons & de Voleurs : de-même, les soldats Brigans ayant fait bande
à part, & s'étant détachés des armées pour faire des
voleries, furent cause qu'on appela de leur nom toute
sorte de Voleurs & de Larrons. Le même Froissart
vol. 1. chap. 148. parlant de certaines troupes de gens
de guerre, tant Françoises que d'Angleterre, qui durant la Tréve faite l'an 1548 entre les Rois de France
& d'Angleterre, ne laissérent pas de continuer le desordre de la guerre, les appelle *Brigans*. Et au chapitre suivant, parlant de la Bretagne : *Il y avoit*, dit-
il, *Brigans qui guerroyoien: Villes, Forteresses, & bons
Chasteaux ; & les roboient & tenoient.* De ces gens
de guerre, appelés *Brigans*, est venu *Brigada*, qui
signifie une troupe de gens de guerre ; & *Brigadum*,
qui est une espéce de *bastion* de guerre.

BRIGUE. Ce mot signifioit originairement *guerre
& querelle.* Encore en Languedoc *bregue* signifie *querelle & dissension.* Albertus Argentinensis dans sa Chronique : *Princeps autem intendebat facere brigam Duci
Austria.* Et dans le même Auteur, *imbrigare* signifie
faire guerre. Francus se nolle imbrigare cum illo quievit.
Quelquefois *briga* est pris pour un *tumulte* & une
émotion. Le même Auteur, dans un autre endroit,
dit, *Et magnâ factâ brigâ in Basilea, omnes Monachi,
si adhærentes, expulsi sunt.* Maintenant en François
brigue signifie seulement les sollicitations qu'on fait
pour gagner les voix & les suffrages ; parceque souvent elles causent des querelles & des dissensions.

BRISER. Joannes Januensis, *in Catholico : Briso
brisas, id est frangere : & dicitur à* βρίξαι. Il est bien
vray que βρίξαι signifie ordinairement *dormir après le
repas.* Mais Hesychius l'explique par ἰσδίᾳ, qui signifie
manger, devorer, & *briser la viande avec les dens.*

BRIVETE'. Ou *brevité.* C'est-à-dire, *pauvreté.*
Fredegarius Scolasticus, chap. 28. de sa Chronique
de France : *Instigante Brunnichilde, pede truncato, de
rebus expoliatus, ad brevitatem perductus est.* Où l'on
a noté en marge, *id est, paupertatem.* De-là vient le
mot de *brives,* qui signifie le pain & les reliefs qu'on
donne aux pauvres. Encore en Gascogne *brivand* signifie *un gueux.* Outre le témoignage de Fredegarius
Scolasticus, nous avons celuy d'Aimoin liv. 31 chap. 93.
*Insidiis Brunnichildis pede truncatus, rebusque suis ex-
poliatus, egens est redditus.*

BRODEQUIN. C'est une espéce de chaussûre
qui couvre le pié & la gréve : ainsi appelée, parcequ'elle étoit anciennement faite de *brodequin* ; qui est
une espéce de cuir. Froissart, vol. 4. chap. 119. parlant du Roy Richard d'Angleterre, surnommé *de Bourdeaux : Après qu'il fut mort, il fut conché sur une littiere, dedans un char, couvert de brodequin noir.*

BRONZE. C'est un métail composé de......
qui, pour être solide & grandement dur, sert à faire
l'artillerie. De-là vient que nous disons *un cœur de
bronze, & de diamant.* Je croy que ce mot descent du
Latin-barbare *brunda,* qui signifie *solida.* Le Glossaire
de Papias : *Brunda, solida.* D'où vient le mot *brondel,*
qui signifie la partie du pain la plus cuite, & par
ainsi la plus ferme & la plus solide.

BROUET. *Bouillon, potage.* Nous l'avons tiré
du Latin-barbare *brodium,* que Gaudentius prent pour
un bouillon fait de chair.

BROUET, BROUETTE. C'est une *petite char-
rette.* Son premier employ étoit d'emporter l'ordure &
les boues. Enguerrand de Monstrelet vol. 1. chap. 71 :
Auquel brouet à boue ils le travaillérent & traisnérent.
En Languedoc on appelle *brouet* la boue fort détrem-
pée : & en Gascogne *braude,* qui vient sans doute de
brodium, qui comme je viens de faire voir, signifie
bouillon, ou *potage* ; parce que cette sorte de boue ressemble au brouet : & ainsi l'on pourroit dire que la
brouette a été ainsi appelée, parce qu'elle étoit originairement faite pour porter la boue. *Brosch* en Flaman
est *un lieu marécageux & boueux* ; comme témoigne
Goropius Becanus liv. 1. de ses Origines d'Anvers.

BROUILLER. *Confondre, mêler.* Il y a apparence que ce verbe est formé de *brolium,* qui signifie la confusion & le mélange de divers arbustes qui
se voient en beaucoup d'endroits des bois & des forests, que nous appelons maintenant *forts & buissons* ;
& qui, à-cause de leur épaisseur, servent de retraite
aux bestes sauvages. Une Charte qui se voit dans
l'Appendice ou Suite de l'Histoire de Rheims, de
Flodoard : *Cum sylva, & dimidio brolio ad eam per-
tinente.* Les Coutumes de France l'appellent *Brueil,*
ou *breil.* Celle du Maine, art. 40 : *Qui n'a forest ou
brueil de forest, qui est entendu* buisson, *tel que con-
venablement les grosses bestes se puissent retirer.* Celle
d'Anjou art. 36 : *Est reputé breil de forest, un grand
bois marmenteau, ou taillis ; auquel telles grosses bestes
ont accoustumé soy retirer, ou fréquenter* Besly en ses
Preuves sur son Histoire des Ducs de Guienne, cite
une Charte des Archives de S. Jean d'Angely : *Dono
allodia mea, id est silvam, id est brolium Morini.*

BRU. En Latin *nurus* ; d'où le Languedocien *nore,*
qui signifie même chose. C'est *la femme du fils.* Ce
mot est de l'ancienne Langue Teudisque. Car les Danois, comme témoigne Isaac Pontanus dans son *Glossarium Prisco-Gallicum,* appellent une épouse *bru* ;
les Flamans *bruid* : mots que Pontanus dit avoir été
formés, comme qui diroit *prudit,* qui en langage
Danois signifie *grandement parée & ornée.* Ainsi appelons-nous *bru,* une belle fille, à-cause de ses ornemens.

BUISSON. Originairement c'étoit une clôture
& une bordure, en matiere de Jardins. Et parcequ'elles se font ordinairement de buis, on les appelle *buissons.* Maintenant nous le prenons pour *une
haye,* & même pour *les ronces,* & pour *les épines.*

BURETTE. Ces petits pots d'argent, ou de
verre, où l'on met le vin & l'eau pour servir à la
Messe ; & qui, de-peur qu'on ne verse dans le Calice
trop de vin ou d'eau à la fois, ont le goulet courbé ; sont ainsi appelés, d'un vase fait de même façon que les Romains appeloient *imburum.* Varron
liv. 4. de la Langue Latine : Imburum, *factum ab
urbo, quòd ita flexum, ut redeat sursum versum.* Aussi
bura, ou *burus,* est ce bois courbe, que le labou-
reur tient d'une main pour régir sa charrûe. Virgile
liv. 1 des Georgiques :
*Continuò in sylvis magna vi flexa domatur
In burim, & curvi formam accipit ulmus aratri.*

C A.

CABANE. Il y a beaucoup d'apparence qu'il
vient de κάπανη ; qui signifie *une créche,* ou *man-
geoire de beste* ; ou pour mieux dire, *une étable.* Joannes Januensis *in Catholico :* Capana, *vilis casa vel domus, paleâ cooperta : & dicitur à* capio capis, *quia capiat tantùm unum ; ut in vineis custodiendis.* Papias dit,

*sia à rusticis dicta , quia unum tantùm capiat ; id est
tugurium.* Nos anciens François disoient *capana* :
comme il se voit dans le Catholicon: *Parva capana :
capane , ou loge pour garder vignes.*

CABARET. Il y a beaucoup d'apparence que
ce mot, moïennant le changement de quelques lettres,
vient de καπηλεῖον, qui signifie même chose. Les Gloses : καπηλεῖον *, popa , popina , taberna , cauponium.*

CAILLOU. Je ne say duquel des deux je le dois
dériver ; ou de *calculus* , ou de κόχλαξ , ou κόχλαξ,
qui signifient même chose : car les Latins en ont aussi
tiré le mot *coclaca*, qui signifie *caillous*. Festus: *Coclacæ
dicuntur lapides ex flumine , rotundi , ad cochlearum
similitudinem.*

CALER. Du verbe χαλᾶν ; qui signifie entr'autres
choses, *abaisser* , & *relâcher* ; les Latins ont tiré le
verbe *chalare*. Végéce liv. 4. chap. 23. *Aliquanti
centones & culcitas funibus chalant.* Et au livre dernier, chap. 46, il dit *calatorios funes.* Turnébe liv. 14
chap. 15 de ses Adversaires, remarque que de-là
nos Nautonniers ont formé *caler les voiles.* Ansileubus
le prouve encore fort ouvertement, en expliquant
calare , par *ponere.*

CAMAIL. C'est le capuchon que les Evêques
portent pardessus leur rochet. Nos Dictionnaires l'appellent en Latin *capital* : qui étoit aussi parmy les
Romains une espéce d'habit Sacerdotal. Varron *De
Lingua Latina* liv. 4 : *Dictum capital, à capite ; quod
Sacerdotula in capite etiamnum solent habere.* Nous
l'avons formé de *calamaverum* , ou de *calamantum* ,
qui signifient même chose. Odo, Monachus Fossaten-
sis, en la Vie de Burchardus, au livre 3 de Du Chesne,
parlant de *Magenardo* , *Abbate Fossatensi* : *Dumque alicubi voluntas pergendi adesset ; depositis Monachalibus
indumentis , pretiosarum pellium tegumentis exornaba-
tur ; calamerumque (aliter , calamantum) optimum
pro capitio humili , capiti imponebatur.* C'étoit aussi
un capuchon de mailles dont nos Anciens François
ornoient leurs testes. Froissart vol. 1. chap. 66. *Et
coula tout outre le camail qui estoit de bonnes mailles ,
& luy entra au col.*

CAMELOT. L'usage de cette étoffe est fort
ancien en France. Joinville en la Vie de S. Louis :
*Plusieurs fois ai-je veu que oudit temps d'esté le Roy
venoit au jardin de Paris , une cotte de camelot vestue,
un surcot de tiretaine sans manche , & un mantel par
dessus , de sandal noir.* J. C. Scaliger , Exercit. 199, 4,
écrit qu'en Natolie il y a des boucs à quatre cornes,
qui ont le poil fort long , & blanc comme la nége :
que du meilleur & plus fin on fait une étoffe fort
précieuse, appelée *zarzacan*; que du plus grossier on en
fait une autre qu'ils appellent *moiacar*; & que du medio-
cre on fait ce qu'ils appellent *zambellot* , ou *camelot* ;
& que c'est ce que nous appelons proprement *camelot de Levant.* Il y avoit anciennement une couleur
appelée *camolin* , ou *camelin* , dont on fesoit peu d'é-
tat. Gaufridus *de Bello Loco* , dans son Traité *De Vita
& Conversatione Ludovici* 1 x. parlant de ce S. Roy :
*Nunquam indutus est scarleto , vel panno viridi seu
bruneto , nec pellibus variis ; sed veste nigri coloris,
vel camolini seu persei.* Et le Sire de Joinville : *Vous
estes vestu d'un plus fin camelin que le Roy mesme.*

CANAILLE. C'est un terme de mépris & d'in-
jure , qui signifie proprement *chien* , ou *race de chien* :
car il vient de *canis* , qui ne se disoit anciennement
que des Juifs & des Payens. Le Glossaire de Papias :
Canis significat diabolum , Judæum , vel Gentilem.

CANE, CANARD. Joachin Périon , dans son
De Lingua Gallica cum Græca Cognatione , croit que
ce mot vient d'*anas* , en y ajoutant au commencement la lettre *c*. Je ne say si les animaux ont été
ainsi appelés , parce qu'étant d'ordinaire dans les lieux
marêcageux , ils se plaisent parmy les canes & les roseaux. *Cane* vient de l'Hebreu *kanés* , qui signifie
arundo . vel calamus.

CANELLE. Ce bois odoriférant, qu'on croit être
le *cynnamomum* ; & que les Medecins appellent *cassia
syrinx* , ou *fistularis* ; est ainsi appelé , à cause de sa figure qui ressemble à une flute , ou à une petite canne.
Joannes Januensis , *in Catholico* : *Canella , parva
canna.*

CANNIF. C'est ce petit couteau dont on taille
les plumes : ainsi appelé de *canna* , comme dit Mr de
Saumaise ; parceque les Anciens , au lieu de plumes,
se servoient de cannes & de roseaux : & ainsi ce que
nous appelons *plume* , en matiere d'écriture , est parmy
eux *calamus.*

CAPENDU. Ch. Etienne dans son *Seminarium,*
dit que les pommes de capendu sont ainsi appelées,
comme qui diroit de *courtpendu*;parce que la queue,par
laquelle elles tiennent à l'arbre , est tellement courte,
qu'elle semble immédiatement sortir de la branche.
Vulgò capendu *vocantur* , de courtpendu , *fortassis*
curtipendia , *sive* curtipenda , *appellanda ; à pediculi,
è quo dependent , brevitate ; ut ipsi veluti arbori in-
hærere videantur , & è ramis , sive pediculo , prodire.*

CAPYROTADE. C'est une soupe mêlée de
fromage & autres friandises ; laquelle se mange bien
chaude. Et c'est pourquoy elle est ainsi appellée , de
καπυρὸς , qui signifie *brulant* : & c'est ainsi que les
gâteaux , & autres pieces de four , qui doivent être
mangées bien chaudement , sont appelés καπύρια.
L'ancien Glossaire : Κάπυρον , *crustum.* Καπύριον , *crus-
tulum.* Et dans Athénée liv. 3 : καπύρια & καπυρίδια ,
sont des espéces de gâteaux.

CAQUETER. *Dire & parler beaucoup.* Les
François ont retenu ce verbe de l'ancien Teudisque.
Kéron en son Glossaire Latin-Teudisque: *Dicatur,
kighuetum : di 1, kighuetan : dicitur , est kighuetan,
dicto versu ; cachuetan , verso.*

CARABIN. Les *Carabins* sont des Arquebusiers
à cheval, qui vont devant les Compagnies des Gens
de guerre , comme pour reconnoistre les ennemis , &
les escarmoucher. Je croy que nous avons emprunté
ce mot des Langues Orientales. Leunclavius , dans
le Vocabulaire des mots Turcs & Persans qu'il a mis
à la fin de son Histoire Musulmane des Turcs : *Cara-
vuls , speculatores , exploratores.*

CARAVELE. C'est une espéce de vaisseau de
mer. Il vient de *carabus* , qui étoit *un bateau.* Les
Gloses d'Isidore : Carabus , *parva scapha ex vimine
& corio* Un autre Glossaire : Carabus , *navicula.*

CARCAMUSES. Nos Anciens François appeloient
ainsi les Beliers , ou machines de guerre dont on ba-
toit anciennement les murailles des Villes. Abbo liv.1.
*De obsessa à Normannis Lutetia Parisiorum : Arietes,
carcamusas vulgò , resonatos Dimisere duos , &c.*

CARDER *la laine* En Latin *carminare.* Les
Anciens disoient *carere.* Plaute dans son *Menachmus :
Inter ancillas sedere jubeas , lanam carere.* Janus Laurembergius , *in Antiquario* , croit que de ce verbe
nous avons fait *carder* , par l'interposition de la lettre *d*. Joseph Scaliger croit que *carere* & *carduus*
viennent de κείρω ἐκ κείρων , qui signifie *tondre.* Ce qui
me fait croire que *carduus* a été ainsi appelé , d'autant qu'il servoit à carder : & que c'est pour cette
raison que nous en avons tiré *carder* ; car les Bon-
netiers s'en servent encore à carder.

CARESSER. De même qu'en une montre d'hor-
loge les mouvemens des roués, qu'on ne voit pas,
marquent les heures ; ainsi c'est sur le visage que paroissent les marques des mouvemens intérieurs des
passions de l'ame. C'est pourquoy *caresser* , qui signifie proprement témoigner par la gayeté du visage,
l'amour qu'on porte à quelqu'un , & la joye qu'on a
de le voir ; est formé de *care* , qui en Languedoc &
en Gascogne signifie *visage* ; & qui signifioit même
chose dans l'ancienne Langue Provençale : témoin la
Poësie de l'Empereur Frederic Barberousse , rapportée
par Nostradamus, & par Pasquier en ce vers:

Las mans & kara d'Anglez.

C'est-à-dire, *les mains & le visage d'un Anglois.* Ce
mot vient de κάρα , qui dans Sophocle est pris pour
tout le visage de l'homme.

CARNEAU, ou CRENEAU L'incisûre ou
dentelûre des feuilles de certaines herbes , s'appelle
crena : comme aussi l'incisûre de l'un des bouts de
la flêche, par où on la fait tenir à la corde de l'arc,
est appelée *crena.* De-là on veut que vienne le mot
de *creneau* , comme étant une espéce d'incisûre faite dans le haut d'une muraille. Spelman dans son

Glossaire, veut que *carneau* soit dérivé de *cirnel*; qui, en Langue Saxonne, signifie *nodus, glandula, struma.* Mais je ne voy pas assés de rapport de ces choses au *carneau*, pour l'en dériver. Je ne say si, parceque les *carneaux* sont de figure carrée, ils ont été premierement appelés *quadrelli*; & ensuite, par corruption *quarnelli*: car je trouve ce mot écrit de la sorte dans le livre 7. de la Philippide de Guillaume le Breton:

Vbicunque patent quarnelli sive fenestra.

CAROSSE. L'usage & le nom des carosses n'est pas fort ancien en France. Je ne say si nous en avons pris le nom de l'Italien *caroccio*; qui signifie *un chariot* à quatre roues, sur lequel les Italiens portoient anciennement leurs étandarts à la guerre: ou bien si nous l'avons formé immédiatement du Latin *carruca*, qui étoit un chariot servant à porter les hommes. Martial liv 3. epigr. 47. après avoir dit *plenâ Bassus ibat in rhedâ,* ap. elle incontinent après *carruca,* le même chariot qu'il vient d'appeler *rheda.* Aussi, comme en ce tems on imite la façon de ces anciens chariots, on en imite de même la pompe & le fasle: car les anciens Romains les enrichissoient d'or & d'argent, aussi bien que nous. Le même Martial epigr. 62. *Aurea quod fundi pretio carruca paratur.* Pline liv. 33. *Carrucas quoque ex argento cælari invenimus.*

CASAQUE. Juste Lipse, Epit. 44. de la troisiéme Centurie de ses Epitres *ad Belgas,* rapporte les paroles d'Agatharsidas, où il dit que les Egyptiens appellent *casas*, certains vestemens faits de feuilles; dont il juge que les Flamans ont pris le mot *casack*: ce que nous pouvons aussi-bien dire de *casaque.*

CASQUE. Il est croyable qu'il vient de χάνκω, qui signifie *s'entr'ouvrir*, ou-bien *regarder avec la bouche beante*: car le casque s'entr'ouvre quand on hausse la visiere. Et quand un homme armé veut voir clairement, il regarde à travers de l'ouverture de la visiere; qui est en quelque façon *regarder avec la bouche de la visiere beante.*

CASSER. De *cassus*; qui signifie *vain, inutile,* & *qui n'est bon à rien*; a été formé le verbe Latinbarbare *casso.* Joaunes Januensis *in Catholico: Casso cassas, cassavi, cassum; id est, frangere, destruere, annihilare, vanum facere. Et derivatur à cassus.* De *cassare,* nous avons fait *casser,* qui signifie *congédier:* comme, *casser des Gens-d'armes.*

CASSER. Lorsqu'il signifie *rompre, briser.* il vient de *quasso*, fréquentatif de *quatio*, qui signifie nonseulement *ébranler*, mais *rompre,* & *briser.* Ovide liv. 1. Trist. Eleg. 2.

Solvere quassata parcite membra ratis.

Ainsi nous disons *casser une noix, casser la teste,* & *casser un Testament.*

CAUSER. Ce verbe; qui signifie *babiller,* & *parler beaucoup* en matiere de peu de conséquence; est tiré du babil des Avocats, qui, pour suppléer au defaut du droit de leurs parties, par l'abondance des paroles, crient à pleine teste dans un Barreau. Car *causari* signifie *plaider une Cause.* Nonius Marcellus: *Causari, causam dicere vel deffendere.* Guntherus liv. 9.

Inter causantis creberrima jurgia turba,
Et querulas variis ex urbibus undique lites.

En la Loy des Baïvariens tit. 16. paragr. 3. *Causaticus* est *un Avocat:* comme *Causator,* tit. 60. de la Loy Salique.

CEP. Un instrument de bois où l'on attache les prisonniers par le pié. Il vient de *cippus*, qui signifie en Latin la même chose. Et tous deux sortent de χύφων; qui est ce que les Latins appellent *numella,* c'est-à-dire un collier ou anneau de fer qu'on met au col des criminels.

CEP, ou SEP *de vigne.* Il est ainsi appelé, à-cause de sa forme tortue & courbée. Car dans Homére χυφὸς signifie *courbé* & *bossu.* Et les Grecs appellent χόφων, un bâton tortu & ployé.

CERCOEUIL. C'est la caisse avec laquelle on ensevelit les morts. Nous l'avons autrement nommé que les Anciens François, qui l'appeloient *sercus:* ce qui me porte à croire qu'il vient de *sarcophagus,* qui signifie même chose. Enguerrand de Monstrelet vol. 1. ch. 96.

parlant du corps de Montagu, Grand Maître de France, qui avoit été décapité; lequel fut joint avec le chef, & enclos en un *sercus:* & au chapitre dernier du troisiéme volume, parlant du Duc Philippe de Bourgogne: *Le cœur & le corps du bon Duc furent mis chacun par soy en un plat sercus, couvert d'une biere de bois d'Irlande.*

CERQUEMANEUR. CERQUEMENAGE. Ces mots se trouvent en beaucoup de Coutumes du Royaume. Du verbe *circare*, qui signifie *tournoyer & faire le tour*; les Gloses: *Circat,* κυκλιόι; comme je fais voir sur le verbe *chercher*: & de *manerium*; qui signifie *demeure, logement*; comme je feray voir sur le mot *manoir*; est formé *Cerquemaneur,* qui est un Officier Juré pour planter les bornes, & connoître des différens touchant les limites des Maisons & des chams; lequel est ainsi appelé, parceque, pour faire sa Charge, il étoit obligé de faire le tour des lieux. La Coutume de l'Isle, au titre des *Bonnages*, appelle *Cerquemenages* les Porteurs & Mesureurs. *Pour valablement planter & asseoir bonnes, est requis le faire, present Justice, par Pacteurs & Mesureurs sermentés.* La Coutume de Mons art. 30. *Que les francs Cerquemaneurs de nostre ville de Mons, pour estre présens à planter & asseoir nouvelles bonnes, ayent de chascun sept sols.*

CHABLE: grosse corde. Quelques-uns le dérivent de l'Hebreu *chebel*, qui signifie même chose. Les Languedociens disent *cable.* Les Gloses d'Ansileubus: Caplum: *funis: à capiendo dictus.* Les Gloses d'Isidore: Caplum: *funis.*

CHALAND Il vient de *calo.* Le *Glossarium Arabico-Latinum:* Calo; *id est, negociator.* Papias: Calones; *id est, negotiatores, navicula.* Car nos Anciens François appeloient aussi *chalans*, certains vaisseaux; parcequ'on s'en servoit pour porter les marchandises. Froissart vol. 1. chap. 121. *Le Duc de Normandie, pour mieux fournir à celuy assaut, fist venir sur la riviere grand plante de nefs & de chalans.* Ces vaisseaux étoient aussi appelés *chelandia.* Paul Diacre liv. 22. de ses Histoires Mêlées: *Constantinus movit, mense martio, stolam chelandiorum duûm millium, contra Bulgariam: & ingressus ipse in rubra chelandia, motus est ad intrandum Danubium.* Li Etablissement le Roy de France, au titre *De Mercheant qui trespasse paaige: Mercheant qui va par eau, & meine chalant; se il s'en amble, doit paaige par aucun passage: & s'en le prend, il perd le chalant & ce qui est dedans.*

CHALUMEAU. Le Glossaire d'Ansileubus: Calamaula, *canna de quâ canitur.* Papias dit la même chose.

CHAMAILLER. Après que nos Anciens François avoient rompu les lances, ils se mêloient parmy les ennemis, & les frapoient à grands coups d'épées: ce qu'ils appeloient *chamailler,* & originairement *camailler*; parceque les principaux coups étoient donnés sur le camail, qui étoit un armûre qui couvroit la teste & le col; comme nous avons montré sur le mot *camail.* Froissart vol. 2. chap. 66. *Et coula tout outre le camail qui estoit de bonnes mailles, & luy entra au col.*

CHAMP-DE-MAY. Nous trouvons dans un Fragment de l'Histoire de France, imprimé ensuite de la Chronique de *Fredegarius Scolasticus,* que le Roy Pepin fut le premier qui institua, ou pour mieux dire, rétablit l'Assemblée Générale des Etats de France, sous le nom de *Champ-de-May*; à l'imitation du Champ de Mars, où les Romains délibéroient des affaires les plus importantes de la République. Voicy les paroles du Fragment: *Evolutô igitur annô, commotô omni exercitu Francorum, usque Aurelianis veniens, ibi Placitum suum Campo Maii, (quod ipsus primus pro Campo Martio, pro utilitate Francorum instituit,) tenens, multis muneribus à Francis, & proceribus suis, ditatus est.* Cette assemblée étoit appelée *Champ,* parceque en-effet elle se tenoit dans un champ. *Adelmus Benedictinus,* parlant du même Pepin: *Et Bituricum veniens, Conventum, more Francico, in campo egit.* Mais pourquoy l'appeloit-on *de May*? Ne seroit-ce point parceque cette Assemblée se tenoit au mois de May? Car devant le regne de Pepin elle se tenoit d'ordinaire, ou dans le mois de May, ou du moins dans les jours de ses Calendes. Fredegarius Scolasticus chapitre 90. dit que Flaucat, Maire du Palais sous Clovis II. fit tenir les Etats Généraux au mois de May : Et Aimoin livre 4. chapitre 10. dit que le Roy Dagobert les avoit auparavant fait tenir le 10. des Calendes du même mois. Cette raison auroit de l'apparence, n'étoit qu'il est vray que l'Assemblée Générale des Etats se tenoit le 1. jour de Mars, qui étoit en ce tems-là le 1. jour de l'année. Le Fragment cy-dessus allegué nous le met hors de doute. *Evoluto anno, Rex à Kal. Mart. omnes Francos, sicut mos Francorum est, in Bernaco, villâ publicâ, ad se venire præcepit ; initoque consilio cum Proceribus, eo tempore, quo solent Reges ad bella procedere, &c.* Ce n'est pas pourtant que, lorsque la necessité des affaires y obligeoit, on laissât de la tenir aux autres mois de l'année : Car nous avons déja vû, que par deux fois elle avoit été tenüe au mois de May. Il se pourroit donc faire que, comme cette assemblée, selon l'ancienne coutume des François, se tenoit le premier jour de Mars ; Pepin, introduisant une nouvelle coutume de la tenir dans un champ, à l'imitation des Romains, l'auroit appelée *Campus Martius* : (Et de fait, dans un petit Fragment d'Annales, imprimé avec le livre intitulé *Gesta Francorum Epitomata*, nous lisons ces paroles, *DCCLIV. venit Dessilo ad Martis campum;* mais que depuis on l'auroit appelé *Campus Maius*, par une corruption de Langage que l'ignorance des siecles passés a rendüe assés commune dans la façon de parler des anciens François. Quoique c'en soit, nous trouvons qu'après le Régne de Pepin, tous les mois de l'année furent indifférens pour cette assemblée, selon qu'on s'y trouvoit obligé par l'occurrence des affaires ; comme il se peut vérifier par la lecture de nos anciens Historiens, & principalement d'*Adelmus Benedictinus*, qui marque à chacune année le mois & le lieu de la tenüe des Etats. Or toutes les Assemblées des Etats Généraux, que nos Histoires appellent *Placita*, & *Conventus*, portoient le nom de *Champ-de-May*. Ce qui se peut voir par la conférence du Fragment des Annales cy-dessus alléguées avec quelques lieux d'*Adelmus Benedictinus*. Car ce que le Fragment dit en ces termes, *DCCLXXV. Maii campus ad Dura, & Carolus Rex cum exercitu Francorum, in Saxonia;* se voit dans Adelmus en ceux-cy, & en la même année, *habitoque apud Duriam villam generali Conventu, Rheno quoque transmisso, cum regni viribus Saxoniam petiit.* J'omets encore cinq ou six lieux de ces Annales, & d'Adelmus, tous pareils à ceux-cy ; où, aussi-tost après la tenüe de ces Etats, il est fait mention d'une expédition de guerre, où l'on peut remarquer que ce Grand Empereur n'entreprenoit jamais de porter ses armes dans les Terres de ses ennemis, que ce ne fût par l'avis des Etats Généraux de France. Au-reste, les plus grands du Royaume qui se trouvoient à cette assemblée, fesoient des presens au Roy : comme nous voyons dans ces paroles du premier Fragment que j'ay cité, *Multis muneribus à Francis & Proceribus suis ditatus est.* Ce qui est confirmé par Adelmus, parlant des Etats Généraux que Louis le Debonnaire fit tenir l'an 817. à Compiegne ; *In quo & annua dona suscepit.* Marian Scot, Moine de Fulde, liv. 3. de sa Chronique *de Regibus Merovingiis: Potestas regni erat apud Majorem-domûs habebatur ; excepto quòd Charta & Privilegia Regis nomine scribebantur, & ad Martii Campum, qui Rex dicebatur, plaustrum bubus trahentibus vectus, atque in loco eminenti sedens, semel in anno à populis visus, publica dona solenniter sibi oblata suscipiebat ; stante coràm Majore-domûs, & quæ deinceps eò anno agenda essent populis annunciante.*

CHAMPART : autrement *Agrier*, & *Terrage*. C'est un droit que le Seigneur prent sur le champ même qui lui fait la redevance : ainsi appelé, parceque les Seigneurs prennent sur le champ la part ou portion des fruits qui leur est dûe ; au-lieu que les autres droits leur doivent être apportés jusques dans le lieu de leur demeure. Suger, Abbé de S. Denis, au livre *De Rebus in administratione sua gestis* : *Illum priorem Censum, quem parvissimum reddebant, remit-*

tentos totius terræ campipartem, —————— *nobis retinuimus.*

CHANCELER. Il se dit du corps, lorsque la foiblesse le fait encliner çà & là : & de l'esprit, lorsqu'il est dans le doute & dans l'incertitude. Nous l'avons formé de *cancellare*, que Pierre de Blois, epit. 22. prend pour *errer*, & *s'écarter de la vérité. In hoc itaque modico cancellavit Plato, quòd locum voluptatis in uno tantùm intellexit.*

CHAPERON. Les anciens Latins, comme témoignent Festus Pompeius, & Nonius Marcellus, appellent *caprona*, tant le touffet de crin qui peut sur les yeux des chevaux, que les cheveux des hommes & des femmes, qui leur descendent sur le front. Lucille liv. 7. de ses Satires :

Aptari caput, atque comas fluitare capronas
Altas, frontibus immissas, ut mos fuit illis.

Apulée liv. 1. de ses Florides, parlant d'Apollon : *Jam primùm crines ejus præmulsis antiis, premissis capronis anteventuli & propenduli.* Janus Laurembergius dans son Antiquaire, croit que le chaperon dont les femmes couvrent leurs cheveux, a pris de-là son origine. Toutefois, ce n'étoient pas les femmes seulement qui portoient anciennement des chaperons, mais encore les hommes ; qui ayant leur teste couverte d'un bonnet, se servoient de chaperon pour se deffendre, ou de la pluie, ou du Soleil : & lorsqu'ils étoient à couvert, ils les mettoient sur leurs épaules ; comme font encore aujourd'huy les Magistrats, lesquels pourtant ne s'en servent que comme d'une marque de leur dignité. De-sorte-que, comme de *caput* nous avons fait *chapeau* ; il est croyable que nous en avons aussi formé *chaperon*. Si ce n'est qu'on veuille dire que c'est un diminutif de *chappe* : parceque c'est une petite chappe qui couvre la teste. Et de-fait, en Latin-barbare on l'appelle *capitium*.

CHARGER. Nous l'avons formé de *carricare*, qui, en sa primitive signification, ne devoit être entendu que des charges qu'on met sur les chars & charrettes ; car il vient sans doute de *carrus* : mais depuis on l'a étendu à toute sorte de charges. Le Glossaire Arabico-Latin : *carico, onero.* Rusticus Aquileiensis, dans ses Vies des Péres : *Et carricabat animal cum illo.* L'Epître 36. Traité 6. partie 2. qu'on attribue faussement à S. Jérôme : *Majoribus oneribus carricabat se.* De *carricare* on fit dans la suite *cargare* : d'où les François ont immédiatement tiré *charger* ; & les Languedociens, *cargà.* La Loy Salique tit. 29. *Et si inde fœnum ad domum suam in carro duxerit, & discargaverit.* Toutefois il faut remarquer que *carricare* signifie souvent *charier.* Les Loix des Wisigots, liv. 5. tit. 5. L. 2. *Sin autem nimiùm cadendo, vel fasces carricando, aut quocunque onere, vel percussione, &c.* Et au liv. 8. tit. 4. L. 9. *Si quis bovem alienum junxerit, sine conscientia domini sui, ad aliquid carricandum.* Et dans la Vie de S. Médard, Evêque de Noyon : *Discarricantes quod tulerant, laxati pergunt itinera.* Et comme nous avons formé *charger*, de *carricare*, la Loy des Lombards liv. 3. tit. 12. L. 7. nous apprent que *charier* ne prent sa source que du verbe *carrucare. Arare, seminare, carrucare.*

CHARIER. Voyez *charger*.

CHARLE. Nous l'avons formé de *Carolus*, dérivé de *Karle*, qui en Langue Teudisque signifioit *magnanime & genereux* : comme remarque du Tillet, en son Receüil des Rois de France, & Pontius Heuterus, en son Traité intitulé *Etyma variorum nominum utriusque sexus hominum Germanica originis* : Carl, *posteà* Carel ; Carolus, *durus, fortis, firmus, constans.*

CHARMER. Comme de *carmen* on a fait *charme* : on a fait aussi *charmer*, du Latin-barbare *carminare.* Le *Catholicon Parvum* : Carminare, *Faire dicher, charme, enchantement.* Où *dicher* vient de *dictamen*, que les Auteurs de la derniere Latinité prennent pour une preuve de cette ancienne composition.

CHARPENTIER. Tout ainsi que nous appelons *Charrons*, ceux qui font les chars & les charrettes ; les Latins apeloient *Carpentarii*, ceux qui fesoient les chariots qu'ils appeloient *carpenta* : mais depuis on a appelé, *Charpentiers*, tous ceux qui fesoient des ouvrages & architectures de bois, que nous
appelons

appelons aussi *charpente*, ou *charpenterie*. Joannes Januensis, *in Catholico* : Carpentarius, *qui facit vel ducit carpentum. Dicitur tamen generaliter omnis artifex lignarius*, Carpentarius. Autrefois *Charpentier* étoit le surnom, ou le soubriquet, d'un vaillant homme qui frapoit en Charpentier aux combats. Robertus Monachus, au liv. 4. de l'Histoire de Jérusalem, dit que Guillaume, Vicomte de Melun, qui étoit avec Hugues le Grand à la premiere expédition de Jérusalem, fut surnommé *le Charpentier*, à-cause des grands coups d'épées qu'il déchargoit sur les ennemis. Guibertus Abbas, dans son Histoire de Jérusalem, parlant du même Guillaume, *Qui Carpentarius, non quia Faber lignarius esset, sed quia in bellis cædendo, more Carpentarii, insistere dicebatur.*

CHASSER. En Languedoc *cassà*. Les Anciens se servoient ordinairement de rets, appelés en latin *casses*, pour la chasse même des grandes bestes : ce qui me porte à croire que ce verbe en a été formé. Et en-effet il est hors de doute que *Chasseur* vient de *cassarius*, qui signifie celuy qui fait les filets ou les rets servant à la chasse. Joannes Januensis, *in Catholico* : Cassarius, *id est, retiarius* ; *à cassis dicitur : qui retia facit.* De-sorte-que, à mon avis, Isaac Pontanus, dans son *Glossarium Prisco-Gallicum*, se trompe, nous voulant faire accroire que *chasser* vient de *casnar*, ancien mot Gaulois qui signifie celuy qui poursuit & pourchasse quelque chose : comme il est expliqué par Quintilien liv. 1. chap. 1. de ses *Institutiones Oratoriæ.*

CHASUBLE. Les Chrétiens Grecs appellent l'habit que les Prêtres portent en célébrant la sainte Messe Φελόνιον, ou φελόνην. Parmi les Latins il est appelé *planeta*, & *casula* : & c'est de ce dernier que les François ont formé *chasuble*, & les Espagnols *casulla*. Rhabanus Maurus dit qu'elle est ainsi appelée, *quia, sicut casa quædam, alia omnia tegit.* Joannes Januensis *in Catholico*, est de même sentiment. Casula ; *parva casa. Casula etiam vulgò dicitur planeta presbyteri : quia parva casa instar totum hominem tegit.*

CHAT. Il vient du Latin-barbare *catus*. Les Gloses : *catus*, αἴλουρος. Ce mot est formé du verbe *catare*, qui signifie *voir clairement* : parceque ces animaux voient clair parmi les ténebres de la nuit. Le Glossaire Arabico-Latin : *Musium, cattum ; ab eo quòd catat, id est videt.* Et S. Augustin liv. 4. chap. 21. *De Civitate dei : catos, id est acutos.*

CHAT-HUANT. Oiseau nocturne ; qui, à-cause des yeux qu'il a semblables à ceux des chats, & du cri qu'il fait de nuit, est ainsi nommé. Eucherius *ad Salonium* liv. 2. chap. 9. *Sunt qui ululas putent aves esse nocturnas, ab ululatu vocis quem efferunt ; quas vulgò cavannos dicunt.* Aldhelmus dans son *de Laudibus Virginitatis*, chap. 28. *Undæ ritu falconum, accipitrum, seu certè ad instar calvanorum acnuntur.* Je croy que *cavannus*, & *calvanus*, ont été formés de *chat-huant.*

CHATOUILLER. Julien Taboët, dans son livre *de Republica & Lingua Francica*, & quelques autres après luy, disent que nous avons fait ce mot de *catullire*, qui signifie proprement le prurit & la demangeaison des chiens lorsqu'ils sont en chaleur ; mais qui depuis a été dit de toute sorte d'animaux.

CHAUDIERE. De *caldarium*, ou *caldaria*. Les Gloses : *caldarium*, λέβης. Un autre Glossaire : θερμόφορος, *caldaria.*

CHAUFERETTE. Réchaud. Ch. Etienne croit qu'elle est ainsi appelée ἀπὸ τῦ καῦμα φέρειν ; parcequ'elle porte le feu : ce qui a d'autant plus d'apparence, que Pollux l'appelle πυρφόρος *porte-feu*. Mais il semble que nous l'appelons ainsi, parcequ'elle sert à chauffer, ou réchauffer les viandes : d'où vient aussi le mot de *réchaud.*

CHAUSSE'E. C'est une espéce de digue, ou levée, pour arrêter l'eau d'un étang ou d'une riviere. Elle est ainsi appellée, comme qui diroit *calcata* ; du verbe *calcare* : parceque d'ordinaire les chaussées sont faites, non de matériaux rangés par art de massonnerie, mais entassés confusément, & foulés aux piés, pour être plus fermés. Les Auteurs *Finium Regundorum* disoient que les pierres qui servoient anciennement de bornes, étoient affermies tout-à-l'entour par cette sorte de massonnerie. Siculus Flaccus : *Adjectis etiam quibusdam saxorum fragminibus circumcalcabant, quò firmiùs starent.* Vitalis, & Arcadius : *Alios tegularum fragminibus circumcalcamus.* Et l'Historien Hirtius, *de Bello Hispanico*, appelle pour cette raison *calcatas*, les fascines dont on se sert pour combler les fossés des Villes : *Secumque extulerunt calcatas, ad fossas implendas.*

CHEMISE. En Languedoc *camise*. Ce mot vient du Latin-barbare *camisa*. Le vieux Interpréte de Lucain, sur ce vers,

> *Suppara nudatos cingunt angusta lacertos :*

Supparum est genus vestimenti quod vulgò camisia dicitur, id est, intervla. Guibertus, dans son Histoire de Jérusalem liv. 3. *Lineam intervlam quam nos camisiam vocamus.* Et liv. 8. *Camisiam concisam, quam subuculam vocant.* La Loy Salique titre 61. *In camisia distinctus & discalciatus :* qui est ce que nous disons, être en chemise. Au-reste, *camisia* vient de *cama*, qui signifioit anciennement *un lit* ; comme il fait encore en Langue Espagnole : parceque c'est le seul habit que nous portons d'ordinaire dans le lit. Isidore liv. 29. chap. 21. *Camisias vocamus, quia in his dormimus in camis, id est, in stratis nostris.* Le Glossaire d'Ansileubus : *Camisiæ vocantur, quòd in his dormimus incamis.*

CHERCHER. En Languedoc *cercar* ; en Espagnol *cercar* : parceque ceux qui cherchent quelque chose vont en tournoiant, ou courant, autour des lieux où ils la croient trouver. Nous avons formé ce verbe du Latin *circare*. Tibulle liv. 1.

> *Tantalus est illic, & circas stagna. Sed acrem*
> *Jam jam poturi desorit unda sitim.*

Les Gloses : *Circitat, & circat*, κυκλεύει. La Glose de Vulcanius : *Circito*, περινοστῶ. *Circito ; peragro, lustro.* Conradus *de Fabaria*, chapitre 8. appelle *Circatores*, ceux qui avoient la charge de visiter les Couvents. *Circatoribus juxta mandatum Apostolici Monasteria singula perlustrantibus.* Comme aussi *Circada* sont les visites des Evêques dans leurs Diocêses. Le *Corona Pretiosa* : Cercare, χωρέειν. *Inquirere*, μαστεύειν.

CHERTE'. De *caritas* : qui, en bon Latin, signifie la même chose. En Languedoc on dit *carestie*, qui vient du Latin-barbare *caristia*. La Chronique de Colmar, partie derniere : *Tanta fuit in Ducis exercitu caristia ; quòd panis, vix valens denarium, pro sex denariis vendebatur.* Les Annales de Godefroy : *Charistiam timens & famen.*

CHE'TIF, CHE'TIVE, CHE'TIVOISON ou CHE'TIVETE'. Comme de *caput* nos Anciens François firent chef : aussi de *captivus*, & de *captivitas*, ils firent *chétif*, *chétivoison* ou *chétiveté*. Les mots de *chétif* & *chétive*, signifioient *prisonnier, captif, esclave* : & *chétivoison* & *chétiveté* ; *captivité, esclavage*. Le Roman de Guillaume au court nés, aux Enfances Vivien ; parlant de Vivien, qui en son jeune âge avoit été pris des Sarrasins, avec beaucoup d'autres personnes :

> *Li soudoier de sor mer en une Isle*
> *Offre à vendre la proye qu'ils ont prise ;*
> *Et Vivien, & chetis & chetives.*

Et en un autre lieu :

> *Sept vingt chetis emménent en prison,*
> *Qui del pays sont illec environ.*

Et en un autre endroit :

> *Tuit cil qui là vont seront plus en prison*
> *Que li fils Israel ou regne Pharaon,*
> *Qui furent trois cens ans en la chetivoison.*

Le Maréchal de Ville-Hardouin liv. 9. *Et li Conseils l'Empereor fu telx, que il iroit à luy combattre, se il l'attendoit por secorre les chaitis & les chaitives que il emmenoit.* Où Vigénére, qui a traduit *infortunés, misérables* ; au-lieu de *captifs* & *captives* ; s'est trompé, en ce que dans le même, & en autres lieux, toute sorte de malhureux sont appelés *chetifs*, parcequ'il n'y a point de misére pire que la captivité. Aussi dans le Roman de Guillaume au court nés, *chetiveté* est pris pour *misére.*

> *Tant y soffri & de faim & de lastes.*
> *Et de mésése & de chetivetés.*

CHEVALIER. Nous appelons maintenant *Cavalier*, un Gentilhomme. Et ces deux mots, *Cavalier* & *Chevalier*, viennent de *Caballarius*, ou *Caballaris*. Les Gloses : *Caballarius*, Κίλης ἱππεύς. Papias : *Alaris, caballaris. Alæ, Equitum turma. Caballus*, ἵππος.

CHEVAUCHER. *Aller à cheval* : en Languedoc *cabalgà*. Il est formé du Latin-barbare *caballicare*. La Loy Salique, titre 25. *Si quis caballum sine permissu domini sui ascenderit, & eum caballicaverit*. Ce mot se trouve aussi dans la Loy des Allemans tir. 71.

CHEVILLE. En Languedoc *calhibe*. C'est proprement un clou de bois, dont les Menuisiers se servent. Mais nous appelons aussi *chevilles*, les gros clous de fer. Il vient du Latin-barbare *cavilla*. Le *Catholicon parvum* : Cheville, *cavilla*. Nous appelons aussi *cheville du pié*, l'endroit où les os du pié s'emboîtent dans ceux de la jambe : parcequ'ils entrent l'un dans l'autre, & sont joints ensemble comme avec une cheville.

CHEVILLURE. En termes de Véneric ce sont ces cors, ou petites cornes, qui sortent du merrein, ou grosses cornes des cerfs ; au dessus des deux plus proches de la teste, qui s'appellent *andouiller* & *surandouiller*. Et ces cors sont appelés *chevillûres*, à-cause de leur ressemblance à des chevilles.

CHIFRE. Il y a beaucoup d'apparence, comme en a déja remarqué, que ce mot vient de *sephera*, qui en Hébreu signifie nombre. Nous appelons aussi *chifre*, ce qui est écrit en caractéres inconnus & abrégés : & c'est parceque telles écritures étoient du commencement faites des chifres ordinaires, transposés en diverses façons. Quant aux caractéres abrégés, nous les appelons aussi *chifres* ; parcequ'à l'égard des anciens Romains, ausquels ils ont succédé, ils sont grandement abrégés. Car par exemple, le nombre Romain de *soixante & dix-sept* est LXXVII. & celuy du chifre, 77.

CHOMER. Il y en a qui tiennent qu'il vient de χατμᾶν, qui signifie *bailler*, & *demeurer oisif*.

CHOPINE. Budée & Baïf le dérivent de χις πίνειν : parceque la chopine contient autant de vin qu'il en faut pour boire une fois. *Chupar* en Espagnol, & *chupaze* en Vasque, signifient *succer*, comme dit Oihenart dans son *Notitia utriusque Vasconia* : & à Toulouse, *choupà* signifie *être trempé abrevé* ; & *chop*, qui est *imbu & abrevé*. Je ne say si *chopine* pourroit être dérivé de-là.

CHOSE. En Languedoc *cause*. Aussi est-il formé de *causa*, qui, en Latin-barbare, est pris pour *res*. Les Loix des Lombards tit. 17. Loy 5. *Quia viri istam causam faciunt, non autem mulieres*.

CILLER. *Ciller les yeux*, c'est les fermer. Il vient de l'ancien verbe Latin *cillere*, qui signifie *mouvoir* ; comme remarque Servius sur le 2. des Georgiques. Joannes Januensis dans son *Catholicon* : *Cilleo, cilles, cillui : Verbum activum, id est, movere*. Et c'est parceque les yeux se ferment & s'ouvrent par le promt mouvement des paupieres, lesquelles sont pour cela appelées par les Latins *cilia*.

CISEAU. Il vient du Latin *sicilum*, ou *sicila*, qui signifient des ciseaux de Tailleurs d'habits ou de pierres. Les Gloses : *Sicilum*, ξυςὸν ὀκνίου : c'est-à-dire, le ciseau d'un Tailleur. *Sicila*, φμίλα, ἀρφήλιον : c'est-à-dire, le ciseau d'un Tailleur de pierres, & celuy d'un Tailleur d'abits. Ces mots viennent de l'ancien verbe *sicilire*, qui signifient *couper & retrancher*. Varron liv. 1. *De re rustica*, chap. 49. *Sicilienda prata ; id est. falcibus consectanda*. Caton, *De Re Rustica* chap. 5. appelle *sicilimenta*, le regain ; c'est-à-dire, l'herbe du pré qu'on fauche une seconde fois. Festus : *Sicilicum dictum quod semunciam secet*. Et même on tient que la Sicile a été dite, à *siciliendo* : comme aïant été détachée & retranchée de la terre Terre-ferme.

CISELER. Il vient de *sicilire*. Voyez *Ciseau*.

CIVIERE. C'est un instrument dont les laboureurs se servent pour ôter le fumier des étables, il est formé du Latin-barbare *cænovectum*, qui signifie même chose. Le Dictionnaire de Jean *de Garlandia* : *Transferunt fimos, positos in cænovectorio, ad agros impinguandos*. Où la Glose ajoûte, *cænovectorium, Gallis* Civiére : *& derivatur à cæno, & veho*.

CLAYE. En Languedoc *clede*. Ces mots viennent de *clida*, qui signifie même chose. La Loy des Baïvariens, tit. 77. *Si eum interfecerit, coram testibus in quadrivio in clida eum levare debet*. Les Gloses : *Clatro*, κλαδόω.

CLOCHER. *Boiter*. On tient que nous l'avons formé de *claudicare*, par le retranchement de la syllabe *di*. Toutefois on pourroit dire que nous l'avons formé de *cloppus*, qui signifie *boiteux*. Les Gloses : *Cloppus*, χωλός. Voyez cy-dessous *Clop*.

CLOP. *Boiteux*. Le Roman de Guillaume au court nés, au couronnement Loys :

A clops chevaux, & destriers déferrés,
A garnemens desrous & depanés.

Le Traité des Vertus & Vices : *Quand tu fairas grant manger, appelle les pauvres, & les foibles, & les aveugles, & les clops*. Jean de Meun, Auteur du Roman de la Rose, fut surnommé *Clopinel* ; parcequ'il étoit *boiteux*.

CLOUER. De *clavus* a été fait le Latin-barbare *clavare* ; d'où nous avons fait *clouer*. Joannes Januensis dans son *Catholicon* : *Clavo, clavas, clavare ; id est*, clouer, *configere*.

COFRE. De *cofferum*, Latin-barbare. Les Statuts de Guillaume, Roy d'Ecosse, chap. 19. *De spensa & arca robarum, & Jocalium suorum ; & de scrinio, seu coffero suo*. Les Anglois disent *coffer*.

COINT. *Cointise*. Il vient de *comptus*, qui signifie *paré & orné* ; encore-qu'il soit participe de *comere*, qui signifie proprement *peigner*. De-là nous avons fait *coint*, & *cointise*. Mathieu Paris en la Vie de Henri III. *Vestes festivas, quas vulgus cointisés vocant*. De son tems on disoit *cointisé*, pour *coint & orné*. Le même Paris au même endroit : *Mille milites & amplius, vestiti serico, ut vulgariter loquamur, cointisé ; in nuptiis, ex parte regis Anglorum apparuerunt*.

COLE'E, ou ACCOLE'E. Je n'ay encore trouvé personne qui ait écrit ce que c'est proprement que la *Colée*, ou *Accolée*, qu'on donnoit aux nouveaux Chevaliers : & pourquoy elle étoit ainsi appelée. Peur-être ne me saura-t-on pas mauvais gré de l'avoir remarqué ; parceque souvent il s'en fait mention dans les livres.

C'étoit une Coutume religieusement observée à la creation des nouveaux Chevaliers, que le Prince ou le Seigneur qui les fesoit, leur frapoit sur le chignon du col : & ce coup s'appeloit *colée* ; d'autant que, pour le donner, il faloit porter la main sur le col du nouveau Chevalier, comme pour l'acoller & l'embrasser. Cela se voit clairement dans le Roman de Guillaume au court nés, en la Description des Cérémonies observées lorsqu'il fut fait Chevalier par Charlemagne.

Karles li baise la bouche & le menton,
De sa main dextre le fiert el chaaignon :
Puis li a dit, Dex barnage te dont.

Ce qui se fesoit sans doute à l'imitation du petit soufler que les Evêques donnent à ceux qui reçoivent la Confirmation : afin que ce fût comme un mémorial, & un moïen de s'en souvenir à l'avenir. Olaüs Magnus liv. 14. de l'Histoire Septentrionale, écrit que c'est une coutume des Nations Septentrionales ; qu'au moment que le Prêtre met l'anneau dans le doit de l'Epousée, les assistans s'entredonnent des coups de poin sur les épaules : à l'imitation de l'Accolée qu'on donne aux nouveaux Chevaliers. *Nec silendum est. quòd sub ipsa annuli impositione, dorso tenus pugno sese astantes impetunt, ut eadam ratione actum corroborent : ut in aurati militis creatione, ut memor sit, servari solet*.

De cette colée, ou coup donné sur le chignon du col, ont emprunté leur nom toute sorte de coups, en quelque partie du corps qu'ils fussent donnés. Le livre intitulé *Li Etablissement le Roy de France*, liv. 2. *Et doit dire ; Sive il me frappa de ses armes esmoulües, coups & collées, dont cuir creva, & sang en issit*. Et en un autre endroit du même livre : *Cil qui sera trouvé en son tort, & aura la colée donnée, il soit de ce attaint par tesmoings. payera* LX. *sous d'amende à la Justice*. Jacobus Durantius Cassellius, *Variarum* liv. 1.

chap. 8. *Prætermitto jurisjurandi formulam, quam ex Cincio Gellius retulit, Atticarum Noctium libro 16. cap. 4. Joannes Salisberiensis, ex Jul. Frontino, & Vegetio, cap. 7. lib 6.* Hinc forté posteriorum temporum mos ille fuit, quo milites juramenta concepturi admovebant suis cervicibus gladios. *De quo Ammianus Marcellinus lib.* 21. Jussique universi in ejus jurare nomen solemniter, gladiis cervicibus suis admotis, sub execrationibus diris, verbis juravere conceptis.

COLLATION. Comme nous verrons cy-après que *scotum* signifie *tribut*; d'où vient *écot*, qui est ce que l'on contribue pour la dépense d'un festin fait à communs frais: aussi appelons-nous *collation*; de *collatio*, qui signifie non-seulement *taille & contribution*, mais encore *repas*, ou bien l'écot & la contribution qu'on fait pour la dépense d'un repas. Pour ce qui est de sa premiere signification, les preuves en sont assés fréquentes dans les bons Auteurs. Et Budée tient que ce que nous appelons *taille*, étoit parmi les Romains *collatio.* Pour ce qui est de la derniere, nous lisons dans les Gloses, *collatio, ἔρανος*: qui est proprement un *banquet* où chacun porte portion, ou paye son écot; ce qui est autrement, *symbola & symbolum.* Les bons Auteurs Latins ont quelquefois appelé cela *collecta.* Cicéron liv. 2. de l'Orateur: *Ego verò quoniam collectam à conviva Crasso exegi.*

COMPAGNON. *Compagnie.* En Languedoc on appelle *companatge*, ce qu'on mange avec le pain. Ainsi appelons-nous *compagnons*, ceux avec qui nous mangeons & bevons: en Latin *convictores, & combibones.* ὁμόσιτος, en Grec, se dit de celuy qui mange le pain avec un autre.

CONFITURE. C'est ainsi que maintenant nous appelons les fruits confits au sucre & au miel. Ce mot, & le verbe *confire*, viennent du Latin *conficere*, qui en la moïenne Latinité signifioit *composer une Médecine.* Les Loix Siciliennes & Napolitaines liv. 3. tit. 34. l. 3. *Quod perveniet ad notitiam suam; quòd aliquis Confectionarius minùs bene conficiat, Curia denuntiabit.* Car *Confectionarius* étoit l'Apotichaire; & *confectio*, la médecine. Le même: *Confectionarii verò faciant confectionem expensis suis cum consilio Medicorum.* Encore appelons-nous *confections*, certains remédes composés par les Apothicaires, & ordonnés par les Médecins.

CONGE'. De *commeatus*; qui signifie souvent dans les bons Auteurs, *la licence, le congé*, ou le *sauf-conduit*, qu'on donne aux soldats; a été formé le Latin-barbare *comiatus*, duquel nous avons tiré *congé*; mais avec cette différence, que *commeatus* ne s'entent que de la licence donnée aux soldats, & *comiatus* se prent pour toute sorte de licence & de permission Les Capitulaires de Charlemagne liv. 5. tit 16. *Mulier si sine comiatu viri sui velum in caput suum miserit.* Et au titre 12. parlant d'un Prêtre dégradé ou excommunié: *Aliquid de suo officio sine comiatu facere præsumpserit.* Les Annales de France dans le 1. volume de du Chesne: *Et per suum comiatum redit ad patriam.*

CONTE. C'est proprement le discours de quelque chose agreable & facécieuse. Et parceque la principale grace des contes consiste en la briéveté, ce mot est sorti du Grec-barbare κοντὸν, qui parmi les derniers Grecs, comme témoigne le Jesuite Gretser, sur le ch. 1. de *Curopalates*, signifie un *abrégé.* Aussi dans le même *Curopalates*, κοντάκιον signifie ce que les Musiciens appellent *Motet*; ou bien ce que dans les Offices de l'Eglise on appelle *Responsorium breve.* La Couronne Précieuse: *Corto, Κοντὸς, μικρός.*

CONTESTER *Debatre & disputer* en quelque occasion & sur quelque matiere que ce soit. Nous l'avons formé de *contestari*, dont pourtant la vraye signification ne s'étent pas au-de-là des choses debatües en Justice, & preuves par témoins. Festus: Contestari, *est cùm uterque reus dicit, Testes estote.* Et selon les Jurisconsultes, *contestari litem dicuntur duo aut plures adversarii; quòd ordinato judicio utraque pars dicere solet, Testes estote.* Aussi *litis contestatio*, est proprement lorsque le procès commence d'être instruit, & que les parties de part & d'autre alléguent leurs preuves. *Lis tunc contestata videtur, cùm Judex per narrationes negotii causam audire cœperit. L. 1. Cod.*

De Lit. Contest. Ce qui se voit clairement dans ces paroles d'Aule Gelle liv. 5. chap. 10. *Petere instituit ex pacto mercedem; litem cum Evathlo contestatur: & cùm ad judices conjicienda contestandæque causæ gratiâ venissent.* Mais comme les mots sont transférés de leur premiere signification, il ne faut pas trouver étrange si nous appliquons le verbe *contester* à toute sorte de debats, puisque les Auteurs de la pure Latinité prennent souvent *contestari*, pour ce que nous appelons *protester.*

CONTRE'E. Il est fait de *contrata*, Latin-barbare, qui signifie même chose. Les Loix de Sicile & de Naples liv. 3. tit. 38. *Statuimus, ut in utraque contrata, tam in terris domanii nostri, quàm in Baronum, Comitum*, &c.

CONTREFAIT. Ceux dont les membres ont une figure contraire à la naturelle conformation du corps humain, sont appelés *contrefaits*: ou parcequ'ils sont faits contre la forme ordinaire des hommes; ou bien parceque d'ordinaire ils sont contrefaits, c'est-à-dire contr'imités, de ceux qui cherchent en la misére d'autrui un sujet de rire & de bouffonner. Toutefois il me semble qu'on pourroit dériver ce mot de *contractus*, qui dans les Auteurs du tems moïen signifie *ce quo nous disons contrefait.* Flodoard dans l'Histoire de Reims liv. 4. chap. 41. *Contractus unus erectus; cæcus quidam illuminatus; & loquelam mutus adeptus est.* Le même, chap. 42. *Tum media jacens contracta ubi cœpit clamare, auxiliumque dei & sancti Baldevici deprecari, paulatim resolvitur; primum quidem bracchiis, & inde poplitibus.* Et le savant Moine de S. Gal, Herman, duquel nous avons une Chronique, fut surnommé *Contractus*, parcequ'il étoit contrefait. Nos Anciens François appeloient ces gens-là *contraits.* Herman de Valenciennes, au Roman de la Bible:

Et contraits redreciés, & malades sanés.

Or encore-bien que *contractus* vienne proprement à *contractione nervorum*, je suppose que sur l'opinion qu'on ut que *contractus* étoit *quasi contrà actus*, on en forma se mot de *contrefait*: ce qui a de l'apparence, à-cause de l'ignorance & de la barbarie des siecles passés.

CONVOY: *Convier.* Ce sont proprement les personnes qui accompagnent quelqu'un par honneur: comme aux funerailles, aux noces, & telles autres occasions. Il n'y a point de doute qu'il ne soit composé de *con*, & de *via*; de même que *conviator*, qui signifie *celuy qui accompagne.* Petrus Damiani liv. 1. epist. 15. *Adraldus, dum in Burgundiæ regno mihi conviator incederet.* Le *Chronicon Augustense* sur l'an M C I. *Hic Constantinopolim præteriens, dum cum conviatoribus suis, multitudine non modicâ collectâ, veniret.* Ainsi *convier*, c'est proprement prier quelqu'un de nous accompagner par honneur, en quelque occasion où il faut marcher De-sorte-que c'est abusivement que nous disons *convier à diner, à jouer*, & semblables, où il n'est pas question de cheminer durant l'action pour laquelle on est prié.

COPIE. En matiere d'Actes & de Peinture, c'est l'extrait tiré de l'original. Il vient du Latin *copia*, qui signifie *abondance*; parcequ'en sesant des copies de l'original on multiplie une chose qui étoit unique en son éspéce; ce qui est proprement *copiam alicujus rei facere.*

COQ. Ce mot est fort ancien: car on lit dans le chap. 7. de la Loy Salique, *Si quis gallum aut gallinam furaverit.* Les anciens exemplaires portent *coccum*: & les Gloses, Κοκκύζει; c'est-à-dire, *cantat.* Goldast tient qu'il vient de κοκκύζω, qui est un verbe formé de la voix du coq & du coucou. Quoiquec'en soit, les côqs ont été ainsi appelés par une imitation de leur voix. Hadrianus Junius croit que ce mot vient de κόρη, qui signifie *teste*; à-cause de la creste que les coqs portent sur la teste.

COQUIN. Nous l'avons tiré de *coccio*, qui signifie *un gueux, un mendiant*: d'où vient le proverbe, *nihili coccio est.* *Coctiones* ou *cocciones*, étoient certains pauvres marchands, autrement appelés *arilatores*, qui, pour acheter quelque petites d'enrées, marchandoient longuement, & les revendoient aussi-tost, pour peu de gain qu'ils y pussent faire: comme l'on voit dans Festus, sur les mots *arilator*, & *coctio.* Les Gloses:

Coctio, μετάϐολος : c'est-à-dire *trafiqueur*. La pauvreté & la façon de marchander de ces gens-là fut tellement méprisée, que le mot de *coccio* passa pour *pauvre* & *indigent*, en l'usage de la Langue Latine. Aussibien appelons-nous *coquins*, non-seulement ceux qui mandient, mais encore ceux dont les biens ne suffisent pas pour les entretenir selon leur qualité. Quelques uns tiennent que *coccio* étoit anciennement ce que les Grecs appellent λαοσυωαχ͂ὴς, c'est-à-dire, celui qui avoit la charge de convoquer & assembler le peuple ; ainsi appelé *à convocando* & *conciendo populo :* & qu'avec le tems la vileté de sa charge a rendu ce mot un terme de mépris & d'injure. Le Moine de S. Gal au liv. 2. de la Vie de Charlemagne, prent clairement le mot *coccio*, pour ce que nous disons *coquin*. *Quidam coccio derasus, insulsus, & insaniens, lineâ tantùm & femoralibus indutus.* Dans les Capitulaires de Charlemagne liv. 1. chap. 79. *cogciones* sont certains vagabons qui vivoient de tromperies, comme ceux que nous appelons *Bohémiens. Ut isti mangones, & cogciones, qui sine omni lege vagabundi vadunt, per istam terram non sinantur vagari, & deceptiones hominibus agere.* Où le docte Pithou explique le mot *mangones* par celuy de *gueux :* bien qu'à mon avis il le faille entendre pour ce que nous disons *escroqueurs* & *trompeurs.* Le Glossaire de Papias : Mango, *seductor ; qui vulgò dicitur* manganus.

CORNARD. Je ne puis m'imaginer pour quelle raison on appelle *Cornards*, ceux dont les femmes ont laissé prendre à quelqu'autre les faveurs qui ne sont légitimement dûes qu'aux maris. Orderic Vital, liv. 8. de son Histoire Ecclesiastique, écrit bien qu'à la Cour de Guillaume le Roux Roy d'Angleterre, un certain *Robert* fut surnommé *Cornard :* mais ce fut parcequ'il portoit au bout des souliers certaines pointes en forme de cornes, que cet Auteur appelle *pigacia* & *cauda scorpionis.* Dans les Saintes Ecritures les cornes signifient, tantôt la *prospérité*, tantôt la *force*, tantôt la *superbe.* Et parmi les Romains, comme l'on peut voir dans Martial, la raillerie des cornes s'adressoit aux ivrognes : & cela, parceque Bacchus est representé cornu. Et ce Reginald, ou Raynaud, Comte de Boulogne, qui, en la Bataille du Pont de Bovines, où il combatoit pour l'Empereur Othon contre Philippe Auguste, avoit aussi pour cimier deux grandes cornes faite de côte de Balêne. Voici comme le décrit Guillaume le Breton, liv. xɪ. de sa Philippide :

——*Gemina è sublimi vertice fulgens*
Cornua conus agit, superasque educit in auras,
E costis assumpta nigris, quas faucis in antro
Branchia balena Britici colit incola Ponti :
Ut, qui magnus erat, magna superaddita moli
Majorem faceret phantastica pompa videri.

Par où il est aisé de juger que les cornes n'étoient pas aciennement des marques de cocuage ; autrement ces grans Personnages n'eussent eu garde d'en parer leurs têtes. Cependant je trouve qu'il y a bien prés de 500. ans que dans Constantinople les cornes étoient déja des marques de l'impudicité des femmes, & de la honte de leurs maris : car l'Historien Nicetas liv. 2. de l'Empire d'Andronic Comnéne, dit que cet Empereur, dès qu'il avoit pris un beau cerf à la chasse, en fesoit attacher les cornes aux portiques de la halle, moins pour montrer la grandeur des bêtes qu'il prenoit, que pour une preuve de la débauche de la Ville, & de l'impudicité des femmes qu'il avoit corrompuës. *Cornua cervorum quos venatus erat, insignia, & rari aliquid habentia, in porticibus fori suspendebat, per speciem ostentandæ magnitudinis ferarum quas cepisset :* cùm reverà civitatis, & uxorum, quas ipse corrumpebat, lasciviam notaret. Il y a beaucoup d'apparence, que les François qui revinrent de Constantinople après qu'ils u urent conquis l'Empire, en apportérent cette raillerie de *cornes* & de *cornard :* car avant ce tems-là elle étoit inconnuë en France ; comme on peut juger par les cornes que portoit *Reginald* Comte de Boulogne, qui vivoit du temps de la prise de Constantinople. De la France, cette raillerie se répandit dans les Provinces voisines ; car environ l'an ᴍ. ᴄᴄᴄ. au rapport de Jean Mariana, liv. 18. chap. 9. de l'Histoire d'Espagne, on vit réfugié en Castille Laurens Acunno, Gentilhomme Portugais, qui portoit des cornes d'argent attachées à son chapeau, pour faire voir ouvertement en sa honte, l'impudicité de sa femme Eleonor de Menes, & le tort que luy fesoit Dom Ferdinand, fils de Pierre Roy de Portugal, qui la luy avoit ôtée.

CORNETTE. Le chaperon qu'on porte maintenant sur l'épaule gauche, pour marque de dignité, étoit anciennement porté sur la tête : & afin qu'il tint plus ferme, il étoit lié avec une bande de soie, appelée *cornette*, que maintenant on porte sur les deux épaules, pour la même raison. Olivier de la Marche liv. ɪ. de ses Mémoires, chap. 29. *Portans chaperons à cornette* de soie verte. Et au même endroit, parlant du Duc de Bourgogne : *Et portoit mondit Seigneur une cornette à son chapeau, si riche de pierreries, &c.* Ce qui m'oblige en quelque façon de croire que ce mot fut formé, par contraction, de *coronette ;* à-cause de la ressemblance qu'elle avoit à une petite couronne ou bandeau royal. Toutefois il y en a qui croient qu'il vient de *corniculum*, qu'ils s'imaginent être la même chose dans ce lieu du 10. livre de Tite-Live, *Equites omnes, ob insignem multis locis operam, corniculis armillisque argenteis donat.* Mais parceque les doctes ne sont pas encore bien d'accord de la vraye signification de ce mot, en cet endroit là, j'aime mieux m'en tenir à mon opinion ; & ce avec d'autant plus de raison, qu'elle se trouve appuiée sur l'autorité de Mathieu Paris, qui dit qu'en l'an 747. *Dominus Rex, veste deauratâ, factâ de pretiosissimo baldechino, & coronulâ aureâ, quæ vulgariter* garlanda *dicitur, redimitus.* Jean d'Auton, en l'Histoire de Louis XII. le dit encore plus clairement parlant de l'entrée de Louis XII. dans Milan. *Le chef couvert d'une toque de velours cramoisy ; & dedans avoit une cornette de taffetas rouge.*

CORNETTE. C'est ainsi que nous appelons une Compagnie de Gens de cheval : & le drapeau qui lui sert d'Enseigne. Je puis assûrer que ce mot en ce sens-là n'est pas fort ancien en France, ne l'aïant encore pu rencontrer en aucun de nos anciens Auteurs : & je croy volontiers que nous l'avons emprunté des Italiens. Je ne say si je dois croire qu'il vient de l'autre mot *cornette*, que nous avons vu être *une bande de soie ;* & que nous en avons étendu le nom à la signification d'un *drapeau ;* de-même que de *bande* nous avons fait *banderolle*, qui est aussi *un drapeau.* Il y a aussi quelque apparence qu'il vient de *corniculum*, que Turnébe, liv. 5. chap. 10. de ses Adversaires, croit être la portion d'une Compagnie de soldats, comme si c'étoit un diminutif de *cornu*, qui signifie *la pointe d'une armée :* ce qui semble pouvoir être prouvé par ce lieu de Végéce, liv. 2. chap. 24. *de Re Militari : Qui sub uno corniculo militabant, centurio, & suâ milites, ambo cornicularii dicebantur :* & par celuy-cy de Suétone *de Claris Oratoribus : Orbilius primò apparituram fecit Magistratibus ; deinde in Macedonia corniculo, mox equo meruit.* Mais on voit par ce dernier passage, que *corniculum* ne se dit pas des Gens de cheval, desquels maintenant est composée la *cornette.*

COTE. Joseph Scaliger tient que nous avons formé ce mot, par contraction, de *crocota*, qui signifie même chose ; & qui en ce vers de Virgile, au Poëme intitulé *Ceiris*, où il est parlé de Sylla,

Quæ prius in tenui steterat succincta crocotâ,
signifie ce que nous disons en notre Langue, *être demeuré en cote.* Henri Etienne dans son Traité *De Latinitate falsò suspecta*, tient la même opinion.

COTERET. C'est un petit fagot de branches

d'arbres, qui n'excedent guére la grosseur des bâtons ordinaires. Il vient de *cotretum*, mot barbare qui signifie *une saulsaye*. Car encore dans le Languedoc on appelle *codre*, les branches de saule. Lindenbrog sur les Loix Barbares, expliquant le mot *stellaria*, qu'il dit avoir trouvé dans un vieux Glossaire : Stellaria, *salicetum, vel cotretum*. Si ce n'est que *cotretum* signifie *une coudraye*, c'est-à-dire, *un lieu planté de coudriers*, dont les Sauvages se servent à faire des coterets.

COUARD. Ce mot vient sans doute de *queue* : comme l'Italien *codardo*, de *cauda*. Et en bon François *coué* signifie *qui a queue*; témoins les *Anglois coués*; & *écoué*, *qui n'a point de queue*. Ce qui a fait dire à Robert Etienne, que les gens de peu de courage sont appelés *couards*; parceque, pour s'éloigner des coups, ils se tiennent à la queue, c'est-à-dire, vont derriere aux combats. Mais voicy mon opinion. Nos Anciens François appeloient les poltrons *renards*. Dans la Loy Salique au titre 32. qui est, *De Conviciis*, celuy qui appelle un autre *Renard*, est condamné à une amende. *Si quis alterum* vulpeculam *clamaverit* cxx. den. &c. C'est-pourquoy les anciens Poëtes Provençaux appellent *volpilh*, un Poltron; & *volpilatge*, la poltronerie. Le Morgue, ou *Monge de Montaudo*, qui vivoit du tems de S. Louis :

> *E envejam de fort maneira*
> *Hom volpilh que porte baneira.*

C'est-à-dire, qu'il trouve fort étrange qu'un poltron ose porter le Drapeau. Or, parceque les renards ont une grande queue, les poltrons, qu'on n'osa pas directement appeller *Renards*, furent nommés, par dérision, *couards*. Je croy neanmoins que *couard* signifie *renard* : car pourquoy n'auroit-on pas anciennement appelé cet animal *conard*; puisque de *rabo*, qui signifie *queue*, les Espagnols l'ont appelé *raposo*, par le changement du *b* en *p* : quoiqu'ils ayent deux autres noms propres pour cet animal, assavoir *vulpeja*, & *zorra*?

COUCHER. En Languedoc on dit *coulcà*. Ces mots viennent du verbe Latin-barbare *culcare*, qui se lit souvent dans la Loy Salique, où *culcare solem* se prent pour *attendre le tems que le Soleil se couche*. Voicy les termes de cette Loy, qui sont du titre 39. *Nec solem secundum legem culcaverit*. Et au titre 59. *In mallo iterum solem culcaverit*. Et au titre 52. *Solem culcatum*. Et au titre 60. *Sole culcato*. De-sorte-que je ne doute plus, que toutes les fois qu'on trouve dans cette Loy, *Solem collocare*, il ne faille lire *Solem culcare*.

COUDRE. Son participe est *cousu*. Les Languedociens disent *cousé*; les Italiens, *cuscire*; Les Espagnols *couser*. Ces verbes viennent du Latin-barbare *cuso*, qui signifie même chose. Les Gloses d'Isidore : *Cusire, consuere*. Les Gloses Anciennes : *Cuso, ῥάπτω. Cusit, ἔῤῥαπται*. L'Auteur Anonyme du livre *De Vitis Patrum*, traduit en Latin par Pelagius, Diacre de Rome, au livre 4. *Faciebat quoque plectam de ipsis palmis; & cusabat usque ad horam sextam*. Heribertus Rosweidus a noté là-dessus, qu'en quelque Manuscrit il y a *cusibat*. Le verbe *cuso* a été formé, par contraction, de *consuo*, dont le participe est *consutus*; comme *cousu*, de *coûdre*.

COUP. Du Latin-barbare *colpus*. La Loy Salique, tit. 19. paragr. 10. *Si quis voluerit alterum occidere, & colpus ei fallierit*. Les Loix des Allemans tit. 95. paragr. 1. *Si quis fœminam ingenuam culpo percusserit, sic ut sanguis non exeat*. Une ancienne Formule : *Ego ipsum de armis meis percussi & tales colpus ei dedi, pro quibus ipse mortuus est*.

COUPER. Budée le dérive de κόπτω, qui signifie *fraper, fendre, tailler* : mais j'aimerois mieux le dériver du Latin-barbare *capulare*, qui signifie même chose. L'Addition premiere à la Loy des Bourguignons tit. 5. paragr. 1. *Quicumque ingenuus mulieri ingenuæ crines in curte sua præsumpserit capulare*. La Loy Salique tit. 18. paragr. 4. *Si quis concisam aut sepem alterius capulaverit*. Les Capitulaires de Charlemagne, liv. 1. tit. 81. *Nec capulent vestitus nec consuant*. De *capulare* on fit *copulare*. Une Charte de Charlemagne qui se voit dans le *Chronicon Laurishamense* : *Ut de sylva vinnam faciendi vel emendandi haberent potestatem, in quantum*

eis opus esset prendere & copulare. Ville-Hardouin liv. 5. Le Grieu avoit le poing colpé. Et liv. 9. *Li Marquis Boniface de Monferrat ot la teste colpée.*

COUR. La maison, le train, & la suite d'un Prince : ou l'assemblée de ceux qui rendent justice ; comme *La Cour de Parlement, du Senéchal, de l'Evêque*. Ce mot vient sans doute de *Curia* : mais aussi peut-on dire qu'il vient du Latin-barbare *Curtis*, qui signifie quelquefois la même chose. Le Synode de Conflans : *Ad placitum sive ad curtem veniens*. Lambertus Schafnaburgensis, *de Rebus Germanicis : Conglobato agmine, ad curtem Regiam proficiscentes, & ad disturbandam quietem Regiæ Curtis præmeditato furore venisset*. Les Annales de Fulde sur l'an 897. *Cæsar verò cùm Curte Regia*, &c. Ce mot est encore fréquent dans les Capitulaires de Charles le Chauve.

COUROUCER. Julien Taboet dans son livre *De Repub. & Lingua Francica*, dit qu'il vient de *coruscare*, qui signifie *reluire*, mais qui se dit des éclairs du tonnerre. Ce qui a beaucoup d'apparence : car *être en colere*, se dit proprement de celuy qui souvent ne témoigne pas sa passion. Mais *se courroucer*, est proprement faire éclater sa colére par des actions & par des paroles violentes : ce qui est proprement le feu de la colére. Aussi disons-nous de ceux qui se couroucent, qu'ils jettent le feu par la bouche & par les yeux ; qui est proprement *coruscare*.

COURRETIER, ou *Corretier*. C'est un homme dont la profession est d'aller ça & là pour faire vendre les marchandises. Il est formé de *courre*, ou *courir*. Ainsi on les appelle en Languedoc *Gourratiers*: du verbe *gourri* & *gourrinà*, qui signifie *courir ça & là*.

COURT. *La basse-court*, ou *cour d'un logis*. Ce mot formé *chors chortis*, qui dans Varron liv. 1. ch. 13. signifie la basse-court d'une métairie ou maison champêtre. Du génitif *chortis* est venu le Latin-barbare *curtis*, duquel nous avons fait *court*. Dans les Loix Barbares, & dans quelques Auteurs de la derniere Latinité, *curtis* signifie quelquefois *court*, ou *basse-court*. La Loy des Allemans tit. 81. §. 2. *Si quis domum infra curtem incenderit*. La même Loy tit. 10. *Si quis in curtem Episcopi contra legem armatus intraverit, xviii. sol. Si intra domum, xxxii. sol. componat*. Mais le plus souvent ce mot signifie *la Maison* ou *la Métairie* : comme en la Loy des Wisigoths liv. 8. tit. 1. L. 4. & en la Loy Salique tit. 6. §. 3. Que si dans la Loy des Allemans tit. 32. on lit *in Curte Regis*, & *in Curte Ducis*, ces lieux doivent être entendus en ces Loix, non de la Cour du Roy, ou du Duc, mais des Maisons & des Métairies de leur Domaine. Comme aussi au tit. 39. Loy 1. de la Loy des Lombards, où un docte homme a expliqué *Curtem Regiam*, par *Aulam Regiam* : bien-que ce passage ne puisse être entendu que d'une Métairie du Domaine du Roy, puisqu'entre les dépendances d'icelle, la Loy met *terrarum, sylvas, vites, nec pratum*.

COURTAUT. Nous appelons ainsi les chevaux qui ont les oreilles accourcies. Il vient de *curtatus*. Dans la Loy des Bourguignons tit. 73. *caballus curtatus*, est le cheval auquel on a coupé la queue. De *caballo curtato similis pœna servanda conditio est*. La Loy des Wisigoths liv. 8. tit. 4. L. 3. *Si quis alieni caballi comam turpaverit, aut caudam curtaverit*.

COURTE-BOTE. Ce mot de raillerie se dit encore de ces petits hommes qui ont la jambe courte & ramassée. Nous lisons dans Orderic Vital, liv. 7. de l'Histoire Ecclésiastique, que Guillaume le Conquérant, Roy d'Angleterre, appeloit ainsi son fils Robert, Duc de Normandie ; parcequ'il étoit gros & de petite stature. *Corpore autem brevis & grossus, ideóque Brevis-ocrea à patre cognominatus*. Et au liv. 4. parlant du même Robert : *Facie obesa, corpore pingui, brevique staturâ, unde vulgò Gambaron cognominatus est, & Brevis-ocrea*. Où il faut sans doute lire *Jamberon*, qui est un diminutif de *jambe*.

COURVÉE. C'est le travail qu'on fait pour autruy, ou volontairement, ou par obligation de devoir. Il vient de *curvada*. L'Epître 488. du Recœuil des Epîtres que du Chesne a données dans le vol. 4. des Historiens François : *Curvadas suas in melioribus terris vi ponit* Et ce mot eſt formé de *curvare* ; & repréſente l'action de celuy qui ſe courbe en travaillant.

COY. De *quietus* on fit par corruption *coëtus* ; d'où nous avons formé *coy*. Les Gloſes : *coëtus, ἥσυχος*. C'eſt-à-dire *quiet, appaiſé, & tranquille*.

CRAMOISI. L'écarlate & le cramoiſi ne différoient autrefois, qu'en ce que l'écarlate étoit la teinture de la laine ; & le cramoiſi celle de la ſoie. Toutefois, depuis que la cochenille eſt en uſage, on appelle proprement *cramoiſi*, tant en matiére de laine que de ſoie, ce qui eſt teint avec le *chermes*, duquel le cramoiſi a pris le nom ; comme qui diroit *chremoiſi* ; qui eſt proprement le *coccum* des Anciens, appelé *κοκκύλιον*. C'eſt un vermiſſeau, comme j'ay remarqué ſur le mot *vermeil*. Auſſi Mr de Saumaiſe, en ſes Exercitations ſur Pline, dit que les Arabes ont tiré le mot *chermes* du Latin *vermes* ; en aïant formé *guermes*, & enfin *chermes*. Quelques-uns ont voulu dériver le mot *cramoiſi* de *χρῶμα*, qui ſignifie *couleur*, comme qui diroit *chromaſin*. Les autres, de *Charmi*, ville au Territoire de Sardes : & quelqu'un de *carbaſinum*.

CREDIT. Nous appelons *crédit*, la confiance qu'on a en l'autorité, en la richeſſe, & en la bonne foy de quelqu'un. Il eſt certain que ce mot vient de *credere*, qui ſignifie *confier* : duquel on fit les mots Latin-barbares *creditus*, & *creditarius*. Grégoire de Tours, liv. 7. chap. 38. & 40. *Statim miſit Rex viros qui hæc deferrent, cum uno puero, quem valde creditum Mummolus habens, hæc ei commendaverat.* La Vie de Louis le Debonnaire : *Per univerſas Regni partes Fideles ac Creditarios à latere ſuo miſit* On *creditus*, & *creditarius*, eſt celuy qui a crédit auprés de quelqu'un.

CREMAILLIERE. C'eſt une chaîne de fer, à laquelle, pour l'uſage de la cuiſine, on pent les pots & les chaudiéres. H. Étienne & J. Picard le dérivent de *κρεμάσθαι, κρεμάζειν, & κρεμάω*, qui ſignifient *pendre*. Je ne ſay ſi elle n'auroit point été ainſi appelée à *cremando* : parcequ'elle eſt toujours expoſée au feu.

CRIER. Le Gaſcon dit *cridà* ; l'Italien, *gridare* : & l'Eſpagnol *gritar*. Tous ces mots viennent de *quiritare*, qui ſignifie *crier à haute voix* ; & dont on forma le verbe *quirier* & depuis, *crier* Nonius Marcellus : *Quiritare eſt clamare, tractum ab iis qui Quirites invocant*. Ciceron dans ſes Epîtres. *Et illi Miſero quiritanti, Civis Romanus ſum*. Tacite liv. 16. de ſes Annales : *Igitur flentes, quiritanteſque, qui aderant*. Tite-

Live liv. 40. *Nulla vox quiritantium inter ſtupra & cædes exaudiri poterat.* Publius Nigidius *in Commentariis Grammaticis* : *Clamat, quiritat*. Aprés ces ſuffrages des Auteurs les plus approuvés, il n'y a point d'apparence de croire que *crier* vienne de *κράζειν*, qui ſignifie la même choſe : moins encore de *κρίζειν*, qui ſignifie proprement *ſtridere*.

CROCE. Bâton d'Evêque : ainſi appelé, parcequ'il eſt crochu par un bout ; c'eſt-pourquoy il eſt appelé *cambuta*, du verbe *κάμπτω*, qui ſignifie *ployer*. Papias : *Cambuta, Suſtentaculum, vel baculus flexus pedum, crocia*. Ce mot eſt de la Langue ancienne Theotiſque : car *incrocare*, dans la Loy Salique, ſignifie *pendre*, ou pour mieux dire, acrocher par deſſous le menton à un homme à une tranche d'arbre coupée en forme de croc. La Loy Salique, tit. 68. *Si quis hominem, ſine conſenſu Judicis, de ramo, ubi incrocatur, deponere præſumpſerit.*

CROCHETEUR. C'eſt un Porte-faix : ainſi appelé, du crochet qu'il porte ſur les épaules, pour y mettre les choſes qu'on luy baille à porter. Ce mot ſignifie auſſi *un larron*, qui avec un crochet de fer ouvre les portes & les coffres. La Coutume de Loudunois tit. 37. art. 6. *Crocheteurs, auſſi larrons, qui ont fait bris, doivent eſtre pendus & eſtranglés.*

CROUPE. C'eſt la partie poſtérieure du dos d'un cheval ; laquelle, pour être plus groſſe, plus épaiſſe, & plus charnûe, a été ainſi appelée, du mot *cruppa*, qui ſignifie une choſe bien graſſe & bien épaiſſe. Les Gloſes : *Cruppa, χαλῶς πωχύς*. Les Romains appeloient *crupellarios*, certains Gladiateurs : à-cauſe de l'épaiſſeur & de la ſolidité des armes dont ils étoient couverts. Tacite liv. 3. de ſes Annales : *Adduntur à ſerviitiis gladiatura deſtinati ; quibus, more gentico, continuum ferri tegimen (crupellarios vocant) inferendis ictibus inhabiles, accipiendis impenetrabiles, &c.*

CROYANCE, ou *créance*. Il eſt formé du Latin-barbare *credentia*. Pierre de Blois, Epit. 173. *Fallacia veridica quæ in credentia non habetur.*

CUIDER ſignifie proprement *penſer* ou *eſtimer*. Ce verbe eſt reſté aux François, de l'ancien Teudiſque. Kéron, en ſon Gloſſaire Latin-Teudiſque : *Cogitatio, Kedanka* : cogitatus, *Kedanc.* Quelques-uns croient qu'il vient de *κυδιάω, ſe glorifier* ; parceque le mot *d'outrecuidance* eſt quelquefois pris pour *arrogance*.

CUISINE. Du mot Latin-barbare *cucina*. Les Gloſes : *μαγειρεῖον, cucina, carnificina*.

D A.

DACE. Tribut, impoſition. Il vient de *datia*, formé du verbe *dare*. Ptolomæus Lucenſis, ſur l'an MCCIX. *Obligaverunt ſe per juramentum datias & collectas ſolvere,*

DAGUE. Ce mot ne ſignifie pas toujours *un poignard* : il eſt ſouvent pris pour les pointes de fer dont les deux bouts d'une hache d'arme étoient garnis ; deſquels anciennement on ſe ſervoit à donner, ou dans les viſieres des caſques, ou dans la maille des hauberts, ou dans le defaut des cuiraſſes, lorſqu'on ne ſe pouvoit ſervir du tranchant de la hache. Olivier de la Marche liv. 1. de ſes Mémoires chap. 16. *Et tenoit en ſa main ſeneſtre une hache tres-bonne, à dague deſſus & deſſous.* Et au même chapitre : *Meſſire Jacques jetta le bout d'en-bas de ſon bâton (c'étoit une hache,) par deux ou trois fois aprés la viſiere du bacinet de ſon adverſaire ; & ſi ſouvent le continua, qu'il l'enferra en la viſiere, & ne tint pas la priſe ſi peu ; non, car la dague rompit.* Et chap. 18 *Et au deſſous de la hache une bonne forte dague.* Le mot *dague* vient de *Daca*, c'eſt-à-dire *Danoiſe*, parceque les haches d'armes, garnies de ces pointes de fer, étoient appelées *Daca ſecures*. Guillaume le Breton liv. 2. de ſa Philippide :

Haſtis confractis mucronibus atque cutellis

Inſiſtunt, Daciſque ſecuribus excerebrant ſe. Les poignards, dont les lames étoient ſemblables à ces pointes de fer, furent appelés *dagues* ; mot dont même on ſe ſervoit anciennement en Ecoſſe. Les Statuts de Guillaume Roy d'Ecoſſe, chap. 25. *Enſem, & cultellum qui dicitur* dagger.

DAIZ. C'eſt le ciel ou le poîle dont on couvre les Autels, ou les ſieges, & les tables des Grands. Ce mot vient du verbe Alleman *decken*, qui ſignifie *couvrir, voiler, & ombrager*. Le Dictionnaire Alleman-Latin de Daſipodius : Be *decken, operire, operculare, velare, umbrare, adumbrare.* Decken, *operculum.*

DANSER. Je m'étois imaginé que de *cadence* on avoit fait *danſe*, & de-là le verbe *danſer* Car en-effet toute la danſe ne conſiſte qu'à marquer par des pas meſurés la cadence des airs & des chanſons. Toutefois je me tiens volontiers à l'opinion de Mr de Saumaiſe, qui croit que *danſer* vient de *denſare*, qui eſt l'action du Foulon, qui trepigne & bat des piés ſur le drap, parceque par ce moyen il le rent plus denſe & plus épais. L'ancien Gloſſaire : *ὀξυποδία, acupedium, addenſatio. ὀξυποδῶ, addenſo, denſo.* Car *ὀξυποδῶ* ſignifie proprement *trepigner & battre dru & menu des piés*.

DE' à coudre. Nos anciens François diſoient *deil*

en Languedoc *didal.* Ces mots sont formés par contraction de *digitale,* ou *digitabulum.* Le *Catholicon Parvum* : Digitabulum, *Deel à mettre au doit d'un Couturier.*

DEBOUT. Etre *debout,* se dit de toute chose longue, assise, & plantée sur l'une de ses extrémités ; car il ne se peut dire d'une chose assise sur les côtés. La Coutume de Mons chap. 48. *Les avoit à deux, debout & côtés :* C'est-à-dire *aux deux extrémités, & aux côtés.* Voyez ce que j'ay dit sur le mot *bout.*

D'ECHIQUETER. *Tailler menu & par petits lopins.* Ce verbe est sans doute pris de *chic,* qui en Languedoc & en Gascogne signifie *petit & menu,* ou bien une fort petite portion de quelque chose. Les Espagnols disent aussi *chico,* pour *petit.* Et *chic* vient sans doute de *cicum,* fait de κίκκος : car Hesychius explique κίκκος par διαχώρεσις, qui signifie *séparation & division en petites piéces.* Et dans les Gloses Anciennes on lit *Cicum,* χευκίκκος. Où selon Vulcanius, il faut lire χευ κίκκος : car χευ, dans Suidas & dans Hesychius, signifie toute chose extrémement petite.

D'ECHIRER. Nos anciens François disoient *descirer.* Le *Catholicon parvum :* Lacero, as, *descirer.* Lacer, *desciré.* On a fait *déchirer* de *dilacerare* ; comme *cire* de *cera.*

DEFFAIRE. On dit *deffaire un homme,* quand il meurt par la main du Bourreau ; bien-que *deffaire* ne se dise que de ceux qui ont été vaincus ou tués dans un combat. Ce verbe vient du Latin-barbare *disfacere.* La Loy des Lombards liv. 1. tit. 2. L. 78. *Si Comes sine culpa per invidiam, aut occasionem injustam ; nisi per justitiam & pacem faciendam ; hominem disfecerit, honorem suum perdat.*

DE'FRICHER. C'est *ouvrer & cultiver une terre inculte,* comme sont les prés & les bois. Il y a apparence que du verbe *frangere* on fit, par corruption, *frigere & fricare :* car, comme j'ay déja dit sur le mot *arranger,* cette illustre Maison de Rome, nommée Frangipani, est appelée *Domus Frigepanensium,* par Ptolemæus Lucensis, en sa Chronique sur l'an 1133. & *Fricapanem* par Geoffroy de Vendôme liv. 1. Epit. 8. De-sorte-que, comme *défricher* est proprement *rompre & ouvrir la terre,* je m'imagine qu'il a été formé du Latin-barbare *defrigere,* & *defricare :* & que par même moïen, quand nous disons qu'*une terre est en friche,* c'est comme si nous disions *infracta* & *infricata,* c'est-à-dire, *qui n'est pas encore ouverte & rompûe.* En-effet, *defricare* veut dire *rompre & entamer.* Car dans le Tome 2. des anciennes Leçons de Canisius, il y a un Auteur incertain *De Episcopis Salasburgensibus,* qui parle d'un certain homme, qui à force de se jetter à genoux en avoit entamé sa chair. *Ut defricata,* dit-il, *cute & carne, genua sanguine invenirentur fluentia.* Toutefois *defricare,* en bon Latin, signifie *nettoyer en frottant. Ut forte hic in balneis venit, cœpit, postquàm perfusus est, defricari* ; dit l'Auteur du livre *Ad Herennium,* liv. 4.

DEHORS. En Languedoc on dit *defore.* Il vient du Latin-barbare *deforis.* Metellus, en ses Poësies intitulées *Quiritalia,* qui sont au 1. Volume de Canisius: *Nec deforis quisquam remansit usquam.* Le Concile de Bragues chap. 36. dans Yves de Chartres part. 3. c. 210. *Deforis circa murum civitatis sepeliantur.* La Loy des Ripuariens chap. 70. § 4. *Deforis sepem,* &c.

DÉLIER. Du verbe Latin-barbare *disligare.* Les Gloses Arabico-Latines : *Disligo, solvo.*

DENRE'E. Ce mot signifie toute sorte de marchandise : bien-que *denariata* ; d'où ce mot vient ; signifiât anciennement le poids auquel on vendoit le pain & la chair. Les Capitulaires de Charles le Chauve tit. 31. chap. 20. *Ministri Reipublica provideant, ne illi, qui panem coctum aut carnem per denaratas, aut vinum per sextaria vendunt, adulterare & minuere possint.* De-sorte-que ces mots de *denarata cera,* des lieux cités en cet endroit par le P. Sirmond, ne se doivent point entendre, comme il croit, pour certain prix de deniers, mais bien pour le prix auquel la chose étoit vendûe.

Les Loix d'Ecosse, intitulées *Iter Camerarii,* au chap. 21. qui est *De Foristallatoribus : Frangunt & se-*

cant pisces in frusta, & vendunt per denaratas. Les Ordonnances de Guillaume Roy d'Ecosse, ch. 37 §. 2. *Præcepit etiam dominus Rex quòd nullus extraneus mercator cum navibus veniens & cum marchandis, scindat pannum, vel vendat in denariatis, sed in grosso.*

DENT DE CHIEN. C'est l'herbe appelée en Latin *gramen.* Nous l'appelons ainsi, parceque les nœurs de ses racines representent la blancheur & la figure des dens des chiens.

DENUE'. *Dépourvu.* Il se dit des facultés tant du cors que de l'esprit, bien-que sa premiere & naturelle signification soit *dépouiller,* & *mettre à nu.* Enguerrand de Monstrelet vol. 1. chap. 143. *Ils furent tous desnués de leurs vestemens.* Et au chap. 190. *Les corps du Connestable, du Chancelier, & de Remonnet, de la guerre furent tous desnués.* Il vient de *denudatus.*

DE'PANE'. *Déchiré.* Le Roman de Guillaume au court nés, au Couronnement de Loys:

A clops chevaux, & destriers déferrés,
A garnemens dérous & dépanés.

Et au Moinage Guillaume:

Tos ot ses draps rompus & dépanés.

Et le Roman de Guion de Tournaur :

Molt furent depanés leurs bons Hauberts ; doublier
Ils n'avoient dessus eux ne de sain ne d'entier.

* *Dépané* a été formé de *depanatus,* dit pour *depannatus,* formé de *pannus. Depanare* ; d'où vient *depanatus* ; se trouve dans Papias ; *Depanare, dilacerare, de panno rapere :* & dans les Gloses d'Isidore ; *Depanare, dilacerare. Depannare* se trouve dans Joannes de Janua : & *depannatus* dans les Capitulaires de Charles le Chauve tit. 29. Aussi *depanné* se trouve écrit par deux N dans le Roman de la Conqueste d'Outremer.

Là peussiez voir tant viés dras depannés,
Et tant grande barbe, & tant ciés hurpés.

DE'PENDRE. *Dépenser.* Joannes Januensis dans son Catholicon : *Dispendere, largiter donare. Dispensare, largiter donare.*

DE'PIT. C'est proprement un petit mouvement de colére accompagné de mépris : car anciennement *dépiter* signifioit *mépriser.* L'Histoire de Guesclin chap. 15. *Li homs n'est pas sires de son pays, qui est hays & despités de ses gens.* Nous l'avons tiré de *despectus :* comme *répit* de *respectus* ; comme je le montreray en son lieu.

DERRIERE. De l'adverbe Latin-barbare *deretro.* Le *Catholicon Parvum :* Deretro, *derriere.*

DE'S. Ces petits cubes ou carrés d'os ou d'ivoire dont on joue, sont appelés *detii,* par Guillelmus Neubrigensis liv. 3. chap. 23. *Nullus ad aleas vel ad detios ludat :* Et *dadi* dans les Constitutions de Naples liv. 3. tit. 57. *De his qui ad dados ludunt.* Les Italiens les appellent *dadi* ; & ceux de Languedoc & de Gascogne *dads.* Et d'autant qu'en jouant on se les donne alternativement, je croy qu'ils ont été ainsi appelés, de l'adverbe *datatim* ; car cette alternation de main, qui se fait au jeu, s'exprime en Latin par *datatim ludere.* Plaute dans son *Curcullio :*

Tum isti qui ludunt datatim, servi scurrarum in via,
Et datores, & factores, omnes subdam sub solum.

Où *datores* sont ceux qui donnent la paume aux joueurs ; & *factores* ceux qui jouent. Nonius Marcellus : *Datatim, id est, invicem dando.* Isidore liv. 1. des Etymologies, chap. 29. rapporte ce lieu de l'ancien Poëte Ennius :

Quasi in choro pila
Ludens datatim dat sese.

Où, par une métaphore prise des joueurs, ce Poëte parle d'une femme impudique qui s'abandonnoit à toute sorte de gens. Mr de Saumaise sur l'Historien Flavius Vopiscus, ne s'éloigne pas beaucoup de mon opinion, dérivant le mot *dés* de *dari.* Car après avoir dit que *dari* se disoit proprement *de tesseris,* qui sont les dés ; & *jaci, de calculis,* qui sont les jets ou jettons, il ajoûte : *at, vice versâ,* datos *vel* dados *vocamus tesseras* ; jactos *verò, calculos.*

DESASTRE. L'opinion de ceux qui tiennent que les Astres font nos bonnes ou nos mauvaises fortunes, a fait couler ce mot dans notre Langue pour dire *malheur & infortune.* Les Gloses d'Isidore : Astrosus, *malo sydere natus.*

DESSERRER. *Ouvrir, lâcher.* Il vient du Latin-barbare *disserrire.* Le Glossaire d'Ansileubus : *Disserruisse, apperuisse.*

DESSUS & SUS viennent du Latin-barbare *susum.* Les Gloses : *Susum, ἄνω. Susum ἐπάνω.*

DE'TROUSSER. *Voler.* Il ne se disoit originairement que des marchandises ou équipages que les Voleurs dérobent : parcequ'ils les détroussent, c'est-à-dire, les ôtent du paquet où elles sont troussées. *Voyez Trousse.*

DEVIDER. DEVIDOIR. On prononçoit originairement *devuider & devuidoir :* parceque le dévidoir se vide de fil à mesure qu'on en fait des pelotons. Aussi, *devider* se disoit en Latin-barbare *devacuare.* Le Dictionnaire de Jean *de Garlandia :* Devacuatrices, *quæ devacuant fila sericea.* Où la Glose ajoûte, Devacuatrices, *Gallis* Dévoideresses: *& dicuntur à devacuo.* Voyez *vider.*

DEVINAILLE. Du Latin-barbare *divinaculum.* Le Glossaire d'Ansileubus: *Divinacula, sortes.*

DEVISE. C'est-à-dire *volonté.* Le Roman de Guillaume au court nés, au Moinage Guillaume :

> *S'aviés armes, je cuit, à vo devise,*
> *Et en vo poing une espée forbie.*
> *De nos trestous ne dorriés une alie.*

A vo devise, c'est-à-dire *à votre volonté.* Il signifie quelquefois *Testament* ou *derniere volonté.* Ville-Hardouin liv. 1. *Sa maladie creut & enforça, tant qu'il fist sa devise & son lais.* Et au liv. 3. *Et lor remontrevent que il feussent confés : & seist chascun sa devise, que il ne scavoient quant Diex feroit son commandement d'els.* Il est vray-semblable que le discours & entretien familier est appelé *devis ;* parcequ'il est volontaire, c'est-à-dire, qu'on y parle de ce qu'on veut : pour faire différence des discours dont la matiere est prescrite. Il n'est pas aussi hors d'apparence, que les Devises soient ainsi appelées, parceque les Blasons en sont volontaires, & dépendent de la fantaisie d'un chacun ; là où celuy des Armoiries est nécessaire & affecté aux familles.

DEUIL. En Languedoc on dit *dol.* Il vient de *dolus,* qui a été quelquefois pris pour *dolor.* Petrone, cité par Isidore liv. 5. chap. 25. *Quid est judicis dolus ? nimirum ubi aliquid factum est quod legi dolet.* S. Ambroise liv. 4. epit. 13. *Et novacula satis acuta, ne faciat dolum.* Cassiodore epit 39. liv. 2. *Balnea contra diversos dolos corporis attributa.* Un Glossaire d'Isidore manuscrit, cité par Savaron sur Sidonius Apollinaris : *Vulnus, dolus, vel animi dolor.* Plaute dans son *Pœnulus : Sed ubi exempla conferentur meritricum aliarum, tibi erit cordolium.* Apulée liv. 9. *Non uxori, nec ulli familiarum, cordolio patefacto.*

DIAPRE'. Il signifie *bigarré de diverses couleurs:* bien-que proprement il signifie *vert.* Il vient de *diaprasinus,* qui est formé de la préposition *δια,* qui signifie *per* ; & de *prasinus,* qui est le vert de la queue du porreau, appelé *πράσον,* comme qui diroit *perviridis.* Toutefois j'ose croire que les Auteurs du tems moïen ont pris aussi *diaprasinus,* pour *bigarré* ; ou du moins pour la couleur semblable à la bigarrûre d'une prairie bien émaillée de fleurs. Flodoard, liv. 3. de l'Histoire de Reims chap. 21. *Mittens ei quædam pretiosa ornamenta, casulam scilicet diaprasinam, quam habebat unicam.*

DIFFAMER. De *defamare,* Latin-barbare formé de *fama.* Joannes Januensis dans son Catholicon : *Defamo : & est defamare, conviciari, criminari, famam auferre.*

DISCIPLINE. Bien qu'il signifie proprement *instruction,* nous appelons pourtant d'ordinaire *discipline,* non-seulement le châtiment volontaire, ou enjoint par pénitence, que nous donnons à notre chair; mais encore le fouet, qui est l'instrument. Et cela veut dire, qu'on appeloit anciennement *discipline,* la peine infligée aux coupables. Dans les Capitulaires de Charles le Chauve, au tit. 10. *Servus verò, secundùm Legem, triplâ compositione damnum in locum restituat ; & pro damno, disciplina corporali subjaceat.* Où il faut lire *pro banno,* comme il y a dans ce lieu du livre premier de la Loy des Lombards tit. 14. L. xi. *Servus verò secundum Legem triplum componat damnum.*

in loco restituat ; & pro banno, disciplina corporali subjaceat. Et dans la Loy des Baïuariens, tit. 9. chap. 4. §. 1. *Disciplina Ducalis,* signifie l'amende corporelle, ou pécuniaire, ordonnée par le Duc. Le mot de *discipline,* en François, a aussi été pris pour une *défaite de gens de guerre.* Olivier de la Marche liv. 2. de ses Mémoires chap. 1. parlant d'un combat : *Et fut fait desdits Allemans grand discipline celuy jour.*

DISTROIT. C'est proprement le Territoire dans l'étendue duquel s'exerce la justice d'un Seigneur ou d'un Magistrat. Dans le livre des Fiefs tit. 5. *districtum,* signifioit Jurisdiction. *Si dominus districtum habuerit vel alium honorem.* Il vient du verbe *distringere,* que les Auteurs de la derniere Latinité ont pris pour *juger, ordonner, & punir.* Guillaume le Breton, liv. 5. de sa Philippide :

> *Se quoque promittit passurum mente benigna*
> *Quicquid eis super his Francorum Curia dicet,*
> *Quæ regni proceres distringere debet, & ipsum.*

La Loy des Bajoariens, tit. 6. *Si talis homo potens hoc fecerit, quem ille Comes distringere non potest, tunc dicat Duci suo, & illum distringat.* En vieux François *destrainâre* signifie *tourmenter & punir.* Le Roman de Guillaume au court nés :

> *La seve amor me destraint & jostise.*

Mathieu Paris en la Vie de Henri III. *Nolo pecunias superiors commodare, quem non possum distringere.*

DOGUE. Nous appelons ainsi un gros chien. De l'Anglois *dogge,* qui signifie *chien* ; parceque d'ordinaire les gros chiens viennent d'Angleterre, où pourtant ce mot signifie toute sorte de chiens, aussi bien les petits que les grands.

DONGEON. Le lieu le plus élevé d'un Château où le Seigneur fait sa demeure ordinaire. Comme de *dominus* on a fait *Dom :* ainsi a-t-on formé *dongeon,* de *dominicum.* Sugger, Abbé de S. Denis, dans son livre *De Rebus in Administratione sua gestis* se plaignant de ce que l'Abbé de S. Denis n'avoit aucun lieu pour habiter, dans un lieu appelé *Guillelvallis,* appartenant à son Abbaye ; appelle *dominicum,* le lieu destiné pour le logement du Seigneur. *Ut nec domus, nec grangia aliqua, nec dominicum in tota villa existeret.*

D'ORES-EN-AVANT. Ce mot est formé de *ores* qui signifie *à cette heure* ; comme étant formé de *hâc horâ* ; aussi bien que l'Espagnol *aora,* qui signifie même chose ; & de *en-avant,* que nous avons fait de *in antè,* ou *anteà :* comme l'a tres-bien remarqué Mr Bignon sur la Préface des Formules de Marculphe. De-sorte-qu'il est certain que *d'ores-en-avant* a été fait de ces mots *de hac hora in anteà,* que je trouve avoir été anciennement en usage, pour dire *d'ores-en-avant.* J'ay deux vieilles Chartes ; l'une de Berenger Vicomte de Narbonne, qui commence ainsi, *De hac hora in-anteà, ego, Berengarius, Vice-Comes, filius Richardis Vice-Comitissa :* & une autre qui commence aussi de cette sorte, *De hac hora in-anteà, ego ; Bernardus de Porta Regia, filius Richendis, &c.* Baldricus Evêque de Noïon, dans sa Chronique de Cambray, liv. 3. chap. 41. dans le *Jusjurandum fidejussorum Walteri Castellani Cameracensis, factum Geraldo Episcopo : Ab hac hora in-anteà, non erimus tibi in damno, de vita, de membris, de Cameracensi Episcopio.*

DOS. C'est proprement l'épine du dos : ou bien en l'homme, la partie postérieure depuis le col jusqu'à la racine des cuisses : & au reste des animaux, la partie supérieure depuis le col jusqu'à la queue. Il vient de *dossum* duquel les Anciens se servoient pour *dorsum.* Les Gloses: Ιχίον, *dossum, lumba.* Ainsi Varron, liv. 2. *de Re Rustica,* chap. 10. appelle *dossuaria jumenta,* les bêtes qui portent sur le dos. *Ob quam rem habent jumenta dossuaria Domini ; alii equas ; alii, pro his, quid aliud quod onus dorso ferre possit.*

DOUAIRE. *Dos, Constitution de mariage.* Il vient du Latin-barbare *dotarium,* formé de *dotare.* Les Loix Neapolitaines liv. 3. tit. 14. qui est *De Dotariis Constituendis,* §. 1. *Liceat ei unum dotarium uxori suæ de tribus feudis constituere.* Et au tit. 15. *Quando feudum alienum, vel obligatur, aut in dotarium constituitur.*

DOUER. Il se dit des biens du cors & de l'esprit. Nous l'avons fait du Latin *dotare,* qui en sa

premiere

premiere signification s'entent du dot qu'on conftitue
à une femme ; mais qui depuis a été étendu à toute
forte de biens. Manile, livre dernier :

Tertia Pleïadas dotavit forma forores.

Et Ovide liv. x 1. de fes Metamorphofes :

Nata erat hinc Chione ; quæ dotatiſſima formâ
Mille procis placuit.

Il y a une infinité d'autres exemples de ce mot en
cette signification. On dit *doter*, feulement quand on
parle du douaire des femmes ; & *douer*, quand on
parle des perfections & des qualités du cors & de
l'efprit.

DOUSIL. C'eſt ce qu'on nomme plus communément *faucet*. Les Auteurs du tems moïen l'appellent *duciolum* & *duciculum*. Theodorus Eremita dans
la Vie de S. Magnoald, liv. 1. chap. 1. *Vas, quod* typrum
nuncupant, ad cellam deportavit ; & ante vas, quò cer-
viſia condita erat, apponit : tractoque ſerraculo, meatus
in typrum currere ſinit, ———— & ſerraculum, quod
duciolum vocant, &c Jonas, Abbé, en la Vie de S. Colomban : *Serraculum, quod duciculum vocant.* D'où
Goldaſt a pris ſujet de dire qu'il eſt ainſi appelé, *quia*
ducitur, hoc eſt, extrahitur cùm vinum eſt promendum.
Mais je ſuis plus porté à croire que l'origine de ce
mot eſt barbare ; car en Languedoc *dours*, & en vieux
François *doiz*, ſignifie *la ſource d'une fontaine.* Le
Roman de Guillaume au court nés :

De ſor un avbre foïllu & verdoyant,
A la fontaine dont li doiz ſont courant.

Et Thibaut Comte de Champagne, en ſes Chanſons :

Au renouveau de la dolzor d'eſté
Qui reclaircit li doiz à la fontaine.

De-là vient le verbe *doiziller.* Belleau 1. journée de
la Bergerie, au Poëme des Vendangeurs :

Aiguiſoient des faucets pour percer les vins doux,
Et piquottans leurs flancs d'une adreſſe fort gaye
En trois tours de foret faiſoient ſaigner la playe,
Puis à bouillons fumeux le faiſoient doiſiller.

Sambucus, dans l'interprétation de quelque mots barbares qui ſe rencontrent dans les Ordonnances de quelques Rois d'Hongrie, imprimées en-ſuite de l'Hiſtoire
de Bonfinius, remarque que *educillare* ſignifie *vinum*
vendere ſub hedera. Ce qui s'accorde beaucoup avec
mon opinion : car à Touloufe, *adouzillà* ſignifie percer
du vin pour le vendre à pot ; ce qui eſt, par une eſpéce
de métaphore, faire couler la ſource d'un tonneau.

DRAP. C'eſt maintenant l'étoffe dont on fait les
habits. Anciennement c'étoit l'habit même. Les Capitulaires de Charles le Chauve tit. 29. chap. 1. *Cum*
drappis & calciamentis depannatis. Froiſſart vol. 1.
chap. 122. *Draps fourrez de vair.* Marculfe liv. 2. au
chapître ou Formule 11. *Argento, auro, fabricaturis,*
drappis, veſtimentis, vel omni ſupellectile eorum. Dans
lequel, & chez les autres Auteurs des anciens Formules, on trouve ſouvent *drappi, drappa,* & *drappatia.*

DRAULE ou **DRÔLÉ.** C'eſt ainſi que nous
appelons un homme débauché & d'humeur folâtre.
Je croy que ce mot vient de *trole* ou *drole*, [car les
Langues de Septentrion prononcent le *d* & le *t* de la
même maniere] qui en Langue Cimbrique ou Danoiſe
ſignifie *un Démon*, ou bien un homme qui, à la façon
d'un Démon, donne de la frayeur aux autres hommes : comme témoigne Iſaac Pontanus dans ſon *Ap-*
pendix ad Itinerarium Galliæ Narbonenſis. Et ainſi appelons-nous *Lutin*, non-ſeulement un Démon, mais
encore un homme d'eſprit folâtre. Le même Pontanus
dit qu'Olimpiodore a écrit que les Vandales appeloient
Troles, les Goths ; & il croit que c'étoit à-cauſe de
l'épouvante que cette Nation donnoit avec ſa façon
fiere. Il ajoûte, qu'encore en Dannemark, ou Cher-
ſoneſe Cimbrique, il y a une Maiſon noble, qui porte le
ſurnom de *Troles*, laquelle porte pour armes la figure
d'un Diable Il rapporte auſſi que les Allemans appellent le Diable *Drau* ; d'où vient à mon avis qu'en
Languedoc on appelle le Lutin *Drac.*

DRU. DRUE. C'eſt-à-dire *Amy* & *Amie.* Le Roman de Guillaume au court nés, au Charroy de Niſmes :

Droit en un val ſont les Francs deſcendus,
Li Roys Loys, environ luy ſes Drus,
Et ſes amis, & ſes gens abſolus.

Et en un autre lieu,

Sa femme appelle que il a apperceue,
Qui eſt ciſt enfes belle ſœur douce drüe.

Le Roman de Guy de Tournaut :

Onq ne fu tel criée depuis le Roy Artus :
Là regrete chaſcun ſon ami & ſon drus.

DRUERIE. C'eſt-à-dire *amitié.* Le Roman de
Guillaume au court nés :

Aſſés iot grande joie & druerie
Entre Foques & Anſelis s'amie.

Le Roman de Guion de Tournaut :

Voire, ce dit le Roy, mais une mienne eſpie
M'a dit que vos aimiés par droite Druerie
Guyon, le mien couſin, que mon corps n'aime mie.

Et en un autre endroit :

Bien me devés moſtrer amour & druerie,
Quant vo pere le Roy a beſoin de maïe.

DUNE. Une levée de terre pour arrêter le flus
& reflus de la mer, ou l'inondation d'une riviére. Ce
mot vient de *dunum*, qui en Flaman ſignifie les *col-*
lines, tertres, & autres lieux médiocrement élevés :
comme témoigne Goropius, liv. 3. de ſes Origines
d'Anvers. Et s'il faut rechercher la ſource même du
mot Flaman ; Mathias Martinius, en ſon Dictionnaire
Philologique, dit que *dunnen*, en Langue de Friſe,
ſignifie *être enflé* & *relevé.*

E B.

E'BATRE. *Se promener, ſe réjouir en ſe promenant*
aux chams. En Languedoc *embatre.* Il y a quelque
apparence, que nous avons tiré ce verbe du Grec ἐμ-
βατεύειν, qui ſignifie *aller, marcher,* & *ſe promener.*

E'CHALAS. C'eſt ce petit pau qui ſoutient la
vigne. Du Grec χάραξ, qui ſignifie la même choſe,
on forma le Latin-barbare *carratium.* Les Loix des
Lombards liv. 1. tit. 25. §. 34. *Si quis palum, quod eſt*
carratium, de vite tuleris, &c. Ainſi Guillaume le Breton dans ſa Philippide, appelle un eſcadron de gens de
guerre *ſcala* ; & nos Romains *échielle* : ce que les plus
anciens Auteurs appellent *ſcara.* En Languedoc on
appelle un échalas *paiſſel* : de *πάσσαλος*, qui ſignifie
un pal. Auſſi les Latins l'appellent *palus.* Tibulle :

Qui docuit teneram palis adjungere vitem.

E'CHANSON. C'eſt l'Officier qui donne à boire
à un Prince ou à un grand Seigneur. De *Scantio.* Le
Gloſſaire d'Anſileubus : *Pincerna, Scantio.* Le Concile
de Toléde : *Comes Scancziarum.*

E'CHANTILLON. C'eſt une petite portion
de drap qu'on coupe de la piéce entiere pour en faire
montre. De κάνθος, qui ſignifie le coin de l'œil, on
a fait *canton*, qui ſignifie *un coin de rüe* : & *chanteau* ;
en Languedoc *cantel* ; qui ſignifie *un pain entamé,*
c'eſt-à-dire, duquel on a retranché un coin. De-là
eſt formé le mot *échantillon* : car auſſi en Languedoc
eſcantelà ſignifie *étrecher*, & *rogner* quelque choſe
qui étoit entiere. De-là vient auſſi le mot *échantillon*
de la Coutume de Dunois art. 60. qui porte que lorſqu'on a bâti une cheminée en mur mitoïen, on ne
la peut faire ôter en laiſſant par moitié du mur, &
un échantillon pour contre-feu, c'eſt-à-dire, un petit
retranchement du mur pour y enchaſſer la pierre, ou
telle autre choſe, qui doit ſervir de contre-feu ; ce
qui eſt appelé *chantel pour contre-feu*, dans la Coutume de Montargis chap. 10. art. 5. & dans celle d'Orleans art. 233.

E'CHAPER. Nos Anciens François diſoient que
ceux-là *eſcampoient*, qui après une défaite ſe répan-
doient emmi les chams, & ſe ſauvoient à la fuite. Ville-

Hardouin liv. 4. *Il erent mult de grant peril efcampé.*
Et liv. 8. *De tos les fix vingts n'en efcampérent mie*
plus do dix , que tuit ne fuffent morts ou pris. Mais
par la fuite des tems , d'*efcamper* on a fait *échamper*;
& enfin , *échaper.*

E'CHARNIR. E'CHARS. Ces mots fignifioient
railler & *raillerie.* Le Roman de Guillaume au court nés:

　Mauvaifement fut li Cuens falués :
　Més par contraire fu affés appellés ,
　Et d'uns & d'autres efcharnis & gabés.

Le Roman de Guyon de Tournaut ,

　Quant vos voulés mon cors enfement laidanger,
　Et devant tes Barons efcharnir & moquer.

Le Traité des Vertus & des Vices : *Aprés font les gabs*
& efchars que ils dient fur les preudes hommes , & fur
tous ciaux qui veulent bien faire. Encore en Languedoc
efcarni fignifie *contrefaire quelqu'un en moquerie.*

E'CHARPE. Je ne penfe pas que ce mot , au
fens que nous le prenons , foit fort ancien ; car il eft
croyable qu'Enguerrand de Monftrelet s'en fût fervi
en la defcription qu'il fait des écharpes, Tom 1. ch. 64.
où , parlant de ceux du parti du Duc d'Orleans, il dit ,
Si portoient , tous les Princes des alliances; & auffi tou-
tes leurs gens, de quelque eftat qu'ils fuffent, tant d'E-
glife comme féculiers , pour l'Enfeigne , bandes eftroi-
tes, qui eftoient de linge , fur leurs épaules , pendant
au feneftre bras de travers, ainfi que le porte un Diacre
en faifant le fervice de l'Eglife. Je croy pourtant que
de *carpere* nous avons fait *charpir* , & que de-là nous
avons formé *écharpe.* Et *charpir* fignifie proprement
carder & *peigner* en matiere de lin, de foie , & de chan-
vre : & comme en charpiffant ces chofes , les fils &
les poils en font feparés & détachés les uns des autres ; de-même ces petites bandes de toile ou de foie,
dont on fefoit du commencement les écharpes, étoient
retranchées & féparées d'une piéce entiere. Ainfi appelons-nous *charpie*, le linge défilé dont les Chirurgiens
font des tentes pour les plaies. De-là vient que nos
anciens François appeloient auffi *écherpilleurs*; du verbe
charpir; toute forte de voleurs : bien que cela ne fe
dife proprement que des voleurs de manteaux; qui eft
ce que nous appelons encore *tireurs de laine* : & *écher-*
peler pour *voler* ; comme qui diroit *charpir la laine* ,
qu'on dit en Languedoc *efcarpi.* Les anciennes Coutumes de Paris, intitulées *Li Eftabliffement le Roy de France,*
félon l'ufage de Paris, d'Orleans , & de toute forte de
Baronnie : ——— *li tolt le fien en chemin ou en bois, de jour*
ou de nuit ; & ce eft appelé efcherpellerie. Enguerrand
de Monftrelet, vol. 1. *A l'entrée de Charles VII. à*
Rouen , le fire de S. Treille , Grand Ecuyer de France,
portoit en efcharpe la grande efpée de parement du Roy.

E'CHASSES. Nous prenons ce mot pour ce que
les Latins appellent *gralla* ; qui font ces longs bâtons
qu'on attache aux jambes , & fur lefquels un homme
étant élevé chemine à grands pas. Toutefois ce mot
fignifie proprement ce que nous appelons maintenant
potences, qui fervent d'appui aux boiteux & eftropiés.
En Languedoc on appelle tous les deux *écaffes.* Et ces
deux mots *écaffes* & *échaffes* , viennent du verbe σκά-
ζειν, qui fignifie *boiter, clocher.* Adrianus Junius a remarqué que chez le Poëte Epicharme σκωλοβατίζειν
fignifie *marcher avec des échaffes.* Σκωλοβατίζειν, *apud*
Epicharmum dicuntur qui ligneo pede innituntur claudi ,
vel qui grallatoriâ perticâ incedunt.

E'CHIELLE. Il fignifie *Efcadron.* Le Roman
de Guillaume au court nés , aux Enfances Guillaume :

　Les quatre Efchieles tot enfemble jofterent.

Et en un autre endroit :

　A tant vint une Echiele de François combatans
　Quatre mil Chevaliers as vers hiaumes luifans.

C'eft ce qu'ils appeloient *Scara.* Hincmar, epit 5. *Bel-*
latorum acies , quas vulgari fermone Scaras vocamus.
Aymoinus lib. 4. cap. 16. *Collegit è Francia bellatoribus*
Scaram , quam nos Turmam , vel Cuneum appellare
poffumus.

E'CHINE. C'eft ce que nous appelons commu-
nément *le dos.* Il vient d'ἐχῖνον, qui fignifie entr'autres
chofes *le dos.* Les Glofes : ἐχῖνος, *doffium , lumba.* Et
en-effet, on dit en vray Gafcon *efquie* : par où il eft
aifé de voir que Robert Etienne s'eft trompé, de croire
qu'il venoit de *Spina.*

E'CLAT. E'CLATER. Joachin Périon , dans
fon Traité *De Lingua Gallica cum Græca cognatione* ,
dérive ces mots de κλάζεσθαι, qui fignifie *être rompu*;
& de κλάσμα, qui fignifie *fragment,* ou *pierre rompûe.*

E'COEUIL. De *fcopulus :* comme *œuil,* d'*oculus.*

E'CORCHER. De *fcorium* , qui en bon Latin
fignifie *le cuir & la peau* des animaux , d'où vient l'adjectif *fcorteus* , qui fignifie *fait de cuir* ; on forma le
Latin-barbare *fcorticare,* qui fignifie *ôter la peau :* d'où
nous avons fait *écorcher,* qui eft la même chofe. Les
Capitulaires de Charlemagne liv. 5. chap. 2. *Et fi or-*
dinatus presbyter fit , duos annos in carcere permaneat,
anteà flagellatus & fcorticatus, &c.

E'COT. C'eft ce qu'on donne pour un repas fait
dans une Hôtellerie ou Cabaret: ou bien , plus proprement , c'eft ce que chacun contribûe pour un
banquet qui fe doit faire à communs frais. Et d'autant que c'eft une efpéce de tribut qu'on exige de ceux
pour lefquels le banquet ou la dépenfe ont été faits,
cela fut appellé *écot* ; de *fcot* ou *fcotallum,* qui fignifie
tribut & *conftitution* , en Langue Septentrionale, ou
du moins Angloife. Dans les Ordonnances de Guillaume le Conquérant; qui fe lifent dans la derniere
partie de l'Hiftoire de Roger de Hoveden , en la Vie
de Henri II. Roy d'Angleterre ; *anfcote* eft une efpéce
de tribut. *Omnis Francigena qui tempore Eâwardi , pro-*
pinqui mei , fuit in Anglia particeps , confuetudinem
Anglorum, quod ipfi dicunt Auhlote *&* Anfcote, *per-*
folvat fecundum confuetudinem Anglorum. Le même
Roger de Hoveden dans la premiere partie de fes Annales , *in Willelmo juniori : Omne injuftum fcottum in-*
terdixit. Et dans les mêmes Ordonnances , *Romfcot*
fignifie le Tribut appelé *le Denier S. Pierre. De Dena-*
rio S. Petri, qui Anglicè dicitur Romfcot. Et dans les
Ordonnances de Jan Roy d'Angleterre , rapportées
par Mathieu Paris en la Vie de ce Roy, *Scotallum* fignifie *une Exaction & un Tribut. Nullus Foreftarius*
vel Budellus faciat de catero fcotallum , vel colligat gar-
bas , vel avenam , vel bladum , vel agnos, vel porcellos ;
nec aliam collectam faciat, &c.

E'CU-SOL. Il eft ainfi appelé , parceque l'Ecu
des Armes de France y eft empreint. Le vulgaire l'appelle *Ecu au Soleil* ; à-caufe du mot *Sol,* lequel pourtant , felon l'opinion des Doctes, vient de *Solidus* ,
qui eft la monnoie ordinaire dont les Anciens fe fervoient : comme on peut voir dans les Loix Barbares.
Sibrandus Siccania en fes Notes fur les anciennes Loix
des Frifons : *Putant viri docti folidum fuiffe nummum*
aureum , & eundem cum coronato Francico, qui Solaris
dicitur : non à Sole, ut quidam falsò exiftimant ; fed
à Solido, quem & fcutatum, Gallicè Efcu-Sol, *appel-*
lant.

E'CUELLE. Ces petits vafes ronds, dont on fe
fert entr'autres chofes pour prendre le bouillon , ont
fans doute été ainfi appelés de *fcutella,* qui fignifie
même chofe. Cicéron au 3. des Tufculanes : *Demus*
fcutellam dulcicula potionis : aliquid provideamus orbi.
Martial liv. x1. de fes Epigrammes :

　Hic implet gabatas paropfidefque,
　Et leves fcutulas , cavafque lances.

Ulpien dans la Loy *Et fi non funt clavi* , au Digefte
De auro argento, &c. *Legatis , §. Sed cui vafa,* a dit,
Et ideò fcutellas vel promulfidaria contineri. Les Doctes
ne demeurent pas bien d'accord de l'origine de ces
mots. Turnébe tient que ce font des diminutifs de
fcutum : ce que Mr de Saumaife ne peut fe perfuader,
parceque le vafe qu'ils fignifient eft rond , & non pas
carré, comme l'écu des Anciens; & de plus, parceque la premiere fyllabe eft longue en *fcutum,* & bréve
en *fcutella* & *fcutula :* & là-deffus il foutient, avec
beaucoup de raifon, que ces mots tirent leur origine
de *fcutra,* qui fignifie un vaiffeau de cuivre. Les Glofes:
Scutra, χαλκίον. Plaute dans fa Comédie intitulée *Perfa :*
Aquam appara bene, ut in fcutris concaleat. Les Anciens
difoient auffi *fcutrum* ; puifqu'on trouve fon diminutif
fcutrifcum, à la façon des Grecs , dans le 29. chapitre
des Origines de Caton. De-forte-que j'eftime que
toutes les fois que dans les Auteurs du tems moïen
on trouve *fcutum,* pour un *vafe* ou *baffin,* il faut lire
fcutrum : comme dans Adam, Chanoine de Brême, dans
fon Hiftoire des Evêques de Hambourg , chap. 161.

où il parle des meubles d'une Eglise : *Unum vas Chrismale argenteum . scutum argenteum deauratum , Psalterium aureis scriptum literis.*

E'CURIE. François Pithou en son Glossaire sur la Loy Salique , tient que ce mot vient du Latin-barbare *scuria*, qui signifie quelquefois *une étable.* La Loy Salique tit. 18. *Si quis sudem cum porcis, scuriam cum animalibus, vel fœnile incenderit.* Mais le plus souvent *scuria* signifie *une grange à mettre le foin & la paille, & les blés.* La Loy des Bajoariens tit. 1. L. 4. *Defendere volunt casas vel scurias, ubi fœnum vel granum inveniunt.* Hincmarus Archevêque de Reims : *Insuper & scuriam ipsius interclusit, & annonam de terris dominicatis collectam, sine licentia ipsius presbyteri in eam misit.* Et Lindeburgius dans le Glossaire sur les Loix Barbares, cite ces paroles d'un Glossaire Latin-Theotisque, *Scuria , ubi manipuli vel fœnum reponitur.* Dans les Capitulaires de Charles le Chauve tit. 31. chap. 28. *Et De manopera in scuria battere nolunt.* De-sorte-qu'il me semble plus-à-propos de tirer le mot *écurie*, d'*equaria*, qui en bon Latin signifie *un haras*, ou *troupeau de chevaux.* Varron en la Préface du liv. 2. *De Re Rustica : Quòd & ipse pecuarias habui grandes , in Apulia oviarias, & in Reatino equarias.* Le Jurisconsulte Ulpien en la Loy 38. au Digeste *De Ædilitio Edicto*, n'aiant peut-être pu rencontrer ce mot, a dit *polia*, qui est tiré de πώλια, qui signifie même chose qu'*equaria.*

S'EGARER. Se détourner du droit chemin. Mr de Saumaise dit que ce verbe est formé du verbe *varare*, qui signifie *détourner à côté, & passer à travers :* comme qui diroit *evarare.*

EMAIL. Ce mot vient de l'Hébreu *hasmal*, que S. Jérôme a traduit *electrum*, au chap. 1. d'Ezechiel. *Nubes magna, & ignis involvens, & splendor in circuitu ejus, & de medio ignis quasi species electri.* Vigénére, dans les Annotations sur les Images de Philostrate, dit que Rabbi Salomon confesse qu'il ne sait pas ce que signifie *hasmal* ; & que cependant il n'y a point de doute que ce ne soit l'émail du rouge clair.

EMPALER. Du Latin-barbare *impalare.* La Loy Ripuariens tit. 70. §. 3. *Quòd si in sepem animal impalaverit.* La Loy des Bourguignons tit. 23. §. 1. *Si quodlibet animal, dum de messe. aut de prato, aut de vinea, aut de area annonaria expellitur, impalaverit.* La Loy des Lombards tit. 9. §. 10. *Si caballus, aut quodlibet peculium, in clausuram alterius, intus saliendo se impalaverit.* Les cloisons étoient anciennement faites de paus, ou pieus, aiguisés & pointus : ce qui fesoit que les bestiaux qui vouloient sauter par dessus ces cloisons, étoient sujets à s'empaler.

EMPEIGNE. C'est le cuir qui couvre le dessus du soulier Il est croïable qu'il vient d'*impilia*, qui selon Brisson étoit la couverture du pié faite de feutre. *Tegumenta pedum è coacta lana.* Il en est fait mention en la Loy 25. §. *Fascia*, au Digeste *De auro & argento*, &c. *legatis*, en ces termes : *Fascia crurales, pedulesque, & inpilia, vestis loco sunt : quia partem corporis vestiunt.* Quelques-uns veulent qu'*inpilia*, en cet endroit, signifie une espéce de couvre-chef. Cujas dans ses Observations liv. 5. chap. x1. avoue que le mot *impilia* se dit des piés ; & que c'est ce que Theophraste liv. 8. des Plantes, appelle πέδια. Il ne faut pas pour cela croire que *pedules* & *impilia* soient même chose ; car *pedules*, comme dit Festus, *sunt fascia pedum aut calceamentorum.* Et il est croïable qu'*impilia* étoit ce que nous appelons *empeigne* ; qui est la couverture du soulier faite d'une seule piéce, & qui couvre tout le pié : en quoy *impilia* différe de *pedules*, qui n'étoient autre chose que des bandes qui ne couvroient qu'une partie du pié.

EMPIRER. Du Latin-barbare *impejorare.* L'Addition à la Loy des Frisons tit. x1. §. 1. *Componat ei juxta quantitatem quâ rem ejus impejoravit.*

ENCEINTE. Quand ce mot signifie *clôture*, il n'y a point de doute qu'il ne vienne d'*incincta.* Le *Catholicon Parvum :* Incincta, *enceinte.* Il ne faut pas non-plus douter que lorsqu'il signifie *une femme grosse.* il ne vienne aussi du même *incincta* ; mais d'une maniere toute contraire : car lorsqu'il signifie *clôture* il vient d'*incincta*, entant-qu'*intinctus* signifie *ceint*

& environné ; mais quand il signifie *une femme grosse,* il vient d'*incincta*, entant-qu'*incinctus* signifie *non ceint*, ou *qui n'est pas ceint :* & *incincta*, en ce sens, c'est-à-dire *non cincta* ; car les femmes grosses ne sont pas ceintes, c'est-à-dire , n'osent pas serrer la ceinture de leur jupes, de-peur de presser trop leur ventre. Martial liv. x1v. epig. 51. dont le titre est *Zona :*

> *Longa satis nunc sum : dulci sed pondere venter*
> *Si tumeat, fiam tunc tibi zona brevis.*

Joachin Périon dans son *De Lingua Gallica cum Græca* cognatione, écrit *encynte*, & le dérive de d'ἔγκυος, qui signifie *grosse.* Henri Étienne dans son Traité *De Latinitate falsò suspecta*, chap. 1. *Non minùs autem novum videatur plerisque vocabulum* inciens : *nec minore ab illis risu excipiatur qui* incientem fœminam *vocaverit ; quam Gallica Lingua, illud imitans, appellat* une femme enceinte ; *quàm qui illud* pausa, *pro Gallico* pause, *dixerit.*

ENCOURIR. *Encourir la peine d'un crime ; encourir la disgrace de quelqu'un.* Il vient d'*incurrere*, que les Anciens ont pris pour *se rendre coupable d'une faute & d'un crime.* Ælius Lampridius dans la Vie d'Alexandre Sévére : *In milites autem gravissimè animadvertit, qui fortè incurrerunt aliquid quod videretur injustum.* Tertullien : *Crimina quotidiana incursionis.*

ENDURER. Le verbe *durare* signifie souvent dans les bons Auteurs *endurer* & *souffrir patiemment.* Virgile liv. 1. de l'Eneïde :

> *Durate, & vosmet rebus servate secundis.*

Térence dans ses Adelphes : *Durare quisquam, si sic sit, potest.* Les Gloses : μακροθυμῶ, *duro.* μακρόθυμος, *longanimis.* Et du verbe *durare* les Auteurs de la moïenne Latinité ont fait *indurare*, d'où nous avons tiré notre *endurer.* Boniface, Archevêque de Maïence, epit. 92. *Nisi aliunde consilium & adjutorem habeant , ut sustinere & indurare in illis ad ministerium populi possint.* Mathieu Paris en la Vie de Henri III. *Impetus militum durorum & Martiorum sustinere non prævalens.*

ENFREINDRE. *Rompre, briser.* Ce mot n'est plus aujourd'huy en usage que dans les contraventions aux Loix, Coutumes, Ordonnances, & Traités. Il vient d'*infrendere*, composé du verbe *frendere*, qui signifie *rompre & briser.* Festus Pompeius : *Frendere, est frangere.* Virgile au liv. 3. de l'Eneïde, prent *infrendere dentibus*, pour *grincer les dens :* parceque, durant le transport d'une colére enragée, on les fait craquer comme si l'on en brisoit quelque chose de bien dur. Les Gloses : *Frendeo,* θλάω. c'est-à-dire, *briser, froisser.*

ENGAGER. Comme de *vadium* nous avons fait *gage* ; ainsi nous avons formé *engager* d'*invadiare.* Burchardus , *de Casibus Monasterii S. Galli* chap. x1. *Calicem aureum, ac alias possessiones, pro centum nonaginta marcis & centum libris denariorum, invadiavit.*

ENGANER. Voyez *enginer.*

ENGINER. C'est-à-dire, *trahir, tromper.* Le Roman de Guillaume au court nés, au Charroy de Nismes :

> *Dex, dit Bertran, beau-pere droiturier,*
> *Nos sommes ore trahi & engigné.*

On disoit aussi *enganer.* Le même Roman :

> *Mal enganés, & malement surpris.*

Et de-là vient l'Espagnol *engañar.*

ENGIN. Il vient du Latin *ingenium :* & par ainsi la propre signification de ce mot est *esprit, industrie, & entendement.* Le Maréchal de Ville-Hardouin liv. 1. *Par son sens & engin, que il avoit molt oler & molt bon.* Et Alain Chartier au Traité De l'Esperance ou Consolation des trois Vertus : *Mais la discretion de régence naist de plusieurs engins, esquels les dons sont espartis, qui affiérent à si haut ministère.* Il signifioit anciennement *tromperie*, & *trahison.* Le Maréchal de Ville-Hardouin : *A bonne foy, & sans mal engin.* Et le Roman de Guillaume au court nés, au Moinage Guill.

> *Jel scaurai bien par ma barbe florie,*
> *Se vous me dites engin ne tricherie.*

Nos Historiens prenoient le mot *ingenium* en ce même sens. Gregoire de Tours liv. 3. ch. 2. *Rex verò advenient cùm in multis ingeniis eos auferre niteretur.* Et ailleurs : *Rex verò cùm eos per ingenium dolosè eis juratis non posset ejicere.* Et de-là vient le mot Espagnol *inganno.* Nous trouvons aussi dans un Catalogue des Gentils-hommes qui tenoient immédiatement des Terres de Guillaume le Conquérant, que Du Chesne a fait imprimer ensuite des Historiens Normans, ces deux noms propres *Willelmus Ingania,* & *Waldinus Inganiator:* qui étoient sans doute deux soubriquets, dont l'usage étoit si commun en ce tems-là, que les Princes mêmes ne s'en offençoient pas. Le mot d'*engin* ne se dit aujourd'huy que des machines & instrumens d'invention subtile: auquel sens il étoit aussi pris par les Anciens. Le Maréchal de Ville-Hardouin liv. 7. *Et firent engin chapuiser de mainte maniere.* Tertullien dans son Traité *De Pallio: Cùm tamen ultimarent tempora patriæ, & aries jam Romanus in muros quondam suos auderet; stupuere illico Carthaginenses ut novum extraneum ingenium.*

ENGLOUTIR. Outre sa naturelle signification, qui est *avaller;* il est pris pour *enfoncer & abymer.* Il est formé d'*inglutire,* composé de *glutire,* qui signifie *avaller.*

ENGOURDI. Il est dit proprement du corps, & de l'esprit par métaphore. On dit *engourdi de froid,* & *engourdi de paresse.* Il vient de *gurdus,* qui signifie *stupide, lent, inutile & grossier.* Les Gloses d'Isidore: *Gurdus, lentus, inutilis.* Celles de Papias: *Gurda, inutilis, inepta, stulta.* Sulpice Sévère, Dialogue 2. de la Vie de S. Martin, appelle *hominem gurdonicum,* un homme grossier & rustique. *Vereor ne offendat vestras nimium urbanas aures sermo rusticior. Audietis me tamen, ut gurdonicum hominem, nihil cum socco aut cothurno loquentem.*

ENNUY. C'est une fâcherie ou maladie d'esprit. Il vient sans doute d'*ἄνοια,* qui signifie une forte application de l'entendement à quelque chose. Et en effet dans l'ancienne Langue Provençale, & encore en Espagnol, *ennojar* signifie *ennuyer.* Joannes Januensis dans son *Catholicon: Ennoyar componitur ab en, quod est in; & noys, quod est mens: inde ennoyan, id est, in mente; id est accidens quod dicitur esse in mente.*

ENSEIGNER. Il y a grande apparence que, comme remarque Mr de Saumaise, ce verbe vient d'*insinuare:* parceque dans les Glossaires on trouve *insinuate, ἐνδηλώσατε;* c'est-à-dire *éclaircissez, enseignez, declarez;* & *insinuatio,* & *διδασκαλία,* c'est-à-dire *doctrine, enseignement.* S. Grégoire, Homelie 10. *In eo namque quod admoniti faciunt, nobis profectò insinuant quid faciamus.* Toutefois je suis grandement porté à croire, que comme *enseigne* vient d'*insigne, enseigner* doit venir d'*insignire,* qui signifie *marquer & rendre connoissable* une chose par certaines marques.

ENSEMBLE. Il vient de l'adverbe Latin-barbare *insimul.* Eginhard, Ep. 13. *Jopila verò quando insimul fuerimus locuti.* Les Gloses: *Insimul, ἅμα.*

ENVIRON. Comme nous avons tiré *virer* de *girare,* il est aussi certain que nous avons fait *environ* de *in gyrum,* que je trouve signifier proprement *environ,* & *autour.* Les petites Annales de France, où est décrit un Siége fait par Charlemagne: *Eodem anno verni temporis, obsedit dominus Rex Carolus Herisburgo, & Franci sedebant in gyrum.* Aymoin liv. 4 chap. 57. —— *munitionem in gyrum, in modum arietum, instruxit.* Glaber Rodulphus liv. 3. *Fuit pax cum Regibus in gyro regni sui positis.* De Roberto Rege loquitur.

EPARGNER. De *parcere,* qui signifie *épargner,* on a fait le composé *comparcere,* qui signifie même chose. Térence dans le *Phormion: Quòd ille unciatim vix de demenso suo, suum defraudat genium, comparsit miser.* Et Solin chap. 22. *In hyeme compercit arborum fructus.* Sur lequel endroit Mr de Saumaise assure que de *parcere* on a fait *exparcere & exparcinare:* d'où nous avons formé le verbe *épargner.*

EPERON. Ce mot vient de l'ancien Theudisque: car les Allemans disent encore *sporen.* Le Testament du Comte Everard, Gendre de Louis le Debonnaire, qui se lit dans le Code *Donationum Piarum* d'Aubertus Miræus: *Spourones duos de auro & gemmis.*

EPIEU. Ce mot vient de l'ancien Theotisque. Le Glossaire Theotisque-Latin que J. Lipse a recueilli d'un ancien Psautier, & qu'il a inséré dans la 3e Centurie de ses Lettres *ad Belgas: Spietis, hasta. Nos spiesse. Nomen primogenium à muerone, Spiets.*

EPINGLE. Il vient de *spinula:* car les épingles ont été ainsi appelés, à-cause de leur ressemblance aux épines; ou bien, parceque du commencement les épines tenoient lieu d'épingles. Tacite *De Moribus Germanorum: Tegmen omnibus sagum, fibulâ, aut si desit, spinâ consertum.*

EQUERRE: en Latin *Norma, regula.* C'est un instrument dont on se sert pour faire les angles carrés. Je ne doute point qu'il ne soit ainsi appelé, *à quadrando;* puisque les Italiens l'appellent *squadra,* & les Espagnols *esquadra.* Cependant j'ay cru autrefois que c'étoit un mot de l'ancienne Langue Gauloise, parceque j'avois lu dans la Vie de S. Abbo Abbé de Fleury, composée par Aymoin le Moine chap. 16. que le lieu de la Reole, auprès de Bourdeaux, nommé en Latin *Regula,* étoit anciennement appelé *Squirs.* Mais il y a apparence que notre *équerre* n'est pas de l'ancienne Langue Gauloise; mais bien de la Romaine: & que c'est la même chose que le Latin *exquadra.*

ESCARMOUCHE. C'est proprement le combat que rendent quelques bandes de Soldats détachés du Corps de l'armée. Il est croïable qu'il vient de *χάρμη,* qui signifie *combat;* d'où est venu le Latin-barbare *carmulum,* qui signifie *émeute & sédition.* La Loy des Baivariens tit. 2. §. *Seditionem excitare, quod Bajoarii carmulum dicunt.* Si ce n'est qu'on le veuille dériver de *scara,* qui étoit anciennement une troupe de gens de guerre; comme qui diroit *escaramouche:* car aussibien une *escarmouche* est un combat qui se fait par bandes. On trouve encore *scamara* dans la signification de *pillage.* Dans une Epitre du Pape Etienne au Roy Pepin: *Quotidie scamaras & deprædationes eorum finibus faciebant.*

ESCARPIN. C'est une espèce de soulier fort leger, & à simple semelle. Il vient de *carpisculus,* qui est aussi une espéce de soulier. Flavius Vopiscus, en la Vie de l'Empereur Aurelian: *Carpisculum enim genus calciamenti esse satis notum est.* Mr de Saumaise croit qu'il vient de *carpere:* mais je ne say s'il ne tire point son origine de *καρπάλιμος,* qui signifie *léger.* On dit encore en Languedoc *escarpinà,* pour dire *courir légérement.*

ESCLANDRE. De *scandalum,* qui se trouve en ce sens dans le *Catholicon Parvum,* & ailleurs.

ESCLAVE. Nous prenons aujourd'huy ce mot pour toute sorte de serfs & de captifs: quoyqu'originairement il ne s'entendît que de ceux qui étoient esclaves de nation. Il y a dans le tome 2. du livre de Wiguleius Hundius, intitulé *Metropolis Salisburgensis,* un Acte de Louis Roy de Germanie fait en faveur de l'Abbaye d'Altah, où se lisent ces paroles: *Homines ipsius Monasterii, tam ingenuos quàm servos, sclavos, & accolas, super terram ipsius commanentes.* Car durant les grandes & longues guerres que Charlemagne & Louis le Debonnaire urent contre les Sclaves, il y en ut un si grand nombre qui subirent le joug de la captivité Françoise, qu'à la fin toute sorte de serfs & de captifs, de quelque Nation qu'ils fussent, furent appelé *esclaves.* Ditmarus Mersepurgensis liv. 3. *Omnia nostram priùs Ecclesiam respicientia, divisa sunt miseraliter, Sclavonica ritu familia, quæ accusata venundando dispergitur.* Il n'y a plus aujourd'huy qu'une partie de l'Illyrie qui porte le nom de *Sclavonie;* quoyqu'autrefois la plus grande partie des nations Septentrionales fût prise sous le nom de *Sclaves:* car dans les Annales de Fulde, *Bohemi,* ou *Bohemani, Sorabi, Dalmatii, Marahenses, Margenses, Linones, Suissi,* sont appelés *Sclaves.* Et Helmodus dans sa Chronique des Sclaves liv. 1. chap. 1. & 2. comprent sous ce nom les Rusciens, Polonnois, Prussiens, Bohémes, Moraves & Sorabes, & un grand nombre d'autres Nations.

ESPARGOUTE. Cette herbe est appelée en Grec *παρθένιον,* & en Latin *matricaria.* Nous l'appelons *espargoute;* comme dit Ch. Etienne dans son livre *De Re Hortensi;* à *guttis spargendis:* parcequ'étant broiée & appliquée à la bouche pour la douleur des dens, elle fait sortir la pituite goutte-à-goutte.

ESQUIF. C'est la petite barque qui sert pour aller des grans vaisseaux au Port, & pour se sauver en cas de naufrage. Nous l'avons formé de *scapha,* fait de σκάφη, qui signifie la même chose. Il est vray que quelquefois *scapha* signifie un vaisseau qui n'a point de rapport à un plus grand : mais le plus souvent il est pris en la premiere signification. Les Commentaires de César, liv. 4. *Quod cùm animadvertisset Cæsar, scaphas longarum navium, item speculatoria navigia militibus compleri jussit.* Ciceron liv. 2. *De Inventione : Posteà aliquantò ipsos quoque tempestas vehementiùs jactare cœpit, usque adeò ut dominus navis, quum idem gubernator esset, in scapham confugeret.* C'est pourquoy ce petit vaisseau étoit conté entre les instrumens & la dépendance d'un navire : comme il paroît par la Loy 29. du tit. 7. au Dig. *De Instructo vel Instrumento legato.* Le Latin *scapha*, comme j'ay déja dit, est formé du Grec σκάφη, qui vient de σκάπτειν, qui signifie *caver, creuser*; parcequ'originairement ces petits vaisseaux étoient faits d'un seul tronc d'arbre cavé & creusé.

ESSARTER. Ce n'est pas proprement ce que Latins appellent *collucare* : car ce verbe ne signifie autre chose, sinon couper certaines branches d'un arbre tellement touffu qu'il empêche la vûe. *Essarter* c'est défricher entierement un bois : & ce mot vient du Latin *exartare*, qui signifie *défricher* un bois, un pré, un chemin. La Loy des Baivariens tit. 26. §. 1. où il est question d'un champ & d'un pré : *Labores de isto campo semper ego tuli, nemine contradicente exartavi.* L'Addition 1. à la Loy des Bourguignons, tit. 1. §. 1. *Observandum viam publicam, vel inter agros communiter divisam, nec possideri, nec intercludi, nec exartari posse.* Le verbe *exartare* est formé d'*exartus*, d'où nous avons formé *Essart*. La Loy des Bourguignons tit. 13. *Si quis, tam Burgundio quàm Romanus, in sylva communi exartum fecerit.* Mathieu Paris dans le *Charta Libertatum Joannis Regis Angliæ : De omnibus purprasturis, vastis, & assartis, factis in illis boscis.* Et dans ses Additions aux Vies des Abbés de S. Auban : *Quantùm valeat imbladatio singulorum assartorum, quæ nunc inveniuntur imbladata.*

ESSAYER. Julien Taboët *de Repub. & Lingua Francica*, dit que ce verbe se dit proprement des habits ; & qu'il est formé de *saye*, comme s'il signifioit éprouver si un habit siet bien. *Essayer*, dit-il, *à sagum : id est probare sagum induendo.*

ESSOINE. C'est l'excuse legitime qu'on peut alléguer pour n'avoir pas paru en Justice. Les doctes ne sont pas d'accord touchant l'origine de ce mot. Quelques-uns le font venir du verbe ἐξωμνύναι, qui signifie *s'excuser avec serment.* Cujas sur la Loy 22. au Dig. *De Obligationibus & Actionibus*, le forme du verbe Latin-barbare *exideonare*, qui selon son opinion signifie assurer qu'on n'est pas propre & idoine à quelque chose. Neanmoins je trouve que le verbe *exadoniare*, ou comme lit Lindeburgius, *exidoniare*, qui se trouve dans le Decret de Tassilon & dans la Loy des Allemans tit. 18. §. 5. ne signifie pas cela, mais bien *procurer la liberté* à une fille de libre condition qui l'avoit perdue pour avoir épousé un Esclave. *Si parentes ejus non exadoniavent eam, ut libera esset.* Car quant au verbe *ideonare*, dont il est composé, il signifie *se justifier*, & *se purger d'un crime par serment*, selon les Capitulaires de Charlemagne liv. 3. tit. 64. & liv. 4. tit. 29. M. de Saumaise dans ses Notes sur l'Historien Julius Capitolinus, sur ce que dit Aule Gelle liv. 20. chap. 1. que le mal caduc, appelé *morbus sonticus* dans les Loix des XII. Tables, est pris pour toute sorte de maladie extrême & violente, soutient après M. Bignon sur le chapitre 57. du livre 1. des Formules de Marculfe, que les Auteurs de la derniere Latinité ont fait *sondia* & *sonnia*, de *sonticus* : & que nous en avons formé *essoine.* Quoyqu'il en soit le mot *sunnis*, ou *sonnis*, comme tient Pithou en son Glossaire sur les Loix Saliques, signifie *empêchement.* Et en effet dans la Loy des Ripuariens tit. 32. §. 1. & dans la Loy Salique tit. 2. §. 1. & dans les Capitulaires de Charlemagne liv. 3. tit. 45. on lit ces paroles : *Si quis Legibus ad mallum mannitus fuerit, & non venerit ; si eum sunnis non detinuerit, xv. sol. culpabilis judicetur.* En la Loy des Lombards liv. 3. tit. 13. §. 3. il est dit en termes plus clairs & plus exprès que *sunnis* est un empêchement. *Nisi aliquibus sunnis, aut cæteris impedimentis, quæ Legibus continentur, detentus fuerit.* De *sunnis, sonnis,* ou *sonnium*, selon Marculfe au lieu cy-dessus allégué, on fit *exonia.* Hincmar dans une Epitre à Charles le Chauve : *Qui mittens ad dominationem vestram, excusationem impossibilitatis suæ illuc veniendi ; requisita est quam patriotica Linguâ nominamus exonia, quia venire nequiverit.* Le chap. 33. des Formules *secundum Legem Romanam : Nec ecsonia nunciavit, nec suum placitum adimplevit.* D'*exonia* a été fait *essoine*, que nos anciens François prenoient aussi pour toute sorte d'excuse. Froissart vol. 1. chap. 134. *Le Roy de France manda à son fils que toutes essoines mises derriere, il se deffist du Siege & retournast en France.*

ESTIME. Il vient d'*æstimia*, & d'*æstimium.* Festus : *Æstimias ; æstimationes.* La Loy des XII. Tables : *Ærisque æstimiam.* Julius Frontinus dans son Traité *De Limitibus : Pro æstimio ubertatis professionem acceperunt.* Hygenus : *Possessiones pro æstimio ubertatis angustiores sunt assignatæ.*

ESTOIRE. C'est une flotte. Roger de Hoveden dans la derniere partie de ses Annales d'Angleterre : *Cum sexaginta tribus navibus magnis de storio Regis Angliæ : Storium idem est quod navigium.* Geoffroy de Ville-Hardouin liv. 1. de son Histoire : *Onques plus belles Estoires ne party de nulle part.* Et au liv. 2. *Il fu envoyés en Surie en message, en une des Nés de l'Estoire.*

ESTRAPADE. Les Italiens disent *strappata.* C'est une peine qu'on donne aux légéres offenses. Ce mot vient de l'Alleman *straff*, qui signifie *petit châtiment.* Le Dictionnaire Alleman-Latin de Dasypodius : Straff, *pœna, damnatio, castigatio, supplicium.* Straffen, *multare, pœnam sumere.*

ESTROUSSER. Parceque parties des meubles qui se pourroient écarter sont portés aux encans, troussés, c'est-à-dire empaquetés ; il faut de necessité que, pour être livrés aux plus offrant & dernier enchérisseur, on les estrousse, c'est-à-dire, qu'on les tire du paquet. De-là vient qu'on dit *estrousser*, & *vendre estroussement.* Et quoyque du commencement cela ne se soit dit que des biens meubles qui se vendoient empaquetés, cela n'a pas laissé dans la suite de se dire aussi des immeubles. Aussi dans la Coutume d'Auvergne chap. 24. art. 26. il y a *Estrousser les héritages vendus au plus offrant & dernier enchérisseur.* Et dans celle de Nivernois chap. 20. art. 1. *Les fermes estroussées délivrées.*

ETAGE. Il vient de στέγη, qui signifie la même chose : d'où est sorti τρίστεγον, qui signifie *le troisiéme étage.* De-là les Auteurs du tems moïen ont formé *tristega*, pour signifier *le troisiéme étage.* Suger en la Vie de Louis le Gros : *Occupata munitionis argumentum, quòd tristega turris in eadem munitione longâ planitie supereminens apparebat.* De-là est aussi sorti *bistega*, qui signifie *le deuxiéme étage*, ou *un bâtiment à deux étages.* Guillaume le Breton liv. 4. de sa Philippide:

> *Per loca bistega, castellaque lignea surgunt,*
> *Ne subitò Saladinus eos invadere possit.*

Et au liv. 7.

> *Haud secus absumit bistegas, valla, domosque.*

Car c'est ainsi qu'il faut lire, au-lieu de *brictegas.* Grégoire de Tours liv. 8. chap. 42. *Dum epularetur cum diversis in tristega, subitò effracto pulpitô vix semivivus evasit.* Baudouin, Comte de Flandre & Empereur de Constantinople, dans sa Lettre touchant la prise de Jérusalem, appelle les étages *stationes. Turribus autem supereriguntur lignea turres altissimæ, stationum sex.* Ce qui témoigne que de son tems on vouloit dériver le mot *étage* de *statio*, faute d'en savoir la vraye origine.

ETALON. Ces petits arbres, à qui en coupant un taillis on laisse un pié, pour repeupler un bois & le laisser à l'avenir croître en haute-futaie, sont ainsi appelés, de la particule négative *ex*; & du mot Latin *talea*, qui signifie *la coupe* d'un bois, ou ces petits sions qu'on coupe pour faire des entes ; en Latin *stolones* : de-même que nous disons *effeuillé*, qui est sans feuilles ; & *essoreillé*, qui est sans oreilles. Nonius Marcellus : Taleas, *scissiones lignorum vel præsegmina.* Varron *De Re Rustica* liv. 1. chap. 40. *De tenero ramo ex utraque parte aqualiter pracifum , quas aliis* clavolas, *alii* talcas *appellant.*

E'TALON. *Equus emiſſarius* ; un cheval de haras, qu'on garde pour couvrir les jumens. On les tient d'ordinaire dans l'etable , afin-que par le repos & la continuelle action de la nourriture ils deviennent plus vigoureux. Et c'eſt pour cela qu'ils ſont appelés *étalons* ; de *ſtallum*, qui ſignifie *étable :* car encore les Allemans appellent une étable *ſtall* ; & les Italiens *ſtalla*, & un étalon *ſtalone.* Dans la Loy des Wiſigoths liv.8. tit. 4. L.4. *Qui alienum animal ; aut quemcunque quadrupedem, qui ad ſtadium fortaſte ſervatur ; invitò dominò vel neſciente , caſtraverit.* Où Lindenbrog aſſure que dans les vieux Exemplaires il y a *qui ad ſtallum fortaſſe ſervatur.*

E'TANCHER. Du verbe *ſtagnare* , qui en bon Latin ſignifie *faire regorger l'eau*, & *l'arrêter en forme d'étang* , la derniere Latinité fit , par métaphore , *ſtagnare ſanguinem* ; d'où nous avons fait *étancher* , c'eſt-à-dire , *arrêter le ſang.* La Loy des Allemans tit. 65. §. 6. *Si autem ferrum calidum intraverit ad ſtagnandum ſanguinem.* La Loy des Bajuvariens tit. 3. chap. 4. *Si in eo venam percuſſerit , aut ſine igne ſanguinem ſtagnare non poſſit. Etancher* la ſoif vient auſſi du même verbe *ſtagnare :* parceque , lorſqu'on arrête l'eau d'un ruiſſeau en forme d'étang , le lieu où elle eſt répandûe en eſt abrevé : témoin ce vers de Virgile :

> *Claudite jam rivos pueri , ſat prata biberunt.*

*Stancare ſe trouve auſſi pour *étancher.* Serenus Sammonicus : *Ad medendam rejectionem cibi & ſanguinem ſtancandum.* Et ce verbe a été formé de *ſtagnare*, par tranſpoſition de lettres.

E'TAYE. C'eſt un pal, ou autre piéce de bois, qui ſoutient & appuïe quelque choſe. Dans la Loy Salique tit. 19. §. 32. *Si quis ſtatuam , aut tremaclum, vel vertuolum , de flumine furaverit.* Pithou a noté là-deſſus, qu'en quelques autres Exemplaires il y a *ſtavam*, qui ſignifie un *pal*, ou *pieu* ; en Alleman *ſtaf.* Il y a beaucoup d'apparence que de *ſtava* ; ou, comme prononcent les Septentrionaux, *ſtaga* ; nous avons fait *étaye :* comme *playe* , de *plaga.*

E'TOFFE. C'eſt ainſi qu'on appelle aujourd'huy la matiere dont on fait quelque choſe, & particulierement celle dont on fait les habits. Ce mot vient du Latin-barbare *ſtuffare* , qui ſignifie *garnir* , *équiper* , & *pourvoir.* Les Statuts de Robert, premier du nom, Roy d'Ecoſſe , chap. 5. *Quòd quiſque dominus veniat ſtuffatus ad exercitum de carriagiis & victualibus.* Froiſſart vol. 4. chap. 14. feſant parler quelques-uns qui feſoient bonne chére : *Nous eſtions gouvernés & eſtoffés comme Roys.*

E'TORER. *Bâtir.* Le Roman de Guillaume au court nés , au Charroy de Niſmes :

> *Se veiés le Palais de la Ville,*
> *Qui tos es fés à volte & à lices ,*
> *Si l'eſtora Grifonés d'Armarie.*

Le Maréchal de Ville-Hardouin liv. 3. *Onques ſi grant affaires ne fu empris de ſi pou de gens, puiſque li monde fu eſtorés.* Froiſſart chap. 7. vol. 7. *Depuis que le monde fut premierement édifié & eſtauré.*

E'TOUFFER. Du verbe τύφειν, qui ſignifie *allumer*, & *brûler* ; d'où vient le nom τῦφη, qui ſignifie *brûlure* ; les Latins ont formé *ſtufa*, qui ſignifie *étuve.* Car dans Palladius, le titre du chap. 40. eſt *De Balneis & ſtufis, De ſtufare, fait de ſtufa*, nous avons formé *étouffer*, qui ſignifie *ſuffoquer.* Et de fait, nous diſons *étouffer de chaud*, & *chaleur étouffante.*

E'TOUR. Nous le prenons d'ordinaire pour *combat* ou *mêlée.* Il vient du Latin-barbare *Sturmum*, qui ſignifie *une ſédition* ; ou bien, le deſordre qui ſe fait en une ſédition lorſque deux partis contraires viennent à s'entrechoquer. Ptolomée Evêque de Luques, ſur l'an 1188. *Et Sturmum magnum factum eſt.* Et ſur l'an 1188. *Fuit Sturmum in Burgo Sancti Fridiarii inter Martinos & Faitinellos.* Les Sturmariens, Peuples de Saxe, dans la Province deſquels eſt l'ancien Archevêché de Hambourg ; furent ainſi appelés , à-cauſe des fréquentes ſéditions qui s'élevoient entr'eux. Adam , Chanoine de Brême, dans ſon Hiſtoire des Archevêques de Brême, ou de Hambourg. *Tertii ; qui & Nobi-*

---

liores Sturmarii dicuntur, eò quod ſeditionibus illa gens frequenter agitur. Le mot *Sturmum* vient de l'ancien mot Allemand *Stuer*, qui ſignifioit *Sédition.* Jan Chapeaville , en ſes Notes ſur l'Hiſtoire des Evêques de Liege d'Ægidius Monachus Aureæ Vallis , rapporte ces paroles d'un ancien Titre de l'Empereur Henri, en date de l'an 1108. *In ſeditionibus quas vulgò* ſtuer *& burinne dicimus.* Nos anciens François diſoient *eſtormir*, pour *combatre* & *eſcarmoucher.* Le Roman de Guillaume au court nés :

> *Moy & mon frere le petit Guielm ,*
> *Irons as loges por payens eſtormir.*

E'TRIEU. On demeure d'accord que les anciens Grecs & Romains n'avoient point l'uſage des étrieus , parceque ni leurs Statües à cheval, ni leurs Portaits qui reſtent encore dans leurs Médailles, n'en font paroître aucune marque : & que pas un ancien Auteur n'en a parlé ; non pas même Xenophon, qui nous a laiſſé un Traité de l'Art de monter à cheval. Pluſieurs autres ont ſuivi cette opinion ; & entr'autres, Brodeau, dans ſes *Miſcellanea* liv. 4. chap. 16. Hieronymus Magnus dans ſes *Varia Lectiones* liv.2. ch.14. & autres : mais aucun ne marque le tems environ lequel on commença de s'en ſervir dans l'Empire Romain. Pour moy je penſe que les Peuples du Septentrion en furent les inventeurs : parceque leur humeur guerriere , & la qualité de leur pays marécageux, les obligeoit d'aller d'ordinaire à cheval ; & que , lorſqu'ils ſe répandirent ſur les terres de l'Empire, ils y en portérent l'uſage. Ce qui me confirme dans cette opinion, eſt que le plus ancien Auteur qui faſſe mention des étrieus, eſt S. Jérôme, qui vivoit quelque tems après que ces Peuples commencérent à ſe déborder ſur l'Occident : car dans une de ſes Epitres on lit ces paroles , *Jumentum conſcenſurum jam pedem habuiſſe in biſtapia* ; car en ce tems-là on appeloit les étrieus *biſtapia* , ou *ſtapia* , comme il ſe lit dans une vieille Inſcription, rapportée par Hieronymus Magnus, au livre cy-deſſus allégué. Mais ce n'eſt ni de l'un ni l'autre de ces deux mots qu'il faut dériver celui d'*étrieu* ; mais bien de *ſtrepa* , qui ſignifie même choſe. Cæſarius Moine de Heiſterbacht, liv. 5. de ſes Hiſtoires Mémorables chap.36. *Nunquam equum ſuum aſcendit , quin ille præparatus eſſet, & genu flexo ſtrepam teneret.* Et au liv. 7. chap. 33. *Apprehenſenſque ſtrepam equi ejus, ut aſcenderet præcepit.* L'Hiſtoire des Archevêques de Brême : *Deſcendenti de æquo tenuit ſtrepam.* Metellus Tegerſeenſis dans ſes *Quirinalia :*

> ——— *Hæret pes ſibi dexter*
> *In ſtrepa.*

J'omets encore à deſſein pluſieurs autres lieux , par leſquels il paroît combien Marcellus Donatus s'eſt méconré dans ces Dilucidations de Suétone , ſur le chap. 3. de la Vie de Caligula ; où il avance ces paroles : *At quis ignoret* Strepas *non eſſe* Staffas *, ſed potius genus calciamenti ſeu crepida* ; ita dictum , à verbo Strepo, *quod eſt pedibus vel aliò quòcunque modò ſtrepitum facere.* Or il eſt vray-ſemblable que *Strepa* vient de ϛρέφειν, ou de τρέπειν, qui ſignifie *tourner :* Parceque les étrieus étant pendus à l'étriviere, ſe tournent facilement de tous côtés. Mr de Saumaiſe veut pourtant qu'*étriviere* vienne d'*aſtraba*, qu'il prent pour l'étrieu ; fondé ſur cet endroit des Gloſes d'Iſidore : Aſtraba, *tabella in qua pedes requieſcunt :* où pourtant il n'eſt fait mention ni de ſelle ni de cheval. D'ailleurs, il eſt contraint d'avouer que ἀϛράβη, dans Suidas, ſignifie *l'arçon de la ſelle* ; & que ces paroles de Nicetas, ἐκ τῆς ἀϛράβης ἀποφωρίξεις, ſignifient *deſarçonner.* Mais puiſque nous avons fait voir que *ſtrepa* eſt un *étrieu* ; il eſt bien plus vray de dire que de *ſtreparia* on a fait *étriviere.* Dans les Gloſes, *Strepus*, τρεπωτήρ, c'eſt le lien avec lequel on attache la rame à la cheville. Ce mot vient de τρέπειν.

E'TRIVER. C'eſt *debatre de paroles.* Etrif, c'eſt-à-dire *contention* & *débat.* Le Traité des Vertus & des Vices : *Eſtrif & contens, eſt quand l'un dit à l'autre, ſi fu non fu.* Il y a grande apparence qu'il vient du verbe Latin-barbare *ſtriviari*, qui ſignifie même choſe. L'Auteur anonyme des Vies des Peres , traduit en Latin par Pelagius Diacre de Rome au liv. 16. raconte comme quelques Religieux rencontrérent certains jeunes enfans qui étoient sous la discipline d'un bon Abbé, lesquels debatoient entr'eux avec des paroles sales ; & qu'aïant été voir l'Abbé, ils lui dirent, *Quomodo acquiescis tecum habere pueros istos, & non præcipis eis ne strinientur ?* Où en ce cas il faut lire *strivientur.* Ruffin liv. 3. de ses Vies des Peres, qui raconte la même Histoire, rent le même discours en ces termes: *Quemad-*

modum potes sustinere. Abba, voces infantium istorum, & non præcipis eis ut non ita vociferentur ? Or ce qui confirme d'autant plus mon opinion, c'est que le Jésuite Heribertus Rosweidus sur cet endroit, semble être de ce sentiment. *Flandris Strijen est contendre ; ut Gallis* estriver, *litigare. Nescio an allusione ad hoc verbum Latinum.* Ce sont ses termes.

E'TRIVIERE. Voyez *Etrieu.*

F A.

FAÇON. FAÇONNER. De *factio,* qu'on prent pour *ornement & agencement,* on fit *façon.* Les Gloses : *Factionum, ουκκδνήν.* De *factio* on fit *facionarius,* qui signifia celui qui agence & qui orne. Les Gloses : *ουκαδωασίκ, facionarius.* Et de *facionarius* on forma *facionare,* dont nous avons fait *façonner.*

FâCHER. De *fascinare.* Les Gloses d'Isidore : *Fascinat, gravat.* Ce verbe est formé de *fascis.* Ainsi *άχθος,* qui signifie *un fardeau, une charge,* est pris pour *un déplaisir & une fâcherie.* Car de *fascis & fasciculus,* qui furent pris par métaphore pour les douleurs & les déplaisirs dont le cœur d'une personne affligée se trouve chargé, on forma *fâcherie.* Adam de Brême, dans des vers qui se lisent après son Histoires des Archevêques de Brême :

Tu solvis populi duram cervice catenam ;
Fasciculosque graves ab onusta plebe repellens,
Afflictâ gentis mærorem in gaudia vertis.

FAGOT. Il y en a qui le tirent de *φάκιλλος,* qui signifie *un faisceau :* ou bien de *fascis,* comme qui diroit *facot.* Mais je crois qu'il vient de *fagus,* qui est l'arbre que nous appelons *fau, fouteau,* ou *haître.* Car bien-que les fagots se fassent de branchage de toute sorte d'arbres, il est croïable qu'ils ont été ainsi appelés, de *fagus ;* parceque les Anciens ont souvent compris sous le nom de cet arbre, presque toutes les espéces d'arbres qui portentle gland ; lequel, selon leur opinion aiant été la viande des premiers hommes, fut appelé *faine, άπὸ τᾶ φάγειν,* qui signifie *manger.* Quoiqu'il en soit, *fagus* étoit jadis le droit qu'on avoit de pouvoir faire des fagots dans un bois. Henri, Duc de Lorraine & de Brabant, dans la Fondation de l'Abbaïe de Ste Gertrude de Louvain qu'Albertus Miræus a donnée au public dans le livre intitulé *Notitia Ecclesiarum Belgii : Et Usum lignorum in sylva mea, quæ dicitur Mendar, accipiendorum ad necessitatem eorum, & cum uno plaustro tantùm : qui Usus in nostro vulgari Fagus appellatur.*

FALAISE. On appelle ainsi les rochers droits & escarpés qui bordent le rivage de la mer. Il est croïable que ce mot est formé de *φαλὸς,* qui selon l'Etymologique Grec signifie *un écœuil & un rocher qui paroît dans la mer :* d'où vient aussi que les Allemans appellent *fales,* ou *fels,* un rocher.

FALAISE. Ville de Normandie : ainsi appelée, parcequ'elle est bâtie sur des rochers appelés *falaises.* Guillaume le Breton liv. 8. de sa Philippide:

Vicus erat, scabrâ circundatus undique rupe,
Ipsius asperitate loci Falesa vocatus.

FALOT. Je ne say s'il est formé de *φαλὸς,* qui signifie *reluisant,* formé de *φάω, luceo :* comme dit l'Étymologique Grec : ou bien si c'est un diminutif de *fala,* qui dans Nonius Marcellus, dans Servius, dans Isidore, & dans plusieurs autres Auteurs, signifie *une tour ;* parceque d'ordinaire les falots sont faits en forme de tour.

FANAL. De *φαλὸς, lanterne : φαλεῖον,* & *φαναριον, petite lanterne.*

FARCIN. Il est formé de *farciminosus.* Vegetius Renatus liv. 1. de son *de Arte Veterinaria* chap. 14. *Farciminosus autem morbus à similitudine farciminis appellatus est : quia velut per fistulas quasdam inter cutem & carnem corruptus humor emanat, & per totum corpus collectiones plurimas facit.*

FARD. Nous l'avons pris de l'Alleman *farb,* qui signifie *couleur.* Le Dictionnaire de Dasypodius : *Farb Color.*

FARIBOLES. Les Gloses d'Isidore : *Faria, verba multa.* De *faria* il y a apparence qu'on fit *fariabola,* à l'imitation de *parabola,* qui a été pris pour *parole,* comme je fais voir sur le mot *parole.*

FAUBOURG. Julien Taboët *De Republica & Lingua Francica,* l'écrit *Faux-bourg,* c'est-à-dire, *fictus vicus & burgus.* Henri Etienne au livre de la Précellence du Langage François, tient qu'on devroit dire *forbourg :* d'autant qu'il est fors le bourg, c'est-à-dire, *extra burgum.*

FAUCHER. De *falcare,* ou de *falcitare.* Joannes Januensis dans son Catholicon : Falcare, *falce secare.* Les Gloses d'Isidore : *Falcitat, putat, secat.*

FAUCON. On appelle proprement *Faucons,* en Latin *Falcones,* les hommes qui ont les doits des piés crochus en forme de faux. Festus Pompeius : Falcones *dicuntur, quorum digiti pollices in pedibus intrò sunt curvati ; à similitudine falcis.* Les Gloses d'Isidore : Falcones, *qui pollices pedis intrà curvos habent.* Les Gloses : Falcones, *δάκτυλοι ποδῶν ἴσω Καμπύλοι.*

Entre les oiseaux de rapine, le *faucon* a été ainsi appelé, parcequ'il a les ongles fort crochus. Aussi Albert le Grand, au livre *de Falconibus, Asturibus, & Accipitribus,* chap. 1. fesant la description d'un vrai faucon, lui donne des ongles recourbés en dedans. *Sit igitur coxa longa & bene pennata, & crus curtum, & pes bene patulus ; & digiti fortes, & præcipuè in nodis articulorum ; & ungues fortes, & magis aliquantulùm ad interius pedis curvati.*

FAUTEUIL. Ce mot se trouve écrit si diversement, que jusqu'icy on n'a pu en découvrir la veritable origine. Le Pontifical Romain l'appelle *fandistorium :* & la Chronique de Flandre chap. 51. Fandesteuf. Le Roman de Girard de Roussillon, écrit en ancienne Langue Provençale, dit *fadestol.*

Era fo lo cosseltis de Noel pres,
En la chambra ques vouta al cab del des.
Que fo encortinada de palis fres,
Sis en un fadestol Karles lò Reys.

Mais il faloit qu'originairement il fût écrit *faldastal ;* mot formé de *faldan,* qui en ancienne Langue Tioise signifie *plier.* Le Glossaire du Moine Kéron : Plicare, *faldan :* ou, comme écrivent aujourd'hui les Allemans, *falten.* Le Dictionnaire de Dasypodius : Falten, *plicare.* Et de *stal,* qui signifie *un siege & une chaire,* comme je fais voir sur le verbe *installer.* Car en-effet quelque forme qu'on donne aujourd'hui au fauteuil, c'est toujours un siege pliant, comme il est représenté dans le Pontifical Romain, & comme il se voit ordinairement lorsque les Prélats conférent les Ordres, ou font les saintes huiles. Et cette façon de siege est fort ancienne ; comme l'on peut voir dans le Portrait des figures entaillées sur la Colonne de Trajan, que Ciaconius a donné au public ; où cet Empereur est représenté assis sur un siege pliant, lorsqu'il harangue son armée.

FAUVE. De *flavus,* par la transposition d'une lettre, on fit *falvus,* d'où nous avons formé ce mot. L'Empereur Frideric liv. 2. *De Venatione cum avibus,* chap. 24. *Quod residuum ex utraque parte plumæ sit rotundum & falvum, tendens ad rubedinem.* Et au titre du chapitre suivant : *De peregrinis brunis, & de subrufis & falvis.*

FE'ES. Les Italiens les appellent *fate ;* les Ecos-

sois *Fairs*, ou *Elfes* ; & les Languedociens *Fades*. Ces
mots sont formés du Latin *Fatua*. Arnobe liv. 1. *Qui*
Faunos, *qui Fatuas*, *civitatumque genios*, *qui Parjos*
reverentur atque Bellones. Et *Fatua* vient de *fatum* :
parcequ'on a cru que les Fées se trouvoient à la naissance des Grans, & leur présageoient leur bonne ou
mauvaise fortune. Et on appeloit *Faé*, celui qu'elles
avoient doué de quelque qualité extraordinaire : comme qui diroit *fatatus*. Joannes Januensis : *Fatatus*,
fato destinatus. Et *fader*, en ancienne Langue Provençale, signifie *destiner*. Jaufré Rudel de Blaya :
  Mal mi faderon miei parri.
Hector Boëtius liv. 12. de l'Histoire d'Ecosse, écrit
que trois Fées apparurent à Machabée, & à Blankon
Stuard : & qu'à l'un, elles présagérent qu'il parvien-
droit au Roiaume d'Ecosse ; & à l'autre, qu'il seroit
chef d'une Famille Roïale. Olaüs Magnus liv. 3. ch. 10.
écrit aussi que le Roy Hoths conversoit familierement
avec elles. Et Froissart, vol. 4. chap. 88. raconte que les
Dames de l'isle Cephalone, qu'il appelle *Chifolignie*,
ont un commerce visible avec elles. On lit aussi dans
la procédure de Janne, la Pucelle d'Orleans, que les
Anglois l'accusoient de les avoir pratiquées auprès
d'une fontaine de son pays, appelée *la fontaine des*
Fées, ou *des Dames*. Du nombre de ces Fées étoient
Melusine, Morgue, Alcine, Habunde, Urgande, la
Fée des Montagnes, de la Norche, & autres dont les
noms se trouvent dans les Romans. Il est croïable que
c'étoient, ou des Esprits Succubes ; ou bien des femmes de grande maison qui étoient Sorcieres, ou qui,
à-cause de la connoissance qu'elles avoient de l'Astro-
logie Judiciaire, passoient pour Fées en l'opinion du
Vulgaire ignorant. En-effet, nous lisons que Dame
Tiphaine, femme de Bertrand du Guesclin, fut soup-
çonnée d'être Fée, pour la même raison. Voicy les
paroles de l'Histoire de ce grand Connétable chap. 7.
Là avoit une Dame, *nommée* Tiphaine, *extraite de*
Noble lignée, *laquelle avoit environ 24. ans*, *ne onques*
n'avoit esté mariée ; *& estoit bonne*, *sage*, *& bien*
doctrinée, *& moult experte ès Arts d'Astronomie* ;
aucuns disoient qu'elle estoit Faée ; *mais non-estoit*, *mais*
estoit ainsi inspirée de la grace de Dieu.

FELONIE. Cujas sur le titre 2. du livre 1. *de*
Feudis, tient que ce mot vient de Φιλωσις, ou Φι-
λημα, qui signifient *fraude*, *deception*, & *imposture*.
Mathias Martinius dans son *Lexicon Philologicum*,
croit que c'est un mot Alleman ; & qu'il est formé
de *fehlen*, qui signifie *tromper*, & *manquer de foy* :
d'autant que le crime de felonnie est quand le Vassal
va contre la foy qu'il a promise à son Seigneur. Et J.
Goropius Becanus au liv. 1. de ses Origines d'Anvers,
le dérive de *fel*, ou *phel*, qui signifie *cruel*. Quoiqu'il
en soit, *fello* d'où vient *felonie*, étoit anciennement
un nom d'injure qui signifioit sans doute la même
chose qu'aujourd'hui Les Capitulaires de Charles le
Chauve tit. 23. chap. 15. *Non sit tibi cura*, *Rex*, *qua*
tibi referunt illi fellones atque ignobiles.

FERMER. Nous le prenons seulement pour *clorre* :
bien-que sa premiere & naturelle signification soit *for-*
tifier. Le Maréchal de Ville-Hardouin liv. 6. *Fermérent*
un Chastel, *qu'on appelle* Palerme, *si le garnirent de*
lor gens. Le sire de Joinville en la Vie de S. Louis ;
Pour ce qu'ils oïrent que le Roy faisoit fermer Sajete.
Ce verbe est fait de *firmare*, dont les Auteurs de la
derniere Latinité ont usé pour dire *fortifier* ; & d'où
ils ont formé *firmitates*, pour *forteresses*. L'Auteur incertain de la Chronique de Normandie : *Cœperunt*
firmare munitionem Calvi montis, *ut exinde pagum Tu-*
ronicum infestarent. Et un peu devant : *Tradidit Hen-*
rico, *Regi Anglorum*, *firmitates suas quas habebat in*
Francia. Et d'autant que pour fortifier une place il
faloit nécessairement l'enclorre ; de-là vient que par
la suite du tems, *fermer* a été pris pour *clorre*.

FERTE'. Il y a beaucoup de lieux en France qui
portent ce nom ; comme *la Ferté Bernard*, *la Ferté*
S. Aubin, *la Ferté Milon*, &c. C'étoient anciennement des places forestieres : ce qui me fait croire que
ce mot est formé par contraction de *firmitas*, que les
Auteurs de la derniere Latinité, comme je viens de
dire, ont pris pour *forteresse*. Les Capitulaires de
Charles le Chauve, tit. 31. *Castella & firmitates*.

L'Auteur des anciennes Chroniques de Normandie,
au lieu cy-dessus allégué. Le Roman de Guillaume
au court nés, se sert en un même lieu de *fermeté* &
de *ferté*.

 Ains ne fina trusque la fermeté
  De si au pont de la maistre ferté.
Toutefois quelques-uns, ne prenant pas garde à cela,
se sont persuadés que *Ferté* venoit de *feritas* ; & l'ont
ainsi appelée en Latin Les mêmes Chroniques de Normandie : *Munitionem Hugonis de Gornaco*, *quam Fer-*
ritatem nominant, *assultu capiens*, *igni tradidit*.

FESTIN. Il n'y a point de doute qu'il ne vienne
de *feste* : Mais je croi qu'il a pris son origine de la
Coutume des anciens Moines, ausquels on donnoit,
à de certains jours de Feste, un repas extraordinaire,
c'est-à-dire, au-de-là de leur pitance accoutumée.
Il y a dans la Bibliothéque de Fleury un vieux fragment de la translation de S. Martin, où pariant de
la Feste de cette Translation il est dit, *dictis etiam*
missis, *ut ventum est ad convivium*. Dans la Censure des
anciennes Chartes Allemandes de Goldast, il y en a
une qui fait le chapitre 82. où se lisent ces paroles,
Ordinavit etiam dictus Præpositus, *ut in die festo S. Spi-*
ritus die secundo stoupum Decanus daret, *& Chorus*
festivaret in die dominico S. Spiritus. Joannes Hocsemius liv. 2. chap. 17. de l'Histoire des Evêques de Liége :
Bene nos in prandio festivavit. Le verbe *festivare* est
fait de *festivum*, duquel nous avons formé *festin*.

FÊTU. De *festuca*, qui signifie même chose, on
a dit par corruption *fistuca*, qui se trouve souvent dans
les anciens Documens. Les investitures se faisoient ordinairement *per fistucam* ; parceque les fétus & les
pailles se trouvent en tous lieux.

FEURRE. FOUARRE. De *furrum* ou *forrum*,
qui signifient une espéce de *jonc* ; qu'en Languedoc
on appelle *sesque* ; propre à faire littiere aux chevaux.
Innocentius, *de Litteris & Notis Juris exponendis*, Auteur ancien, & duquel Ammian Marcellin fait mention au livre 19. *Aquam vivam significant sub se jun-*
cina & furra. Marcus Baro, *de Geometria* : *Aquam*
vivam significant sub se juncina & forra. Ces mots
étoient en usage long-tems avant qu'on se servît de
foderum, ou *fodrum*, qui signifient proprement *les*
provisions de guerre, tant pour la nourriture & entretien des hommes que des chevaux ; dont on veut dériver *feurre*, *fouarre*, & *fourage*, se fondant sur ces
paroles des Capitulaires de Charles le Chauve, *Missi*
curam habeant ne homines nostri vicinos, *tempore æstatis*,
quando ad herbam caballos suos mittunt, *vel tempore*
hyemis quando Marascalcos illorum ad fodrum dirigunt,
deprædentur aut opprimant. Où *fodrum*, rapporté *ad*
herbam, signifie entr'autres choses *l'avoine* & les autres grains dont on nourrit les chevaux l'hiver : car
le feurre, dont on leur fait littiere, n'est pas chose
si mal-aisée à trouver, ni de telle importance qu'il
fallût donner la peine aux Maréchaux, c'est-à-dire,
aux Officiers d'écurie, ou valets d'étable, de l'aller
querir fort loin, & d'en incommoder les Habitans
des lieux circonvoisins. Outre que Pasquier, en ses
Recherches, remarquant que la rue de Paris appelée
la rue du feurre, est nommée dans les anciens Actes
Latins *Vicus straminum* ; fortifie mon opinion, parceque *stramen* n'est autre chose que *le feurre*, c'est-à-
dire le jonc ou la paille ; & les herbes, dont, faute
de jonc, on jonche, c'est-à-dire on parséme la terre.
Voyez ce que je dis sur le mot *joncher*.

FEUTRE. C'est ce que les Latins appellent *coac-*
tile, ou *lana coacta*. Il vient de *feltrum*, ou *filtrum*.
Le *Catholicon Parvum* : Filtro, *feutrer*. Filtrum, *feutre*.
Balbus *in Catholico* ; Filtrum *dicitur quia ex filis*, *id*
est pilis animalium fiat: *unde* filtratus. Le feutre se fait
ou de laine, ou de poil d'animal ; comme lapin, loutre, & castor. Je le trouve entre les choses dont on
équipe les chevaux, ou autres bêtes de voiture. La
Loy des Bajuvariens tit. 2. chap. 6. *Si quis in exercitu*
aliquid furaverit, *pastorium*, *capistrum*, *fœnum*, *fel-*
trum. Un Acte ancien qui fait le chapitre 58. de la
Centurie des vieilles Chartes de Goldast : *Cavallos v.*
cum saumas, *& rufias*, *& filtros cum stratura sua ad*
nostrum iter ad Romam ambulandum. Il y en avoit de
précieux, comme sont maintenant ceux de loutre &
            de

de Caftor, dont les Grans Seigneurs fe paroient. Le Roman de Guillaume au court nés:

A fon col ot un mantel febelin,
Deffus un feutre de paille Alexandrin.

Où *paille* fignifie *drap*, comme je vous feray voir fur le mot *poile*. Goldaft fur ces paroles d'Ekkehardus Junior, *piltris lorica fiunt*, croit qu'il faut lire *filtris*: mais comme les feutres fe font auffi-bien de poil que de laine, je tiens qu'il y faut retenir *piltris*.

FI. Cette interjection de haine & d'averfion est à mon avis de l'ancienne Langue Tioife. Le Gloffaire de Kéron: *Inimicis, fianta. Inimica, fiantin. Inimicos, fiant. Odire, fien. Odifti, fietos.*

FIANCER. Il est formé de *fidentia*; comme qui diroit *fidentiare*. C'est maintenant *promettre de prendre en mariage*. Il fe difoit anciennement de tout ce qu'on promettoit fur fa foy. Froiffart vol. 1. chap. 32. *Si fift le Roy à Monfeigneur Guy de Flandres, fiancer fa foy, & obliger prifon* Le même au chap. 189. *Et fut pris l'Evefque de Noyon devers la barriere, & fiança prifon.*

FIERTE'. De *feritas*, qui en vray Latin fignifie *cruauté*, & *humeur fauvage*; mais que les Auteurs de la derniere Latinité ont pris pour *audace*, & *courage accompagné de mépris*. S. Colomban Abbé, dans fes Monaftiques:

Te feritate magis faciat moderatio clarum.

FILOUS. Ce font des Voleurs & des Affaffins. Ce mot est fort ancien en Allemagne. Ekkehardus Junior *De Cafibus Monafterii S. Galli*, chap. 5. parlant des Hongres qui ravagoient l'Allemagne: *Ecce Ungari, fillones illi fugitivi, nuntiis nos fatigant.* Où Goldaft a remarqué que, felon l'opinion de Freherus, ce mot est formé de l'ancien Alleman *fillen*, qui dans Otfridus & Notkerus, anciens Auteurs de la Langue Tioife, fignifie *battre & fouetter*. Ce qui a beaucoup d'apparence; d'autant que j'en trouve des preuves dans le Gloffaire du Moine Kéron: *Verbera, fillo. Verberum, filloon, Fillonokertu.* Comme auffi dans le Gloffaire de Lipfe au liv. 3. de fes Epitres *ad Belgas: Fillunga, flagellum.* En-effet, l'un des plus bonnêtes Métiers des Filous, c'est de prendre falaire des coups d'épée ou de bâton qu'ils donnent à ceux dont les ennemis fe veulent vanger.

FINANCE. C'est proprement l'argent qui provient des Tailles, Gabelles, & autres Impofitions que le Roy léve fur le Peuple. Sous lequel mot on comprent auffi le revenu des Domaines & des Parties Cafuelles. Auffi anciennement le Tréforier de l'Epargne étoit appelé *Garde de la Finance*. Enguerrand de Monftrelet, vol. 1. chap. 57. *Le Borgne de Foucal, Efcuyer du Roy, & Garde de fa Finance, nommée communément l'Efpargne.* Le même Auteur vol. 3. parlant des crimes dont Jacques Cueur, Argentier du Roy, fut accufé: *A efté auffi fait prifonnier, pource qu'il a extorqué, pris, & rapiné indeuement, plufieurs grands Finances fur le Pays du Roy, tant en Languedoc, Languedouy, comme ailleurs.* Ce mot est formé du Latin-barbare *finis*, qui fignifie la promeffe qu'on fait de bailler une fomme d'argent. Mathieu Paris en la Vie de Henri III: *Clanculò captus fuit & retentus; & tacito facto fine, interpofitis fide & juramentis, & Chartis, cautè dimiffus. Finaifon nulle*, dans les anciennes Coutumes du Perche, comme remarque Ragueau en fon Indice, est quand le Vaffal ne paye au terme accordé ce qu'il avoit promis à fon Seigneur pour le rachat & profit du Fief. De-là on forma le verbe *finer*, qui fignifioit anciennement *exiger*, & *compofer par force* avec quelqu'un, d'une fomme d'argent. Le Sire de Joinville en la Vie de S. Louis: *Luy dit qu'il ne le laifferoit point aller, jufqu'à ce qu'il euft finé à luy; & force luy fut finer au Chevalier à cinq cens livres.* Les Languedociens difent encore *finà* dans ce fens.

FLACON. On appeloit autrefois *flafca*, les étuis ou les couvertures des bouteilles. Ifidore livre 20. chapitre 6. *Flafcæ, à Græco vocabulo dictæ. Hæ pro vehendis ac recondendis phialis primùm factæ funt; inde & nuncupata funt: pofteà in ufum vini tranfierunt; manente Græco vocabulo, unde & fumpferunt initium.* Il veut dire qu'elles font ainfi dites

de φιάλη, qui fignifie *une bouteille*: comme qui diroit *phialafca*. Auffi les appeloit-on *philafca*, & *pilafca*. Les Glofes d'Ifidore: *Philafca, vas vinarium ex corio.* Balbus *in Catholico: Pilafca, vas vinarium corio pilofo opertum, & derivatur à pilis.* Je trouve auffi que *flafca* étoient des corbeilles que les habitans d'une ville affiegée rempliffoient de charbons ardens, & qu'ils roûloient enfuite du haut des murailles pour brûler les fafcines dont on tâchoit de combler les foffés. Oderic Vital liv. 10. de l'Histoire Eccléfiaftique: *Oppidani flafcas prunis ardentibus plenas defuper demittebant; & congeftiones rerum quæ ad fui damnum cumulata fuerant, adminiculante fibi æftivo cacumate, concremabant.* Le même Auteur au liv. 6. prent auffi *flafcones* pour *des hotes* avec lefquelles S. Guillaume, Duc de Guienne, du tems qu'il étoit Moine, alloit querir fur un âne les provifions de fon Couvent. *Quondam Dux potentiffimus non erubefcit vili afello geftari cum fuis flafconibus.* Cela fait voir que du commencement, comme j'ai déja dit, *flafca* & *flafcones* n'étoient que les étuis & les couvertures des bouteilles; lefquelles furent enfin appelées *flafcones.* Flodoard liv. 1. chap. 15. *Vas vini, quod vulgò flafconem vocant.* Walafridus Strabo, dans la Vie de S. Othmar, chap. 9. *Nihil jam potuum fupereffe, præter quod in flafcone parvo fervabatur.*

FLAITRIR. Comme de *meio*, ou *mingo*, on a fait le verbe défidératif *micturio*; il pourroit être, que dans la licence qu'on fe donnoit de faire des verbes Latins-barbares on auroit formé de *flacceo & flaccefco*, le verbe *flacturire*; & que de-là on auroit fait *flaitrir*. Quoyqu'il en foit, *flaitrir*, ou *flâtrer*; que nous prenons en la fignification active, & qui fignifient *imprimer une marque d'infamie avec un fer chaud*; peuvent venir de la même origine; parceque comme les chofes flaitries prennent une couleur qui tire fur le fauve ou fur le tané, l'impreffion du fer chaud donne la même couleur à la chair où il est appliqué. Auffi Goldaft fur les anciennes Poëfies Allemandes de la Dame Winfbekie, dit qu'en Alleman *veluven*, qui fignifie *flaitrir*, vient de *val*, qui fignifie *flavus*.

FLAMBE. Les Grecs appellent cette fleur *Iris*; à-caufe du rapport qu'ont ces couleurs avec celles de l'arc-en-ciel. Nous l'appelons *flambe*; parceque, comme dit Charle Etienne dans fon livre *De Re Hortenfi*, fes feuilles reffemblent à des langues de flamme. Quelques autres croient qu'elle est ainfi appelée, parcequ'elle a certaine qualité chaude qui échauffe grandement.

FLATER. De *flatare*. Le Gloffaire de Papias: *Flatare, augere, & amplum reddere*; parceque les flateurs rempliffent de vanité, & enflent de la bonne opinion qu'ils ont d'eux-mêmes, ceux que les écoutent & qui croient ce qu'ils difent.

FLEURS. De *flueurs*, par contraction. C'est le flux menftruel des femmes. Jule Céfar Scaliger fur le liv. 6. chap. 2. De l'Histoire des Animaux d'Ariftote, écrit que les François les appellent *fleurs*, de *flores. Galli voce honefta flores. Liberiùs qui loquuntur in Vafconia, vocant menftruatas Rutenenfes.* Il veut dire qu'en Gafcogne on dit qu'*une femme est de Rodez*, quand elle a fes fleurs. Mais ce mot *Rodez* est pris du Grec ῥόοδης, qui fignifie *flueur & fluxion*; & non pas de *Rodez*, Ville Capitale du Pays de Rouergue.

FLOT, FLOTER. De *fluctus*, & *fluctuare*: fi ce n'est qu'on veuille dire, que ces mots font formés du bruit que font les vagues.

FLOTTE. Glaber Rodulphus liv. 1. chap. 5. de fon Histoire, dit que c'est un mot de l'ancien Langage des Normans; lefques, comme on fait, étoient fortis du Danemark & de la Norvège. Car parlant de Hafting, Général des Normans qui ravageoient la France: *Clam egrediens ad prædictam Normanorum gentem, illis tantummodò primitus adhæfit, qui affiduè raptui fervientes victum cæteris miniftrabant; quos etiam illi communiter Flottam vocant.* Cet ancien Historien veut-dire, que ceux des Normans qui écumoient les Côtes de l'Ocean, fourniffoient la fubfiftance à leur armée de terre: & que leur vaiffeaux, qui étoient en grand nombre, portoient en leur Langue le nom de *Flotte.* De-forte-qu'il est aifé de juger que les

François ont depuis emprunté ce nom des anciens Normans. Je ne sai pourtant si les Normans l'avoient formé de *Flot* & *Flotte*.

FOIRE, FOIREUS. De *foria*, & *foriolus*. Nonius Marcellus : *Foria, stercora liquidiora. Foriolus, qui foria facilè emittit, soluti scilicet ventris.* L'ancien Poëte Laberius : *Foriolus esse videris, in coleos cacas.* Les Gloses : *Forica, ἄφεδρών.* C'est-à-dire *une chaire percée.* De-là est fait *foricarius.* La Loy 17. §. 5. au Digeste *De Usuris :* —— *ut solet à Foricariis, qui tardiùs pecuniam inferunt.* Les Gloses d'Isidore : *Foria, latrina, secessus.*

FOIRE. C'est un Marché général & solennel, qui ne se tient qu'à certaines saisons de l'année. Ce mot vient de *Forum*, qui signifie *un lieu destiné à vendre les denrées.* Il y avoit de deux sortes de Foires. Les unes se tenoient dans certaines places particulieres de chaque ville, affectées à la vente de certaines choses ; comme étoit dans Rome *Forum boarium*, *Forum suarium, Forum olitorium, Forum piscarium :* C'est-à-dire, *Le Marché aux bœus, le Marché aux pourceaus, le Marché aux herbes, & le Marché au poisson.* Les autres se tenoient à certains tems de l'année dans certaines villes, où les Marchans venoient de divers endroits pour acheter & pour vendre. Festus : *Negociationis locus, ut Forum Flaminium, Forum Julium, ab eorum nominibus qui ea Fora constituenda curarunt : quod etiam locis privatis, & in viis, & in agris, fieri solet.* Dans Flodoard liv. 4. chap. 13. de l'Histoire de Reims, le mot *Forum* est pris clairement pour ce que nous appelons *Foire. Quas quidam negotiator emptus, per diversa detulit fora, nec alicubi venundare potuit.* On a dit aussi *forus* & *fori* dans le même sens. Joannes *de Janua : Forus etiam est ubi res venduntur.* Le Glossaire de Papias : *Forus & fori dicuntur. Habent autem quatuor species. Primò, est locus in civitate ad exercendas nundinas relictus*, &c. Il y a des foires en France où est établi un Juge pour terminer les différens qui pourroient survenir entre les Vendeurs & les Acheteurs : & je trouve que ce Juge est appelé *Judex fori.* Adrevalus dans son livre *De Miraculis S. Benedicti*, parlant de la foire de Fleury : *Contentione obortâ, Judex fori Engilraüs vocabulo accurrit.* En Languedoc on dit *Fiere* & *Foire*, pour *Foire* : si bien qu'on auroit grande raison de dire que ces mots viennent de *feria* puisque Festus dit *Nundina Feriarum diem esse voluerunt antiqui, quo rustici mercandi vendendique causâ in urbem convenirent.* Cependant, quoyque les Foires se tinssent les jours de Fête, les Foires & les Fêtes n'étoient pas même chose. Aussi Spelman en son Archeologue, ou Glossaire, dit qu'il n'a point trouvé d'Auteur ancien, où *Feria* soit pris pour *nundina*, qui sont *les Foires. Feria tamen pro nundinis nusquam, quod sciam, occurrit antiquè.*

FOISON. *Abondance.* Nous avons tiré ce mot de *fusio*, qui signifie *épanchement*, particulierement en matiere de choses liquides : parceque lorsqu'on les verse elles s'épanchent. Ainsi disons-nous qu'*il y a des choses à foison* : comme qui diroit *ad fusionem* : jusqu'à être épanchées. Les Tailles & les Tributs sont appelés *fusiones*, à-cause de l'abondance des deniers que le Public y contribue. Les Gloses : *Fusiones : ὑλισμοὶ, συντέλειαι, εἰσφοραὶ.* Auquel sens ce mot se trouve pris dans la Loy 6. au Code Theodosien, *De Indul. Debit. Considerantes Africa devotionem usque in initium Fusionis quintæ ; universa reliqua, quæ tam ad arcam sublimium potestatum, quàm ad largitiones pertinent, relaxare cupimus.* Quelques-uns disent que d'*affatim* on a fait *à-faison* ; & ensuite, *à-foison.*

FOL, FOLIE. Le mot *follus* est ancien en France. Besly, dans les Preuves de son Histoire des Ducs de Guienne, a donné un Fragment de la Chronique de Maillezais où se lisent ces paroles: *Defuncto Rege Ludovico, Regnum pro eo filius Carolus, cognomento Insipiens, vel Minor, accepit, anno 911. & Remis factus est Rex. Hic fuit follus, qui posteà à Roberto dejectus est de Regno Francorum.* J'ay un Dictionnaire MS. où se lisent ces paroles : *Follicia vel follentia, vanitas, superbia, stultitia.* Les Gloses d'Isidore : *Folonitia, vanitas.* On tient que ces mots sont formés *à vana follis inflatione.* Joannes Januensis dans son Catholicon : *Follesco,*

id est, esse vel fieri follem, stultum, & vanum. Follicia vel follonicia id est vanitas, superbia, stultitia. Où, aprés ces paroles, on voit cette Addition : *Et quia folles inflantur, quasi quádam re inani ; inde est quòd follis dicitur stultus, superbus, vanus, inflatus.* Quelques-uns tiennent que *fol* est formé de Φολκὸς, qui signifie *une personne ridicule.* D'autres le tirent de Φαῦλος, qui signifie quelquefois *fol & leger* ; comme remarque Henri Etienne au livre de la Précellence du Langage François.

FONTAINE. De *fontanus*, adjectif, on fit le substantif *fontana*, qui signifie meme chose que *fons.* La Loy des Lombards liv. 2. tit. 38, Loy 1. *Qui ad arborem, quam Rustici sanguinum vocant, atque ad fontanas adoraverit.* Innocentius, l'un des Auteurs *Finium Regundorum : Alias fontanas sub se habens.* Joannes Januensis *in Catholico :* Fontana *idem est quod* fons. On a dit aussi *fontanum.* Les Gloses : πηγημαῖον, *Fontanum.*

FORAIN De *foris*, on fit *forensis* : d'où nous avons formé *Forain.* Ratpertus dans son livre *De Origine Monasterii S. Galli* chap. 5. *Prædictus Episcopus assumens quemdam Presbyterum forensem,* &c. Les Capitulaires ajoutés par Charlemagne à la Loy des Bajuvariens §. 8. *Tam in Monasteriis virorum quàm puellarum, vel in forensibus Presbyteris.*

FORBU. Henri Etienne au livre de la Précellence du Langage François, dit que c'est quand un cheval a bu aiant trop chaud, & *fors* le tems qu'il devoit boire.

FORÇAT. C'est celui qui aiant été condanné aux Galéres est forcé & contraint d'y tirer la rame. Il est ainsi appelé, à la différence de ceux qui font volontairement ce métier.

FORCE. Du Latin barbare *fortia.* La Loy des Bajuvariens tit. 2. chap. 5. *Per fortiam hostilem aliquid deprædari voluerit.* Et tit. 11. chap. 5. *Cui Deus dederit fortiam & victoriam.* La Loy des Lombards liv. 3. tit. 12. §. 5. *Neque per suam fortiam in mansione arimanni se applicet.* Marculfe liv. 1. Formule 28. *Eidem terram suam fortiam tulisset.*

FORCENÉ. Henri Etienne au livre cy-dessus allégué, dit qu'il est formé de *for*, c'est-à-dire *hors*; & de *sens*: auquel cas il faudroit écrire *forsené.*

FOREST. Les Anglois trouvent l'étymologie de ce mot dans un vieux livre qu'ils appellent *le Livre noir de l'Echiquier* en ces termes : Foresta, *est tuta ferarum mansio ; non quarumlibet, sed sylvaticarum ; non quibuslibet in locis, sed certis & idoneis : Unde* Foresta *dicitur ; quasi feresta, id est ferarum statio.* Camden dans sa Bretagne, trouve cette origine ridicule : mais elle ne le sera pas tant à celui qui la voudra rapporter à ce vers de Virgile,

Itur in antiquam sylvam, stabula alta ferarum.

L'Auteur de la Vie de S. Hugon [ou *Hugues*] Evêque de Lincolne, que Surius a inserée dans son 6. vol. rapporte, dans le chap. 11. l'origine du mot *Forestiers*, que le zèle de la justice avoit fait inventer à ce saint Prelat avec plus d'industrie que de vérité. *Videns autem tyrannidem Forestariorum, ait ; rectè quidem* Forestarii *dicti sunt isti, quia foris stabunt extra Regnum Dei.* Je croy que *forestis, foresta,* & *forestum*, d'où nous avons fait *Forest*, signifioient originairement le Droit que le Prince se réservoit sur les Bois & sur les Rivieres ; qui étoit d'en pouvoir deffendre la coupe & la pêche ; & que ces mots viennent de *foris*, qui signifie *le dehors & les chams.* En-effet, *rus*, en Latin, est pris pour les *Forêts* & les *pâturages.* Servius : *Rura dicebant sylvas & pascua.* Un Auteur sans nom *de Limitibus : Rura Veteres incultos agros dicebant ; id est, sylvas & pascua.* Aussi les Grecs appeloient *Gardes des chams,* ceux qui étoient commis à la garde des Forests. Les Gloses : *Saltuarius,* ἀγροφύλαξ, χωροφύλαξ, *Saltuarius.* Il n'y avoit anciennement que les Rois en France qui pussent établir des Forests ; c'est à-dire, comme j'ay dit cy-dessus, se réserver sur les Bois & sur les Eaux le droit de Coupe, & de Pêche, & de Pâturage. Les Capitulaires de Charlemagne liv. 4. tit. 41. *De Forestibus noviter institutis*, qui est de Louis le Debonnaire : *Ut quicunque illas habet, dimittat ; nisi fortè judicio veraci ostendere possit quòd per jussionem, sive per

permiſſionem Domini Caroli , Genitoris noſtri , eas inſti-
tuiſſet. Et au tit. 6ς. *de Foreſtibus noſtris ut ubicunque*
fuerint, diligentiſſimè inquirant quomodo ſalvæ ſint &
defenſæ ; & ut Comitibus denuntient ne ullam foreſtem
noviter inſtituant ; & ubi inſtitutas ſine noſtra juſſione
invenerint , dimittere præcipiant. La même Ordonnance ſe trouve réiterée au liv. 3. tit. 36. de la Loy
des Lombards. Depuis ce tems-là les Fiefs étant de-
venus héréditaires & Patrimoniaux , les Seigneurs
s'attribuérent le pouvoir d'établir des Foreſts : d'où
vient que nous voyons en France tant de Bois ſous
le nom de *Foreſts.* Quant à ce que j'ay dit que le mot
de *Foreſt* s'entendoit auſſi-bien des Eaux que des Bois,
on en pourra voir les raiſons & les preuves dans le Recœuil des Rois de France de du Tillet : à quoy j'a-
joute ſeulement ces mots du Gloſſaire de Goldaſt,
Foreſtis, prohibitio in aqua piſcandi , aut in ſylva ve-
nandi. Au-reſte , il ne faut pas trouver étrange que
de *foris* on ait fait *foreſtis ;* puiſqu'on en a formé *fo-*
raſticus, qui ſignifie *de dehors.* S. Boniface, Archevêque de Maïence, epit. 3. *Presbyter foraſticus.*

    F O R E T. De *foraculum ;* formé du verbe *forare*,
qui ſignifie *percer.* Les Gloſes : ῥητρεον, *foraculum.*
Le Gloſſaire de Papias : Foro, as ; *penetro : inde di-*
citur foramen.

    F O U I L L E R. Henri Etienne au livre *de La-*
tinitate falſò ſuſpectâ chap. 8. eſt porté à croire que
de *folliculum ,* qui ſignifie *une bourſe,* on a formé
fouiller ; comme qui diroit *folliculare :* parceque l'on
dit ordinairement *fouiller la bourſe.*

    F O U L E R. De *Fullo ,* qui ſignifie *Foulon,* on
forma le Latin-barbare *fullare,* d'où nous avons fait
fouler. Le *Catholicon Parvum :* Fullo, fullas ; *fouler ,*
appareiller draps. Car en-effet le métier de Foulon eſt
d'appareiller les draps en les foulant ſous les piés :
d'où vient que nous avons étendu ce verbe à tout
ce qui eſt mis ſous les piés. Et ainſi *fouler* ſignifie
une preſſe de gens ſi grande, qu'on y eſt quelquefois
mis ſous les piés des autres.

    F O U L Q U E. Nom propre-d'homme. Encore-que
les Auteurs Latins le diſent *Fulco,* je croy que l'un
& l'autre ſont formés de *falco,* & qu'originairement
on diſoit *Falcou.* Ce qui me le perſuade, c'eſt que
dans le Recœuil des anciennes Poëſies Provençales,
j'ay lu des vers que Guillaume Duc de Guienne, pére
de ce Guillaume qu'on croit Saint ; compoſa lorſqu'il
entreprit le voyage de la Terre ſainte , du tems de
la première Croiſade : dans leſquels il recommande
à Foulque Comte d'Anjou (qu'il appelle ſon *Couſin*)
ſes Terres, & ſon fils Guillaume qui étoit encore fort
jeune ; & où il l'appelle par tout *Falcou.*

    Pus lo partiri mes aitan grieus
    Del ſenhoratge de Peytieus
    Es garda la Falcou d'Angeius
    Tota ma terra mon Couſ.
    Si Falco d'Angieus nolh Seror
    El Reis de cuy jeu tenc m'enor,
    Mal li faran tug li pluſor
    Qu'el veyran iovenet meſchi.

    F O U L Q U E. Oiſeau, autrement dit *Poule d'eau.*
De *fulica ,* que les Latins ont dit par contraction,
à *fuligine ;* à-cauſe de ſa noirceur : & c'eſt pourquoy,
comme dit Charle Etienne , on l'appelle *Diable* en
Guienne. Il vit dans la mer & dans les lieux marêcageux.
Iſidore liv. 12. ch. 7. donne une autre origine de *fulica.*
Fulica dicta, quòd caro ejus leporinam ſapiat: λαγὸς enim
lepus dicitur ; unde & apud Græcos λαγος *dicitur.*

    F O U R R E A U. De *forulus.* Guillaume le Breton
liv. 12. de ſa Philippide :

    Francorum gladios nimia jam cæde madentes
    Vix foruli agnoſcunt ; quoſque emiſere nitentes,
    Tabo ſordenti mutatos pænè repellunt.

Foruli cependant, ſignifie en bon Latin *les étuis des*
livres. Juvenal Sat. 7.

    Hic libros dabit & forulos.

Où l'ancien Interpréte explique ce mot par *Armariam*
ſive Bibliothecam. Suétone en la Vie d'Auguſte chap.31.
Parlant des livres des Sibylles : *Hos quoque , delectu*
habito , condidit duobus forulis auratis , ſub Palatini
Apollinis baſi. Les Gloſes Arabico-Latines : *Forulus,*
ubi codices ponuntur.

    F O U R R E R. De *foderare.* Cæſarius Heiſterbach-
tenſis dans ſes Hiſtoires Memorables liv. 8. chap. 59.
Gerardus cappam ſuam foderatam, bonam ſatis, quâ ſe
tegeret iens cubitum, tranſmiſit. Aux Clémentines *De*
Vita & honeſtate Clericorum ch. 2. *Clerici utentes epito-*
gio ſeu tabardo foderato. Et dans le livre *De Statu Mo-*
nachorum vel Canonicorum Regularium, chap. 1. *In veſ-*
tibus ſendatum pro foderaturis non portent. Et au chap 2.
Pannis ſericis, variorum foderaturis. Je croy que *foderatus*
& foderare, ſont formés de *foderum & fodrum,* qui
ſignifient les choſes néceſſaires à l'entretien des gens
de guerre. L'Auteur de la Vie de Louis le Debonnaire : *Inhibuit à plebeiis annonas militares, quas vulgò*
Foderum *vocant , dari.* Car il eſt certain qu'on leur
fourniſſoit des habits. Vegetius , liv. xı. chap. 19. *In-*
congruum videbatur Imperatoris militem , qui veſte &
annonâ publicâ paſcebatur , utilitatibus vacare privatis.
Et parceque ces habits étoient ſans doute fourrés ;
ſur-tout lorſqu'ils étoient à la guerre dans les Pays
Septentrionaux , où le mot *foderum* étoit en uſage ;
il eſt croïable que de là on prit occaſion d'appeler
toute ſorte d'habits fourrés , *veſtes foderatas.* De *fo-*
derare on fit enſuite *furrare* ou *furare ,* d'où nous
avons tiré *fourrer.* Le Concile de Salſbourg , tenu
l'an 1274. qui ſe voit dans le 1. volume des Anciennes Leçons de Caniſius : *In pileis ſuffuraturas non ha-*
beant.

    F O U R R I E R. Ceux qui avoient la charge d'al-
ler querir les vivres & les autres proviſions pour la
ſubſiſtance des armées furent appelés *Fourriers :* du
mot *fodrum,* dont je viens de parler ; comme qui diroit *Fodrarii.* Et parcequ'ils arrivoient les premiers
aux quartiers où l'armée devoit loger , on leur donna
depuis la charge de marquer les logis pour les Chefs
& pour leurs Compagnies. Mais parceque ſous pré-
texte de faire les proviſions de l'armée , ils enlevoient
avec violence tout ce qui tomboit ſous leurs mains,
& commettoient toute ſorte de déſordres , les mots
de *Forrator , Fourreur , & Fourrier ,* dont ils étoient
appelés , furent donnés aux Gens de guerre qu'on
envoye dans les Terres ennemies pour y faire le dégaſt.
Guillaume de Nangis dans les Geſtes de S. Louis :
Rex Franciæ pontem aquâ cum ſuo exercitu peritran-
ſiens , ſuos uſque ad Xantonas præcepit currere Forra-
tores. Froiſſart volume 1. chap. 159. *Leurs Fourreurs*
ne trouvant que fourrer. Le Roman de Guillaume au
court nés :

    Li cuens Guillaume à les Fourriers mandés
    Parmy la terre pour le pays gaſter.

De *Fourreur & Fourrier* on fit le verbe *fourrer ,* qui
ſignifie *piller & gâter.* La vieille Chronique de Flandre,
chap. 90. *Deux mille Anglois ſe partirent du ſiege de Ca-*
lais pour fourrer le pays. Et au chap. 93. *Et fiſt ces*
contrées ardoir & fourrer en pluſieurs lieux. De-là vient
qu'à Toulouſe on appelle *Fourrous,* les ſoldats du guet
de l'Hôtel de Ville ; à-cauſe de la violence avec laquelle ils traînent les perſonnes en priſon , ou font
les exécutions ordonnées ſur les biens meubles.

    F O Y E. De *ficatum.* Les Gloſes de Papias : *Fica-*
tum, jecur. Joannes Januenſis *in Catholico :* Ficatum ,
id eſt jecur, ſive hepar.

    F O Y E R. De *focarius,* ou *foculare.* Joannes Ja-
nuenſis *in Catholico :* Focarius, *locus in quo ſit ignis.*
La Loy des Lombards liv. 1. tit.19. §.2. *Si quis fo-*
cum ſuper novem pedes à foculare portaverit. Les Conſtitutions Neapolitaines liu. 1. tit. 100. *Si mille focu-*
laria ipſa Univerſitas habeat. Où *foculare* eſt pris pour
maiſon.

    F R A I S. En Languedoc on dit *freſc ,* & au fémi-
nin *freſque.* Ces mots ſignifient *nouveau & récent.*
Ainſi diſons-nous *un œuf frais,* encore qu'il ſoit chaud :
ce qui fait voir que c'eſt abuſivement qu'on dit *frais &*
fraicheur, d'un froid modéré & tempéré. Ce mot vient
de l'Alleman *friſch.* Le Dictionnaire de Daſypodius :
Friſch , recens. Les Anglois diſent auſſi *friſch.* Spelman en ſon Archeologue : *Fortia friſca dicitur vis*
recenter illata. Ce mot ſignifie auſſi *joyeux & de bonne*
humeur. Le même Dictionnaire de Daſypodius : *Friſch,*
alacer : parcequ'en-effet toutes choſes nouvelles ont
je ne ſay quoy de gracieux qui réjouit & récrée. Ainſi
diſons-nous *un teint frais ,* pour dire *un teint coloré:*

& nos anciens François diſoient qu'*une femme étoit
friſque*, lorſqu'elle étoit galante & de belle humeur.
Froiſſart vol. 1. chap. 48. *Et bien luy eſtoit advis que
oncques il n'avoit veu ſi noble, ſi friſque, ne ſi noble
Dame.* Le même au vol. 4. chap. 6. Parlant du Roy
Charles VI. lorſqu'il étoit à Montpellier : *Danſoit &
carolloit avec ces friſques Dames, de Montpellier.*

FRAIS *de Juſtice.* Il ſe dit maintenant de toute
ſorte de dépens ; bien-qu'originairement il ne ſe dît
que des dépens de Juſtice. Pour bien établir l'origine de ce mot, il faut ſavoir que c'eſt ſeulement depuis Charle IV. dit *le Bel*, que ceux qui perdent leur
Cauſe ſont condannés aux dépens du procès envers
leur Partie, pour les dédommager de l'indûe vexation ;
comme a remarqué Antoine Loiſel au liv. 6. de ſon
Manuel. Car auparavant, celui qui avoit perdu ſa
Cauſe étoit quelquefois condanné aux dépens envers
le Roy, & cette eſpéce d'amende étoit appelée *Freda,
Fredum*, ou *Fredus.* La Loy des Allemans tit. 4. *Ad
fiſcum ſimiliter alios LX. ſolidos pro Fredo ſolvat.* Mais
ordinairement elle étoit appliquée à celui qui avoit
jugé l'Affaire, pour ſe payer de ſes peines &
vacations. La Loy Salique tit. 55. §. 2. *Fredus Grafioni
ſolvatur tanquam ſi de ipſa cauſa convictus fuiſſet. Et
au Decret de Clotaire §. 12. Fredus tamen Judici, in
cujus pago eſt, reſervetur.* Et c'eſt de cette ſorte de
dépens, appelé *Fredum*, qu'on forma le mot *freds*,
que nous écrivons maintenant *frais* ; & qui, comme
j'ay déja dit, ne s'entendoit anciennement que des
dépens de Juſtice. Pour ce qui eſt de l'origine du mot
fredum, les Doctes ont déja remarqué qu'il vient de
l'ancien Alleman ou Tiois *frid*, qui ſignifie *paix* ;
parceque c'eſt comme une amende à quoy on eſt condanné pour avoir ſans raiſon violé la paix par cette
ſorte de petite guerre que nous appelons *procès.*

FRANCOLIN. C'eſt une eſpéce d'oiſeau que
Covarruvias, dans ſon Tréſor de la Langue Caſtillane
dit avoir été ainſi appelé, parcequ'il paſſe de France
en Eſpagne. *Dixoſe Francolin, a lo que ſoſpecho, por
averſe traydo a Eſpaña de Francia.* Je ne ſay ſi je dois
croire que c'eſt le même oiſeau que l'Empereur Frederic, liv. 1. chap. 23. *De Arte Venandi cum avibus*,
appelle *Corlin. Aliæ habent caput rotundum, ut Cor-
lini, Vanelli, Pluerii*, &c. Si cela eſt, on peut ajou-
ter à l'opinion de Covarruvias qu'en Eſpagne on l'appelle *Francolin* ; comme qui diroit *Francus Orlinus.*
Là - deſſus je ne puis aſſés m'étonner de la hardieſſe
d'André Boſch, Religieux du Tiers Ordre de S. François, qui dans ſon livre intitulé *Summari, Index, o Epitome dels admirables y nobiliſſimos titols de Honor de
Cathalunya, Roſſello y Cerdanya* liv. 1. chap. 15. oſe
dire qu'une des preuves que le Comté de Rouſſillon
n'eſt pas de la France, c'eſt que les Francolins dont
il abonde ne ſe trouvent point en France ; & qu'au-
contraire ils y meurent ſi on y en apporte. Car outre
que l'opinion de Covarruvias fait voir le contraire,
je ſuis aſſuré qu'il y a quantité de ces oiſeaux en Gaſcogne, & ſur tout le long des Monts Pyrenées.

FRAYEUR. C'eſt proprement l'effet d'une peur
ſoudaine & inopinée ; laquelle pour l'ordinaire cauſe
un friſſon pareil à celui qui précede les accès des fiévres. Il pourroit être formé du Latin-barbare *frigor*,
qui ſignifie *le froid des fiévres.* Joannes Januenſis dans
ſon *Catholicon : Frigores, id eſt febres, quæ faciunt
homines frigere.* Ou bien de *fragor*, qui ſignifie ce grand
bruit qui ſurprent & effraye les eſprits les plus fermes.

FREDON. J'ay cru quelque tems qu'il avoit été
fait par contraction de *frequentamentum*, qui ſignifie
même *choſe* Aule Gelle liv. 1. chap. XI. *Ita Graccho
concionanti numeros & modos, & frequentamenta quædam varia Tibicen incinevet* ? Ou bien qu'il avoit été
formé de *frequens* & de *tonus.* Mais depuis j'ay remarqué qu'anciennement en France & en Allemagne
on ſe ſervoit de deux manieres de Muſique differen-
tes ; l'une appelée *Frigdora*, & l'autre *Occidentana.*
Ekkehardus Junior *de Caſibus Monaſterii S. Galli* ch. 4.
*Frigdora autem & Occidentana, quas ſic nominabat,
jubilos illos animatus etiam ipſe de ſuo excogitavit.*

Celle qui portoit le nom de *Frigdora* fut ainſi appelée,
parcequ'elle étoit compoſée de tons Phrygiens & Dori-
ques ; & elle étoit uſitée dans l'Egliſe Orientale,

où les Chantres feſant profeſſion d'une Muſique plus
hardie, ſe ſervoient volontiers de ces gentilleſſes,
que nous appellons *Fredons*, & qui à mon avis ont
pris ce nom de leur Muſique. Pour ce qui eſt de
l'autre, appelée *Occidentana* ; qui étoit le Chant Romain inventé par S. Ambroiſe, & introduit dans toute
l'Egliſe par S. Grégoire le Grand ; comme elle étoit
plus grave & plus auſtére, on y avoit voulu introduire l'affetterie des fredons.

FRÉTER. On dit *Fréter un Navire*, quand on
l'équippe ſi bien de toutes choſes néceſſaires, qu'il eſt
preſt à être régi & gouverné par le Pilote. Il eſt croiable que ce mot a été fait de *fretare*, Latin-barbare,
qui ſignifie *régir & arreſter.* Les Gloſes d'Iſidore: *Fretat,
regit, coercet.* Ou bien d'*exfretare*, qui ſignifie *naviger.*
Les mêmes Gloſes : *exfretat, navigat.* Ces verbes ſont
formés de *fretum*, qui ſignifie *la mer*, ou *un détroit
de mer.*

FRISE. C'eſt, en Architecture, la bande qui ſé-
pare l'architrave d'avec la corniche ; & que l'on voit
ordinairement entaillée de figures de baſſe taille. Les
Grecs & les Latins l'appellent *zophore* ; & les Italiens
freggia, d'où nous avons formé *Friſe.* Guillaume Philandre ſur le chapitre 1. du livre 1. de Vitruve, croit
qu'elle fut ainſi appelée, à *Phrygionibus* : parceque
les Phrygiens repreſentoient en broderie, avec l'aiguille, toute ſorte de figures. *At non in earum zo-
phoris (quæ frigia vulgò vocantur ; voce, ut exiſtimo,
à Phrygionibus, qui acu faciunt, ductâ. Ut enim illorum opera acu picta figuris quibuſlibet inſigniuntur, ita
zophororum ferè ratio ſculpturam deſiderat) triglyphi
ſculpuntur*, &c.

FRISE. C'eſt une eſpéce de drap plus velu que
l'ordinaire, dont on fait des fourrures. Turnébe liv. 24.
chap. 19. de ſes Adverſaires, dit que les Anciens appeloient *Phrixianas veſtes*, les habits dont l'étoffe
étoit velûe & friſée ; comme la Toiſon d'or, qui étoit
appelée *Phrixianum vellus*, à-cauſe de *Phrixus*, qui
en fut le premier poſſeſſeur. *Sunt autem, dit-il, Phrix-
iana veſtes, quæ phrixaï velleris criſpos & eminentes
villos imitantur.* Ce qu'il prouve par ce lieu de Séneque
liv. 1. chap. 3. *De Beneficiis: Inveniam alium Poëtam apud
quem præcingantur, & ſpiſſis aut Phrixianis prodeant.*
Et cette ſorte d'étoffe ſe trouve oppoſée à une autre,
qui n'eſt pas velûe, qui pour cette raiſon eſt appelée
raſa. Pline liv. 8. chap. 48. *Togas raſas, phrigianaſque,
Divo Auguſto noviſſimis temporibus cepiſſe ſcribit Fe-
neſtella.* Où, ſelon le même Turnébe, il faut lire *phri-
xinias* au lieu de *phrigianas.* Il y a apparence que de-là
nous avons formé *Friſe*, puiſque c'eſt une même maniére d'étoffe : ſi ce n'eſt qu'on veuille dire qu'elle ait
pris ce nom de la *Friſe*, pays d'Allemagne ; car je
trouve dans les anciens livres une eſpéce d'étoffe appelée *Freſonica*, ou *Friſonica.* Le Moine de S. Gal liv. 2.
de la Vie de Charlemagne : *Palla Friſonica alba, cana,
vermiculata, vel Saphyrina.* Et plus bas : *Inferioribus
verò ſaga Freſonica omnimodi coloris darentur.* L'Aureur
de la Vie de S. Othon Evêque de Bamberg, livre 3.
chap. 41. parle d'une étoffe appelée *Fricatii* ; où j'eſtime qu'il faudroit lire *Friſatii. Fuſtani & purpuræ,
purniati, fricatii quoque, ſeu alterius cujuſlibet optimi
generis vel coloris pannorum.*

FRISSON. Selon l'opinion des Etienne ; de Picard, & de Périon, il eſt formé de Φρίσσω, qui ſignifie proprement *friſſonner* : d'où vient Φρίκη, qui ſignifie *friſſon* ; *horror ex frigore vel febre.*

FROC. De *flocus*, & de *flocellus.* Le livre *De Statu
Monachorum* chap. 1. aux Clémentines : *Flocum, cu-
cullam, aut capam clauſam habeant.* Et plus bas : *Nomine* floci, *habitum qui longas habet manicas, nos in-
telligera declaramus.* Geoffroy de Vendôme l'appelle
flocellum, liv. 2. epit. 8. *Dominus Ernaldus, quem De-
canum veſtrum dicitis, ſi ſibi ſecundum juſtitiam pla-
cuiſſet, teſte flocello de capite ſuo, potiùs in noſtra, quàm
in veſtra ſorte manere debuiſſet.* Les Gloſes de Papias :
Fruſcellum, floculum, Où je croy qu'il faut lire *fro-
cellum.*

FROIDEUR. Du Latin-barbare *fridor* ou *frigidor.* Le Gloſſaire de l'Evêque Goth Anſileubus : *Fridor, frigus.* Joannes Januenſis dans ſon Catholicon :
Frigidor, oris ; id eſt, frigus.

FROISSER. De *freſſare* ; formé de *freſſus*, participe de *frendere*, qui ſignifie *briſer*. Et ainſi, *faba freſſa* ſont les féves froiſſées, ou comme l'on dit communément, *fraſées*. Feſtus Pompeius : Frendere, *eſt frangere ; unde & fabæ freſſæ*. Iſidore liv. 17. chap. 4. *Faba freſſa dicta, eò quòd eam homines frendent, hoc eſt, frangant*. Caton chap. 9. *Poſteà fabam freſſam puram ei far purum facito*. Columelle liv. 2. chap. XI. *Cicera brbus erxi loco freſa datur in Hiſpania Batica*. Balbus *in Catholico* : Freſus, *id eſt contritus, concuſſus : unde & fabam freſam dicimus ; quia habet thecam molitam, id eſt fractam, concuſſam*.

FROMAGE. Robert Etienne a déja remarqué que ce mot vient de *forma*, c'eſt-à-dire l'écliſſe & le caſeret où le fromage prent ſa forme & ſa figure. C'eſt pourquoy Theodore Gaza en ſa Traduction de l'Hiſtoire des Animaux d'Ariſtote liv. 3. chap. 10. l'appelle *formago* : *Ex amphora lactis caprini formagines obolæ duodeviginti conficiuntur*. Les Gloſes de Papias : Caſeus *dictus, quòd careat ſero* : Formaticum, *à Forma ; inde ſit diminutivum* Formula ; *unde etiam* Formella, *quæ etiam informationes caſei ſignificat ; unde & * Formatium *dicitur*. Les Capitulaires de Hincmar Evêque de Reims, qui ſont au 3. Tome des Conciles de France : *Quando parrochias circuitis, nolite graves eſſe presbyteris, petentes friskingas, vel piſces, vel formaticos*. L'Abbé Eginard epit. 23. dans le 2. volume des Hiſtoriens de France de Du Cheſne : *Et quæ nobis neceſſaria ſunt ad habendum, id eſt farinam, bracen, vinum, formaticum*. De-là vient auſſi que les pains de cire ſont appelés *formella*. Valafridus Strabo en la Vie de S. Gal, chap. 12. *Pallula involvit formellam cera*. Et Iſidore livre 15. chapitre 9. appelle *formatum & formatium* les parois de terre battue entre deux ais. *Formatum ſive formatium in Africa, vel Hiſpania parietes de terra appellantur, quoniam in forma circumdatis duabus utrinque tabulis inſertiuntur magis quàm inſtruuntur*. Les Gloſes Arabico-Latines : Formatum *vel* formatium *in Africa & Spania parietes è terra appellantur*.

FRONCER. C'eſt-à-dire *pliſſer & rider*. Mr de Saumaiſe, dans ſes Notes ſur Tertullien *De Pallio*, tient que ce verbe prent ſon origine des plis & des rides qui ſe forment ſur le front : *Frontiam vulgò rugam aut plicem appellamus, à fronte, quæ rugis maximè contrahi ſolet & caperari* : hinc fronciare ſupercilium *dicimus*, τὸ συγνάζᾳν, τὸ ἐπισκύνιον συνάγᾳν. De-là vient *défroncer*, qui ſignifie le contraire de *froncer*. Jean de Meun en ſon Teſtament :

Cinglent eſtroit leurs treſſes d'un las & d'un chapel,
Pour leur front défroncer & eſtendre la pel.

FUMETERRE. Herbe : en Grec καπνός, & καπνίον, c'eſt-à-dire *fumée*. Elle eſt ainſi appelée, comme qui diroit *fumus terræ* : parceque ſon ſuc étant

mis dans les yeux, y cauſe même incommodité que la fumée. Les Latins l'appellent *fumaria*.

FUMIER. Encore que ce ſoit *fimetum*, en bon Latin, on ne laiſſe pas de le former du barbare *fimarium*. Le Gloſſaire de l'Evêque Goth Anſileubus : *Fimarium, ſterquilinium*. * Les Statuts de David II. Roy d'Ecoſſe : *Si aliquis injuſtè & contra Legem alterius canem interfecerit, vigilabit, & cuſtodiet ejus fimarium poſt annum & diem*. Le Grand Paſtoral de l'Egliſe de Paris liv. 9. chap. 45. *Nec non fimarium, paleam & ſtramina exiſtentia in porpriſio*, &c.

FURET. En Latin *viverra*. C'eſt un diminutif de *furo*, qui eſt le même animal dans Iſidore liv. 12. chap. 2. Furo *à furvo dictus : unde & fur ; tenebroſos enim & occultos cuniculos effodit, & ejicit prædam quam invenerit*. L'Eſpagnol l'appelle *huron*, & je croy que nos anciens François en feſoient de-même ; car je trouve qu'ils appeloient les Mineurs *Hurons*. Froiſſart vol. 1. chap. 288. *Le Prince menoit par uſage touſjours avec luy grand foiſon de Hurons, qu'on dit Mineurs*. Et c'eſt parceque les Mineurs ſe font des chemins ſous terre, à l'imitation du furet : d'où vient auſſi que les mines ſont appelées en Latin *cuniculi*, qui eſt auſſi le nom des lapins ou connins que cet animal pourſuit ſous la terre.

FUSIL. Toutes les pierres d'où ſe peut tirer le feu ſont compriſes ſous le nom de *ſilex*. Virgile au 6. de l'Eneide :

—————*Querit pars ſemina flammæ*
Abſtruſa in venis ſilicis.

Iſidore liv. 16. chap. 3. *Silex eſt lapis durus, eò quòd exiliat ignis, ab eo dictus*. Il y a pourtant une autre eſpéce de pierre dont le feu ſe tire plus facilement : nous l'appelons ordinairement *fuſil*, en Grec πυρεῖον, & en bon Latin *igniarium*. Les Auteurs de la derniere Latinité l'appellent *petra focaris*. Iſidore au livre cy-deſſus allégué chap. 4. *Eſt alius pyrites vulgaris, quem vivum appellant ; qui ferro vel lapide percuſſus ſcintillas emittit, quæ excipiuntur ſulphure, vel aridis fungis, vel foliis, & dictô celeriùs profert ignem : hunc vulgus focarem petram vulgò vocat*. Nous appelons proprement *fuſil*, non la pierre, mais le fer dont on ſe ſert pour en tirer le feu : de-ſorte-que ce mot ſemble avoir été formé de *focus*, & du verbe *elicio* ; comme qui diroit *foci elicium*. Joannes Januenſis dans ſon Catholicon le tire preſque de même ſource. *Fugillus, ferrum quo extrahitur ignis de petra. Et videtur derivari à fos, quod eſt ignis ; & gero, ris, quaſi fos gerens : unde fugillare, id eſt ignem de petra fugillô extrahere ; hinc, per figuram, Fugillatores dicuntur umbræ Dæmonum qui ignem ferunt*. Mon opinion eſt que nous avons formé *fuſil* de *focillus*, diminutif de *focus*, & d'où les Italiens ont auſſi fait *focillo*.

G A.

GABARRE. C'eſt une eſpéce de bateau : & en Languedoc *Garrabot* eſt un petit bateau. De κᾳράβιον, qui ſignifie *un bateau*, on fit *carabus* & *carabrum* ; & de-là *gabarre*. Iſidore liv. 19. chap. 1. *Carabus, parva ſcapha ex vimine facta quæ contecta crudo corio genus navigii præbet*. Florentius Vigornienſis ſur l'an 891. *Occulté de Hibernia fugerunt ; carabumque, qui ex duobus tantùm coriis & dimidio factum erat, intraverunt ; mirumque in modum, ſine velo & armamentis, poſt ſeptem dies in Cornubia applicuerunt*. Fulcherius Carnotenſis, *De Geſtis peregrinantium Francorum*, liv. 2. parlant du Siege de Tyr : *Quinque Venetici, ſecundâ ſatis fortunâ uſi carabrum ſuum ingreſſi, domum unam diripuerunt*.

GABELLE. L'origine de ce mot fait beaucoup de peine aux Savans. Le Cardinal Baronius ſur l'an 31. nombre 63. dit que le Prince des Publicains [c'eſt-à-dire Partiſans] étoit appelé *Gabbe* en Hébreu ; & le reſte des Publicains *Gabbin* : d'où il dit que peut venir *Gabelle*. *Princeps Publicanorum dicebatur Hebraicè* Gabbe ; *cæteri verò Publicani* Gabbaïn ; *unde fortaſſe deductum nomen* Gabella. Gaſpar Waſerus liv. *De Antiquis nummis Hebræorum* chap. 17. confirme en quelque façon l'opinion de ce grand Cardinal, diſant que *Gabbaia*, en Langue Syriaque, ſignifie *Exacteur*. Henri Spelman dans ſon Archeologue, dit que *Gabelle* eſt formé de *gapol*, ou *gapel*, qui ſignifie *revenu* en Langue Saxonne. Et ſur le mot *Gavelgilda*, qui ſignifie celui qui paye les Cens ; il dit qu'il eſt formé de *gapel*, qui ſignifie *Cens & Tribut*. Bodin liv. 6. chap. 2. de ſa République, le fait venir de *Javelle*, feſant alluſion de *Gabelleurs* à *Javelleurs*. Je ne ſay s'il veut dire que les *Gabelleurs* étoient proprement ceux qui prennent le Droit des chams, ou tel autre, ſur les Javelles de blé : car en Languedoc on appelle les Javelles *Gabelles*. Quelqu'un a voulu dire que *Gabelle* venoit de l'Hébreu *Gabal*, qui ſignifie *limitation de prix* : parceque celui du ſel eſt preſcrit & limité dans les Greniers à sel du Roy. Quelqu'autre s'est persuadé que *Gabelle* venoit de *gabber*, qui signifie *railler*; ne considérant pas que cette sorte de Tribut passe raillerie. Quoyque ce mot ne s'entende en notre Langue que du Tribut que le Roy prent sur les Ventes du sel, on a pourtant remarqué qu'il se prent aussi pour les impositions faites sur les autres denrées: comme *la Gabelle du vin*, & *la Gabelle du Tonnieu*, dont il est fait mention dans les Ordonnances des Ducs de Bouillon. Voyez là-dessus l'Indice de Ragueau. Aussi dans les Constitutions Neapolitaines liv. 1. tit. 59. *Gabella* est le revenu qui provient tant du Domaine du Prince que des autres Droits de la Couronne: & *Gabelloti*, ou *Gabellati*, en sont les Executeurs; comme l'on peut voir au tit. 76. du même livre.

GAGNAGES. Jâque du Fouilloux chap. 31. de sa Venerie: *Il y a différence entre* Gaignages *&* Tailles: *car ce que nous appelons* Gaignages, *sont champs & jardins où croissent toutes espéces de bleds & potages. Et quand les Cerfs vont là viander, nous disons qu'ils ont esté au Gaignages.* Je croy que ce mot a été formé de *gagner*: parcequ'en cette sorte de chams il y a plus de profit à faire qu'au reste des terres incultes, comme sont les taillis, les brandes, & les bruiéres. Vanhier de Dodan, au Roman de Perceval le Gallois, les appelle pour la même raison *Gaigneries*.

> *Li Chassel si assis estoit,*
> *Que d'une part la mer battoit:*
> *De l'autre part est la Blayerie,*
> *Les Villes, la Gaaignerie.*

GAILLARD. J. César Scaliger contre Cardan Exercit. 325. 13. tient ce mot formé de *Gallus*, à-cause de la hardiesse des Gaulois. *A Gallica audacia Galliardus nuncupatur is qui fortiter adit pericula.* Ger. Vossius *de Vitiis Sermonis* livre & chap. 8. lui donne la même origine; mais d'une maniere un peu différente. Gaillardum *reperio apud nonnullos; ex Gallico* gaillard: *hoc est, agilis, hilaris: Unde & tripudii genus agile & latum* gaillardum *vocant: unde Gallica vox esse à Gallico ardore, qui agilitatem & lætitiam parit; nisi posterior vocis pars sit ab* ard *sive* acit, *significante ingenium atque indolem.*

GAIN. GAGNER. Les anciens François écrivoient *gaain* & *gaaigner*. Ces mots sont formés par contraction de *gasaing* & *gasaigna*, qui signifient même chose en ancienne Langue Provençale; comme encore en Languedoc & en Guienne. Pierre, Cardinal du Puy, l'un des meilleurs & plus anciens Poëtes Provençaux, dans une belle Satire qu'il a composée contre les Amoureux:

> *Anc no gazanhei tant en re,*
> *Com quan perdei m'amia:*
> *Car perden liey gazanhei me*
> *Cuy jeu perdut avia.*
> *Petit gazanha qui pert se,*
> *Mas qui pert so que dan li te*
> *Jeu ore que gazanti sia.*

Je ne say s'il faut croire que ces mots sont formés de *gaza*, qui dans les bons Auteurs signifie *les Tresors & les richesses*; bien-qu'il se trouve quelquefois pris pour des choses de valeur médiocre. Virgile au 5. de l'Eneïde:

> *Gratatur reduces, & gazâ lætus agresti*
> *Excipit.*

N'étant pas hors d'àpparence que ces mots en ayent été faits, comme qui diroit *gasanium* & *gasaniare*; & qu'on les ait pris ensuite pour toute sorte de profit & d'acquisition. *Ganar* en Espagnol signifie *gagner*. Covarruvias dans son Tresor de la Langue Castillane, croit que *gain* signifie proprement le profit qui provient *del ganado*, c'est-à-dire d'un troupeau de bétail; & que de-là on appelle *ganancia*, le profit provenant du principal & du capital de toutes choses. GANAR, *el acrescentar, el ganado, y de alli qualquier otra hazienda* ganancia, *lo que se le acrescienta al caudal.* Puis il ajoûte qu'en Hébreu *gane* signifie *gagner & acquerir*. En Languedoc on appelle *gasaille*, le bétail qu'on loue à moitié de profit & de perte.

GALAND GALANTERIE. Puisque J. César Scaliger & Vossius tiennent que *Gaillard* est formé de *Gallus*; à-cause de la hardiesse & de l'agilité ou belle humeur des Gaulois ou François; il me sera bien permis de dire que *Galand* & *Galanterie* viennent de même origine: d'autant que la Galanterie, c'est-à-dire la civilité, la courtoisie, & tout ce qui peut être compris sous le nom d'*Urbanité*, sont des qualités que les François possédent par éminence, par l'aveu même des Nations étrangéres. Guillaume, Moine de Malmesbury, livre 1. chapitre 1. décrivant comme Egbert Roy d'Angleterre vint à la Cour de Charlemagne pour s'instruire aux vertus Roïales, attribûe aux François la courtoisie & la galanterie par dessus toutes les Nations de l'Occident. *Egbertus, transnavigato mari, Franciam venit: quod Dei consilio factum intelligo, ut vir ille ad tantum regnum eleitus regnandi disciplinam à Francis acciperet; est enim gens illa, & exercitatione virium, & comitate morum, cunctorum Occidentalium facilè Princeps.* Guntherus, Poëte Alleman, au liv. 9. de son Poëme intitulé *Ligurinus*, leur attribûe aussi, comme une qualité particuliere, la courtoisie & la galanterie.

> *Anglus, & urbanis illo qui tempore Gallis*
> *Rex erat, ambo viros ad regia castra fideles*
> *Legarant.*

Quelques-uns veulent que *Galand* soit formé de *Gallanies*, qui se trouve dans ce Fragment de Varron, *Namque venustas hic adest Gallantibus*; & que Nonius Marcellus dérive de *Gallari*, qu'il explique par *bacchari*, qui est *faire le fou*, à l'imitation de ces Prêtres enragés de la Deesse Cybele, appelés *Galli*. Mais parceque la folie de ces Prêtres n'a rien de commun avec la discretion & la belle humeur des Galans hommes, je ne saurois approuver cette origine.

GALERE: où selon les Anciens *Galée*. Voyez Louis Servin liv. 2. Plaidoyé 47. Je ne rapporteray point icy ce qui est écrit au livre attribué à Xénophon, intitulé *De Æquivocis*; où il est fait mention des Gaulois, lesquels, au tems des premieres inondations, furent les premiers entre les hommes qui surmontérent les eaux du Deluge: ny ce qu'aucuns ont observé, qu'aïant les premiers vogué sur la mer, ils ont donné le nom aux Galéres. Je croy que ces mots viennent de *Galin*, qui en Langue Aramée signifie *barque*. Il se peut faire aussi que le mot *Galére* soit formé de *Gaulus*, qui étoit une espéce de bateau dont fait mention Aule Gelle liv. 10. ch. 25. Festus: Gaulus, *nomen navigii.*

GALERIE. Comme c'est une espéce de bâtiment qui ne sert qu'à se promener & à se donner du plaisir, il y a quelque apparence que ce mot est formé de l'ancien verbe François *galer*, qui signifie *se réjouir*; comme encore aujourd'huy en Languedoc *galà* signifie *se donner du bon tems*. Et ces mots semblent tirer leur origine de *gallescere*, qui signifie *s'éjouir & prendre du plaisir*. Les Gloses: Gallesco, χαίρω, ἥδομαι.

GALION. C'est ainsi qu'on appelle un vaisseau qui est plus grand que les navires; bien-que la terminaison de ce mot témoigne assés que c'est proprement un diminutif de *Galée*: aussi étoit-ce anciennement le nom d'un petit vaisseau. Un ancien Auteur de l'Histoire de Jérusalem, qui se voit dans le Recœuil intitulé *Gesta Dei per Francos: Verùm quædam de galeis nostris, quinam veniant, inquisitura occurrit; & cum ea minor cumba, quam vulgò* Galionem *vocant.* Et plus bas: *Galiones verò, uno remorum ordine contenti, brevitate mobiles, & faciliùs flectuntur, & leviùs discurrunt,* &c.

GALOCHE. Il n'y a point de doute qu'il ne soit formé de *Gallica*, qui signifie proprement une espéce chaussure qui ne couvre que le dessus du pié, dont le reste paroît nu au-travers de certaines courroyes dont cette chaussûre est attachée. Dans Aule Gelle, liv. 13. chap. 20. *Omnia fermè id genus, quibus plantarum calces tantùm infimè teguntur, cætera propè nuda, & teretibus habenis vincta sunt, soleas dixerunt: nonnunquam voce Græcâ* crepidulas. Gallicas *autem, verbum opinor esse novum, non diu ante ætatem M. Ciceronis usurpari cœpitum. Itaque ab eo ipso positum est in secunda Antonianarum. Cum Gallicis, inquit, & lacerna cucurristi.* Son diminutif *gallicula* signifie *même chose*. Les Gloses: Σανδάλιον, gallicula. Le Glossaire d'Ansileubus: *Gallicula, calceamenta pas-*

torum funt. Henri Spelman dans fon Archeologue : *Sunt Galoches hodie apud Gallos crepida feu calcei quidam lignei, quibus in rure utuntur coloni.* Budée dérive *galoche* de κάλοπης, qui fignifie *un foulier de bois.*

GALOPER. Κάλπη & κάλπις, dans quelques Auteurs Grecs, fignifient une certaine maniere de marcher ou de courir : de-là font dérivés καλπάξειν & καλπᾷν, qui fignifient proprement *faire aller un cheval à petits bonds.* Budée, Adrien Junius, Ruellius, & plufieurs autres aprés eux, ont remarqué que de-là vient *galop* & *galoper.* * Voicy les termes de Budée qui font de la page 212. de fes Commentaires fur la Langue Grecque : *Κάλπην ἢ καλπάζειν Graci dicunt, equum ad ingreffum exultantem urgere. Noftri hoc callopare vocant ; & callopum, quod illi κάλπην dicunt. Mr de Saumaife cependant dans fes Notes fur l'Hiftorien Julius Capitolinus met de la différence entre le* καλπᾶν *des Grecs, & notre* galoper. *Differebat tamen, dit-il, currendi modus ille in equis, quem Graci* κάλπην *vocant, & quem nos* galopum *vocamus. Gracorum enim* κάλπη, *curfus eft quem trotum vulgò nuncupamus, qui medius eft inter galopum & paffum, ut vulgò loquimur.* Mais il ajoute : *Haud dubiè tamen inde efficta vox eft illa noftra Gallica,* &c.

GAMBOISON. Les Anciens couvroient, à la guerre, leur eftomac & leur ventre d'une efpéce de plaftron fait de lin ou de linge, tellement battu & ferré qu'il pouvoit réfifter à la pointe des armes les mieux acérées. Æmilius Probus les appelle *loricas lineas ;* & Plutarque, en la Vie d'Alexandre, en décrit un dont ce Prince s'armoit aux jours de bataille. Nos anciens François l'appeloient *gamboifon.* Geoffroy de Ville-Hardouin liv. 3. *Et ne fu armés que d'un gamboifon & d'un chapel de fer, fon efcu au col.* Le Sire de Joinville, en la Vie de S. Louis, l'appelle *gaubifon. Or il avint que je trouvay illec un gaubifon d'eftoupe qui avoit efté à un Sarrafin : & je tournay le fendu devers moy, & en fis efcu.* Raimond de Agiles, dans fon *Hiftoria Francorum qui ceperunt Jerufalem,* écrit qu'au Siége de Jérufalem les Turcs oppofoient aux coups des machines de guerre, des coites faites de gamboifon. *Erant autem culcitra de gambafio ;* c'eftà-dire, faites de la même étoffe dont on fait les gamboifons. Et parceque cette forte de plaftron fervoit particulierement à la deffenfe du ventre, il fut appelé *Wambafia,* d'où nous avons formé *gamboifon ;* car en ancienne Langue Tioife *Wamb* fignifie *ventre* par Rabanus Maurus, Abbé de Fulde, dans fes Glofes Latinesbarbares des parties du corps humain : *venter, id eft Wamba.* La Chronique de Colmar part. 2. *Armati reputabantur, qui galeas ferreas in capitibus habebant, & qui Wambafia, id eft tunicam fpiffam ex lino & ftuppa & veteribus pannis confutam,* &c. Albertus Argentinenfis dans fa Chronique : *Quidam carnifex Epifcopum fuper dextrario in rubea Wambafia circumientem, & exercitum fuum ad pugnandum incitantem, tufpide perforavit.*

GANS. De *Wanti,* ou *Wantones.* Dans la premiere Addition au Capitulaires de Charlemagne ch. 22. il eft permis aux Moines de porter *wantos in aftate, muffulas in hyeme vervecinas.* La Vie de S. Bethier, Evêque de Chartres : *Chirothecas, quas vulgò wantos vocant.* La Chronique de Novaleze, *De Expeditione Caroli Magni adverfus Longobardos,* décrivant comme l'Empereur Othon entra dans le Sepulchre de Charlemagne : *Coronam auream erat coronatus, fceptrum cum wantonibus indutus tenens manibus, à quibus jam ipfa ungula procefferant.* Il eft certain que *wanti* & *wantones* font des mots de l'ancienne Langue Tioife : Et je ne fay s'ils font formés de *hent* ou *hant,* qui fignifie *la main* en cette Langue ; comme encore *hand* en Alleman. Le Gloffaire du Moine Kéron : Manu, *henti.* Manuum, *henteo.* Manibus, *hantum.*

GARDE. Les Allemans, & beaucoup d'autres Nations du Nord, écrivent *Wardin :* auffi eft-il d'origine Tioife. Je croy que ce mot, en fa premiere & naturelle fignification, étoit *une guette & une Sentinelle.* Jâque de Vitry dans fon Hiftoire de Jérufalem: *Alba Specula, qua vulgariter dicitur Blanche Garde.* De-là vient qu'en beaucoup d'endroits du Roïaume il y a des Lieux, qui étant élevés & propres à découvrir de loin, font appelés *la Garde,* & *Belle-Garde.*

Mais comme celuy qui guette & fait fentinelle, garde & conferve ceux qui fe confient à fa vigilance & à fes foins ; de-là vient que la fignification de *Garde* & *garder,* s'eft étendûe à toute forte de foins qu'on prent pour la confervation de quelque chofe. Voyez *Regarder.*

GARE. C'eft l'impératif du verbe *garer,* qui n'eft plus en ufage ; encore-que *garà,* qui fignifie même chofe, foit encore ufité en Languedoc. Ce verbe fignifie *fe conferver, prendre garde à foy & fe deffendre.* Il eft mal-aifé d'affurer s'il eft de la Langue Françoife ou de l'Allemande, parcequ'il s'en trouve des marques en l'une & en l'autre ; puifqu'en Langue Saxonne *waran,* felon Spelman ; ou *waren,* felon Voffius ; fignifient *fe deffendre :* de-forte-que je me perfuade volontiers que ce verbe eft de l'ancienne Langue Celtique qui étoit anciennement commune aux Germains & aux Gaulois quant à la racine des mots.

GARENNE. Je viens de dire que *Garer,* en vieux François ; & *Waren,* en Saxon ; fignifient entr'autres chofes *deffendre.* De-là vient fans doute *Garenne.* Car comme le mot de *Foreft* fignifioit anciennement les bois & les rivieres, où il étoit deffendu de chaffer & pécher fans le confentement des Rois, comme je l'ay fait voir fur le mot *Foreft :* ainfi par celui de *Garenne,* on entend des Bois & des Etangs appartenans à des particuliers, où la même chofe eft deffendûe. La Coutume du Perche : *Garenne à eau & connils.* Je trouve auffi qu'en Guienne les garennes étoient anciennement appelées *Defés ;* du verbe *deffendere :* ou *Bedas ;* de *vetare.* Dans diverfes Coutumes locales de Gafcogne, les Garennes font entendûes fous ces paroles, *Defés de claps, de conils, & de pefquers.* Et dans les Coutumes Générales du Comté de Fefenfac arreftées l'an 1285. Il eft permis aux Gentils-hommes par le Comte d'Armagnac, d'établir auprés de leurs Châteaux, des *Bedats ;* c'eft-à-dire *des Garennes. Item fuit ordinatum & conceffum per nos cuilibet circa Caftrum fuum Bedatum fuum rationabiliter facere, falvo jure alterius.*

GARITE. Du même verbe inufité *garer :* parceque les garites ne font faites que pour s'y deffendre & mettre à couvert des coups des Affiégeans. Guillaume le Breton liv. 2. de fa Philippide :

Nonnifi rarus erat qui muris ftaret in altis
Omnibus ad tutas fugientibus ultro garitas.

Et au liv. 7:

Hi cryptas, illi curvas fubiere garitas.

De-là vient le Proverbe des couards, *Se fauver à la garite,* ou *Prendre la garite.*

GARNIR. De *Warnire,* qui fignifioit *fe pourvoir,* & *s'équipper* des chofes néceffaires. Les Capitulaires de Charles le Chauve tit. 26. *Unufquifque infra patriam, cum pace, & fine oppreffigne pauperum & circummanentium, confiftat ; & in hoftem, vel ad placitum five ad curtem veniens, de fuo fic : arnitus, & de domo fua moveat, ut cum pace venire, & nobifcum ftare, & ad domum fuam redire poffit.*

GARNISON. De *Garnir,* formé de *Warnire.* C'eft ainfi qu'on appelle aujourd'hui les Gens de guerre ordonnés pour la deffenfe ou confervation d'une place. Ce mot s'entendoit anciennement des provifions d'argent & de vivres, & des autres chofes néceffaires à l'entretien d'une Ville de guerre. L'Hiftoire du Connétable du Guefclin chap. *En ladite Ville conqueftée fu trouvée mainte noble richeffe ; comme joyaux, & monnoye d'or & d'argent, & tres grand garnifon de bleds & de bons vins.* On difoit auffi *garnefture,* pour *garnifon.* Matthieu Paris en la Vie de Henri III. —— *Civitatem Damiata cum fuftentamentis, qua Garneftures Vulgares appellant.*

GARONNE. Le nom de ce ce fleuve eft à mon avis de l'ancienne Langue Celtique. Car comme du verbe Alleman *rinnen,* qui fignifie *couler & fluer,* à été fait le nom du *Rhin,* felon l'opinion de Goldaft: de-même de fon preterit *geronnen,* ou comme prononcent les Allemans *gueronnen,* fut formé le nom de la *Garonne ;* tant à-caufe de fon cours ordinaire, que du flus & reflus de la mer. Je ne fay fi Guillaume le Breton, qui dans fa Philippide l'appelle *Gerunna,* avoit fait reflexion à cette origine.

Quum poft retrofluum pelago crefcente Gerunnam.

Camden en sa Bretagne, le dérive du Breton ou Anglois *Garw*, qui signifie *rapide*. *Nobilissimum Galliæ flumen Garumnam torrentibus, & quasi exasperatis undis ferri notissimum est : unde Poëtis validus Garumna æquoreus ; rapidus garw Britannicè designat.*

GARRIGUES. En Languedoc, *garric* est un petit chêne : c'est pourquoy on y appelle *garrigues*, certaines terres incultes qui ne produisent que de petites broussailles de chêne, & particulierement de celui que Pline au liv. 16. chap. 6. appelle *ilex, aquifolia*, qui produit és environs de Montpellier & de Narbonne la graine nommée *kermes*, ou *cochenille*.

GARSON, GARSE. L'origine de ces mots est tellement cachée qu'on n'en a encore purrouver aucune qui me plaise. Isaac Pontanus dans son *Glossarii Prisco-Galici Auctarium*, sur le mot *Baro* ou *Varo*, dit que de *varo* on a fait *warsio* ; & de-là *Warson* ou *Garson*. Lipse liv. 3. epit 44. *ad Belgas* le forme de *garrio*, à *garritu*, à-cause du caquet des petits garsons. Je n'en say point d'autres, si n'est que *gars*, dont *garson* est le diminutif, doit être de l'ancienne Langue Celtique, en laquelle il signifioit *jeune homme* : & que comme *puer* est pris pour *un jeune enfant*, & pour un *Serviteur* ; & que *Valet*, qui signifioit anciennement *un jeune homme*, est maintenant pris pour *un Serviteur*, *garson* & *garse* ont aussi signifié dans la suite *un Valet* & *une Chambriere*. Traimundus Moine de Clairvaux, en l'Epitre 1. dans le 4. volume du Recœuil des Historiens de France de Du Chesne : *Regem puteris prodire, non præsulem ; tantus est equorum exorcitus, tanta caterva Comitum, tantus præcedentium populus garcionum.* Le Roman de Guillaume au court nés :

> *Les murs d'Orenge choisi sor la terriere*
> *Tiex trois cens Dames ot a une apoiere,*
> *Il n'y avoit Garsè ny Chamberiere.*

Il y a des lieux en France ou *Garse* est encore pris en bonne part, & signifie *une Fille de chambre* : de-sorte-qu'il en est de ce mot, comme de l'Espagnol *Manceba*, qui se prent aussi-bien pour *une Fille honnête*, que pour *une débauchée*.

GÂTEAU. Parceque sa figure est vaste & étendüe, étant plus applati que le reste des pains : il fut ainsi appelé, de *vastellum* formé de *vastus*. Les Loix d'Ecosse, intitulées *Iter Camerarii*, chap. 9. qui est *de Pistoribus : Quòd non faciunt quodlibet genus panis ut Lex Burgi requirit ; videlicet quachetum, simmellum, vastellum.* Mathieu Paris dans les Vies des Abbés de de S. Auban : *Abbas solus prandebat, supremus in refectorio, habens vastellum.*

GAULE. Petit bâton. Janus Laurenbergius dans son *Antiquaire*, croit que ce mot est formé d'*Agolum*, qui signifie le bâton dont les Bergers touchent les brebis. Festus Pompeius : Agolum, *Pastorale baculum quò pecudes aguntur.*

GENTIL. C'est une espéce de Faucon. Le Faucon Pelerin & le Gentil sont tellement semblables, que l'Empereur Frideric au liv. 2. chap 4. *De Arte venandi cum avibus*, n'en pouvant démêler la différence, est contraint de dire que c'est une même espéce de Faucon, & qu'ils ont été appelés *gentils*, c'est-à-dire de même race que les Faucons Pelerins. *Dicunt multi quod Falcones peregrini, & Falcones absolutè gentiles, sunt duæ diversæ species Falconum, & non una ; vident enim majorem diversitatem inter Falcones peregrinos gentiles, & gentiles absolutè, quàm inter peregrinos ad invicem, & quàm inter gentiles ad invicem ; videlicet quòd peregrini tardiùs mutantur, & majores & pulchriores sunt. Nos verò nullam videntes substantialem differentiam inter illos, dicimus quòd sit una species Falconum, non diversæ, sed sunt similes & propinqui & utrique gentiles.* Cependant Charles d'Arcussia d'Esparron, dans sa Fauconnerie chap. 18. dit que le bon naturel de cet oiseau lui a fait donner le nom de *Gentil*.

GENTIL. *Propre & bien ajusté*, Charles Loiseau, des Ordres de la Noblesse chap. 4. dit que comme *gent* signifie *Nation* ; ce qui est à la mode, & qui est trouvé beau dans le Pays, est appelé en François *gentil* : & qu'il semble que ce mot est pris en ce sens dans Suétone, en la Vie de Tibére. *Capillo utebatur pone occiput submissiore, ut cervicem etiam obtegeret ; quòd gentile ei videbatur.*

GENTIL-HOMME. C'est-à-dire *Noble homme*. Dans la plus grande partie des Anciens livres François, & particulierement dans les anciennes Coutumes de Paris intitulées *Li Establissement le Roy de France*, &c. ce mot se trouve divisé en deux, *Gentis homme*, *Gentis femme*. Dans ces mêmes Coutumes liv. 1. chap. 24. *gentilment* signifie *noblement* : car parlant du partage des biens fait entre les enfans d'une *gentis femme* mariée à un homme *Coutumier*, c'est-à-dire *Roturier*, il est dit *Si se despartent toujours, mais gentilment*. Et dans Froissart vol. 2. chap. 116. *Gentillesse* est pris pour *Noblesse*. *Environ quatre cens lances, toute fleur de Gentillesse*. Les Romains appeloient *Gentiles*, les personnes de condition libre qui portoient même nom. Cicéron dans ses Topiques, sur l'auterité de Q. Mutius Scævola, dit que *Gentiles sunt, qui inter se eodem nomine sunt ab ingenuis oriundi, quorum majorum nemo Servitutem servivit.* Sur lequel endroit Boëce a fait cette Remarque : *Gentiles sunt qui eôdem nomine inter se sunt, ut Bruti Scipiones : quòd si servi sunt, nulla Gentilitas esse potest : quòd si Libertinorum nepotes eodem nomine nuncupentur, Gentilitas nulla est ; quoniam ab ingenuorum antiquitate Gentilitas ducitur.* De-sorte-qu'il semble que notre Noble'e ait pris le nom de *Gentilhomme*, de cette façon de parler des Romains : parcequ'environ le Régne de Hugue Capet tous les Fiefs ëiant été rendus héréditaires & patrimoniaux ; les Nobles en France, qui comme les autres hommes n'avoient auparavant autre nom que celui du Baptême, prirent le surnom de leurs Fiefs, qui fut depuis celui de leurs Familles : & ainsi ceux qui se trouvérent porter le nom d'une Famille Noble furent appelés *Gentilshommes* ; à l'imitation des Romains, dont les Habitans des Gaules observoient les Coutumes, lorsqu'ils devinrent Sujets des Rois de France. Mais encore-que depuis, à l'imitation de la Noblesse, le reste du Peuple prist des surnoms, il n'y a point de Gentilité ou Gentillesse pour eux ; non plus que, parmi les Romains, entre ceux qui étoient de condition servile. Car il faut être peu versé dans les Antiquités de France pour ne savoir pas qu'à l'exception de la Noblesse, le reste des hommes étoient tenus pour personnes de servile condition, & étoient connus sous les noms de *Roturiers* & de *Vilains*, que nous opposons encore à celui de *Noble*. Je pourrois fortifier cette vérité par un grand nombre de preuves que je réserve pour un autre sujet. Il y en a qui tiennent que le nom de *Gentilhomme* vient de ce que les anciens François, qui étoient Gentils, c'est-à-dire *Payens*; étant venus après la conquête des Gaules, à posséder avec la qualité de *Nobles* les biens qui leur étoient échus en partage, les habitans originaires du Pays, qui étoient Chrétiens, les appeloient, par une espéce de dédain, *Gentils* & *Gentilshommes*. Je laisse à part quelques autres origines de ce mot que les Curieux pourront voir ailleurs.

GEOLE, GEOLIER. Joseph Scaliger sur le livre 5. du Poëte Manilius, & Mr de Saumaise sur l'Historien Fl. Vopiscus, disent que de *Cavea* on fit *Cabia*, & enfin *Gabia*, d'où nous avons fait *Geole* & *Geolier*. Les Gloses : *Gabia*, γαλεύγεα. Et un autre Glossaire : γαλεύγρες, *Cavea*. En Languedoc on appelle *gabio* une cage : car quant au mot *gabiola*, qui se lit dans un Acte des Comtes de Champagne, rapporté par l'ithou dans la Coutume de Champagne, en ces paroles, *à custodia villæ, turris, & gabiolâ*, il s'entent d'une garite qu'on appelle en Languedoc *gabion*. Ce qui confirme d'avantage l'opinion de ces deux Savans Personnages, c'est que ce mot γαλεύγεα, que ces Gloses s'expliquent par *cavea*, & par *gabia*, signifie *cage* & *prison* : & qu'une cage & une prison se ressemblent, en ce que les hommes & les oiseaux y sont enfermés contre leur gré, & n'y voyent le jour qu'à-travers des grilles de fer, ou du fil d'archal. En-effet, les cages ont autrefois servi de prisons aux hommes. Dorronville, en la Vie de Louis III. Duc de Bourbon, parlant des enfans de Pierre le Cruel, que son frere Henri Roy de Castille tenoit prisonniers : *Lesquels il tenoit en une cage de fer, & y furent mis en leur âge de huit ans.* Philippes de Commines en la Chronique de Louis XI. chap. 136. dit que ce Roy avoit fait de rigoureuses

prisons,

prisons, comme cages de fer; & d'autres de bois, couvertes de pates de fer par le dehors & par le dedans, avec terribles fermures, de huit piés de large, de la hauteur d'un homme & un pié plus. Le premier qui les divisa fut l'Evêque de Verdun, lequel en la premiere qui fut faite fut mis incontinent, & y a couché quatorze ans. Plusieurs depuis l'ont maudit, & moy aussi qui en ay tasté sous le Roy present huit mois.

GERBE. En Languedoc on l'appelle *garbe*. Anciennement les Ecossois appeloient *garba*, un trousseau ou faisseau de fléches. Les Ordonnances ou Statuts de Robert premier du nom, Roy d'Ecosse, ch. 27. *Habeat unum arcum cum una garba sagittarum, scilicet viginti quatuor sagittas.* Ce mot est formé de *garivon*, qui en Langue Tioise signifioit *un boteau* ou *une javelle*. Le Glossaire que Lipse a recoeuilli d'un ancien Psautier, & qu'il a rapporté dans la 3e Centurie de ses Epitres *ad Belgas: Garivon, manipulos; nos gerven*.

GERFAUT. C'est une espéce de Faucon, beaucoup plus grand & plus hardi que les autres: comme remarque l'Empereur Frideric liv. 1. chap. 4. *De Arte venandi cum avibus*, lequel en donne l'origine en ces termes: Girofalco *dicitur à hiero, quod est sacer; vel à* Kyrio, *quod est dominus: inde* Kyrofalco, *id est* Dominus falco, *secundum Graecam Linguam*. La premiere origine a beaucoup d'apparence de verité: car le Grec-vulgaire appelle un Faucon γεράκι; bien-que le vray Grec dise ἱέραξ. Le *Corona Pretiosa:* Falco, γεράκης *accipiter*, ἱέραξ. Toutefois Albert le Grand, au Traité *de Falconibus, Asturibus, Accipitribus*, ch. 6. nous en donne une meilleure origine. *Dicitur* Girofalco, *à gyrando : quia diu gyrando acriter praedam insequitur.*

GETS. De *jacti*. Ce sont, en termes de Fauconnerie, les courroyes avec lesquelles on lâche ou on jette l'oiseau après le gibier. L'Empereur Frideric, au liv. 2. chap. 38. *De Arte Venandi cum avibus: Jacti sunt laquei de corio facti, imponendi pedibus Falconum, ut cum eis retineantur & jaciantur ad praedandum: qui ob hoc jacti dicuntur, quòd cum eis jaciuntur falcones & emituntur ad praedandum.*

GIBET. Mathieu Paris, en la Vie de Henri III. *Horribile patibulum, quòd vulgus Gibettum appellat.* Et au même endroit: *Ignominiosè super machinam illam paenalem, quae Gibet appellatur, suspendio traditur.* Ce mot vient à mon avis de *gabalus*, qui signifie même chose. Le Gibet est sans doute le plus haut & le plus élevé de tous les supplices. Celui qu'Aman avoit fait dresser pour pendre Mardochée, & où il fut lui-même pendu, avoit cinquante coudées de hauteur. Esther, chap. 7. *En lignum, quod paraverat Mardochao, stat in domo Aman, habens altitudinis quinquaginta cubitos.* C'est pourquoy les Doctes dérivent *gabalum* de l'Hébreu *gab*, qui signifie *haut élevé*; ou de *gabal*, qui signifie *une borne*, ou une piece de bois plantée dans les champs. Franciscus Raphelengius, en son Indice des mots Persans, dit que *gab* signifie *haut élevé:* Et *gibel*, en Alleman, signifie *le faite & le sommet*. Le Dictionnaire de Dasypodius: Gibel, *fastigium*. En Arabe, *Gebel* est une haute montagne: d'où vient que celle qui a donné le nom au Détroit de Calis; ou Détroit de Gibraltar; est appelée *Gebal Tarik*, c'est-à-dire montagne haute, comme remarque Matthias Martinius dans son Lexicon Philologicum. De-sorte-que comme de *Gebel* on a fait *Gibel*; puisqu'on prononce *Gebaltar* & *Mont-Gibel*; il est aussi croiable que de la même façon nos François ont fait *gibet* de *gabalum*.

GIBIER. C'est proprement la proye qu'on prent à la Chasse de l'oiseau. Je trouve que *gibecer* signifie chasser avec un oiseau. Vanhier de Dodan au Roman de Perceval le Gallois:

> *Tant que un seul Chevalier vit,*
> *Qui gibecoit d'un esprevier.*

Je ne say si ces mots ont pris leur origine de *gibbosus*, qui est le nom d'une espéce de Faucon estimé pour son excellence par dessus les autres. Albert le Grand au livre *de Falconibus, Asturibus, Accipitribus*, ch. 9. dit qu'il est *in genere Falconum Falco nobilissimus:* & après quelques lignes, *gibbosus autem vocatur, eò quòd propter brevitatem colli sui caput suum vix apparet, &c.*

De-sorte-qu'on pourroit bien, a-cause de l'excellence de cet oiseau, avoir appelé *gibecer*, le métier de chasser avec l'oiseau; & *gibier*, la proye qu'on prent à cette chasse.

GIRON. Anciennement on appeloit *girons*, les pans d'une robe, ou de telle autre sorte d'habit long: de *gyrus*; parcequ'ils sont à-lentour des habits *in gyrum:* & c'est de-là que nous avons formé *environ*; comme j'ay fait voir en son lieu. Le Roman de Guillaume au court nés, parlant d'une *broigne*, c'est-à-dire d'un haubert, ou cotte de maille:

> *Vesti Guillaume la grant broigne treillice,*
> *Grant & pleine, molt bien faite & massisse;*
> *Aux esperons tot li giron en trainent.*

Vanhier de Dodan, au Roman de Perceval le Gallois, appelle aussi *girons* les pans d'un pavillon.

> *Un si tres riche pavillon,*
> *Que tuit li pan & li giron*
> *Furent de diverses colors,*
> *A oyseaux, à bestes, à flort.*

Et Pline liv. 5. chap. 10. comparant la ville d'Alexandrie à une casaque de guerre: *Ad effigiem Macedonia chlamydis orbe gyrato laciniosam.* Maintenant *giron* est ce que l'on appelle en Latin *gremium*, c'est-à-dire le pli qui se fait au corps d'une personne assise, depuis la ceinture jusqu'aux genoux; parcequ'en cette posture on reçoit dans le *giron*, ou dans le pan de la robe, les choses dont on se veut servir. François Pithou, sur ces paroles du tit. 48. de la Loy Salique, *Festucam in laisum jactet*, remarque qu'une Glose explique *in laisum* par *in sinum :* & il ajoute que c'est ce qu'on appelle au Droit François *tendre le giron.*

GIROUETTE. *A gyrando*; parcequ'elle tourne au gré du vent. Ainsi *gyraculum* étoit ce Jouet des enfans que le vent fait tourner au bout d'un bâton. Joannes Januensis dans son *Catholicon :* Gyraculum *est illud cum quo pueri ludunt; quod in summitate baculi volvitur, & contra ventum cum impetu fertur.* Il paroît de-là que *girouette* a été formé de *gyraculum*.

GISARME, ou *Juisarme*. C'est un bâton de guerre dont le fer est tranchant. Le Roman de Guillaume au court nés :

> *De la gisarme l'a si bien assené,*
> *Qu'il l'a fendu jusqu'à l'arçon doré.*

Et en un autre lieu : *Et plus tranchans que rasoirs ny gisarmes*. Ce mot est formé de *gesum*, qui étoit *une lance* ou *javelot* dont les Gaulois se servoient : & cette sorte d'armes leur étoit propre & particuliere, comme *pilum* aux Romains, & *sarissa* aux Macédoniens. Servius : Pilum *propriè est hasta Romana; ut* Gessa Gallorum, Sarissae Macedonum. Jan de Garlandia, dans son ancien Dictionnaire : Gesa Gallicorum. Où la Glose fait cette remarque : Gesum, *Gallicè* Juisarme. *A* gero, is : *unde versus,*

> *Non amat ille Jesum qui fert ad praelia gesum.*

Joannes Januensis, dans son *Catholicon :* Gesa, *genus armorum, quod Gallicè dicitur* Gisarme. Je trouve qu'on disoit aussi *gisarum*. Les Statuts de Guillaume Roy d'Ecosse chap. 23. *Habeat gisarum, quod dicitur* hand axe, *arcum & sagittas*. Cette sorte d'armes étoit en usage en France du temps du Roy Charles. . . . *Et estoient leurs valets armés de Salades, Brigandines, haubergeons, & haches ou Juisarmes; & ceux qui les portoient étoient appelés* Juisarmiers.

GISTE. C'est le lieu où l'on couche; *la couchée*. Il vient du verbe *gesir*. Froissart vol. 4. chap. 8. parlant du Maréchal de France, & du Sire la Riviere, que le Roy Charles VI. envoyoit vers le Comte de Foix : *Et vindrent gesir en une Cité assez bonne en Tolosain.* Gesir est formé de *jacere*. En Languedoc on appelle *Jas*, le giste du lièvre; & *Jasen* s'y dit d'une femme qui est en gesine. Le Droit de Gîte, dont il est fait mention en quelques anciens Arrests, est un Droit pareil à celui qu'on appelle *Albergue :* c'est-à-dire, le droit de logement qu'on a depuis abbonné, & converti en certaine redevance.

GLACE. Nous appelons ainsi le verre d'un miroir. Il est croiable que nous avons emprunté ce mot des Langues du Septentrion. Car *glas*, en Flaman; & *gles* en Suédois, signifient *verre :* comme témoigne

Goropius Becanus liv. 5. de ses Origines d'Anvers. Il en est de-même de l'Alleman *Glaß*, & de l'Anglois *Glase*. Mais je croy que tous ces mots sont formés de *glacies* : à-cause de la ressemblance qu'a le verre avec la glace.

GLAJEUL. Nous l'avons formé de *gladiolus*, parceque sa feuille est faite en forme de lame d'épée. C'est aussi pour la même raison que les Grecs l'ont appelé ξίφιον, qui signifie *une petite épée*.

GLANER. C'est amasser les épis du blé après les Moissonneurs. *Glanes*, sont les boteaus ou petites gerbes qu'on fait des mêmes épis. Ces mots sont formés de *gelina* ou *gelima*, qui signifie *une gerbe*. Spelman dans son Archeologue : Gelina, *fasciculus frumenti, garba*. Hugo Cardinal. *in Postil. Ruth.* 3. cité par le même Spelman : Anchomium *est acervus gelinarum, in imo latus, in summo acutus*. Mathias Martinius dans son Lexicon Philologique, rapporte ce lieu d'un vieux Dictionnaire : Gelima, *garba, vel coma segetis ; & dicitur à* genu *&* ligo, *quòd cum manu ligatur super genu*.

GLISSER. Robert Etienne dit que peut-être ce verbe vient de γλίσχρος, c'est-à-dire *glissant*. Et je ne say aussi si nous l'avons retenu de l'ancien Tiois. Le Glossaire que Lipse a recœuilli d'un ancien Psautier, & qu'il rapporte en la 3. Centurie de ses Epitres *ad Belgas* : Glidir, *lubricum ; &* Glideri, *lapsu*.

GLOUTON. Nous l'avons formé de l'ancien Latin *glutio*, qui signifie *gourmand*. Lucilius :

Vivite Gluttones, comedones vivito ventres.

Perse Satire 1.

Nec glutto sorbere salivam mercurialem.

Apulée dans son Apologie : *Gluttones omnes qui impenso pisces pretio à Piscatoribus mercantur*. Le gosier est aussi appelé *gluttus*. Les Gloses : *Gluttus*, βρόγχος.

GOITRE. De *gutteria* ou *gutturnia*. C'est une enflûre du gozier causée par une maligne qualité des eaux ; à laquelle sont sujets ceux qui habitent certaines vallées des Alpes & des Pyrenées. Cette maladie n'a su trouver un nom propre & particulier dans la vraye Langue Latine, à moins qu'on ne l'y veuille entendre sous celuy de *Struma*, ou *Scrofula*, qui signifient proprement *les écrouelles*. Cependant Ulpien dans la Loy 12. 8. 2. au Digeste *de Ædilitio Edicto*, se sert de *Gutturosus* pour signifier un homme qui est attaqué de ce mal. Mais comme *gutturosus* a été formé de *guttur*, la derniere Latinité en a fait aussi *gutteria* & *gutturnia*. Baldricus dans la Chronique de Cambray liv. 1. chap. 16. *Si fœmina, vitio, quod vulgò dicimus* Gutteriam, *semper non caret*. La Vie de S. Vismar écrite par Rathier Evêque de Verone, qui se trouve dans Surius au 18. d'Avril : *Orta est in ejus collo satis nimis infirmitas ; quæ* Gutteria *dicitur sermone Gallico*. Les Gloses d'Isidore : *Gutturnia, gutturis inflatio*. De-là on fit *gutturnosus*. Hincmar en la Vie de S. Remy : *Omnes qui hoc egerunt, & qui de eorum germine nati fuerint viri, pondevosi fiant, & fœmina gutturnosa sint*.

GONFANON. C'est une Enseigne & un Drapeau de guerre. En armoiries il est représenté avec trois queues pendantes. Et je le trouve distingué des autres Enseignes. Le Roman de Guillaume au court nés, décrivant une Armée de Sarazins :

El premier chef à quatrevingtz Enseignes ;
Et dix Dragons ; & Gonfanons cinquante.

L'ancienne Chronique de Flandre chap. 67. *Et tenoit en sa main une lance à quoy l'oriflame estoit attaché d'un vermeil samit, à guise de gonfanon à trois queues*. Aussi Froissart vol. 1. chap. 115. dit que l'oriflame étoit faite en maniere de Gonfanon. L'origine de ce mot est de difficile recherche. Ces Pannons ou Drapeaux, que nous appelons *Pannoneaux Royaux*, & que le Droit Romain appelle *vela Regia*, dont on se sert pour marque de saisie ou sauvegarde du Roy ; étoient appelés, en Langage du Nort, *wiffa*. La Loy des Bajuariens tit. 9. chap. 32. *Qui autem signum quod propter defensionem ponitur, aut injustum iter exscindendum, vel pascendum, vel campum defendendum, vel amplificandum, secundùm morem antiquum ; quod signum* Wiffam *vocamus ; abstulerit, vel injustè reciderit, cum uno solido componat*. La Loy des Lombards liv. 3. tit 3. §. 6.

parlant de ceux qui ont refusé par trois fois de payer la dîme, se sert du verbe *wiffare*, pour ce que nous appelons *saisir*. *Si iterum contemptores existant, tunc per publicam authoritatem domus vel casæ eorum wiffentur, quousque pro ipsa Decima, sicut supradictum est, satisfaciant*. En la même Loy des Lombards liv. 1. tit. 27. §. 8. il y a *guiffare*. *Si quis sua authoritate terram alienam sine publico jussu guiffaverit, dicendo quod sua debeat esse*, &c. C'est parceque les Langues du Nort prononcent les lettres *G* & *V* de la même façon. Lindenbrog dans son Glossaire sur les Loix Barbares, rapporte une Glose ancienne, laquelle expliquant ce titre du Code, *Ut nemo privatus titulos prædiis suis vel alienis imponat, vel vela Regia suspendas*, fait cette remarque, *quod vulgò Longobardico more* Guiphare *dicitur ; apud nos* saisir. Puis donc que *wiffare*, ou *guiffare*, signifioit *suspendre* ou *attacher les Pannonceaux Royaux* ; c'est-à-dire, de petits Drapeaux ou Guidons aux armes du Roy ; il est aisé de juger qu'on fit de-là *Gonfanon* : Si ce n'est qu'on veuille dire qu'il est formé de *Guifa*, & de *fanon* qui signifie aussi un petit Drapeau.

GONFANONIER. La Coutume de Boulenois art. 7. dit *Gonfanier*. Quelques-uns l'écrivent *Gonfalonier* ; à l'imitation des Italiens, qui disent *Gonfaloniere*. C'est celui qui porte l'Enseigne & le Gonfanon. Les Capitulaires de Charles le Chauve, parlant des Abbés & Abbesses qui envoyerent à la guerre leurs hommes, c'est-à-dire, leurs Vassaux, tit. 32. chap. 13 : *Qualiter unusquisque Episcopus, vel Abbas, vel Abbatissa, cum omni plenitudine & necessario hostili apparatu, & ad tempus suos homines illuc transmiserit, cum* Guntfanonario. Car comme les Prélats avoient des Vassaux qu'ils étoient obligés d'envoyer à la guerre pour le service du Prince, il y avoit un de ces Vassaux, au Fief duquel étoit attaché le devoir de porter la Banniere ou le Gonfanon de l'Evêque ou de l'Abbé duquel il relevoit : comme le Comte de Vexin, qui étoit obligé de porter à la guerre l'Oriflame, qui étoit la Banniere de l'Abbaïe de S. Denis, de laquelle son Comté relevoit. Mais enfin *Gonfanonier* a été pris pour la premiere dignité d'un Roïaume. Le Roman de Guillaume au court nés introduit un Roy des Sarrazins, parlant de cette sorte,

Qui me prendra Guillaume le Guerrier,
De mon Reaume sera Gonfanonier.

Et l'Histoire du Connétable du Guesclin, dit que le Connétable de Fiennes rendant l'épée au Roy Charles, l'assûra qu'il n'y avoit point d'homme qui la meritât mieux que Bertran du Guesclin ; & que le Roy luy témoigna que s'il avoit tout le monde en sa Seigneurie, & qu'il voulût avoir un bon Gonfanonier pour garder sa terre, il n'en éliroit point d'autre.

GONNELLE. Diminutif de *gonne*. De γόνυ, qui signifie *le genouil*. Car c'est une espéce d'habit qui couvre les genoux, comme une cote ou jupe de femme, dont les pans descendent jusqu'aux genoux. De-là vient le soubriquet de *Grise-gonnelle*, qui fut donné à Geoffroy Comte d'Anjou. Henri Spelman dans son Archeologue, sur le mot *Guna* : *A Græco* γόνυ, *pro* γόνατα, *id est* genua, *non malò dicatur ; quasi vestis quæ genua tegit : ut* humerale, *quæ humeros ;* podera, *quæ pedes*. Selon le Glossaire de Carbasilas, cité par le Jésuite Gretser sur le chapitre 1. de Codin, γονάτιον signifie un vestement qui pent sur les genoux ἐπιγονάτιον, ou ὑπογονάτιον, étoit aussi un habit dont les Evêques Grecs se servoient au Sacrifice de la Messe ; lequel s'attachoit aux flancs & leur descendoit sur les genoux ; & duquel, comme remarque Balsamon, ils se servoient en mémoire du linge que Jesus-Christ portoit lorsqu'il lava les piés à ses Disciples. Cluverius dans son Ancienne Germanie, tient que *Gonne* & *Gonnelle* sont formés de *Gaunaca*, ou *Caunaca*, qui signifient *des tapis* ou *des couvertures velües*. Car les Gloses d'Isidore expliquent *gaunaca* par *gausapa*, qui est une étoffe velüe.

GOUJAT. C'est le Valet d'un homme de guerre, en Latin *Caculas* & *Calones* au plurier. Comme *Garson* & *Garse*, qui signifient *jeune homme* & *jeune fille*, ont été pris pour *Valet* & pour *Chambriere* : ainsi *Goujat* & *Goujate* ; qui en Languedoc signifient *un Garson* &

une Fille; ont été aussi pris pour *Valet* & pour *Chambriere*; bien que *Goujie* signifie proprement une *Chambriere* d'âge un peu avancé; & *Goujate*, une plus jeune. De-là vient que les Valets des Gens de guerre sont appelés *Goujats* : & non pas de *Galearius*, comme quelques-uns l'ont cru.

GOUPIL. C'est une espéce de petit Renard. Jaques Fouilloux chap. 61. de sa Venerie : *Tout ainsi qu'il y a deux espéces de bassets, il y a semblablement deux espéces de renards & de tessons; savoir est, des tessons de porchins & de chemins : & des renards, de grands, & de petits goupils.* Ce mot est formé de *vulpiculus*, diminutif de *vulpes* : aussi-bien le même Fouilloux au chapitre 62. les appelle *vulpins*. En ancienne Langue Provençale *volpilh* signifie *lâche & poltron* comme un renard. Le Moine de Montaudo :

E enveja me de fort maneira
Hom volpilh que porta baneyra.

GOURMAND. En Italien *ingordo*; & *gourmandise*, *ingordezza*, & *ingordigia*. Ce qui me porte à croire que *gord*, ou *gordo*, est quelque mot de l'ancienne Langue Celtique, ou de la Tioise, qui signifie *grand mangeur* : duquel mot, & de celui de *man*, qui signifie *homme* en Alleman ou Tiois; on pourroit avoir formé *Gourmand*. Je say bien que dans le Poëme *De Obsidione Lutetiæ*, du Moine Abbo, on lit ces vers,

Æstibus accingunt carpentum arentibus arcis :
Ante fores Gurdi miseranda gramine plenum.

Et que l'Auteur d'une Glose marginale explique en cet endroit *gurdi* par *stulti*; entendant cela des Normans : ainsi peut-être fait réflexion à ce que dans Quintilien *gurdus* signifie *stolidus*; & dans les Gloses d'Isidore & de Papias, *stultus, ineptus*; comme j'ay fait voir sur le mot *Engourdi*. Mais parceque les hommes Septentrionaux sont grands mangeurs, on pourroit dire qu'Abbo les appelle *gurdos*, sur ce que peut-être les Parisiens les nommoient par dérision *Gourmans*, au-lieu de *Normans*. Camden dans sa Bretagne dit que nous avons formé *Gourmand* de *Gormod*, qui en Breton signifie *trop, excessivement*. On pourroit aussi dire que de *gurdus*; qui signifie *stolidus & stultus*, comme je viens de dire; & de *mando*, qui signifie *mangeur*; on a fait *Gourmand* : comme qui diroit *gurdè mando*, c'est-à-dire *mangeant follement & à l'étourdi*.

GOUSSET. C'est la mauvaise senteur des aisselles. Parcequ'on dit *puant comme un chien*, ce mot pourroit bien être pris de *gous*, qui en Languedoc signifie *chien*; ou de son diminutif *gousset*, qui signifie *petit chien*. Les Grecs ont aussi appelé cette puanteur τράγος, & les Latins *hircus* : c'est-à-dire, en l'une & l'autre Langue, *bouc*. Les Espagnols appellent un chien *perro*; & ceux de Languedoc *gous* : Et ces deux mots viennent de *petrunculus* & de *segutius*, qui étoit anciennement une espéce de chiens L'Addition 1. à la Loy des Bourguignons, tit. 10. *Si quis canem veltraum, aut segutium, vel petrunculum præsumpserit involare, jubemus ut convictus coram omni populo posteriora ipsius osculetur.*

GOUTE. Le Jésuite Lacerda dans ses *Adversaria Sacra* chap. 25. §. 2. tient que le nom de cette maladie vient du Latin *gutta*; parcequ'elle est causée par une humeur maligne qui coule insensiblement & goute à goute.

GRAÎLE, ou GRÊLE. C'est une petite trompette qui a le son bas, aigu, & enroué; dont on se sert à la guerre, lorsqu'on ne veut pas être entendu de loin : on l'appelle autrement *sourdine*. Ce mot vient de *gracilis*. Gauterius Cancellarius, en son livre intitulé *Bella Antiochena* : *Jubetque præconari voce propatula, ut universi, audito primo sonitu gracilis, festinent bellicis inäui.* Et en un autre endroit : *Gracilibus, tibiis, tubis clangentibus.* L'ancienne Chronique de Flandre chap. 23. *Ils coururent aux armes, & firent sonner un graille de cuivre.* Où Denis le Sauvage a mal-à-propos remarqué que c'étoit une cloche. Le Roman de Guillaume au court nés :

A cinq cens grelles ont sonné la retraite.
Et en un autre endroit, parlant d'un festin des Sarrasins :

Mille Eschansons y servent, & corent appreter,
A quinze grelles ont fait l'eaue corner.

Tote la ville en font retentir & sonner,
Car c'est lor enseigne, Payens veulent laver.
Vanhier de Dodan, au Roman de Perceval le Galois :
Un Seneschal a fait sonner
Un gresle pour l'eaue donner.

Quelquefois *grêle* signifie le son aigu d'un Cor ou d'une Trompe. Le Roman de Guillaume au court nés :
Li Cuens Guillaume mit à sa bouche un Cor,
Trois fois le sonne & en grelle & en gros.

GRAISSE. De *crassities*, on fit par contraction *crassiie*; d'où nous avons formé *graisse*. Le *Catholicon Parvum* : *Crassitudo, crassies*, graisse. *Crassio*, vel *crasseo*, engraisser.

GRANDS-JOURS. Voyez *jour*.

GRANGE. De *granea*, ou *granica*. La Loy des Allemans tit. 8. §. 2. *Si enim domum infra curtem incenderit, aut scuriam, aut graneam, vel cellaria.* Additio 4. Ludovici Pii, §. 93. *In suis utiliter graneis collectas habeat.* La Loy des Bajuvariens tit 14. §. 5. *Stabulare, fœnile, granicam*, &c. Lindebrogii *Formula Solemnes*, Form. 175. *Cellariam, vel cameram, & granicam.* De *granica* les anciens François firent *granche*; & de-là, *grange*. Suger, Abbé de S. Denis, en son livre *De Rebus in Administratione sua Gestis*, chap. 10. *—nec granchia aliqua, nec quicquam dominicum in tota villa existeret.*

GRAS. De *crassus*. Le *Catholicon Parvum* : *Crassus*, gras.

GRATER. De *cratare*. De χαράσσειν, ou χαράττειν; qui signifient *graver, imprimer*, & *caver*; les Auteurs de la derniere Latinité formérent le verbe *caraxare*, qui signifie entr'autres choses, *grater*, & *égratigner*. Prudence Hymne 10.
Charaxat ambas ungulis scribentibus genas.
Et de *caraxare*, ou *carattare*, on fit *cratare*. L'Addition à la Loy des Frisons, tit. 3. §. 44. *Si quis unguibus crataverit, ut non sanguis sed tumor aquosus decurrat.*

GRAVER. Il vient de γράφειν, qui signifie *écrire*; non pas, comme nous fesons, en peignant sur du papier avec de l'ancre, mais bien en gravant les lettres, comme sur de la cire : car les Anciens écrivoient de la sorte sur des tablettes de cire, avec un poinçon de fer qu'ils appeloient *stylus*. Et d'autant que le burin grave maintenant sur le cuivre & sur l'argent, de même maniére que fesoit ce poinçon sur la cire; de-là vient que cela a été appelé *graver*, de γράφειν : car nos François changent souvent la lettre *f* en *v*, appelant par exemple, *Lantgrave*, celui que les Allemans disent *Lantgraff*.

GRAYER, ou GRUIER. Encore qu'il y ait quelque différence entre *Grayer* & *Gruier*, ce sont toujours des Officiers de Forests : & ainsi il est croïable que ces deux mots viennent de même source. Il y en a qui les veulent dériver de δρύς, qui signifie un *chéne*; comme qui diroit *Druier*. Mais il y a bien plus d'apparence qu'ils ont été formés d'ἀγρός. Les Gloses : ἀγρός, *ager, villa, rus*. De-sorte-que comme *Rus* signifie *une Forest*. Servius : *Rura dicebantur sylva & pascua*. De-même ἀγρός vint aussi à signifier *une Forest*. Et ainsi on peut avoir formé *Grayer* & *Gruier*, comme qui diroit *Agrarius*, ou *Agruarius*. Ce qui est d'autant plus vray-semblable, que ἀγροφύλαξ signifie *un Forestier*, ou *Gardien de Forests* : qui est proprement la Charge du *Grayer*, ou *Gruier*. Les Gloses : ἀγροφύλαξ, *Saltuarius*. Voyez ce que j'ay dit cy-devant sur le mot *Forest*.

GREFFE. Le sion ou petite branche d'arbe qu'on ente. De καρφίον, qui signifie même chose. Les Gloses : καρφίον, *surculum, surculus* : Cat *surculus*, est proprement *une greffe*. Varron liv. 1. *De Re Rustica*, chap. 40. *Ex arbore, è qua quis vult habere surculum, in eam, quam inserere vult, ramulum traducit.* Cicéron *De Oratore*, liv. 2. *Amabo te, da mihi ex ista arbore quos seram surculos.*

GRENOUILLE. Les Anciens disoient *Renouille*, qu'ils avoient formé de *ranella*. Le *Catholicon Parvum* : *Ranella, petite renouille*. *Rana, raine, renouille*. Si ce n'est qu'on l'ait fait d'*agrenula*. Le Glossaire de l'ancien Évêque Goth Ansileubus : *Agrenulæ, rana parva in sicco morantes.*

GREVÛRE. C'est la hernie, ou descente des boïaux : & *Grevés*, sont ceux qui en sont incommodés.

Nicot dérive ces mots de *crepo.* Mais il est croïable que *grevûre* est formé de *gravedo*; & *grevé*, de *gravamus* : d'autant que cette maladie est appelée *ponderositas* ; & celui qui en est incommodé *ponderosus.* La Loy des Wisigoths liv. 6. tit. 4. §. 3. 4. L. 3. *Cui ponderositas facta fuerit, centum solidi dentur in compositione.* La Loy des Lombards liv. 1. tit. 16. §. 4. *Et per ipsas feritas ponderosi aut ponderosæ effecti fuerint.*

GRIS. Je croy que c'est un mot de la Langue Tioise. Et bien-que les Allemans disent *grys*, je pense pourtant qu'ils disoient anciennement *glis*; dont depuis on fit *gris*, par le changement de la lettre *l* en *r*, assez ordinaire aux Langues. Dans un ancien Fragment d'Histoire, intitulé *Historia de Fratribus Conscriptis* ; qui se voit dans le 2. volume *Rerum Allemanicarum* de Goldast; il est dit, parlant de quelques présens faits aux Moines de S. Gal, *Quibusdam autem palliola viridia cum camisilibus seu glizis donavit.* Auquel lieu *glisum*, ou *glisus*, est à mon avis l'étoffe grise dont on fait les chemises des Moines. Et plus bas, *mensasque omnes operimentis mandavit glizinis vestiri* : qui devoient être des napes ou des tapis de couleur grise.

GRIVELE'E. C'est proprement ce que par fraude, & sous un faux pretexté, on exige d'autrui : ce que les Latins appellent *Stellatura.* Spartianus, en la Vie de Pescennius : *Imperator Tribunos duos, quos constitit stellaturas accepisse, lapidibus obrui ab auxiliaribus jussit.* Lampridius, en la Vie d'Alexandre Sévére : *Tribunos, qui per stellaturas militibus aliquid tulissent, capitali pœna affecit.* Ce mot vient de *stelio*, qui est une espéce de lezard marqueté de petites taches semblables à des étoiles ; lequel, comme dit Pline, étant doué d'un instinct trompeur & envieux, a donné le nom au crime appelé *Stellionatus*, ou *Stellatura.* Mt de Saumaise a doctement remarqué, que de *grive*; qui est un oiseau marqueté, & comme étoilé ; on a aussi fait *Grivelée*, qui est le même que *Stellatura.* Sa Note est tres-docte & tres-curieuse. Je vous conseille de la voir, à la page 145. sur le Passage de Spartien cy-dessus allégué. Je croy aussi qu'en Latin *versipellis* ; c'est-à-dire, *qui a la peau de diverses couleurs* ; est pris pour *trompeur* : d'où vient aussi qu'on dit *fin madré*, car on sait assez que ce mot signifie *marqueté* & *tavelé.*

GROLE. C'est une espéce de corneille. Je croy qu'il est fait par contraction d'*agrolo*, qui en Languedoc signifie *une corneille.* Et d'autant qu'en certaines saisons on voit les chams couverts de corneilles, & qu'on les voit se percher la nuit à grandes troupes sur les arbres pour y dormir, il y a apparence qu'elles ont été ainsi appelées d'ἀγραυλεῖν, qui signifie *coucher dans les chams & y passer la nuit.*

GRONDER. C'est murmurer par des paroles prononcées à voix basse & comme enrouée. Ce verbe a été formé par onomatopée. Ainsi *grunnire* & *grundire* se disent des pourceaux. En Languedoc on dit *rounà*: & Goldast remarque sur les anciennes Poësies Allemandes que *runen* signifie *parler bas* & *à l'oreille.* Le Glossaire que Lipse a inséré au 3. livre de ses Epitres *ad Belgas* : Rundon, *susurrabant.*

GROS. Les Gloses, ou l'*Onomasticon Græco-Latinum* : Grossus, παχύς : C'est-à-dire *crassus, pinguis.* Aussi est-il formé de *crassus*, aussi-bien que *gras.* Ainsi Louis VII. Roy de France, fut surnommé *Grossus* ; parcequ'il étoit fort gras. L'Abbé Suger en la Vie de ce Roy : *Jamque Dominus Rex Ludovicus, & corporeâ gravitatis mole, & laborum continuato sudore, aliquantisper fractus*, &c.

GROSELIER. Il a été ainsi appelé, parceque son fruit ressemble aux petites figues, lorsqu'elles commencent à se former. Et ces figues s'appellent en Latin *grossuli.*

GROSSE. GROSSOYE'. Comme la Minute écrite dans le Registre ou Protocole des Notaires est ainsi appelée, parcequ'elle est écrite *minutis literis* : ainsi l'expédition des Minutes est appelée *Grosse* ou *Grossoyé*, parcequ'elle est écrite en grosses lettres, & sur du parchemin. En l'Edit du Roy François I. de l'an 1542. Il est porté, sur le fait des Notaires & Tabellions, que la Grosse appartient aux Tabellions, & la Minute aux Notaires.

GROTTE. Philandre sur Vitruve croit que décrypta ; qui signifie *une cave* ou *voute* bâtie sous terre; on fit *grupta* : & de-là, *grotte. Nos paululum à Græcis detortâ voce è crypta fecimus gruptam ; & inde grotta.* Toutefois le Jésuite Christophorus Browerus, expliquant ce vers de l'Evêque Fortunatus,

    Græcus Achilliaca, Chrotta Britanna placet;

dit que *chrotta* est le luth appelé *testudo*, qui signifie aussi une *voute* : & que c'est de-là qu'en François & en Alleman les voutes sont appelées *grottes.* Les anciens François disoient *croute* pour *grotte.*

GUERDON. Nos anciens François disoient *guerredon.* Le Roman de Guillaume au court nés :

    Por le socorre me suis mis à bandon ;
    Se Dieu me garde de mort & de prison,
    De cent escus me donra guerredon.

Jean de Meun, au Roman de la Rose :

    Je n'appelle pas vente don :
    Vente ne doit nul guerredon.

Vanhier de Dodan, au Roman de Perceval le Galois :

    Jà ne li arés fait un don,
    Dont bien n'ayez le guerredon.

Je croy que ce mot est composé de ces deux mots *guerre don* : & qu'originairement *guerredon* étoit le don & le prix dont on récompensoit les Gens de guerre; que les Romains appeloient *donativum* ; mais que depuis il a été pris indifféremment pour toute sorte de don & de récompense.

GUERET. En Gascon *vareit*, c'est une terre labourée & preste à recevoir la semence. Ce mot est formé du Latin *veteretum*, que Joseph Scaliger, dans ses Notes sur Varron *De Re Rustica*, assûre être dans tous les livres manuscrits de Columelle au-lieu de *vervactum*, qui se lit dans les imprimés.

GUERIR, ou GUARIR. Nos anciens François le prenoient pour *garentir* & *délivrer.* Le Roman de Guillaume au court nés :

    Garissez moy de mort & de torment.

Herman de Valenciennes, au Roman de la Bible :

    Et par toy fu Noé du Deluge garis.

Depuis on l'a pris absolument pour le Latin *sanare.*

GUERRE. Nous le prenons maintenant pour toute sorte de guerre tant civile qu'étrangere : bien-que le mot Tiois *Werra*, dont il est formé, ne signifiât originairement que *Sédition*, ou *guerre intestine.* Les Capitulaires de Charles le Chauve, tit. 23. ch. 15. *Rixas & dissensiones, seu Seditiones, quas vulgus werras vocat.* L'Epitre de l'Empereur Henri, qui est dans les Annales du Moine Geoffroy, sur l'an 1195. *In Teutonica verò werra multa, & dissensiones eatenus inaudita, oriuntur super Imperio.* L'Empereur Frideric, liv. 1. tit. 8. des Constitutions Neapolitaines : *Guerram in regno movere.* Et en la Loy suivante : *Comes, Baro miles, seu quicunque alius, qui publicè guerram in regno moverit.* Goldast sur les anciennes Poësies Allemandes de Winsbeke, remarque que *werre* ; qu'il dérive de Ἔρις, qui est la Déesse de la guerre ; signifie *discorde* : que *wer* signifie *épée* : que dans la Traduction Tioise des Evangiles de l'ancien Moine Otfridus, *gewerre* signifie *dissension* & *rebellion* : & que dans quelques autres anciens Poëtes Allemans *wirren* signifie offenser quelqu'un & le mettre en colère.

GUERROYER. De *Werrire*, ou *Werrare.* Les Capitulaires de Charles le Chauve, tit. 17. chap. 19. *Regnum illi non forconsiliabo neque werribo.* Une ancienne Charte des Tréves faites entre le Roy Philippe Auguste & Jan Roy d'Angleterre, l'an 1106. *Qui apertè prædictum Regem Franciæ werraverint, in hac werra*, &c.

GUESPILLON. *Aspergillum.* Comme de *Vespa* on a fait *guespe* ; on pourroit aussi avoir fait *guespillon*, de *vespillo*, qui signifie *un porteur de morts* : d'autant que les Curés, quand ils vont ensevelir les mors, portent le *guespillon* ou *aspergés* en la main. Quelques-uns l'écrivent *goupillon.*

GUET En Alleman *Wacht.* Ce mot est de l'ancienne Langue Tioise. Les Capitulaires de Charles le Chauve tit. 31. chap. 17. *In civitate atque in marcha waitas faciant ad deffensionem patriæ.* Dans la Concession de Louis le Debonnaire, faite aux Espagnols réfugiés en France, que Pithou a extraite des Archi-

res de Narbonne : *Explorationes & excubias, quod usi-
taiò vocabulô* wactas *vocant, facere non negligant.* Les
Capitulaires de Charlemagne liv. 3. tit. 68. *Nec pro*
scara *, nec de* scara *, nec de* wardea *, &c.* Le Moine
Kéron : *Vigiliæ,* wahtono. *Vigilias,* vahteum, nahtvach-
ton. *Vigiliæ* nocturnæ, wahta de nahtit.

GUEULES. C'est la couleur rouge, en termes
d'Armoiries. Dans un Traité de l'Origine des Armoiries, que j'avois commencé il y a plus de vingt ans,
j'ay dit que *gula,* & *gueules,* étoient des peaux de grand
prix, teintes en rouge ; dont les Rois, les Princes,
& les Grands Seigneurs, fourroient leurs habits lorsqu'ils vouloient faire paroître leur magnificence. Saint
Bernard dans un Traité qui porte ce titre, *Parabola
de nuptiis filii Regis, & de ornamento sponsæ suæ,* donne
au fils du Roy le jour de ses noces, pour ornement,
une jupe d'hermines fourrée & bordée de ces peaux
rouges autour du col & du poignet. *Arminiam pelli-
ceam circa collum & circa manus rubiis gulis præparatam.*
Et plus bas, après avoir dit *igitur pellicea sponso de
arminia sit, quod candidum est ;* il ajoûte, *circa collum,
& usque supra pectus, & circa manus rubeis gulis ornata.*
Le même en l'Epitre 42. écrivant contre le faste & le
luxe des Gens d'Eglise, se plaint à Henri Archevêque
de Sens, de ce que les Prêtres de son tems portoient
de ces peaux rouges autour de leurs mains. *Horreant
& murium rubricatas pelliculas, quas Gulas vocant, manibus circundare sacratis & sacrantibus secreta mysteria.*
Le Roman de Guillaume au court nés fait souvent mention de ces gueules ; &, conformément à ce qu'en dit
S. Bernard, les joint avec les hermines.

　　*Entre les gueules de l'hermin pelison
　　Ly a tranchié le foye & le poumon.*

Et en cet autre endroit :

　　Entour en mouillent les gueules de l'hermin.

Ailleurs il appelle *hermins engoulés,* les hermines qui
étoient parées de gueules :

　　Sanglans en sont les hermins engoulés.

Et en un autre lieu :

　　*A chascun a cent marcs d'argent donnés,
　　Pailles cendoux, & hermins engoulés.*

Mais la raison pourquoy le rouge des Armoiries fut
appelé *gueules* ; c'est parcequ'anciennement, au-lieu
qu'on peint aujourd'huy les Ecus de couleur rouge,
on y attachoit ces peaux précieuses. Vanhier de Dodan
au Roman de Perceval le Galois :

　　*A Alardin ot un escu,
　　Qui de gueule tout couvert fu.*

Et ailleurs :

　　*Un riche escu de gueules fines,
　　A un Lion rampant d'hermines.*

Je ne say si ces peaux rouges n'auroient point été ainsi
appelées, parcequ'on les mettoit ordinairement autour
du col, & proche du gosier, qui s'appelle *gula ?* Car
je trouve qu'aux capes que portoient anciennement
les Grans, l'endroit qui couvre le col, & où étoit l'entrée du capuchon, s'appeloit *gulerum.* Mathieu Paris,
en la Vie de Henri I. parlant d'une cape dont ce Prince
se vestoit un jour de Fête : *Cùm capam conaretur in-
duere, invenit introitum capucii, qui Gulerum vulgariter Gallicè appellatur, nimis arctum.* Quelques-uns assu-
rent que *gulud,* en Hébreu, signifie *une peau rouge.*
Cependant j'ay oui dire à des personnes fort savantes
dans les Langues, que *gulud* en Arabe est le plurier
de *geld* ou *gelda,* qui signifient *le cuir & la peau* simplement. De-sorte-que si *gulud* signifie *une peau rouge,*

ce doit être en Hébreu Rabbin ; que les Juifs pourroient bien avoir formé du mot François *gueules,*
aussi-bien que beaucoup d'autres mots qu'ils ont Rab-
binisés.

GUEUX. Il faut qu'il soit ou de l'ancienne Langue Celtique, ou de la Tioise. Nos anciens François
prononçoient *veus.* Une partie du Roman de Guillaume au court nés est intitulée *Le Pauvre Veu.* C'est
le Roman d'un Prince François, qui aïant été enlevé
par les Sarrasins en son enfance, & nourri parmi eux,
& s'étant depuis rendu Chrétien, se trouva pauvre &
dénué de toute sorte biens : Ce que le Roman fait
assez connoître par ce vers,

　　Parce qu'il fu sans terre, ot nom le Pauvre Veus.

GUIDON. Il est ainsi appelé, parcequ'il sert de
guide & de conduite aux Gens de guerre. Vincenzio
Borghini dans son Traité des Armes des Familles de
Florence : *Di qui si veggono gli antichi Gonfaloni, che
eveno guida de gli eserciti : onde in questi tempi alcu-
ni han presi il nome de'* Guidoni.

GUIENNE. J'ay fait voir sur le mot *Aiguiere,*
que les anciens François disoient *aigue* pour *eau ;* comme encore aujourd'huy en Languedoc & en Guienne.
Et ainsi on ne sauroit douter qu'on n'ait changé *Aqui-
tania* en *Aiguiene ;* dont depuis on a fait *Guienne,* par
le retranchement de la première syllabe.

GUIGNES, ou GUINES. Sorte de cerises.
Quelques-uns les appellent en Latin *cerasa Aquitanica :*
comme si de *Guienne,* on leur avoit donné le nom
de *guignes* ou *guines.* Ceux de Guienne & de Languedoc les appellent *guindoules :* ce qui fait voir la fausseté
de cette origine.

GUILLAUME. Ce nom propre d'homme est
fort commun en France, & particulierement en Guienne.
Il est de l'ancienne Langue Tioise. Pontius Heuterus
en son Traité intitulé *Etyma Variorum Nominum Germanica Originis,* le dérive de *Guldhelm,* qui signifie
casque doré, duquel on a fait *Willem* & *Guillaume.*

GUILLE. C'est un vieux mot François qui signifie *tromperie.* Une ancienne Morale, composée par
le commandement du Roy Philippe III. *Comme cil
qui sont maistre de guille & de barat.* Jean de Meun
dans son Codicille :

　　Qui sont sans barat & sans guille.

Le Roman de Guillaume au court nés :

　　Par fine guille cuide-il eschaper.

En Languedoc *guillà* signifie *tromper :* témoin le proverbe *Tel penso guillà* Guillot *, que* Guillot *lou guille.*

GUIMAUVE. Robert Etienne dans un petit
Recœuil des noms des arbres & des herbes, dit que
cette plante est ainsi appelée, comme qui diroit *malva viscum ;* parceque sa racine sert à faire de la glu.

GUIRLANDE. En Languedoc *garlande.* Ma-
thieu Paris : *Coronulâ aureâ, quæ vulgò* garlanda *dicitur, coronatus.* Dans l'ancien Glossaire que Lipse a
inséré dans le 3. livre de ses Epitres *ad Belgas,* il se
trouve des marques de l'origine Tioise de ce mot.
Gcheridos, *Coronasti : & alibi,* Geruvit, *coronat. item-
que,* Geredostu, *coronasti :* Car les Allemans prononcent *gue,* ce qui est écrit *ge.* De-sorte-que *gera,* ou
guera, signifiant sans doute *une couronne ;* il y a apparence qu'on en forma *guerland,* en y ajoûtant *land,*
qui en Alleman signifie *terroir ;* comme pour dire *couronne terrestre,* parceque les *Guirlandes* sont proprement des couronnes faites de fleurs qui naissent de la
terre.

<hr>

H A.

HABLEUR. C'est-à-dire *Grand parleur ;* &
HABLER, *parler beaucoup :* Ce qui me fait croire
que nous avons emprunté ces mots de l'Espagnol *ha-
blador, habla,* & *hablar,* qui signifient *parleur, parole,*
& *parler ;* c'est que je n'en ai su encore trouver aucune
marque dans les anciens Auteurs François. Quoyqu'il
en soit, nous les avons formés de *fabula,* que les

Auteurs de la derniere Latinité ont pris pour *parole.*
Dans la Loy des Lombards liv. 1. tit. 9. §. 9. où il est
parlé d'un marché fait pour la réparation d'une maison :
Post fabulam firmatam, signifie *après avoir donné parole.*
La même chose se trouve au tit. 30. §. 3. & au liv. 3.
tit. 1. §. 1. Il est pourtant vray que *confabulari* signifie en bon Latin *parler & s'entretenir de discours.*

Et même dans Aule Gelle liv. 19. chap. 13. *fabulari* est absolument pris pour *parler* & *discourir*. *Stabant forte in vestibulo Palatii fabulantes, Fronto Cornelius, & Festus Posthumus.* * Joannes Sarisberiensis dans une Epitre à *Radulphus de Bello monte*, a dit *fabulare* dans le même sens. *Credideram profectò te philosophantis habere verba, non animum : sed nunc recolo te aliquatenus esse magni discipulum Aristippi, qui omni conditione temporis æquanimiter utebatur, & in ipsis philosophabatur nugis, jucundus omnibus, nulli gravis : qui aliquando interrogatus, quid ei Philosophia contulerit, dicitur respondisse, ut cum omnibus hominibus intrepidè fabularet.*

HACHE. Hadrianus Junius *in Batavia*, dit que c'est un mot Gothique. *Aclie, quod Gothica Lingua bipennem aut securim notat.* Isaac Pontanus dans son *Glossarium Prisco-Gallicum* assure que ce mot ; & le Flaman *haecken*, qui signifie même chose ; viennent du Grec ἀξίνη, qui est, dit-il, *genus hastæ Francica*, & qui se trouve clairement décrite dans Agathias. Mais j'aime mieux le dériver d'*ascia*, qui signifie la *hache d'armes* dont nos François se servoient à la guerre. Guillaume le Breton liv. 2. de sa Philippide :

Ascia dum dextris, bisacuta securis, & ensis
Fulgurat.

HAIE. C'est maintenant le nom d'une clôture de vignes, de jardin ou verger, faite de ronces & d'épines. Mais anciennement ce mot signifioit l'enceinte d'une forteresse, & même un lieu fortifié. Les Capitulaires de Charles le Chauve tit. 31. *Quicunque istis temporibus castella & firmitates & haies, sine nostro verbo fecerit, Kalendis Augusti omnes tales firmitates disfactas habeat.* Beatus Rhenanus *Rerum Germanicarum* lib. les appelle *haga*. Nos François ont aussi appelé *haies*, les retranchemens faits de buissons & d'épines. Enguerrand de Monstrelet vol. 1. chap. 247. parlant du Roy d'Angleterre : *Feist fermer son ost de hayes & de fossés.* Et au vol. 2. parlant d'une rencontre des armées du Roy Charles VII. & du Duc de Bethford : *Et print le Duc de Bethfort sa place en assez fort lieu ; & adossérent aucuns lieux par derriere, & de costé, de fortes hayes d'espines.* Froissart vol. 1. chap. 160. parlant des Archers Anglois à la bataille de Poitiers : *Ont pris le long du chemin, fortifié durement de hayes & de buissons, & ont vestu celle haye d'une part de leurs Archers.* Et au chapitre suivant il appelle *hayer*, se fortifier de haies : *Ce Dimanche feirent fossoyer & hayer leurs Archers autour d'eux, pour estre plus forts.* Il n'est pas mal-aisé de juger de-là, que les Anglois avoient anciennement accoûtumé de se retrancher & de se fortifier de haies.

HAIRE. Ce mot est de l'ancienne Langue Tioise. L'ancien Glossaire que Lipse a inséré dans la 3. Centurie de ses Lettres *ad Belgas* : *Hera, cilicio. Heren, cilicium* ; où Lipse remarque que ce mot a été formé, comme qui diroit *haera*, *à pilis*. Car en Langue Flamande *hayr* & *haer*, & en Alleman *haar*, signifient *poil* : qui est la matiere dont est tissuë la haire.

HÂLE. C'est le teint brun dont la chaleur du Soleil ternit le visage. Il y a apparence qu'il vient de ἀλέα, qui signifie proprement *l'ardeur des raïons du Soleil*. Quelques autres le dérivent de ἅλιος, qui signifie *le Soleil*, en Langue Dorique.

HALLEBARDE. Je ne say si parcequ'on la porte sur le cou elle n'auroit point été ainsi appelée, de *hals*, qui en Alleman signifie *le cou*. Le Glossaire de Kéron : *Collum, halsa* : & de *barte* qui en la même Langue signifie *une hache*. Le Dictionnaire de Dasypodius : *Barte, bipennis* ; d'où les derniers Grecs ont tiré βαρδούκιον, qui signifie aussi *une hache*, dans Cedrenus. Meursius dans son Glossaire Grec-barbare : *Βαρδούκιον, hastile, securicula levis.* En effet, il y a au bout de la hallebarde une petite hache, outre la pointe de fer. Le Dictionnaire de Dasypodius : *Hellenpette, bipennis* : d'où l'on peut aussi dériver *hallebarde*. Mais parceque les Suisses de la Garde du Roy ne portent que des hallebardes, & que peut-être ce sont eux qui en ont les premiers apporté l'usage en France ; quelqu'un pourroit aussi dire qu'elles ont été ainsi appelées, comme qui diroit *haches des Gardes* ; d'autant qu'un ancien Tiois *haltan* signifie garder. Le Glossaire de Kéron : *Custodire, haltan.*

HALLES. Ce sont des places & lieux publics couverts, pour y vendre les denrées à l'abry. Petrus Rigordus, en la Vie du Roy Philippe Auguste : *Duas magnas domos, quas vulgus halas vocat, ædificari fecit : in quibus tempore pluviali omnes mercatores merces suas mundissimè venderent.* On appeloit aussi *halles*, aux sieges des villes, les petits couverts sous lesquels on débitoit les Marchandises. Froissart vol. 1. chap. 101. *Et avoient en leur ost de toutes choses nétessaires à plante : halles de draps, pelleteries, & merceries.* Ce n'est pas sans raison qu'on a cru que ce mot avoit été formé de *hallus*, qui dans les Loix Barbares signifie *rameau*, ou *ramée* ; c'est-à-dire, *quantité de rameaux entassés*. La Loy Salique tit. 48. §. 3. parlant de celui qui a tué un homme : *Si autem de ramis, vel de hallis, aut de qualibet re, eum cooperuerit aut incenderit.* Auquel lieu, parcequ'il est fait différence entre *ramus* & *hallus*, je croy que *halli* étoient des buissons qu'on appelle encore *halliers*. Mais soit que *hallus* signifiât *un rameau* ou *un buisson*, il est croïable que dans les Foires qu'on tient à la campagne, on avoit accoûtumé de dresser de petites loges couvertes de branches d'arbres, ou de buissons, pour y vendre les marchandises à l'ombre & à couvert. Et c'est ce que les Romains appeloient *umbras*. Festus : *Umbræ vocabantur Neptunalibus casæ frondeæ pro tabernaculis* : & que de-là, toute sorte de lieux couverts où l'on vent les marchandises ont pris le nom de *Halles*. Et il ne faut pas s'étonner de ce que les Marchans se couvroient ainsi de branches & de rameaux, puisqu'autrefois les Rois mêmes en ont fait à la guerre leurs tentes & leurs pavillons. Grégoire de Tours liv. 5. chap. 19. *Stabat Rex juxta tabernaculum ex ramis factum.* Car pour les Gens de guerre, ils en font ordinairement leurs huttes. L'Histoire du Connétable du Guesclin chap. 49. *Adonc Gendarmes & pretailles feirent loges de ronces & de buissons.* Dans la Loy des Ripuariens tit. 64. §. 5. *Hasla* signifie *rameau. In circulo, & in hasla, hoc est ramo.* Où je ne say s'il faut croire que *hasla* signifie proprement ce que nous appelons *halle* ; car en ce lieu-là il est question de prêter publiquement un serment : *in circulo*, c'est-à-dire *en l'assemblée du peuple*. Car dans Tacite, & ailleurs, *circuli* signifie les compagnies du peuple assemblé en rond pour s'entretenir des nouvelles du tems : & *in hasla* pourroit bien signifier *sous la halle*, ou *place publique*. Goropius liv. 6. de ses Origines d'Anvers nous veut persuader une autre origine de *halle*. Hal, *quo id significatur quod conservat. Hinc Antuerpia hal, domus quavis vocatur in qua merces plurimorum conservantur.*

HAMEAU. De *ham*, qui en ancienne Langue Tioise signifie *maison* & *demeure*. Beda liv. 3. ch. 22. de l'Histoire Ecclésiastique : *In Provincia Orientalium Anglorum, in vico quod dicitur* Rendesham, *id est mansio*, Rendils. Dans les anciennes Ordonnances d'Ecosse, intitulées *Regiam Majestatem*, liv. 4. chap. 9. *Haimesuckin* signifie le crime de celui qui cherche & poursuit un homme dans sa maison pour l'endommager. Sur lequel lieu Joannes Skenæus dit que ce mot est composé de *haime*, qui en Alleman signifie *maison* ; & de *suchen*, qui en Langue Ecossoise signifie *poursuivre*. Goropius Becanus liv. 1. de ses Origines d'Anvers dit que *heim*, en Flaman, signifie *domicile* : & qu'il est formé de *heimen*, qui signifie proprement *environner un lieu de hayes, de fossés*, ou de telle autre clôture : & il ajoûte que les anciens Germains environnoient de cette sorte leurs bourgs & leurs villages : selon le témoignage de Tacite au livre *de Moribus Germanorum*.

HANTE. On dit aujourd'uy *hampe*. C'est le manche d'une hallebarbe, ou de tel autre bâton de guerre. Comme de *main* nous avons fait *manche* : ainsi de *hant* ; qui en Langue Tioise signifie *main* ; on a fait *hante*. Le Glossaire du Moine Kéron : Manu, *henti*. Manuum, *henteo*. Manibus, *hantum*. Et dans le Decret du Duc Tassilon, qui se voit après les Loix des Bajuvariens, *hantelos* est expliqué *manus immissio*.

HAPER. De *harpagare* : ou de ἁρπάζειν, selon Perion ; bien-que Nicot ne soit pas de cet avis Ce mot signifie *accrocher*, & *prendre avec violence*. Ainsi dans la Somme Rural de Boutillier, *Saisine de happée* est quand on se saisit du bien d'autrui par force. Mais je croy qu'il vient de *hapen*, qui en Langue Tioise devoit signifier *prendre*, puisque dans la Loy des Bajuvariens tit. 20. *hapich* signifie *capit*. Car parlant d'un Faucon, ou Autour, il y est dit, *De eo qui dicitur* ganshapich, *qui anseres capit*. Et en un autre endroit, *anethapich* est celuy qui prent les canards. Et dans la même Loy tit. 19. *canis hapichhunt*, est celui que la Loy des Frisons tit. 4. appelle *canis acceptoricius* : car *hunt*, en Alleman, signifie *chien*.

HAQUENE'E. Puisque le verbe *embler* ; qui exprime le pas & le train d'une haquenée, est formé d'*ambulare*, comme je l'ay fait voir en son lieu : on peut aussi, par une transposition de quelques lettres, assez ordinaire aux Langues ; avoir formé *haquenée* de l'ancien verbe Tiois *anakan*, qui signifie *incedere*, *ambulare*. Le Glossaire du Moine Kéron : *Incedunt*, *anakane*. Il se trouve dans le même Glossaire quelques autres inflexions de ce verbe ; comme, Ambulans, *Kanganti*. Ambulantes, *Kangante*, &c.

HARAN. Le changement de la lettre *l* en *r* est assez ordinaire dans la Langue Françoise : par exemple, d'*ulmus* on a fait *orme* ; de *lusciniola*, *rossignol*, & ainsi du reste. Ce qui donne lieu de croire que de *halec* on a fait *haran* ; qu'en Languedoc on appelle *harenc*. Dans les anciennes Constitutions de l'Abbaïe de Fleury ; qui sont dans le livre intitulé *Bibliotheca Floriacensis* ; les harencs sont appelés *arentia*, parcequ'étant séchés ils deviennent arides.

HARANGUE. Comme c'est un discours prononcé avec contention de voix, je ne say si ce mot n'a point été formé de l'ancien mot Tiois *haran*, qui signifie *crier*. Le Glossaire de Kéron : Clamat, *hareet*. Clamamus, *haremees*.

HARAS. C'est le troupeau de Jumens qu'on nourrit pour la production des chevaux. J'ay déja fait voir sur le mot *Etalon* ; qui est le cheval qu'on nourrit pour saillir les Jumens du haras ; que ce mot est formé de *Stallum*, qui signifie *une étable* ; parceque l'étalon y est tenu en repos pour avoir plus de force & de vigueur : comme qui diroit *stallo stallonis* ; c'est-à-dire, *un cheval qui ne sort point de l'étable*. Et je croy qu'on pourroit aussi dériver haras de *hara*, qui signifie *une étable*. Car encore-que ce mot se dise ordinairement d'un étable de pourceaux, il ne laisse pas d'être souvent pris pour une étable d'autres animaux. Donat sur le *Phormion* de Térence : Hara *est in qua pecora includuntur*. Et même dans Varron, *De Re Rustica* liv. 3. chap. 10. & dans Columelle liv. 8. chap. 14. il est pris pour une étable d'oisons. De-sorte-que, dans le déclin & la corruption de la Langue Latine, il pourroit aussi avoir été pris pour une étable de Jumens.

HARD, HAR, & HART. C'est la corde dont on étrangle ceux qu'on pent. Jan de Meun, au Roman de la Rose :

   Quel guerredon peut-il attendre,
   Fors la hart à luy mener pendre.

Froissart vol. 1. chap. 110. *Si deffendit le Comte sur la hart, que nul ne sist mal à ceux de la Riole.* Il signifie aussi le lien avec lequel on attache les fagots. Robert Etienne en son Dictionnaire : Har, ou harcelle, *est le lien de jeune bois ; duquel, après qu'il est tors, on lie bien serrément un fagot ou bourrée : & semble que quelquefois on en ait estranglé les malfaicteurs.* Il pourroit bien être formé d'*artlave*, qui signifie *serrer* : de-même que *Guinsal*, qui signifie la même chose en Languedoc, pourroit aussi avoir été fait de *vincire*, qui signifie *lier* ; comme qui diroit *vinsal*.

HARDE. Terme de Venerie : pour dire *une troupe de Cerfs*. Il vient de l'ancien mot Tiois *hardo*, qui signifie *beaucoup*, & *trop*. Le Glossaire que Lipse a inséré dans le 3. livre de ses Epîtres *ad Belgas* : Hardo, *valde*, *nimis*. Car c'est de-là qu'on doit avoir formé *harde* : de la même façon qu'en Latin on a fait *multitudo*, de *multum* ; & en François, *troupe*, de *trop*.

HARDI. De l'ancien Tiois *hart*, ou *hert*, qui signifie *dur*. Le Glossaire du Moine Kéron : Dura, *hertin*. duros, *herteen*. Goropius liv. 1. de ses Origines d'Anvers : Hart *durum significat*, *vel eum qui cor habet & duritiem ad bellum*. Aussi les hommes vaillans & hardis ont été appelés *duri* par les Auteurs de la derniere Latinité ; & *durs*, par nos anciens François. Mathieu

Paris en la Vie de Henri III. *Impetus militum durorum &' Martiorum sustinere non prævalens.* Froissart vol. 1. chap. 160. *Trois cens armeures de tous les plus apperts & hardis, durs & entreprenans.* Ils ont aussi été appelés *indurati* ; & en François *adurés*. Orderic Vital liv. 12. de son Histoire Ecclésiastique : *Cæterùm indurati bellatores animos & vires resumpserunt.* Le Roman de Guillaume au court nés :

   Looys vient & ses riches Barnés,
   Le Prix de France & Vassaux adurés.

HARNOIS. Il signifie maintenant l'*équipage*, & les ornemens d'un cheval, ou les armes complétes d'un Gendarme. Nos anciens François le prenoient pour le *bagage* ; & pour l'entier équipage d'un homme de guerre. Jean de Meun au Roman de la Rose :

   Car puis qu'il a fait emmaller
   Tout son harnois pour s'en aller.

Froissart vol. 1. chap. 272. *Arroutérent tout leur harnois & leur charroy.* Ils disoient aussi *harnas*. La vieille Chronique de Flandre chap. 3. *Il s'en issit hors de la ville par nuit, & toute sa gent ; & y laissa grande partie de son harnas.* Et au chap. 15. *Quand ce vint au lendemain le Roy sist armer son Ost, & trousser son harnas.* Il vient de l'ancien mot Tiois *harnask*, qui signifie même chose. Parmi les Loix & les Ordonnances que l'Empereur Frideric établit pour son armée, fesant la guerre en Italie ; rapportées par Radevicus liv. 1. chap. 16. de l'Addition à la Chronique d'Othon de Frisingen ; il y en a une conçue en ces termes : *Si miles vociferatione signi litem commoverit, auferetur ei omne suum harnascha.* Ce que Gunterus liv. 7. de son Poëme intitulé *Ligurinus* à ainsi traduit,

   Neu belli signum, nisi fortè domestica quærens
   Agmina, vociferet miles : si fecerit ista,
   Ejecto castris, & turpia plurima passo,
   Eripietur ei castrorum tota supellex.

Où l'on voit que le mot *harnascha* de la Loy, est traduit par le Poëte *castrorum supellex*. On pourroit dériver *harnaska* de l'Hébreu *arneki*, qui signifie *une longue bourse* : Car les Gens de guerre enferment leurs équipages dans de longues bourses, ou étuis, appelés en Latin *mantica*, qu'on prent quelquefois pour une partie de l'équipage des Gens de guerre. Orderic Vital, liv. 4. de l'Histoire Ecclesiastique : *Tentoria & manticas, in vasis, & armis, & multimodâ suppellectili, celeriter abeuntes reliquerunt.* Quelques Auteurs de la derniere Latinité appellent le harnois *arnesium* & *arnesia* : ce qui a fait dire à Goldast que ces mots venoient d'ἄρνυμαι, qui signifie *capio*, *recipio*.

HARO. En Normandie le cri de *Haro* sert pour implorer, dans l'oppression, le secours du Prince & de la Justice : comme anciennement à Rome le *Porrò Quirites*. Ainsi voyons-nous dans Froissart vol. 1. chap. 220. que Boucicaut fesant semblant d'être poursuivi par les ennemis, dit aux Habitans de Mante, *Harou, bonnes gens de Mante, ouvrez les portes.* On croit que ce mot est composé de *ha*, & de *Rol* ou *Rollo*, qui est le nom d'un ancien Duc de Normandie, qui par son exacte & sévére justice s'est rendu recommandable à la postérité. Mais cette origine est si peu vraye, qu'il est certain que *haro* signifioit *cri* & *clameur*, longtems avant la naissance de ce Duc *Rollo*, qui vivoit sous le régne de Charles le Simple. Car le Moine Kéron ; qui étoit du tems de Pepin, pére de Charlemagne ; a mis dans son Glossaire, CLAMAT, *hareet*. CLAMAMUS, *haremees* ; ce qui montre clairement que *Haro* est un mot de l'ancienne Langue Tioise. Aussi nos anciens François prenoient absolument *Haro* pour *un cri & un bruit*. Froissart vol. 1. chap. 49. *Quand la nouvelle & le Haro en vint, en Landreches.* Et au vol. 2. ch. 113. *Le Haro commença à monter, & les villes-voisines, commencérent à sonner les cloches.*

HARPE. Christophorus Browerus, sur ces vers de Fortunatus,

   Romanusque lyra, plaudat tibi barbarus harpa,
   Græcus Achilliaca, crotta Britanna canat.

Harpæ barbaricæ hujus Etymon à Græcis deduxere, quia hoc in instrumento perpetuus nimirum est raptus sidium ; ita ut qui harpa canit, videatur manibus rapere fides.

& quod dicunt, χορδὰς ἁρπάζειν. L'origine que Papias en donne est fort peu vray-semblable. *Arpa dicta, à gente Arporum,* [c'est un peuple d'Italie] *qui hoc instrumentum Musicum invenerunt.* Ponticus Verunnius dans son Histoire de Bretagne liv. 4. dit que cet instrument est appelé en Latin *Sambuca,* & en François *Bandose. Sambuca, est Musicum instrumentum* [Harpam *dicunt vulgò*] *triangulare; cujus pars lata & concava tenetur ad pectus, digiti per chordas crepitant: Gallicè* Bandosam *vulgariter vocant.* Je ne say s'il est vray qu'en France on ait autrefois appelé cet instrument *Bandose :* car la Glose du Dictionnaire de Jean *de Garlandia ;* dont la copie que j'ay en main paroît avoir été écrite il y a plus de trois cens ans ; se sert en François du mot *Harpeur.* Cytharistae *sunt cytharoedi, qui canunt in cytharis: Gallicè* Harpeurs. Porphyre, *in Ptolemaei Harmonica :* Sambuca, *triangulum instrumentum est, quod ex inaqualibus longitudine, sicut & crassitudine, nervis efficitur.* Je croy au-reste que, selon les vers de Fornatus, la Harpe n'étoit en usage que parmi les Barbares ; & sur tout parmi ceux du Septentrion. *Lex Angliorum & Werinorum* tit. 5. §. 10. *Qui Harpatorem, qui cum circulo harpare potest, in manum percusserit,* &c. Camden, parlant des Hibernois : *Musicâ in primis delectantur, cytharáque maximè chordis aneis, quas aduncis unguibus numerosè pulsant ;* où il est aisé de voir qu'il entent la *harpe* sous le nom de *cythara.* Et Silvester Giraldus dans son livre intitulé *Topographia Hiberniae,* distinct. 3. chap. 11. parlant de l'excellence des Hibernois en l'art de jouer des instrumens de Musique, assure aussi qu'ils se plaisoient au jeu de la harpe. *Aeneis quoque magis utuntur chordis, quàm de corio factis.* Et c'est à mon avis pour cette raison que l'Irlande a une harpe pour Armes.

HâTER. J. Cesar Scaliger sur le 4. livre de l'Histoire des Animaux d'Aristote, assure que ce verbe vient de ἄτω, ou ἄοσω, en y ajoûtant l'aspiration. Et il dit que ce verbe se trouve pour *festino, incito,* dans Sophocle *in Trachiniis ;* encore-que d'ordinaire ce verbe Grec signifie *bondir, sauteler,* & *se jetter sur quelqu'un.*

HâTEREL. Ce mot est encore en usage en Picardie. C'est proprement *le derrière du col.* Le *Catholicon Parvum : Ceruix, hasterel.* L'Histoire du Connétable du Guesclin chap. 10. *Je le feray pendre par le hasterel.* Enguerrand de Monstrelet vol. 2. *Lequel les fist pendre par les hastereaux aux arbres.* Parceque le derriere du col, appelé *cervix,* est dur, à-cause des os qui joignent la teste au reste du corps : un homme opiniâtre & endurci est appelé *cervicosus,* & *durâ cervice ;* ce qui est proprement en Grec ἀλλίφω, ἀττέφμων, & ἀτέγμνος. Je ne say si de-là on n'auroit point formé *hâterel ;* à-cause de sa dureté.

HAVRE. Du vieux mot François *Hable,* qui signifie *Port de mer.* La Coutume de Boulogne, au chapitre des Coutumes locales de la Ville, Basse-ville, &c. de Boulogne sur la mer art. 22. *Item ausdits Maire & Eschevins appartient mettre prix sur sel, grains, vins, harencs, poissons, & toutes autres marchandises arrivées en cettedite Ville, Hable, Bourgaige.* Ce mot se trouve encore dans les 2. articles suivant de la mème Coutume. Guillaume Guiart, dans son Histoire de France M S.

Et grans nés profondes & larges,
Chascune fermée à chable,
Plus de cinq cens dedans le hable.

Et en un autre endroit :

Mariniers esloignent le hable.

Habulum & habula se trouvent aussi en cette signification dans les Auteurs de la basse Latinité.

HAUBERT. *Hauberg* & *Haubergeon.* C'est une Cotte de mailles de fer, appelée par quelques-uns *Chemise de fer.* La Chronique de Colmar, part. 2. *Desuper camisiam ferream, id est vestem ex circulis ferreis contextam, per quâ nulla sagitta arcûs poterit hominem vulnerare.* Le Roman de Guillaume au court nés :

Un blanc haubert maintenant endossa :
A mailles d'or un Fèvre le forja.

Les Grecs appeloient cette sorte de cuirasse θώραξ ἁλυσιδωτός, c'est-à-dire, *lorica catenata.* Les Romains appeloient aussi *catena,* les mailles dont ces cuirasses étoient tissûes. Stace liv. 12. de la Thébaïde :

Multiplicem tenues iterant thoraca catena.

Il dit *multiplicem,* parceque pour n'être pas si facilement froissées on les doubloit : & c'est pourquoy l'épithéte ordinaire de *haubert* est *doublier.* Le Roman de Guillaume au court nés :

El dos lo vestent un blanc haubert doublier.

On les doubloit même quelquefois en quatre. Le Roman de Gerard de Roussillon, écrit en ancienne Langue Provençale :

Del ausberg so fulsar lhi quatre plei.

Ce mot vient de *halsberga* ou *halsperga,* formé de l'ancien Alleman *hals,* qui signifie *le col ;* & de *bergen* ou *pergen,* qui signifie *garder, conserver.* Le Glossaire de Rabanus Maurus, des Parties du Corps : Collum, *hals.* Et Goldast sur les anciennes Poësies Allemandes de Winsbeke remarque que *gebergen* signifie *conserver.* Quelque temps après que j'us fait cette Note, le livre *de Vitiis Sermonis* de Gerard Vossius aïant été donné au public, je trouvay qu'il avoit fait la même remarque au liv. 2. chap. 9. en ces termes : *Halsberga vel halsperga, vox est Saxonica ; propriéque signat thoracem ferreum sive armaturam colli & pectoris : ab* hals *collum, & bergen tegere, protegere, munire. Itaque in Glossario Theotisco est:* Collicium, halsberga. *Quomodo & in Legibus Ripuariis cap. 36. §. 11. Bainberga, pro ocrea sive crurum armatura, à bain, sive been, tibia, & eodem bergen.* Quoy-que le haubert ne fût que l'armûre du col & de la poitrine, je trouve neanmoins que la couverture dont on bardoit les chevaux à la guerre, étoit appelée *haubergerie,* parcequ'elle étoit faite de mailles de fer. La vieille Chronique de Flandre : *Messire Miles de Noyers, qui estoit monté sur un grand destrier couvert de haubergerie,* &c.

FIEF DE HAUBERT. C'est un Fief qui oblige le Vassal de servir son Seigneur à la guerre, avec le haubert ; ou de luy fournir un ou plusieurs hommes armés de cette sorte d'armûres. Une Constitution de Charles le Gras : *Constringentes eos multò plures halspergas de beneficiis suis sibi ducere, quàm illi fatentur se posse vel debere.* Quelques-uns l'appellent *Feudum loricae.* Robertus *de Monte,* dans son *Appendix ad Chronologiam Sigeberti,* & une Chronique de Normandie qu'André du Chesne a inférée dans un Recœuil des Historiens de Normandie, parlant de Henri I. Roy d'Angleterre, lorsqu'il alloit assiéger Toulouse : *Sumptis 60. solidis Andegavensibus de Feudo uniuscujusque lorica.* Un dénombrement des Fiefs de Normandie, que le même du Chesne a mis à la fin du Recœuil cy-dessus allégué, appelle *Servitium cum plenis armis,* le devoir du Fief de Haubert. *Guillelmus de Fresnosa, servitium cum plenis armis : Renaldus Rufus, servitium cum plenis armis.* Car il y avoit des Fiefs qui n'obligeoient de servir à la guerre qu'avec le seul Ecu : c'est pourquóy le Droit auquel ce devoir étoit abonné s'appeloit *Scutagium.* Joannes Sarisberiensis, Epit. 128. parlant du Roy d'Angleterre : *Verùm interim Scutagium remittere non potest, & à quibusdam exactionibus abstinere.* Les douze Vassaux de l'Abbaïe de Lauresheim n'étoient pas obligés de porter d'autres armes que l'Ecu. Le *Chronicon Laurishamense,* parlant de l'Abbé : *Qui communicato 22. illustrium virorum, fidelium suorum, consilio ; quo numero etiam beneficialis summa militaris clyppei* [*qui vulgò dicitur* Hereschildi] *Laureshamensis Ecclesiae adtinens includitur,* &c.

HAUSSECOL. Peut-être de l'ancien Tiois *haltan,* qui signifie *garder ;* & de *collum.* Le Glossaire de Kéron : Custodire, *haltan.* Peut-être aussi est-il composé de deux mots de même signification, mais de deux Langues différentes ; savoir de l'Alleman *hals,* qui dans Rabanus Maurus, & ailleurs, se trouve pour *collum ;* & du même mot *collum :* comme qui diroit *hals collum.*

HAZARD. C'est proprement ce que les Latins appellent *alea ;* c'est-à-dire *Jeu de hazard :* comme il paroît par le Dictionnaire de Robert Etienne. Les derniers Grecs ont appelé ἀζάρα le jeu des dés, & autres Jeux de hazard ; selon la Remarque de Meursius dans son Lexicon Grec-barbare sur le mot ἀζάρα.

Mais il est mal-aisé de juger, si *hazard* vient d'ἀξία εχα, ou si ἀξίεχα vient de *hazard*. Quelqu'un a voulu dire que ce mot a pris son origine d'un château de Syrie appelé *Hasart*, qui étoit au pouvoir des Chrétiens, & duquel Guillaume de Tyr fait mention au liv. 4. chap. 5. & au liv. 17. chap. 10. où parlant de Baudouin III. du nom, Roy de Jerusalem, il dit, *Rex verò Henfredum Constabularium, cum sexaginta militibus ad tuendum Hasart intereà dirigit, ne à Turcis occupetur.* Mais je croy que nos François lui avoient donné ce nom, à-cause des diverses fortunes où ils avoient été exposés en le prenant, ou en le défendant.

HEAUME. Il est formé de *helmus.* La Loy des Ripuariens Tit. 36. §. 11. où il est parlé des armes : *Helmum cum directo pro 6. solidis tribuat.* Goropius liv. 7. des Origines d'Anvers, dit que ce mot vient du Flaman *Lem*, qui signifie *cacher & couvrir. Hinc helem, id est galea : quia caput celet & tegat.*

HELAS. Cette interjection de douleur & de compassion, est composée de cette autre interjection *hé!* ou *ha!* & de *las*, qui signifie *malheureux & miserable.* Aussi les Anciens François les écrivoient séparément. Geoffroy de Ville-Hardouin liv. 5. *Ha! las, com malvais conseil orent li uns & li autres.* Jean de Meun au Roman de la Rose :

> *Bien doit estre lasse clamée,*
> *Quand el aime sans estre aimée.*

Et ailleurs :

> *Bien est drois que je m'en repente,*
> *Lasse, fole, lasse dolente,*
> *Lasse, lasse, cent mille fois.*

Le Roman de Guillaume au court nés :

> *Souvent se claime malheureuse & lasse.*

Les Italiens l'ont aussi pris en ce sens. Petrarque :

> *Quante lagrime lasso! & quanti versi!*

Lassatus se trouve aussi pris en cette signification chez les auteurs Latins. Sidonius Apollinaris Poëm. 5.

> *Et qua lassatis nimium spes unica rebus.*

Lassatis, c'est-à-dire *miseris & afflictis*, comme l'explique Savaron.

HENRI. H. Etienne au liv. 3. de la Conformité du Langage François avec les Grec, dit que *Henrich* est un mot Alleman, fait par contraction de *Henderich*, composé de *lende*, qui signifie les mains ; & de *rich*, qui signifie riche : comme qui diroit *Riche des mains*, c'est-à-dire *Illustre par ses actions.* Mais Pontus Heuterus, dans son livre intitulé *Etyma variorum nominum utriusque sexus hominem Germanica originis*, dit que *Henri* signifie celui qui possede une grande étenduë de chams. *Heinryc*, Henricus, *amplos possidens agrorum limites.*

HÉRAUD. Parce que les herauds étoient proprement des Officiers d'armée, ce mot est formé de *heer*, qui en l'ancienne Langue Tioise, & encore en Alleman & en Anglois, signifie *Camp & armée.* Dans les Capitulaires de Charlemagne, & en plusieurs endroits des Loix Barbares, *Heribannus* signifie l'amende qu'on payoit pour n'être pas allé. *Herebergum* estoit le camp ou le logement de l'armée. Le Glossaire que Lipse a inseré dans le 3. liv. de ses Epîtres *ad Belgas* : Heriberga, *Castra.* Et Charlemagne ayant fait dresser un logement pour son armée sur le bord de la Riviere de Wezer, le fit appeler *heristallum* ; c'est-à-dire *demeure & logement d'armée* : comme dit l'ancien Poëte Saxon, au Poëme qu'il a composé de la vie de cet Empereur :

> *——— Wisura positis in littore castris*
> *Sedit, heristallique locum jussit vocitari.*

Et en un autre endroit :

> *——— Tum Gallica rursus ad arva*
> *Regrediens ; hiemis tempus transegit in aula,*
> *Nomen Heristalli dederat cui Barbara Lingua.*

Le mot *here*, outre la signification de *Camp & d'Armée*, se trouve aussi pris pour *armes* : Car le mot *heristie*, qui se trouve dans la Loy des Lombards & dans les Capitulaires de Charlemagne, signifie quelquefois *depositio armorum*, selon un vieux Glossaire que cite là-dessus Lindebrogius. De-sorte que le mot *here* signifiant *armée & armes*, il est certain que les Hé-

rauds ont été ainsi appelés, comme étant Officiers d'Armées & d'armes. Froissart liv. 1. chap. 320. dit qu'après la bataille de Crecy, le Roy d'Angleterre voulant sçavoir le nombre des morts, & quels Seigneurs y étoient demeurés, commanda à trois Hérauds de les aller reconnoître : *Si furent ordonnés pour aller là, Messire Regnaud Gobeghen, & Messire Richard de Stanfort, & trois Héraux, pour recognoistre les armes ; & deux Clercs pour escrire les noms.* Car la il étoit du devoir des Hérauds de connoître le Blason & les Armes de la Noblesse. Le même, au ch. 141. du même volume, dit qu'à la bataille de Navaret, *le Prince de Galles ordonna quatre Chevaliers & quatre Héraux, pour aller par les champs sçavoir quelles gens de prix, & quelle quantité y étoient morts & demeurés.* La Chronique Scandaleuse de Louis XI dit qu'à la bataille de Nancy, où le Duc de Lorraine défit celui de Bourgogne, il se trouva vint & deux mille sept cens hommes de morts, par le rapport fait des Hérauds, qui pour faire ladite estimation se transportérent audit lieu. Lorsqu'il faloit présenter la bataille à l'Ennemy, on l'envoyoit défier par un Héraud. Froissart, vol. 1. ch. 42. écrit que Edouard, Roy d'Angleterre, envoya défier le Roy Philippe de Valois, & luy demander bataille, par un Héraud. Le même, au vol. 2. chap. 54. rapporte que le Comte de Bouquinquan envoya défier le Duc de Bourgogne, & les François qui étoient dans Troye, par deux Hérauds, l'un appelé *Chandos*, & l'autre *Aquitaine*, vestus & parés de ses cottes d'armes. L'Auteur de l'Histoire du Connétable du Guesclin chap. 45. dit que dès qu'il fut fait Connétable, Thomas de Grançon, Lieutenant du Connétable d'Angleterre, l'envoya défier par un Héraud.

Il étoit aussi de la Charge des Hérauds de se trouver, non seulement aux batailles, mais encore aux combats particuliers. Dorronville, en la Vie de Louis III Duc de Bourbon, dit qu'en un combat qui se fit en la présence de ce Duc, dés que les Champions furent prests, il leur fut crié par les Hérauds, *Faites vos devoirs.* Et même les Hérauds avoient quelquefois l'honneur de présider en ces combats. Olivier de la Marche liv. 1. chap. 21. écrit qu'au combat qui se fit au pas de la Fontaine de Plours, à Châlons sur Saône ; soûtenu par Messire Jacques d'Alin, le Duc de Bourgogne y envoya le Roy d'armes de la Toison d'or, pour être juge en son absence : Et Dorronville au chap. 48. rapporte qu'en un combat à outrance de quinze François contre quinze Anglois ; qui se devoit faire dans les prés de la Ville de Nantes, assiegée par le Comte de Bouquinquan, il n'y devoit avoir autres Juges, sinon deux Hérauds, l'un de France, l'autre d'Angleterre. Bref il paroît clairement que les Hérauds ont été ainsi appelés du mot *Hero*, qui signifie *Armée & Armes* ; en ce que ceux des Princes Souverains sont appelés *Roys-d'Armes* ; & que ceux qui pretendoient à la Charge de *Hérauds*, étoient qualifiés *Poursuivans d'Armes.*

HERCE. C'est un instrument pour aplanir & émoter les champs ensemencés. Il est formé de *herpex*, ou *herpix.* Servius sur ce lieu des Georgiques de Virgile,

> *——— Vimineasque trahit crates :*

Ad agrorum scilicet exaquationem, quam Rustici hirpicem vocant. La Loy Salique Tit. 36, §. 2 : *Si quis per alienam messem, postquam germina produxerit, herpicem traxerit, aut cum carro sine via transierit.*

HERCE. C'est le ratelier, ou porte-coulisse, qu'on abbat pour fermer promtement les portes des villes, & autres lieux forts. Il est formé de ἕρκιον ou ἕρκιος, qui signifie une *barriere* ou *clôture*, dont on environne une maison pour la fortifier. Le Latin en a aussi fait *hercius.* César, *de Bello Civili* liv. 3. *Erat objectus portis hercius : Sed tamen nostri virtute vicerunt ; excisoque herciò, primum in majora Castra, pòst etiam in Castellum, quod erat inclusum majoribus castris, irruperunt.* Où les doctes remarquent que la commune édition met mal-à-propos *ericius & ericio*, pour *hercius & hercio.*

HEURTER. Goldast sur les anciennes Poësies Allemandes de Tyrol Roy d'E'cosse, dit que *heurter* signifie proprement le choc qui se fait des Ecus &

des boucliers en un combat : d'autant que *hurt* , en Tiois, signifie *Ecu*. Puis il ajoûte : Hurt , *Franco-Gallis* , *impulsio*. Li hurt de la bataille , au livre *De septem Sapientibus* , *id est* le choc, *congressus militum cum impetu ; quando nimirum scutis scuta opponunt atque impingunt. Id vocant* heurter. *Vetus Glossarium Franco-Latinum :* Heurter, *allidere , impingere, congredi cum impetu.* Le Roman de Perceval :

    Les armes de ces qui venoient ,
    Et sovant heurtoient as armes.

Verbum est à Francis in Gallia proseminatum.

HISTORIER. Nous le prenons pour peindre & graver : encore que la Peinture & la Gravûre ne representent aucune sorte d'Histoire. Ainsi dans Anastase le Bibliothécaire, *Historia* est la representation des animaux & des arbres. En la vie du Pape Leon IV : *Vestem sericam unam habentem historiam animalium.* Et plus bas : *Sericos pretiosâ aquilarum historiâ textos.* Et ensuite : *Aquimanile de argento par unum , habens in se sculptam similitudinem capitis hominis , cum vite & alia Historia.*

HIVER. Ce mot est formé du substantif *hibernus,* ou *hibernum,* qu'on fit de l'adjectif *hibernus.* La Loy 1. ff. *Quæ in fraudem creditorum,* §. ult. *Nec enim qui hiberno, fundum censum, si sub tempus messis vindemiave fructus ejus vendere possit decem.* Le *Chronicon Hildensheimense : Hibernus fuit longus , durus , & siccus.* Les Gloses de Papias : *Hibernum, inter hiemem & vernum ; & quasi* hyems vernum *, plerumque à parte totum* hyemem *significat.*

HOMMAGE. C'est proprement l'aveu & la soumission du vassal, lorsqu'il prête à son Seigneur le serment de fidelité pour les devoirs & les services ausquels il lui est obligé. Il n'y a personne qui ne sache que de *homo* on a fait *hominium & homagium ;* & de-là, *hommage.* Le mot *homo* , outre son ordinaire signification, se trouve souvent pris pour *servus :* comme ἄρθρωπος , dans les écrits des derniers Grecs ; & *Man,* parmy les Allemans, comme le témoigne Lindebrogius. Ainsi ces paroles, *alienum servum ,* du ch. 1. de la Loy *Aquilia* , rapporté par le Jurisconsulte Caïus L. 1. ff. *Ad legem Aquiliam,* se trouvent changées en *alienum hominem* dans les Justinien *de lege Aquilia.* Ce que je pourrois prouver par quantité d'Auteurs de la pure Latinité, & de la derniere. Je me contenteray seulement d'en rapporter deux, l'un des Loix des Wisigoths liv. 9. tit. 1. Loy. 18. *Quicunque domino, seu per se, sive per hominem suum, requirenti fugitivum suum, & agnoscenti, reddere distulerit.* Et cet autre d'Ennodius Ticinensis Epitre 29. du liv. 9 : *Rogo ut portitorem præsentium , hominem meum , Deo vobis inspirante , ad meum effectum Eminentia vestra jubeat commeare.* De-là vient que par la relation du devoir & de la soumission du Fief servant au Domaine , le Vassal est appelé *Homme,* c'est-à-dire *serviteur ;* & le devoir du Fief, *Hommage,* c'est-à-dire *service :* Car le devoir Feodal, quelque noble que soit le Fief, est toujours une servitude qui oblige le vassal envers son Seigneur, non à des services vils & abjets, & dépendans de la volonté absolue du Seigneur, mais à ceux dont la mouvance du Fief qu'il tient de luy le peut rendre redevable; qui est proprement & originairement l'obeïssance , quant au service de guerre, porté par l'aveu, & ensuite la redevance qui se paye à la reddition de l'Hommage, la fidelité & le respect qu'il doit à son Seigneur. C'est pourquoy, non seulement les devoirs des petits fiefs, mais encore les marques d'honneur & de reconnoissance qui se rendent à la prestation des hommages, pour raison des fiefs, les plus grands & les plus nobles sont appelés *services.* Les Anciennes Coutumes de Paris, intitulées *Li establissement le Roy de France,* &c. au liv. 1 : *Se aucuns estoit que laissast son service à rendre à son Seignor, gans ou esperons , ou autre service à jour nommé.* Dans la Coutume d'Anjou art. 103 , & 106, *Servir le Fief,* est payer au Seigneur les droits qui luy sont dus après l'hommage rendu. Et en l'art. 109 il est dit que le *Fief est servi,* après que le vassal a presenté à son Seigneur l'Hommage avec le rachapt. Voire-même en la Coûtume de Haynaut chap. 74, le payement du Quint & demy-Quint est appelé *service* en termes exprès, *service de Quint & demy-Quint.* Guillaume

---

Durand, surnommé *Speculator,* liv. 4. part. 3. Tit. *de Feudis,* § *Quoniam super Homagiis,* fait voir que non-seulement les devoirs Feodaux sont appelés *services,* mais que de-plus , l'argument de leur preuve est tiré d'une Loy où il est nommément question de la servitude. *Ad probandum Homagium* , dit-il , *non sufficit probare tantô tempore fuisse præstita servitia , nisi probetur pro homagio præstita fuisse.* Argum. ff. *Quemadmodum servitus amittatur,* L. fin. Ce n'est donc pas sans raison que la Glose d'Accurse, sur la Loy *Si cujus,* ff. *De Usufructu,* & sur le verset *Oportet,* appelle *servitude* le serment de fidelité qui se prête en la reddition des Hommages. *Nam cùm sit quasi individua servitus, sacramentum fidelitatis & fidelitas ipsa in solidum debetur.* Bref pour faire voir que les devoirs des Fiefs, même tenus par les Roys, ne laissent pas d'être appelés *services,* voicy les paroles de Joannes Sarisberiensis Evêque de Chartres en l'Ep. 234 , parlant de l'hommage que devoit rendre Henry II. Roy d'Angleterre, à Philippe Auguste , pour raison du Duché de Normandie : *Rex Angliæ debebat in heminium Regis Franciæ, ei fide corporaliter & publicè datâ, coram omnibus profiteri, quòd ei, tanquam Domino, de Ducatu Normaniæ serviret , sicut prædecessores sui Duces consueverunt servire Francorum Regibus.* J'ay extrait en partie cette remarque du liv. 2, chap. 11, de mon Traité du Franc-Alleu du Languedoc , pour faire voir que *homage* est formé de *homo,* en tant qu'il signifie *serviteur :* non que j'entende parler de cette servitude abjette & infame qui ne laissoit point de liberté , mais bien de celle qui par l'obligation d'un honneste devoir peut faire dépendre qui que ce soit d'une personne de condition même inégale. Ainsi, par un usage que la civilité a introduit , on ne croit pas faire tort à sa qualité de se dire & de bouche & par écrit, *serviteur* d'une personne de condition beaucoup moindre. Il est bien vray neanmoins que dans les Coutumes de Touloûse *homagium* se trouve pris par le Devoir auquel étoient obligés cette espéce de serfs qu'on appeloit *homines de corpore, & homines de Casalagio.*

HONTE. Puisque personne n'a encore touché l'origine de ce mot , je hasarde celle-cy, attendant qu'on en puisse trouver une meilleure. Anciennement,quand on vouloit faire souffrir une honte & une ignominie extraordinaire à un Gentilhomme convaincu de sédition, de volerie, & d'incendie ; avant que de le faire mourir on luy fèsoit porter sur les épaules un chien à travers les chams , jusques aux limites du prochain territoire. Otho Frisingensis liv. 1, chap. 22, *De Gestis Friderici* I. parlant de Herman Comte Palatin, qui avec deux autres Comtes ses complices, fut condanné à souffrir une pareille ignominie : *Vetus consuetudo pro lege apud Francos & Suevos inolevit , ut si quis nobilis , ministerialis , vel colonus , suo judicio pro hujusmodi excessibus reus inventus fuerit, antequam mortis sententiâ puniatur, ad confusionis suæ ignominiam, nobilis canem, ministerialis sellam , de Comitatu in proximum Comitatum gestare cogatur. Hunc morem Imperator servans , istum Comitem, magnum Imperii Principem , cum decem Comitibus suis canes per Teutonicum milliare portare coëgit.* Le Poëte Gunterus liv. 5. de son Poëme intitulé *Ligurinus,* après avoir parlé de cette coutume, raconte en ces vers la honte & l'ignominie qu'on fit souffrir à ce Comte Palatin & à ses complices , en leur fèsant porter un chien sur les épaules :

  ———*Cujus dispendia pœna*
Ille Palatinæ Custos celeberrimus Aulæ
Non potuit vitare Comes ; cunctisque videndus
Portavit scapulis, passus plus mille , latrantem.
Hanc quoque tunc alii, simili pro crimine, pœnam
Sustinuere decem Comites : totidemque coacti
Fœda tulere canes generoso pondere collo.

Suger, Abbé de S. Denis , en la Vie du Roy Louis le Gros , raconte que ce Prince fit pendre avec un chien Bertolde Prevôt de l'Eglise de Bruges , qui avoit fait assassiner Charles Comte de Flandres. *Furcis* , dit-il, *eum cane suspensus , quoties canis percutiebatur, in eum iram retorquens totam faciem ejus masticando devorabat.* Puis donc que dans ces Exemples nous voyons que les chiens servoient anciennement à faire souffrir aux personnes de condition une honte & une ignominie insuportable, il y a beaucoup d'apparence que de là s'est formé le mot de *honte* ; d'autant qu'en Alleman *hund*, en Flaman *hundt*, & en ancien Tiois *hunt*, signifient *un chien*. Dans la Loy des Bajuvariens Tit. 19. il est fait mention de certaines espéces de chiens, appelés selon leurs divers usages en la chasse ; comme *Leithunt, Triphunt, Spurihunt, Bibarhunt, & Hapich-hunt.*

HOQUETON. C'étoit anciennement un pourpoint fourré de coton bien serré & contrepointé, qu'on mettoit sous les hauberts, & depuis sous les cuirasses, pour mieux resister aux coups d'épée & de lance. Nos anciens François l'écrivoient *Auqueton.* L'Histoire du Connétable du Guesclin chap. 40. *Et ferit iceluy Sarrasin tellement qu'il luy perça escu & jaseran ; mais l'auqueton estoit trop fort.* En Latin *alcalto.* Mathieu Paris en la Vie de Richard, parlant des presens que Baudouin fit au Roy Richard : *Et quod erat varissimum, unum Alcaltonem satis levem, nullo spiculo penetrabilem.* Mais il étoit appelé *auqueton & alcalto* par corruption ; car son vrai nom étoit *alcoto.* Le Roman de Girard de Roussillon écrit en ancienne Langue Provençale :

Un ausberc ac vestit ses alcoto.

Aussi étoit-il formé de l'article Arabe *al* & de *coton.* La Glose ancienne du Dictionnaire de Jean *de Garlandia : Bombacina, Gallicè,* auqueton. *Bombax, Gallicè coton.* En effet, je trouve que *Auqueton* est absolument pris pour *coton.* Le Roman de Guillaume au court nés :

Blanche est la maille assés plus d'auqueton.
Vanhier de Dodan au Roman de Perceval le Galoys :
Vesti un pourpoint d'auqueton,
A noiaux d'or tout environ.
Et en un autre endroit,
Un riche pourpoint d'auqueton,
De pourpre & de samit bandé.

HÔTAGE. Les villes & les personnes qu'on baille pour assurance de Paix, de Tréve, ou de telle autre convention de guerre, sont appelées hôtages : de *hostis*, qui signifie *armée* dans beaucoup d'Auteurs de la derniere Latinité. L'Abbreviateur de Greg. de Tours chap. 17. *Præcepit Rex Hosti suo, ut nec cibum nec ullum stipendium de ipso pago tollerent.* Orderic Vital Histoire, Ecclesiastique liv. 9. *Mos est Gentilium in hostem copiosas opes deferre.* Et vous trouverez ce mot en cette signification dans plusieurs autres Auteurs, & particulierement dans les Capitulaires. Il est pourtant vray que du commencement, les personnes seules étoient appelées *hôtages* ; par ce que le parti auquel on les donnoit pour assurance les tenoit dans son armée de peur qu'elles n'échapassent ou ne fussent enlevées. Car je trouve aussi que *obstagiare* est pris pour *camper & demeurer dans une armée.* L'Auteur anonyme du livre *de recuperatione Terræ Sanctæ,* voulant dire que jamais Prince ne campa plus souvent ny plus long-tems que Charlemagne en terre étrangere, use de ces paroles, *nec recolo me legisse aliquem Principem in terris alienis & remotis diu obstagiasse præter Carolum Magnum.* Mais comme dans le cours du tems les mots sont détournés de leur naturelle signification, *hôtage & hôtager* ont passé à d'autres usages. Les Coutumes de Bretagne art. 112 : *Celuy qui a obligé son corps à tenir ostage pour debte civile.* Et art. 116 : *Celuy qui a fait arrester ou ostager quelcun,* &c. où *ostage* est pris pour *prison* ; & *ostager,* pour *emprisonner.* Il y en a qui écrivent *ôtage,* pour *hôtage* ; parce que l'on écrivoit *Ost,* pour dire *armée.* J'ay remarqué que *credentia* signifioit *hôtage.* Le Testament de Charlemagne : *De obsidibus autem qui propter credentias dati sunt.*

HOUSES. HOUSEAUX. Nos Anciens François appeloient *houses & houser,* ce que nous disons maintenant *botes & boter.* Le Sire de Joinville en la Vie de S. Louis : *La chair des jambes nous desséchoit jusques à l'os, & le cuir nous devenoit tanné de noir & de terre, à ressemblance d'une vieille house qui a esté long-temps mucée derriere les cofres.* Enguerrand de Monstrelet vol. 3 : *S'en alla houser & monter sur un*

très-bon cheval. Froissart vol. 9. ch. 35 : *Houseaux, souliers, chausses à houser, esperons,* &c. Le *Catholicon parvum : Ocrea,* housel ; *Ocreare,* chausser houseaux. *Osa,* houseau à chausser ; *Osare,* chausser houseaux. Joannes Januensis dans son Catholicon : *Osa, quoddam genus calciamenti : ab os ossis dicitur, quòd primò de coriis boum osa facta sunt ; & quamvis nunc ex alio genere fiant, pristinum tamen nomen retinent.* Auquel lieu, selon la pensée de l'Auteur, il faut lire *de ossibus* au lieu de *de coriis* : bien-qu'il n'y ait aucune apparence que *osa,* ou comme écrivent les Auteurs de la derniere Latinité *hosa,* soit formé *d'os ossis.*

HUCHER, HUER. Ces deux verbes, quoyque de signification un peu différente, viennent pourtant de même origine. *Hucher* est proprement crier à dessein de faire entendre quelque chose. Le Roman de Guillaume au court nés :

Par sa mesnie a fait un Ban hucher.
C'est de-là qu'est formé *huchet,* qui signifie le cor d'un postillon, duquel il sonne pour donner avis de sa venûe. *Huer,* ou *huier,* c'est crier confusément. Tous deux viennent de l'ancien mot François *hus,* qui signifie *cri.* Ville-Hardouin liv. 3. *Li hus ere si gran, que il sembloit que terre & mer fondît.*

HUGUENOT. Jean Chapeaville Chanoine de Liege en la vie de Robert de Bergis Evesque de Liege, remarque qu'environ l'an 1560. les Calvinistes commencérent en France d'être appelés *Huguenots.* Il y a diverses opinions sur l'origine de ce mot : les uns disent qu'il est formé du nom d'un Spectre que les Habitans de Tours appellent *le Roy Hugon,* qui selon l'opinion du vulgaire épouvante de nuit les personnes, comme à Paris le *Moine Bouru,* & à Toulouse *la malobestio.* Et que comme du commencement les Calvinistes fésoient secrétement leurs assemblées, les Tourangeaux les voyant marcher de nuit comme le Roy Hugon, prirent de-là sujet de les appeler *Huguenots.* Aubigné dit qu'ils furent ainsi appelés, parce qu'ils fésoient de nuit leurs assemblées dans une Tour de la Ville de Tours, appelée *la Tour de Hugon.* Les autres le veulent dériver de l'Hérétique *Jean Hus,* qui fut condamné au Concile de Constance. D'autres disent qu'un jeune Gentilhomme Alleman, taché de l'Hérésie de Calvin, aïant été surpris à Paris, fut amené devant le Cardinal de Lorraine ; & qu'aïant été interrogé sur le sujet de sa venûe en France, il commença sa réponse par ces paroles, *Huc nos, Serenissime Princeps, advenimus,* &c. & que de-là on prit occasion d'appeler ceux de la Religion *Huguenos.* Quelques autres le font venir du Langage des Suisses, qui appellent *Heu guenaus,* les mutins & les seditieux. Voicy l'opinion de Henri de Sponde Evêque de Pamiés, dans la Continuation des Annales du Cardinal Baronius, sur l'an 1307. n 21 : *Patriâ Linguâ Eydgenossen dicuntur ; hoc est fœderati : Græcari in hoc visi, cum ἕνωσις apud Græcos unitio sit ; & ἑνωτικὸς, unitivus : sicuti & in prædicta Suitiorum sive Helvetiorum vocis prava Gallorum pronunciatione sunt qui Ugonotos non abs re velint denominationem accepisse ; quod sic sese mutuà hæretici suis bellorum de religione confœderationibus nuncuparent.* A ces opinions j'ajoûte la mienne ; qui est que les *Huguenots* ont été ainsi appelés, du verbe Flaman *Heghenen,* ou comme prononcent les Flamans, *Huguenen,* qui signifie *purifier* ; d'autant que les Calvinistes sont proprement appelés *Puritains :* De-même que ces anciens Hérétiques qui se fésoient appeler *Cathari,* de καθαρὸς, qui signifie *pur.*

HUPE. Fauchet liv. 1. de son Recœuil de l'Origine de la Langue & Poësie Françoise, tient que par syncope on a fait *hupe,* de *hurepé* qui signifie *hérissé* ; d'autant-que *hupe* est une touffe de plumes qu'une espece de coqs & de poules portent élevée sur la teste. Il veut aussi que de-là vient *houpe* ; qui est ce floc de soye ou de fil noué, qui se mettoit autrefois au sommet des chaperons & des bonnets des hommes les plus honorables, non seulement Roys, Princes, & Gentilshommes, mais encore Cardinaux, Evêques, & Docteurs : d'où peut-être, ajoute-t'il, vient le proverbe qui dit *Abatre l'orgœuil des plus houpés,* quand c'étoient clercs ; ou *hupés,* quand c'étoient gens de Guerre portans plumes. Mais il est certain que *hupe* vient du Latin *Upupa*, qui signifie un oiseau que nous appelons *hupe*. Le *Catholicum parvum* : Vulpa, *hupe*. Et cet oiseau portant sur sa teste un bouquet ou touffe de plumes, a donné le nom de *hupe* aux touffes des autres oiseaux.

HURE. La teste du Sanglier est ainsi appelée, parce que le poil en est fort hérissé ; car *hurepé*, en vieux François, signifie *hérissé* & *mal-peigné* : comme fait voir Fauchet liv. 1. de son Receüil de l'Origine de la Langue & Poësie Françoise. Le Roman de la Conquête d'Outre mer :

> *Li forestier s'en tourne, qui ot nom malquerrés ;*
> *A l'hermitage vient hideus & hurepés.*

Et en un autre endroit :

> *Velus estoit comme ourse & ours en Kaunes.*

Les ongles grans, & tous les ceuels méélés,
La teste hurepée, n'est pas souvent lavés.

Le même Fauchet assure que de son tems les femmes de Paris disoient *hurepé*, par ce qu'on dit en Latin *arrectâ comâ*. Et je trouve que *hura* étoit une espéce de chapeau fait, à mon avis, d'une étoffe velüe ; tel que ces bonnets dont on se sert dans les Pays Septentrionaux. Mathieu Paris dans les Vies des Abbés de S. Auban, parlant de l'Evêque de Lincolne : *In manu Regis per capitis sui Galerum, qui hura dicitur, resignavit id juris quod dicebat se habere in Ecclesia B. Albani.*

HUTE. De *huse*, qui en ancien Tiois signifie la même chose. Le Glossaire de l'ancien Moine Keron : *Tabernaculum ;* huse. *Tabernaculi,* huses.

J A.

JALLAY. ou JALAYE. C'est certaine mesure de vin, ainsi appelée, parce qu'on y fait jallir le vin des tonneaux. La coutume de Tours art. 63 : *Et tiendra chascune pipe 36. jallais ; chascune jallay, de douze peintes.* La coutume d'Orleans art. 491 : *Et contient de poinsson 12. jallayes. Et chasques jallaye seize peintes.*

JALLIR. Il se dit de l'eau, ou du vin, ou de telle autre liqueur ; quand elle sort avec force & impétuosité. Il est, à mon avis, formé de *salire*, par le changement de la lettre *S* en *J* : de-même que *rejallir*, de *resilire*. En-effet, *salientes* sont des tuyaux desquels l'eau jallit, ou rejallit. Vitruve liv. 8. *Ad portum pyraum ducti sunt salientes, à quibus bibit nemo.* Ciceron dans une de ses Lettres à Quintus, Ep. 1. du liv. 3. de ses Epîtres : *Mirifica suavitate te villam habiturum, piscinâ & salientibus additis.*

JALOUS. En Italien *Geloso* : en Espagnol *Zeloso* : en Gascon *Gilous.* Tous ces mots viennent de *Zelosus ;* formé de *zelus,* qui signifie *envie, amour, émulation.*

JAMBE. En Languedoc & en Gascogne *cambe*, en Picardie *gambe*. On dit encore *gambade*. Et nos Anciens François appeloient *Gambaron*, un homme qui avoit les jambes courtes & ramassées. Orderic Vital. liv. 4 de son Histoire Ecclesiastique, parlant de Robert Duc de Normandie, fils de Guillaume le Conquérant : *Facie obesâ, corpore pingui, brevique staturâ : unde vulgò Gambaron cognominatus est, & brevis ocrea.* De καμπη, qui signifie *les jointures du corps humain,* on fit *gamba,* qui est proprement le *jaret des animaux.* Vegetius Renatus, *Artis veterinariæ* lib. 1. c. 27 : *Si jacca in gambis fuerint, aut aliquis dolor coxæ vel gamba, sanguis detrahatur gambis ; sunt enim venæ à visceribus descendentes per gambas interiùs.* Et au chap. 56 : *Inflexione geniculorum atque gambarum molliter vehit.* Où Vegece parle des chevaux, mulets, & autres animaux, compris sous le nom de *veterina.* Mais quoyque *gamba* s'entendît seulement du jaret, & du pli qui joint la cuisse avec la jambe ; l'usage l'a depuis étendu à la signification de la *jambe* même ; dont le mot a tiré son Origine.

JARDIN. Le Flaman dit *garden ;* & le Picard *gardin :* & ainsi l'on pourroit dire que ce mot vient de *garder*, selon la coutume des François qui changent en *J* le *G* des autres Langues. Il y en a qui le veulent deriver de ἀρδεία, arrosement. Mais je croy que c'est un mot de la Langue Tioise ; car les Allemans appellent encore un Jardin *gard :* en quoy je suis volontiers de l'opinion de Goropius, lib. 4. *Originum Antuerpiensium,* qui dit, *Sic à voce nostra* gard, Jardin *Galli Romanisantes fecerunt.*

JARET. JARETIER. En Languedoc *Garel* est ce que les François appellent *Jaretier ;* qui, selon Robert Etienne dans son Dictionnaire, se dit d'un homme, ou d'un cheval, qui a les jambes torses en dedans, en-sorte que les genoux s'entretouchent, ou peu s'en faut. Ce qui est appelé *Varus* en Latin. C'est aussi de *varus* qu'est formé *garel*, par le changement ordinaire de l'*V* en *G* De là vient aussi qu'en Languedoc *Garou* signifie le jaret : dont il y a apparence que les François ont formé *jaret ;* comme ils ont fait *jambe,* de *gamba ;* car aussi en Languedoc *garouliere,* c'est la jaretiere. Joachin Perion, *De Lingua Gallica cum Græca cognatione,* tient que *jaretiere* vient du Latin *aretare,* en y ajoûtant la lettre *J* au commencement ; parceque les jaretieres serrent & pressent les bas de chausse, qui sans cela s'abbatroient sur les talons. Quelques-uns, comme dit Robert Etienne, dérivent *jares* de l'Hebreu *Jerech,* qui signifie *la cuisse.*

JASMIN. Robert Etienne, en son Traitté *De Arborum fruticum, & herbarum nominibus,* dit que cette fleur n'est pas fort ancienne en France, où elle fut apportée d'Italie. Je croy que les Grecs, qui sous le nom de *ἴον,* qui signifie *violette,* comprennent plusieurs espéces de Fleurs, en ont formé *ἰάσμη,* qui doit être le *jasmin.* Aussi Dioscoride appelle *ἰάσμινον μύρον,* un certain onguent usité en Perse, qu'on faisoit de violettes blanches jettées dans de l'huile de sesame. En-effet les fleurs de Jasmin sont blanches.

JATE. C'est un plat, ou vase profond. Les Picards l'appellent *gate ;* les Gascons *gaude,* qui est à mon avis l'ancienne façon de prononcer ce mot : ce qui persuade qu'il a été formé par contraction de *gabata,* qui signifie même chose. Martial :

> *Sic implet gabatas paropsidesque.*

Fortunat liv. 11. Epig. 9 :

> *Carnea dona timens argentea gavata perfert.*

JAVELLE. En Languedoc *gabelle.* De plusieurs javelles, qui sont des poignées de blé, se fait une gerbe : de-sorte que comme en Languedoc *garbelle ;* & par le retranchement de la lettre *R, gabelle ;* est le diminutif de *garbe,* de même en France *gerbelle* est celuy de *gerbe,* dont on a depuis fait *javelle.* Ces mots viennent de l'ancien Teudisque *garivon,* comme nous avons dit sur le mot *Gerbe.*

JAVELOT. Les traits & les dards que les Anciens lançoient de la main sont ainsi appelés, parce que les Gens de guerre les portoient ou fésoient porter à javelles, c'est-à-dire liés par faisceaux. Ainsi les Ordonnances ou Statuts de Robert premier du nom, Roy d'Ecosse, appellent *gerbe de fléches,* le nombre de 24 fléches troussées en un faisceau. *Habeat unum arcum cum una garba sagittarum, scilicet viginti quatuor sagittas.* c'est au chap. 27.

JAUGEUR. On appelle ainsi celuy qui jauge, c'est-à-dire qui verifie si la futaille à vin est de jauge ou mesure raisonnable & ordinaire. Il est formé de *jallay,* comme qui diroit *Jalligeur.* La Coustume d'Orleans Art. 491 : *En tous les Balliages d'Orleans n'y a qu'une jaulge & estallon de fust à mettre vin.* La Coutume de Clermont Art. 233 : *Il y a gaulget & gaulgeur.* Mais la Note marginale porte qu'il faut lire *jauge* & *jaugeur. Faire gaulger la fustaille en laquelle sera le vin par luy achepté.* Et plus bas : *Sera pris pour le droit du Gaulgeur un denier Tournois sur le vendeur.*

JAUNE. Il n'y a point de doute que les François, qui changent ordinairement le *G* en *J*, n'ayent tiré ce mot du Latin *galbus*, *galbinus*, ou *galbineus* qui signifie *couleur jaune*. Le Glossaire : Galvus χλωρός : c'est-à-dire *jaune*, *pâle*. Flavius Vopiscus, en la Vie d'Aurelien : *Tunica*, *galbina*, *braccis Gallicis indutus*. Le Consul Grammairien Habentius, dit que la pierre *achates est galbini coloris*. Et Vegéce dans son *de Re Veterinaria*, écrit que la fleur de l'éyngion, que nous appelons *panicault*, ou chardon testu, est *galbinei coloris*. *Eryngion autem herba dicitur quæ in littore nascitur prope undam maris, florem habens quasi aureum vel galbineum*. D'ailleurs les Doctes tiennent pour la plûpart que l'oiseau appelé *galbulus* ou *galgulus* est le même que les Grecs appellent ἴκτερος, du nom de la jaunisse, parce qu'il est de couleur jaune.

JE. Ce pronom, qui se dit *Ego* en Grec & en Latin, prent sans doute son origine des Langues Septentrionales. Car l'Alleman dit *Ich*; l'Anglois *Ii*; le Sclavon *La*: comme témoigne Sigismundus Gelenius, *in Lexico Symphono*. D'où je croy que le reste des Nations de l'Europe l'ont pris : car en Espagne on dit *Yo*, en Italie *Io*; en Gascogne *Iou*; en Languedoc *Ieu*; & en plusieurs endroits de la Guienne *Io*. Les Gloses : *Josipse* αὐτός, pour *ego ipse*.

JET. JETON. C'est dequoy on se sert à compter ou calculer une somme : en Latin *calculi*. M. de Saumaise, comme j'ay déja dit sur le mot *Dés*, s'étonne de ce que *dari* s'entent des calculs; & *jactari*, *de Tesseris*. L'usage a pourtant fait les mots *jets*, ou *jetons*, de *jacti*. *Vice versa datos vel dados vocamus tesseras, jactos verò calculos : hinc jacti vel jactones*.

JEU. JOUER. En Languedoc *Joc*, & *jougá*. Ils viennent de *jocus*, & *jocari*, qui signifie à la verité se jouer de paroles seulement : mais nous l'avons étendu à toute sorte de passe-temps & de jeux.

JONCHER. *Couvrir*; comme quand on dit *le pavé jonché de fleurs*, & *la terre jonchée de corps morts*. Ce verbe est formé de *jonc* qui est le nom d'une plante dont on avoit de coûtume de parsemer ou couvrir le parterre des sales aux jours des grandes solennités. Le Roman de Guillaume au court nés : décrivant la Magnificence de la Cour que tenoit Charlemagne à S. Denis :

El mostier fu, & li glais, & li jons,
Roses & lis & mentastre par tout.

Et Vanhier de Dodan au Roman de Perceval le Galoys :

Lors j'en jonchies le pavillon
De fraisches herbes environ.

Et le Roman de Doon :

De morts & de navrés & jonchier & couvrir.

Le *tabularium Vindocinense*, rapporté par Belly en l'Histoire des Ducs de Guienne : *Tunc inclinavit se Comes* (Wido Comes Pictavensis) *& accepit viridem scriptum; nam domus recenter erat juncata, sicut solemus facere quando aliquem personæ potentis vel dominum suscepimus, vel amicum*. Louis d'Orleans ch. 11. dit qu'on souloit anciennement couvrir de feurre, c'est-à-dire de paille & de foin, les sales ou les Grammairiens disputoient : & que cela se pratique encore en quelques Eglises de France, durant certaines solennités, pour empêcher le froid des pieds. Mais il est croiable que du commencement ce feurre étoit composé de jonc & de quelques autres espéces d'herbes qui naissent aux lieux humides, proprement appelés *forra*; d'où vient le mot de *feurre* ou *fouerre*, comme j'ay déja remarqué. Marcus Baro *de Geometria*, qui se voit dans les Auteurs *Finium Regundorum* : *Aquam vivam significant sub se juncina & furra*.

JOUBARBE. C'est une herbe qui croist sur le haut des vieilles murailles, les Grecs l'appellent ἀείζωον, les Latins *semper vivum*; & nous *joubarbe*, comme qui diroit *jovis barbam*, comme dit Charle Etienne dans son livre *de Re Hortensi*.

JOUIR. Le verbe *gaudeo*; outre sa commune signification, qui est *se réjouir*; signifie quelquefois *jouir*. En Langue ancienne Provençale on disoit *jausir*. Plaute dans sa Comédie intitulé *Mostellaria*, ch. 3. artic. 1.

Gaudeat suo semper perpetuo bono.

Il est donc vray que comme nous avons formé *ré-*
jouir, [comme on dit en Gascogne *regaúsi*] de *gaudere*, en y ajoûtant *re*, qui en notre Langue augmente la force des mots; aussi en avons-nous tiré *jouir* : car les François prononcoient anciennement l'*J* pour le *G*; comme dans l'Histoire du Maréchal de Villehardouin, où Geoffroy, (dans les anciens Poëtes Provençaux *Jaufré*) est celui qui est communément appelé *Gotofredus*, ou *Goffridus*. L'Italien dit *goder*, pour *jouir*.

JOUR. Quelques-uns le dérivent de *jons*, qui en Hebreu signifie même chose. Joachin Périon le tire de ἠώρ, qui signifie *l'aube* & le *point du jour*, en y ajoûtant *J* au commencement, & retranchant ρ. Mais j'aime mieux suivre l'opinion de ceux qui le forment de *diurnum* par le seul retranchement de la premiere lettre.

GRANS JOURS. Quoyque nos Anciens Rois, avant que les Parlemens fussent rendus sédentaires, rendissent ordinairement la justice dans leurs Palais, ils ne laissoient pas de tenir leur Parlement deambulatoire en divers lieux de leurs Royaumes & en diverses saisons. Mais c'étoit environ la solemnité des grandes festes ausquelles ils avoient aussi coutume de tenir Cour pleniere : c'est-pourquoy il est souvent fait mention des Arrests donnés aux Parlemens de la Toussaints, de la Pentecôte, de la S. Martin, & de la Chandeleur. Depuis que les Parlemens ont été rendus sédentaires, nos Roys par leur lettres ont souvent donné commission de juger souverainement en certaines causes; & cette Cour & Justice Souveraine a été apelée *Grands jours*; parce que c'étoit une image de ces anciens Parlemens deambulatoires qui se tenoient aux jours de grandes festes, qu'on appeloit *Grands jours*. Meursius dans son Glossaire : *Pascha, magnus dies*. Dans les Capitulaires de Charlemagne liv. 5. cp. 71. la Feste de Pâque est appelée *magnus dies*. *Qui pœnitentiam publicè agunt, debent unum annum esse in cilicio inter audientes, vel usque ad magnum diem*. Car bienqu'à mon avis ce titre ne fût du commencement donné qu'à la Feste de Pâques, il fut depuis étendu aux autres grandes Festes; de même que celui de Pâques est quelquefois donné par les Anciens à celui de la Noël & à celui de la Pentecôte, ainsi que les Doctes l'ont déja remarqué. Il ne sera pas hors de propos d'observer icy que les Reines douairieres dans les terres de leurs douaires, les Enfans de France dans celles de leurs appanages, & les Pairs dans leurs Pairies, ont eu aussi quelquefois de nos Rois la permission de tenir les Grands Jours.

JOÛTER. La rencontre des combatans, lorsqu'ils viennent à se joindre & se choquer s'appeloit, chez nos anciens François, *assembler*. Ville-Hardouin liv. 4. *Et po eve jors que on n'y assemble ou par terre ou par mer*. Le Roman de Guy de Tournaut :

Là eut maint cor d'airain, & boudi & sonnés;
A l'assembler y eut grandes mortalités.

Guillaume Guiart, d'Orleans, au Roman des Royaux lignages :

Lances à l'assembler tronçonnent.

Et Froissart vol. 1. cap. 162. parlant de la bataïlle de Poitiers : *Si assemblerent le Roy de France & Monseigneur son moins aisné fils, à la bataille des Mareschaux d'Angleterre*. C'est ce que les Anciens Historiens François ont appelé en Latin *jungere*. Grégoire de Tours liv. 7. chap. 32. Introduit Gundebaud, parlant de cette sorte au Roy Gontran, par la bouche de ses Ambassadeurs : *Judicabit tunc Deus, cum in unius campi planitie junxerimus, utrum sim Clotharii filius an non*. Du verbe *jungere* on forma ensuite le fréquentatif *junctare*, d'où nous avons fait *joûter*, parce qu'aux Joûtes on se joint & se choque. Bien-que Joannes Januensis dans son Catholicon le veuille former de l'adverbe *juxta* : *juxto juxtas, juxtaui, juxtare, appropinquare, adesse, juxta esse : & dicitur à juxta adverbio*. M. de Saumaise le veut dériver de ζῶστρα, ou ζώστρα, que les derniers Grecs ont formé de σιεῦσα, qui signifie parmi les anciens Grecs *lucta*; ἀπὸ τοῦ διώθειν. Guillaume le Breton liv. 5. de sa Philippide :

Exit, & erecta plano se contulit hasta;
Festinatque viro rapido se jungere cursu.

JOUVENCEAU. Il est formé de *juvenculus*, diminutif de *juvencus*, qui à la verité se dit communément d'un jeune taureau, mais qui pourtant se dit aussi des autres animaux. Lucréce. liv. 5.

Inter equas, ubi equus florenti ætate juvencus
Pinnigeri savit calcaribus ictus amoris.

Il se dit aussi des hommes. Horace liv. 2. Ode 8:

Te suis matres metuunt juvencis ,
Te senes parci , &c.

Où l'Interpréte Porphyrion assûre que *juvencus* se dit ou d'un jeune homme, ...

JOYE-!OYEUX. Les Gascons & ceux de Languedoc disent *gauch*, & *gaujous* : les Picards *goye*, & *gouir*, pour *joye* & *jouir*. Ces mots viennent de *gaudium* & du Latin Barbare *gaudiosus*. Baldericus liv. 2. ch. 5. de la Chronique de Cambray : *Sed ut hac pagina sanctum & gaudiosum nomen se habere latetur.* Flodoard liv. 4. chap. 41 : *Ibi quidam luscus lumen amissi recepit oculi, qui statim fugiens, ut erat jocularis , ingratus recessit :* où ce mot de *jocularis* se prent pour *joyeux*.

JVS. Ce mot signifioit *embas*, & *dessous*. Le Roman de Guillaume au Court nés au Moinage Guillaume :

Molt a de regnes cherché & trespassé ,
Et sus & jus & en coste & en lé.

Eckehardus, *De Casibus Monasterii sancti Galli*, chap. 4 : *Aut sursum , aut jusum , aut ante, vel retro.* Et dans la Loy des Allemans Tit. 45. *Pausare arma sua josum, id est deorsum :* qui est ce que nous disons *porter les armes bas.* Le Roman de Guion de Tournaut :

Et Guion le ferit par si tres-grand radour ,
Que tout jus du destier s'abbat à celuy jour.

JUSTES. JUSTICES. C'étoient des pots à tenir du vin, que l'on appelle encore *justes* en Languedoc. *Petrus Venerabilis* au livre des Statuts de Clugni : *Statutum est ut non vasis illis vinariis , quæ justitiæ vocantur, sicut olim facere cogebantur , sed propriis Ciphis unusquisque bibat.* Le même au livre 1. de ses Epittes , Ep. 20 : *Vascula vinaria quæ justitias vocant, vel similia , concavare & componere tenta.* Sur lequel passage André du Chesne a rapporté en ces notes ces paroles du Cartulaire de Marmoutier , *tres quotidie panes & quatuor vini justas . . . . duobus ex pane vinoque tali quali nos utemur.*

IMPORTER. Nous disons absolument qu'*une chose nous importe* , quand nous y avons interest, c'est-à-dire qu'il nous en peut arriver ou du mal ou du bien. Toutefois le Latin *importare*, d'où nous l'avons tiré ; & qui signifie proprement *causer* & *apporter* ; ne se trouve jamais employé sans accusatif. *Stellionatus crimen importat ei. l. 9. §. 1. ff. de Divortiis. Sententia tua pestem importatura est Regibus ,* dit Cicéron dans son Oraison *pro Rege Dejotaro. Plura detrimenta publicis rebus , quàm adjumenta per homines eloquentissimos importata :* liv. 1. de Oratore. *Importare calamitatem.* Orat. pro Sextio.

INQUANT, ou ENQUANT. C'est la criée où les choses se vendent au plus offrant & dernier enchérisseur. Il semble que Ragueau , dans son Indice, le veuille dériver de *Quintana* , qui étoit une porte dans le camp des Romains, où les choses se mettoient aux enchéres : mais je croy que nous l'avons formé d'*inquantum* , c'est-à-dire , pour combien ; parce que le Crieur proclame pour combien on veut donner la chose. Ainsi les anciens François écrivoient *inquant.* La Coutume de Bretagne art. 718. *Ladite maison sera vendue & inquantée entre les Héritiers.*

INSTALLER. Mettre en possession. Il se dit indifferemment de tous ceux qui sont mis en possession de quelque Office : quoy qu'originairement il ne se soit dit que des Gens d'Eglise servant un Chœur ; lesquels on met en possession de leurs Benefices, en les faisans asseoir sur le Siege où ils devoient psalmodier, lequel est appellé *stallum.* * Voyez cy-dessus *fauteuil* : & les Additions de M. Ménage au mot *Misericorde.*

INVESTIR. C'est-à-dire mettre en possession & saisine. Et dans les anciennes Coutumes *vest* & *devest* signifie *saisie* & *desaisie.* Je ne say si personne a encore rencontré la vraye & originaire signification de ce mot. Pour moy je tiens que *vestir* & *devestir* viennent de ce qu'anciennement celuy qui vendoit ou donnoit

quelque chose, dont il ne se pouvoit pas faire une tradition vraye & reéle, mettoit en possession son acheteur ou donataire par la tradition de sa robe ou de son manteau, qui étoit se dévestir pour investir autrui. Et c'est pour cette raison que les Papes ont primitivement baillé le *pallium* aux Archevêques : comme il est aisé d'inférer de ces paroles d'Innocent III. *C. Nisi: De authoritate & usu pallii : Priusquam à nobis pallium susceppisset, in quo Pontificalis officii plenitudo cum Archiepiscopalis nominis appellatione confertur.* Et en effet comme nous lisons dans l'Histoire des Archevêques de Brême, le Pape Alexandre donna le *pallium* à certain Archevêque, avec ces paroles , *Tradimus tibi pallium sumptum de Beato corpore Petri Apostoli :* ce qui témoigne assés qu'on se dévestoit pour investir celuy qu'on mettoit en possession. Mais parce qu'on pourroit tirer d'ailleurs la tradition du *pallium* donné aux Archevêques, j'appuye encore mon opinion par l'investiture des fiefs & des dignités Laïques. La même Histoire des Archevêques de Brême dit que Friderie fut investi, par la tradition du manteau du Palatinat de Saxe, par l'Empereur Conrad. *Investitus est ergo Hartwicus præpositus ; & Fridericus Palatinus , Sororius suus , suscepit pallium à Rege Conrado.* Ce que la Chronique de Gorek. . . . dit en ces termes : *Monarchiam Palatii Dominus Fridericus, germanus ejus, à Rege suscepit.* La Cappe étoit aussi en Angleterre une marque d'investiture ; dont on usoit anciennement en Angleterre , comme remarque Camden dans sa Bretagne, pour mettre les Ducs en possession. En voicy la formule : *Nomen , titulum , statum , stylum , locum , sedem , præminentiam , honorem , authoritatem , dignitatem Ducis N. damus, concedimus ; atque per gladii cincturam, cappa & circuli aurei impositionem in capite, & traditionem virga aurea realiter investimus.* Les Marquis, comme dit le même Camden, étoient aussi investis *per cincturam gladii & cappa.* C'est aussi pour cette même raison qu'en France les manteaux ont été attribués aux Ducs & aux Comtes. Tout ce que je viens de dire est une assés forte preuve pour faire voir que le mot *d'investir* vient de cette ancienne Coutume de mettre en possession par la tradition reéle du vestement. Mais parce que cette façon de bâiller le manteau ou la robe fut trouvée incommode, on s'avisa d'en faire une tradition feinte , laquelle se fit en tendant le giron , c'est à-dire en presentant pour signe d'investiture le pan de la robe ou le manteau qui bat sur les genoux. Et c'est ce que l'ancienne pratique appelle *tendre le giron en Justice :* qui est, dit Ragueau, quand le deffendeur compare à l'assignation qui luy a été baïllée, & qu'il accorde au demandeur ses fins & ses conclusions. Car par cette action il fait semblant de se dévestir pour investir sa partie. Depuis même qu'on eut introduit la coûtume de faire cette tradition seulement *per festucam* , c'est-à-dire , par la tradition d'un petit baston, ou d'une gaule, cela s'appela *lesouverpere :* du mot *laisus* , qui signifie *giron* , (car Pithou rapporte ces mots d'un ancien Glossaire , *in laisum, in sinum)* & du verbe *Werpire,* qui est quitter une chose & s'en défaisir. Marculphe liv. 1. Form. *Sua spontanea voluntate nobis per fistucam visus est laisowerpisse vel condonasse.* Quelques-autres , pour conserver en quelque façon cette ancienne Coutume de faire les investitures par la tradition du vêtement se contentoient de devestir la main : Ce qui se féfoit par la tradition du gan, dont les exemples sont assés communs dans l'Histoire. Et cette sorte d'investiture s'appeloit *manus vestita.* La Loy des Bajuvariens, Tit. 17. l. 2. *Antecessores tenuerunt, & mihi in alodem reliquerunt, & vestita est illius manus cui tradidi.*

Investir se prent aussi quelquefois pour *assieger, environner, & presser de tous côtés :* comme *investir une ville, investir une Galere ;* quoy qu'au commencement se mot ne se soit pris que pour *environner.* Senéque Epist. 114. blâmant le stile de Mécénas, en rapporte quelques fragmens , dont il dit que les paroles sont affectées , ou basses , ou détournées de leur naturelle signification ; &, comme il dit , *contra consuetudinem omnem posita.* Touchant ce dernier il rapporte ce fragment , *focum mater aut uxor investiunt:* où décrivant un homme pauvre, il dit que son foyer est si petit, que quand sa sœur

& sa mere se rangent à l'entour, elles l'environnent tout-à-fait. Or comme les façons de parler les plus étranges, quand elles partent de la bouche de quelque personne de grande autorité, se glissent facilement dans l'usage ; il est croiable que le verbe *investir*, pris pour *environner*, trouva des imitateurs. Pline livre 35. chap. 7. a dit. *Publicas porticus investivit Pictura*, &c.

IPOCRAS. Il est formé de ἶπος qui dans Hippocrate *in Μοχλικῷ*, signifie *boisson*, *brevage* ; comme l'explique Galien ; & de κράσις, qui signifie *vin* chez les

derniers Grecs. Nicetas, *in Alex. n. 3.* Ἴαμον κράτον πίνοντες. Je ne croy pas pourtant qu'ils aient appelé κράτον, le vin pur & naturel ; mais bien un vin artificiel & mixtionné : car ce mot vient de κρᾶσις, qui signifie *mixtion*, & sur tout celle qui se fait du vin avec l'eau.

ISSUE : *Sortie.* Ce mot vient du verbe *issir*, *sortir* ; que Robert Etienne croit venir d'*exire*. J'aime cependant mieux le dériver du mot Latin-barbare *icium* qui signifie *sortie*, & *issüe*. Les Gloses d'Isidore : *Icium, quasi exitus, nullo remanente.*

L A.

LAID, LAIDEUR. Originairement ces mots signifioient la honte d'avoir été noirci d'injures & d'opprobres : aussi sont-ils formez de λοίδορος, *diseur d'injures* : d'ou descendent λοιδορία, *injure* ; & λοιδορεῖν, *injurier* ; & desquels nos Anciens François ont fait *laidanges*, & *ledoires*, qui signifient *injures*. Monstrelet vol. 1. chap. 47. *luy dirent moult de laidanges & de reproches, iceluy reputant pour traître :* L'Histoire de Gueselin ; *sa mére le laidangeoit & blasmoit moult durement.* Et perceval le Galois.

> *Comment si m'a mon oncle fet*
> *Si grand honte & si grand let.*

Nous lisons pareillement dans la Chronique de Flandres, chap. 60. que *laidanger* ne se prent que pour *injurier*. Mais comme les mots passent d'une signification à l'autre, non seulement on appela *laids*, ceux qui avoient été chargez d'injures & d'infamies, mais encore ceux dont le corps étoit rendu difforme, ou par un defaut de nature, ou par quelque saleté accidentelle ou artificielle. D'où Joannes Taboëtius, *de Republica & lingua Francica*, a cru que *laid* & *laide* venoient de *lassus* & de *lasa*.

LAIE. C'est une truie, ou la femelle d'un sanglier. Je croy qu'originairement elles ne portoient ce nom, que lorsqu'elles allaitoient leurs cochons & leurs marcassins ; car je trouve que *laia* est formé par syncope de *lactena* ; & que ces deux mots signifient même chose. Cæsarius, Evêque d'Arles, dans les Régles qu'il écrit à sa sœur Cesaria, Abbesse d'un Couvent de Religieuses, appelle *laia* & *lactena* une étoffe de couleur de lait : *Omnia verò indumenta simplicia tantùm & honesto colore habeant ; nunquam nigra, nunquam lucida, sed tantùm laia vel lactena : per industriam Præposita, vel sollicitudinem, lanipendia fiant.*

LAISSER. Il vient du Latin *laxare*. Grégoire de Tours, liv. 2. chap. 41 : *Cæsariem ad crescendum laxare* ; c'est-à-dire, *laisser croître la chevelûre :* car il parle d'un homme à qui on avoit fait raser la teste. Sibrandus Siccama *sur les loix des Frisons : Lati Batavi, lati Suevi, lati Franci, &c. Laxos Romani vocabant, quos Germani litos, laitos, lassos, lessos, à linquendo ; quòd agris colendis relinquerentur.*

LAMBERT. Pontus Heuterus, en son livre intitulé *Etyma variorum nominum utriusque sexûs hominum Germanica originis*, dit que ce mot est d'Origine Allemande, & qu'il signifie *Puissance*, & *Escu d'une grande Seigneurie* ou Province. Lampretil, Lambertus, *ditionis ac Provincia potentia, & scutum.*

LAMBRIS. C'est la menuiserie dont on couvre les parois & le haut du plancher des chambres ; laquelle quelques-uns enrichissent de tableaux, enfermés dans de belles corniches. Ce n'est pas sans raison que le explique *lambris* par *materiaria incrustatio :* car en effet, cette menuiserie tient lieu des plaques de marbre dont les Romains couvroient les parois des chambres : ce qu'ils appeloient *incrustare.* De sorte je croy volontiers que nous avons formé *lambris* de λαμπρός, qui sign fie *reluisant :* parceque ces plaques de marbre étant bien polies, elles reluisoient comme des glaces de miroirs : ou bien, parce que la menuiserie, dont on se sert à leur imitation, est d'ordinaire peinte de couleur reluisante, à force de vernis.

LAMPROYE. Du mot *lampetra*, Hermolaus Barbarus croit qu'elle est ainsi appelée, *à lambendis petris.* Il y en a qui croient que c'est le même poisson appelé en Latin *murana* ; & en Grec, μύραινα. Quelques autres croient que c'est le poisson appelé *murana :* & en-effet on trouve dans les Gloses, *Lampetra, μύραινα.* Voyez Scaliger sur Ausone.

LANCE. Ce mot est tout-à-fait nôtre. Car Diodore le Sicilien, liv. écrit que les Gaulois appeloient les lances λαγκίαι. En quoy Varron se pouvoit être mépris, lequel, au rapport d'Aule-Gelle liv. 15. chap. 30. assûre que le mot de *lancea* est Espagnol. Car il y a beaucoup d'apparence que les Espagnols, aussi bien que les Romains, ont emprunté ce mot des Gaulois, leurs voisins.

LAS, LASSET, LASSER, ou *Enlasser.* C'est-à-dire *lien*, & *lier.* Ils viennent de l'ancien *lax*, que Festus Pompeius dit signifier *fraude :* & du verbe *lacio*, qui signifie, comme il dit, *tromper.* Lacit, *decipiendo inducit : lax etenim fraus est.* Toutefois j'estime que *lax* signifie proprement *un lien*, & *un piége à surprendre les animaux*, & que *lacere* est par même moyen *surprendre au piege* ; car il est pris en ce sens dans Lucréce livre 4.

> *Nam vitare, plagas in amoris ne laciamur,*
> *Non ita difficile est, quàm &c.*

Et au mesme livre :

> *Qua lacere in fraudem possent, vinctosque tenere.*

De sorte qu'il est croiable, que *lax* a été pris par métaphore pour *tromperie* ; & *lacere*, pour *tromper :* & que du mot *lax*, il nous est demeuré *laqueus*, duquel nous avons formé le verbe *illaqueare.*

LECHER, LECHERIE. Ces mots signifioient proprement *gourmand* & *gourmandise.* Le Traité des Vertus & des Vices : *Ainsi com fait li lechierres la bonne viande qui aucunesfois transgloutit le morcel sans mascher.* Et de-là vient le verbe *lécher.* Quelquefois *lécherie* signifioit la lubricité & l'incontinence. Le même Traité des Vertus & des Vices : *C'est chasteté qui retient la lécherie de la chair.* Orderic Vital livre 9. de l'Histoire Ecclesiastique : *Inscii erudiebantur, rebelles objurgabantur, incontinentes de lecacitate suâ redarguebantur.* Herman de Valenciennes au commencement du Roman de la Bible, voulant protester qu'il n'écrit rien de sale ny d'impudique :

> *Cette chanson n'est faite de nulle lécherie :*
> *Elle est de dame deu le fils sainte Marie.*

Mais le plus souvent je trouve que *lécherie* est un mot d'injure, lâché à dessein d'offenser généralement, plutost que de marquer un vice particulier. Orderic Vital liv. 11. de l'Histoire Ecclesiastique, introduit le Roy d'Angleterre, se plaignant en ces termes de Robert Duc de Normandie son frére, qui avoit donné ses principales villes à des hommes perdus & débauchés : *Sed frater meus perjurii lecatoribus ea tradiderat, & ipse tam pauper, ut clientum suorum stipe indigeret, remanserat.* Le Roman de Guillaume au court nés, au Couronnement Loys :

> *Sempres diront li felon losanger,*
> *Et li Normant lecheor pautonnier,*
> *De si fet Roy n'avions nous mestier.*

Au Charroy de Nismes :

  Fils à putain lecheor pautonnier
  Diex vos confonde qui tot a à juger.
Et au Moignage Renouart :
  Par mautaient li a ou haut crié
  Cuivers lechieres, com as-tu mal erré ?
Encore aujourdhuy à Toulouse *lec* signifie *mignard* ou *glorieux*.

LEONART. Pontus Huterus, en son livre intitulé *Etyma variorum nominum utriusque sexûs hominum Germanica originis*, dit que ce mot est d'origine Allemande ; & qu'il signifie *naturel*, ou *cœur de Lion*. Leeuwaert ; *Leonardus, leonina indoles*. Lecuwenhart ; *Leonardus, cor leoninum*.

LE'S. La largeur d'un drap. Il a été fait de *latus*, qui signifie *large*. Le féminin *lée*, vient de *lata*, c'est-à-dire *large*. Jean de Mehun en son Codicille :
  Haute, parfonde ; longue & lée.
Herman de Valenciennes, au Roman de la Bible :
  Et en Hierusalem qui est tant longue & lée.
La Coutume de Bretagne art. 263. *Contiendra vingt cordes de long, & quatre de laise.*

Il se dit maintenant des lieux prochains ; comme *lez-Paris, lez-Toulouse* ; c'est-à-dire *auprés*. Il vient du substantif *latus*, qui signifie *costé* : car anciennement il se disoit des personnes, comme *lez le Pape, lez le Roy* ; c'est-à-dire *au costé du Pape, du Roy* ; & *auprés du Pape, du Roy* ; *ad latus Papae, Regis*.

LESTE. Nous appelons ainsi ce qui est agencé avec beaucoup d'art : comme, *un homme leste* ; c-est-à-dire *vestu avec beaucoup d'art & d'agencement*. Ce mot vient de l'ancien Teudisque *list*, qui signifie *art*. Kéron en son Glossaire Latin-Teudisque : *Ars, liste ; artis, liste ; artifices, listara*.

LETRIN ou *léteri*. C'est ainsi qu'on appeloit la chaire où se dit le Sermon. Le Roman de Guillaume au couronné au Couronnement Loys :
  Uns archevesques est el letrin monté
  qui sermonne a la Chrestienté.
Et le Maréchal de Ville-Hardouin liv. 1. parlant de Dandale, Duc de Venise, qui monta sur la chaire de l'Eglise. S. Marc pour haranguer au Peuple : *Li bon Dux de Venise qui molt ere sage & pres, monta el letri, & parla au peuple.* Aimoin livre 5. *De Gestis Francorum*, chap. 33. le nomme *lectorium*. Et Joannes Januensis, dans son *Catholicon* : *Lectrum, à lego legis dicitur ; hoc legium, pro eodem, scilicet pro pulpito.* Et les Gloses d'Isidore : *Lectrum, analogium, super quo legitur. Pulpitum, analogium, lectrum :* car anciennement l'Evangile le lisoit sur la même chaire où l'on presche ; ce qui se pratique encore à S. Etienne de Toulouse.

LEVER. Il signifie *oster* : comme *lever un doute* ; *lever une Excommunication* ; *lever un soupçon* : de là est formé *enlever*, qui signifie *ravir*, & *oster par force*. Ils sortent du Latin-Barbare *levare*, qui signifie *oster & ravir*. Aux Loix des Visigots liv 3. Tit.3. L.4 : *Si vero post obitum patris fratres sororem suam raptori tradiderint, vel raptori levandam consenserint.* Et au liv. 6. Tit.4. Loy 2 : *Si ille qui in domum alienam violenter ingressus fuerit, aliquid exinde rapuerit, unde dupli satisfactionem qui levavit cogatur exsolvere.* Gregorius lib. 6. cap. 45. *Levantes pecora, vel quicquid invenire potuissent.* Je say bien que quelqu'un pourroit m'imposer, que ce verbe est purement Latin, & allégue-là dessus ce vers de Virgile au 2. de l'Eneide,
  ————— *Atque arcta levari*
  Vincla jubet Priami.
Mais en ces lieux, & autres semblables, ce verbe signifie proprement *soulager*, & *adoucir*.

LICE. En terme de Venerie, c'est la femelle du chien courant. Dans Virgile, c'est le nom propre d'une chienne.
  ————— *Mulium clamante lycisca.*
Où Servius a noté que *lycisca* est un chien engendré d'un loup & d'une chienne : ce qui me porte à croire, que les femelles des chiens courans pourroient être de-là appelés *lyces* ; parce que se trouvant souvent dans les bois avec les loups, le vulgaire s'imaginant qu'elles en ont été couvertes, leur auroit donné le nom de *lyces*, c'est-à-dire *louves* : car λύκος signifie *loup*. Les Glossaires anciens rapportés par Spelman, sur le mot

bracco, qui signifie un *chien* : *Lycisca, bracco*. Un autre Glossaire Latin-Teudisque : *Lycisca, mist-balla, vel brechin*. Les Anglois appellent *brach*, une chienne qui queste un lievre, *quae leporem ex odore persequitur*.

LIEUE. En Languedoc *ligue*. Il est formé de *leuca*, ou *lenga*, dont les Gaulois se servoient anciennement, pour une certaine mesure de chemin. Jornandes *De Rebus Geticis : centum leucas ut Galli vocant.* Isidore liv. xv. de ses Origines, chap. 16. *Mensuras viarum nos milliaria dicimus ; Graeci Stadia ; Galli leucas.* Ammian Marcellin liv. 16. parlant de l'Empereur Julien étant en Gaule : *A loco unde Romam premota sunt signa ad usque vallum barbaricum quarta leuca signabatur.* Joachim Perion, *de Lingua Gallica cum Graeca cognatione*, dit que *leuca* est ainsi dit de λευχὴ, c'est-à-dire *blanche* ; parce que les lieues étoient marqués par des pierres blanches. J'omets à dessein, ce que dit là-dessus Ingulphe, Abbé de Croyland, parce qu'il est contre la raison & l'Histoire.

LIGE. Voyez la Table de du Tillet.

LIGNE'E. Il signifie *race* : & vient de *linea*. Un Auteur incertain, *de Episcopis Salisburgensibus*, qui est dans le 1. vol. De Canisius : *De regali secundum carnem egressus Linea.* Les Gloses : *Linea :* γένος, la ligne de la race. Paulus Diaconus dans son Histoire des Lombards, liv.2. chap. 9. *Longobardorum faras, hoc est generationem vel lineas.*

LIGUE. Du Latin-barbare *liga*, formé du verbe *ligare*. Nous disons *lier une partie*, pour dire *faire une espèce de confédération*. Gregoire de Tours liv. 9. de son Histoire de France chap. 20. *Inter praefatos reges pura & simplex, id est, in nomine Domini, concordia inligata.* De là on a fait *liga*. Albertus Argentinensis, ad an. 1338. *Inter Principem & Francum, interjectis juramentis, & confectis Litteris, Liga perpetua est firmata.* Gerard Vossius *De Vitiis Sermonis* liv. 3. chap. 10. *Liga, vinculum ; foederatio nempe, à ligando dicta.*

LISIERE. Le bord d'un drap. Il vient de *licia*, qui sont les fils de la trame du Tisseran ; dont ce mot a été formé, comme qui diroit *liciaria*.

LITRE. C'est la bande, ou ceinture noire qu'on fait dans les Eglises en marque de deuil, aprés la mort des Seigneurs Justiciers. Elle étoit primitivement appelée *lisle*. Le Dictionnaire François de Robert Estienne : *Lisle, Eglise ou chapelle entourée d'une lisle ou ceinture de deuil ; vittatum templum ; ambitus monumenti vittatus, vitta lugubris.* Ce mot vient de *lisia*, qui dans les anciens Auteurs de la moienne Latinité signifie *une bande*, & *une bordure*. Anastase le Bibliothecaire, dans la vie du Pape Leon IV. *Foris muros fecit coronam lineam, unam, habentem in gyro listam de fundato.* Et ailleurs, *Obtulit vestem rubeam unam, habentem in gyro listam de argento.* Leo Marsicanus in Chronico Casinensi liv. 1. chap. 11. *Tunicam cum lista aurea & circulis aureis, & listam auream margaritis insignitam.* Les Espagnols appellent aussi *lista*, une bande étroite. Je me persuade volontiers que de *lista* on fit le diminutif *lisiella*, ou *lisiola*, duquel nos François ont fait *litre*, ou *listre* : comme de *epistola*, *épître*. La Coutume de Loduneis chap. 5 art. 1 : *Il pourra avoir & retenir listres à ses armes & amoitier à timbres, & autres, au dedans & dehors ladite Eglise.* Quoyqu'il en soit les Sienois, au rapport de César Oudin, en son Tresor des trois Langues, appellent *listra*, ce que les autres Italiens disent *lista*. Et en Languedoc, *listre* est une pièce étroite de quoyque ce soit.

LIVRE'E. Comme de *librare*, ou *deliberare*, verbe Latin, nous avons fait *livrer*, & *délivrer* : ainsi de *liberata* mot Latin-Barbare, dont Spelman dans son Glossaire apporte des authorités, nous avons fait *livrée*, qui signifioit anciennement ce qu'on bailloit à quelqu'un pour son entretien, & pour sa dépense. Froissart vol. 1. chap. 18 : *Il tenoit grand estat, & faisoit grands livrées & despens.* Bien que maintenant *livrée* signifie seulement la couleur des habits qu'on donne aux valets, auxquels on est obligé de fournir les vestemens. De-là vient que le même Froissart, chap. 41. du même volume, appelle *délivrance*, l'entretien & la dépense que les Seigneurs font à ceux de leur suite. *Il advint que deux Chevaliers du Comte de Hainaut, & de sa délivrance &c.* Et au chap. 57. *Si y étoit le Roy d'Escosse à*
la

la délivrance du Roy de France, à belle route de Gen-darmes.

LOGER. Il vient de *locare.* Contadus dans son *Chronicum Moguntiacum : In claustro Monachorum juxta muros se locaret.* Eckehardus Junior, *de Casibus Monasterii S. Galli* chap. 16 : *In alia illa, quam Sindolfus V. Notkero quondam clausit, locatur caminata.* Aimoinus Monachus, liv. 5. chap. 41 : *Hugo Abbas, quibusdam sociis secum assumptis, profectus, Carolum adest pro petitione partis regni, quam frater suus Ludovicus in locarium acceperat.*

LOGIS. Il semble, avec beaucoup d'apparence, qu'il soit formé du verbe *loger.* Toutefois, il y en a qui le pourroient dériver du Grec. Lambertus Ardensis, qu'André du Chesne a fait imprimer en partie dans ses Preuves de l'Histoire de Guisnes, décrivant le château d'Ardres : *Item, à domo in logium, quod bene à procedente ratione nomen accepit. Ibi enim sedere in deliciis solebant ad colloquendum. A* λόγος, *quod est sermo, derivatum.* Et en-effet les Grecs appeloient λοχεῖον l'endroit de la maison où les Anciens s'assembloient pour consulter les affaires d'importance ; & l'endroit du Theatre où les Auteurs recitoient leurs vers.

LOISIR. De l'ancien verbe *loist,* qui est le même qu'en Latin *licet.* Les Coutumes de Montargis chap. 4 art. 18 : *Il loist au Seigneur à qui est l'heritage.*

LORS. Il est sans doute formé par contraction d'*illa hora.* Aussi les Anciens François prononçoient *lores.* Le Roman de Guillaume au court nés :.

Lores s'adouberent & Comte & Palazin.

LOT. On appelle les portions faites en un partage. Et parce que d'ordinaire la distribution s'en fait par le sort, nous avons retenu ce mot de l'ancien Teudisque *los,* qui signifie *sort: Los sorten,* dans l'ancien Glossaire Latin-Teudisque recœueilli par Juste Lipse, & rapporté dans la Centurie 3. de ses Epîtres *ad Belgas.*

LOUIS. Nous l'avons corrompu de *Ludovicus,* mot latinisé de l'ancien Tiois *Luitwich* ; qui, comme remarque du Tillet en son Recœuïl des Rois de France, est composé de *Luit,* qui en la même Langue signifie *peuple* ; & de *Wich,* qui signifie *homme excellent. Clovis & Louis* sont un même nom : car les Anciens François écrivoient *Hludovicus,* & *Hlodoveus* ; & prononçoient *Clodoveus.* Mais Pontus Heuterus, en son livre Intitulé *Etyma variorum nominum utriusque sexus hominum Germanicæ originis,* prent l'étymologie de ce nom d'une autre façon : *Luitwiich, Ludovicus, via popularis.* Je ne say si après avoir accordé que nous étions redevables à la Langue Tioise du mot de *Louis,* nous la rendrons respectivement obligée à la Langue Latine ; comme veut Philippe Cluvier dans ses Antiquités Germaniques liv. 1 ch. 5, où il soutient que dans César, liv. 7. *Litavicus, Princeps Æduorum,* est même nom que *Ludovicus.*

LOU-GAROU. Comme on ne sait pas bien encore ce que c'est proprement que *lou-garou* ; aussi est-on encore bien en peine de trouver l'origine du mot. Les uns disent qu'il est composé de *Loup,* & *de garez-vous* ; c'est-à-dire, *détournés vous, & gauchissez à sa rencontre.* Les autres s'imaginent qu'il vient de *lupus varius,* c'est-à-dire, *loup bigarré* ; parcequ'on tient que les lous-garous sont marquetés de taches blanches. Pour moy je me tiens volontiers, avec Saumaise, à la premiere opinion : & je croy qu'il est ainsi appelé, comme qui diroit *lupus varosus* ; du verbe *varare,* qui signifie *détourner, passer outre & à travers* ; dont je croy que vient aussi le verbe *garer,* duquel nous conservons encore l'impératif *gare,* qui signifie *détournez-vous.* Et parce que les lous-garous fuient la compagnie des autres lous, & vont tous seuls ; j'ose croire que ce sont ceux-là que les Grecs appellent μονόλυκοι, c'est-à-dire *lous solitaires* : car aussi nous appélons *lous-garous,* les hommes qui fuient la compagnie & le commerce des autres hommes.

LOUTRE. C'est un animal amphibie. Du Latin *lutra,* qui signifie même chose : & qui doit être dérivé du Grec λούτρα, qui signifie *laver* ; d'où vient λουτρόν, qui signifie *le lieu où l'on se baigne.* Vitruve liv. 5. ch. 11

Frigida lavatio, quam Græci λούτρον *vocant :* parce que cet animal vit ordinairement dans l'eau.

LOYER. Récompense. Il vient de *locarium,* qui en vray Latin signifie ce qu'on donne pour arrêter quelque temps en une étable, ou en une boutique. Varron *de Lingua Latina* liv. 4 : *Locarium quod datur in stabulo & taberna ubi consistant.* Aimoinus Monachus liv. 5, chap. 61 : *Ad quod placitum Hugo Abbas, quibusdam sociis secum assumptis, profectus, Carolum adiit pro petitione partis regni, quem frater suus Ludovicus in locarium acceperat.* Dans la 143 Formule que Lindembrog a fait imprimer au Code des Loix Anciennes : *Et si hoc facere contempsero, aut exinde negligens apparuero, ad duplum ipsum locarium vobis reddere spondeo.*

LUBRIQUE, LVBRICITE'. Il semble étrange que de *lubricus,* qui signifie *glissant,* on ait fait *lubrique,* qui signifie *enclin au peché de la chair* ; & *lubricité,* qui est l'inclination qu'on y a. Mais c'est parce que le naturel de la jeunesse se laissant plutost glisser aux vices de l'impureté qu'à toute autre sorte de débauche ; cette inclination vicieuse, ou pour mieux dire, cette foiblesse, à mérité d'être appelée *lubricité,* par antonomase, comme prévalant par dessus toutes les autres. Car le Droit, & les bons Auteurs Latins, appellent *lubricum ætatis,* & *lubricum adolescentiæ,* la foiblesse de l'âge imparfait, ou les inclinations qui portent sa jeunesse à la débauche. *Neque enim lubrico ætatis captus est adeundo locupletem hæreditatem.* L. 11, § *Si locupleti,* ff. *De Minoribus.* Pline 3. liv. 7. Epist. 3. *Cui in hoc lubrico ætatis non præceptor modò, sed custos etiam, rectorque, quærendus est.* Ainsi Tacite liv. 6. de ses Annales, a dit *Juventa lubricum.* Et liv. 14 : *Adolescentia lubricum.* Et Cicéron en l'Oraison *pro Cœlio : Via adolescentia lubrica, quibus illa insistere, aut ingredi, sine casu aliquo, aut prolapsione, vix potest.* * L'édition de Schrevelius dit *aut prolasione.*

LUETTE. C'est cette particule charneuse qui pent sur le gosier. Les Latins l'appellent *uva* ; d'où nous avons tiré le mot *luette,* en ajoûtant l'article au mot Latin : disant du commencement *l'uvette,* & depuis, par contraction, *luette.* Elle est appelée *uva,* de *uvidus,* qui signifie *humide,* parcequ'elle est sans cesse humectée par la défluxion du cerveau. Et c'est pourquoy Martial liv. 1, Epigr. 16, l'appelle *stillantem uvam.* Ou bien elle est ainsi appelée d'*uva,* qui signifie *raisin* ; à cause qu'elle ressemble à un pepin de raisin, mais c'est seulement lorsqu'elle est ronde & enflammée par la défluxion : car qu'and elle est longuette, qui est sa naturelle forme, on l'appelle *columella* ; ce qui a fait dire à quelques Medecins que *uva* est le nom du vice, plûtôt que de la chose même. Les Grecs l'appellent ἐπιγλωττὶς ; c'est-à-dire *lingula,* vel *ligula.*

LUT. C'est instrument de Musique pourroit bien être tiré du verbe λύω, qui signifie entr'autres choses *relâcher & appaiser :* parce que la douceur de son harmonie relâche l'esprit, & appaise les fâcheries de l'ame. Il pourroit aussi tirer sa dénomination de λυτός, qui est ce que le Latin dit *solutilis* ; c'est-à-dire, ce qui étant fait de diverses piéces, se peut réduire & résoudre en diverses piéces : Car les Luts sont toûjours façonnés de diverses piéces de bois, ou d'ivoire, ajustées & rapportées ensemble. Les Grecs appellent le Lut χέλυς, & les Latins *testudo,* c'est-à-dire *tortüe.* Et c'est non-seulement à-cause de la ressemblance qu'a cet instrument avec la coquille de la tortüe, mais parcequ'on tient qu'il en fut premiérement fait : car nous lisons dans Pausanias, en ses Arcadiques liv. 8, que Mercure forma le premier le Lut d'une coquille de tortüe ; & que le Mont Parthenius en produisoit d'assés grandes, pour en faire de pareils instrumens de Musique. Or parce que nous lisons dans Pline, au liv. 32, chap. 4, de l'Histoire Naturelle, qu'il y a une espéce de tortües appelées *testudines lutaria,* parce qu'elles se nourissent dans la boue ; il pourroit être que nos anciens François eussent tiré de-là le nom de *Lut,* ou à cause de la ressemblance qu'il a avec les tortües, ou bien parceque peut être de leur tems on faisoit le corps de cet instrument de coquilles de tortües. Car il est certain qu'il y a une sorte de tortüe de mer appelée χλωρός par les Grecs, qui est d'une grandeur admirable : comme l'on peut voir chez Strabon liv. 16, & chez Pline, liv. 6 ch. 16. Voyez *Joseph Scaliger* sur la Sphére Barbare de Manile pag. 419. de l'édition de Raphelengiut. *Gerard Vossius, de Vitiis Sermonis* liv. 2, chap. XI.

dit : *Laudis, pro Cithara vel Testudine; ex Germanice laute : uti hoc à lauten, hoc est sonare, resonare, tinnire,* Godfridus Viterbiensis dans sa Chronique part. 1 x :

> *Miva videre meat celebri plaudente choreâ,*
> *Laude, tubâ, cithará, festâ canuntur ea.*

M A.

MÂCHER. De μασάομαι, qui se trouve expliqué dans les Gloses par *mando*.

MAGASIN. Angelus Caninius dans ses Canons des Dialectes tient que ce mot vient de *macxen*, qui signifie même chose en Langue Punique. En Languedoc *amagà* signifie *serrer, cacher, & enfermer quelque chose*. Et les Numides, comme dit Isidore liv. 15, ch. 12, appeloient *magalia*, (comme qui diroit *magaria*) certains bâtimens faits en forme de carine & fond de navire, ou bien en forme de four : de *magar*, qui signifie, en Langue Punique, *village bâti naguéres*. *Magalia ædificia Numidarum agrestium oblonga; incurvis lateribus tecta, ita quasi navium carina sint; sive rotunda, in modum furnorum : & magalia dicta, quasi magaria; quia magar Punici novam villam dicunt*, &c. De-sorte-que, à bien considérer cette sorte de bâtimens, il semble qu'en les bâtissant on n'ust autre dessein, que de s'y aller cacher. Althamarus, sur la Germanie de Tacite : *Magum priscis Gallis domum significat. Inde nomina urbium*, Drusomagum, Brocomagum, Ricomagum, Duromagum, Noviomagum, Rothomagum.

De-là on pourroit conclure que *magasin, macxen, amagà, magar*, & *magalia*, descendent de quelque ancien mot Punique, qui signifie *cacher, serrer*, & *enfermer* : car aussi-bien *magazin* est proprement le lieu où les Marchands cachent, serrent, & enferment la marchandise qu'ils ne veulent ny étaler, ny exposer publiquement en vente.

MAINMORTE, & *Morte-main*. Avant que de parler de la différence qu'il y a entre *main-morte* & *morte-main*, il faut rechercher l'origine de *main-morte*. *Main* signifie *usage & possession* : de-là vient que *maintenir* signifie *assurer la possession de quelque chose*; & *main-mise* signifie *saisie & prise de possession*; & *changer de main*, c'est *changer de Possesseur*. Et parceque les biens des Eglises, Chapitres, Colléges, Confréries & autres Communautés, ne peuvent pas changer de main, c'est-à-dire, ne peuvent pas être aliénées, leurs possesseurs sont appelés *Gens de main morte*; c'est-à-dire, *main inutile & sans fruit* : d'autant que les Seigneurs, desquels tels biens sont mouvans, n'en peuvent pas retirer les Droits qui leur écherroient par le changement de main, tels que sont les ventes, quints, requints, reliefs, & tels autres Droits Seigneuriaux qu'ils auroient, si les biens étoient possedés par des particuliers, outre le droit de confiscation, en cas de condemnation à mort pour crime. Car dans le droit François, *mort* signifie *inutile & sans fruit*. Ainsi *mort-bois*, comme tout le monde sait, est le bois verr qui ne porte point de fruit : & dans la Coutume de Bretagne art. 696, *vûes mortes*, sont des fenêtres par où l'on ne sauroit regarder; & *voire*, ou *verre mort*, les vitres qu'il n'est pas permis d'ouvrir. Voicy les paroles de la Coutume : *Venes mortes, qui sont entendues faites au dessus de sept pieds & demy sur plancher, à voire mort, n'importeront droit ny possessions sur l'héritage du voisin : ensorte qu'il ne soit loisible au voisin de bâtir au sien, & empescher lesdites venes, s'il n'y a Titre de servitude expresse.* Il y a une autre sorte de Gens de main-morte, dont les biens sont appelés *main-mortables*. Telles Gens étoient de condition servile; ordinairement appelés *Gens de corps* : & dans les Coutumes de Toulouse, & dans le Cartulaire d'Alfonse, frere de S. Louis, Comte de Toulouse, *homines de corpore & de casalagio*; tels qu'étoient parmy les Romains ceux qu'on appeloit *ascriptitios*, ou *addictos glebæ*. La Coutume de Vitry, art. 141 : *Les Seigneurs qui ont des Gens de Corps, qui sont de main-morte.* Et article 14 : *homme est*

femme de serve condition. Telles gens étoient appelés *Gens de main-morte*, parce qu'ils ne pouvoient aliéner les biens qu'ils possédoient sous la condition de main-morte : voire-même venant à mourir, ne les pouvoient transmettre qu'à leurs enfans légitimes. La Coutume de Troyes artic. 59 : *Heritages redevables de Coutume, escheable envers le Seigneur au premier bailleur; comme de chair, pain, ou grain, assis en la Prévosté de Troyes, sont escheables & main-mortables, en quelque estat qu'ils soient, envers le Seigneur desdites charges, quand le possesseur desdits héritages trespasse sans hoir de son corps nay ou mariage, & estant en icelle, & ne les peut changer, obliger, arenter, n'asservir au préjudice de ladite main-morte : leurs biens ne pouvans non plus estre confisquez au préjudice du Seigneur de la Main-morte.* La Coutume de Sens art. 24, après avoir dit que les biens d'un homme condanné à mort sont confisqués aux Seigneurs Justiciers, en la Justice desquels ils sont assis, ajoûte, *excepté toutefois en cas & crime de leze Majesté; & quand les héritages sont main-mortables envers aucun Seigneur.* La Coutume de Châlons est pourtant bien plus favorable pour les Gens de main-morte : laquelle porte que *Gens de condition servile & de main-morte, peuvent donner, vendre, & engager leurs meubles & héritages, & eux amortir à qui bon leur semble, pourveu qu'ils ne soient malades de maladie, dont après ils seroient vray-semblablement decedez : mais par Testament ne pourront aucune chose donner, ne léguer, de ce qui est en morte-main, sinon que jusques à la somme de cinq sous tournois.* Il y a toutefois différence entre *main-morte*, & *morte-main* : d'autant que *main-morte* est proprement la condition sous laquelle un bien est tenu en main-morte; & *morte-main* est l'effet de cette condition, c'est-à-dire, le cas auquel les Gens de main-morte venant à mourir sans enfans légitimes, le Seigneur de la main-morte doit succéder.

MAISON. Il n'y a point de doute que ce mot ne vienne de *mansio*. Toutefois Jean Picard liv. 2 de son *Prisca Celtopædia*, après avoir remarqué que Berose écrit, que *Magus* Roy de Gaules, fils de Samothis, bâtit plusieurs villes en divers endroits de ses Etats, lesquels ont depuis porté son nom; comme *Juliomagum, Rothomagum, Noviomagum*; & que de-là vient aussi le nom de *maison* : d'autant, dit-il, que selon l'opinion de Joannes Viterbiensis, les anciens Gaulois l'appeloient *magus*, & que pour preuve de cela encore en quelques endroits de la Bourgogne on dit encore *magion*.....

MALADE. En Languedoc on dit *malaut*, en Italie *malato*. Les Gloses ηυγρὸς, c'est-à-dire *triste*. Il est à mon avis formé de *malè*, & du mot Barbare *atus*, qui signifie *sain & joyeux*, duquel les François ont dérivé le mot *haité*, qui signifie *sain & joyeux, & bien disposé*, comme témoigne Robert Etienne, qui le veut faire venir de ἀίθριος, c'est-à-dire *serein*. Nos anciens François disoient *haitié*. Monstrelet vol. 3 : *Et partant échappa sain & haitié.* Froissart vol. 1. chap. 189 : *Entendirent à mettre à point les deshaitiés & les navrés.* Ville-Hardouin liv. 1 : *Trouva son Seignor le Comte Thibaut malaisé & deshaitié.*

MALE : que Sénèque dans quelqu'une de ses Epîtres, appelle *hippopera*; ne se dit aujourd'huy que d'un petit coffre qu'on porte à cheval : bien-que proprement ce soit un sac de cuir que les Voïageurs portent attaché à l'arçon de la selle, ou sur la croupe du Cheval. Dudon dans l'Epilogue du liv. 1 *De Moribus & Actis Normanorum* :

> *Firmis & faleris illorum dorsa perorna,*
> *Malas & frenis consutis stringeque habenis.*

Quelques-uns croient que ce mot vient de μαλλός, qui signifie *poil & laine*, parceque d'ordinaire on les fait de peaux, où la laine & le poil tiennent encore pour mieux resister aux injures du tems. Le Glossaire de Papias en allégue une autre origine, disant que ce mot vient de *mala*, qui signifie *machoire* ; parce que la male pendant des deux côtez du cheval, a quelque ressemblance à deux machoires. *Mala mantica, quòd duas quasi pendentes maxillas habeat.*

MALHEUR. Il vient de *male heure*, qu'on prenoit pour *desastre & infortune*. Grégoire de Tours livre 6. chap. 45, parlant de Rigonthe fille de Chilperic, qu'on emmenoit en Espagne : *Jam verò vale faciens puella, post lacrymas & oscula, cùm de porta egrederetur, uno Carruca effracto axe, omnes mala hora dixerunt.* C'est-à-dire, s'écriérent que c'étoit un présage de malheur & d'infortune. Aimoin liv. 3 chap. 56, parlant de la même Rigonde, dit : *Cui cùm plurimi malam optarent horam, populus hoc pro auspicio suscepit.* Tout de-même le mot de *bonheur* vient de *bonne heure*. Et quoyque les mots de *bonheur & malheur* signifient, l'un *la bonne*, l'autre *la mauvaise fortune* : les mots de *heur & heureux*, bien-que sans composition, signifient *fortune & fortuné* ; de-même que les mots de *fortune & fortuné* ne signifient que *bien & prosperité* ; quoyque nous disions d'ailleurs *bonne & mauvaise fortune*.

MALINGRE. Les pommes de malingre sont ainsi appelées, par Etienne dans son Traité des Arbres intitulé *Seminarium* ; comme qui diroit *malacria*, parce que le goust en est aigre.

MALOTRU. On dit en Languedoc *malestruc*. Ces mots sont faits par corruption de *malè instructus*. Ainsi Pierre de Dreux Comte Bretagne, aïant fait hommage de la Bretagne au Roy, les Bretons, qui fâchés de relever de la Couronne de France, lui donnérent par mocquerie le surnom de *Mauclerc*, formé de *malus clericus*, qui signifie *ignorant* ; Car nos Anciens François appeloient les hommes savants *Clercs*, & la science *Clergie*.

MANE'GE & MANIER. Il y a quelque apparence que ces mots viennent de ce qu'on méne & gouverne les Chevaux par la main. Les Gloses de Papias : *Manicare, per manum tenere, vel manu fingere.* Mais en effet ils sont dérivez de *mannus* qui signifie *un Cheval*, non seulement dans les Auteurs Romains, comme dans Horace & quelques autres, mais encore dans ceux qui ont écrit depuis que le Langage François est sorti du Latin. Orderic Vital liv. 11 de son Histoire Ecclesiastique : *Mannum autem Regis in crastinum ei remisit cum sella & frano, & omni apparatu, ceu Regem decuit.* De-là est venu *manicare*, qui signifie *aller à cheval*. Le même Orderic livre 7 : *Porrò ditiores ex his illico ascensis equis recesserunt, & ad sua tutanda properaverunt : Inferiores verò Clientuli, ut Magistros suos sic manicasse prospexerunt, arma, vasa, vestes, & linteamina, omnemque Regiam supellectilem, rapuerunt.* Et au liv. 10, parlant de ceux qui étoient avec Guillaume le Roux, Roy d'Angleterre, lorsqu'il fut tué en chassant dans une forest : *Mortuo Rege plures optimatum ad lares suos de saltu manicaverunt, & contra futuras motiones quas timebant, res suas ordinaverunt.* Il est bien vray qu'il y a un autre *manicare*, qui signifie *marcher du matin* : comme je trouve dans un vieux Glossaire manuscrit que j'ay : *Manicare, manè ire, manè venire cum acceleratione.* Et c'est ainsi, à mon avis, qu'il faut entendre ce lieu d'Odo Cluniacensis, *De vita S. Geraldi Aureliacensis Comitis*, liv. 1 : *Quos, ne tardiùs veniens demorari videretur, manicare studuit, & priusquam illucesceret proficisci.* Du Chesne en ses Notes, a pourtant expliqué ce mot par *aller à cheval*.

MANOIR. De *manere* on forma le Latin-Barbare *manerius*, qui signifioit *une métairie*, ou *maison champêtre* : d'où nous avons fait *Manoir*. Orderic Vital liv. 4 de son Histoire Ecclesiastique : *villas quas à manendo manerios vulgo vocamus.*

MANQUER. *Faillir* ou *defaillir*. MANQUEMENT ; *faute*, ou *defaut*. *Mancus*, en bon Latin, signifie proprement un *Manchot*, c'est-à-dire, qui a perdu une main. Il se dit aussi du defaut des autres membres, même de ceux qui ne sont que débilités : & quelquefois aussi, par métaphore, des choses inanimées. Cicéron livre 3

De Finibus : Mancam sine aliqua accessione virtutem. De ce mot a été formé le verbe Latin-Barbare *mancare*, qui signifie *couper un membre*. La Loy des Allemans Tit. 12, 13, 15 : *Plagaverit, fustaverit, mancaverit.* La Loy des Ripuariens Tit. 68, §. 6 : *Digito vel quocunquelibet membro mancaverit.* Et dans le Testament de Charlemagne, Art. 13 : *Aut occidere, aut membris mancare, aut excæcare.* De-là est venu le verbe *manquer*, dont la signification est neutre, & duquel nous nous servons maintenant pour exprimer toute sorte de défauts ; comme on dit, *Il manque de jugement, Il manque d'adresse* : ou bien pour dire *faillir* ; comme quand on dit, *Il a manqué à cela*.

MAQUEREAU. Les uns le font venir de l'Hebreu *macar*, qui signifie *vendre* : les autres, du mot *aquariolus*, en y ajoutant la lettre *M*. Festus : *Aquarioli dicebantur mulierum impudicarum sordidi asseclæ.* Lequel mot se trouve employé en ce sens par Apulée, en son Apologie, & par Tertullien. Le Glossaire : *Bacario, πορνοδιώκτης*. [* Mr Guyet dit qu'il faut lire *aquariolus*, au-lieu de *bacario*.] Et ce mot vient de ce que les femmes débauchées se tenoient d'ordinaire sur les rives de l'eau : comme j'ay déja remarqué au mot *Bordel*.

MAQUEREAU. Sorte de poisson. R. Etienne prouve que les Maquereaux des Comédies étoient vestus d'habits de diverses couleurs, par ce lieu de Donat : *Leno pallio varii coloris utitur.* Et il ajoûte que ce poisson, pour être bigarré de diverses couleurs, principalement sur le dos, a été appelé *maquereau*.

MARÂTRE. Ce mot est formé de *matrasta*, qui se trouve dans le Glossaire Arabico-Latin, auquel est relatif *filiaster*. Les Gloses d'Isidore : *Filiaster, privignus.* Le Glossaire Arabico-Latin : *Vitricus patrastus.*

MARCHER. Julien Taboet en son livre *De Republica & Lingua Francica* : *Marcher, id est ambulare, quia mercatores semper eunt & currunt, ut lucrum faciant.* Et en un autre endroit : *A marcha, quæ vox equum significat : hinc marchare, id est equitare, marcher.*

MARRI, *Triste, affligé*. MARRISSON, *tristesse, affliction*. Ils viennent de *marritio*, qui signifie *dommage, injure*, ou tel autre sujet de tristesse & d'affliction. Les Capitulaires de Charles le Chauve Tit. 16, ch. 13 : *Suis fidelibus aliquod damnum aut aliquam marritionem non facies.* Dans la Centurie des vieilles Chartres recoeuillies par Goldast, Chartre 56. où il est parlé de certains Serfs : *Post obitum verò meum absque ulla marritione ad jam dictum Monasterium perpetualiter possidenda.* Et en la Chartre 61 : *Sin autem ipsa res sine ulla marritione ad ipsum Monasterium revertantur.* Toutefois Joachimus Vadianus dans quelques notes qu'il a faites sur un ramas d'anciens Actes, nous veut faire croire que *marritio* signifie *tergiversation & calomnie*, sous pretexte qu'en Alleman *marrassen* signifie *contester & debatre*.

MARSOUIN. C'est un pourceau de mer ; comme qui diroit *maris sus*, ou *maris suillus*. Car Isidore liv. 12, ch. 6, dit que tels poissons sont appelés *suilli*. *Porci marini, qui vulgo vocantur suilli ; qui cùm escam quærunt, more suis, terram sub aquis fodiunt.* Aimoin, Moine de Fleury, en la vie de S. Abbon chap. 5, les appelle *porcipisces, & marsuspas* : d'où nous avons peut-être tiré ce mot : *repente conspiciunt marsuspas & porcipisces in fluctibus ludere*

MASQUE. M. de Saumaise dans ses Notes sur Tertullien *de Pallio* : *μάσκα, δυσειδὴς interpretatur Hesychus. Eadem & βάσκα dicebatur. Idem : βάσκα, μαχέλη, βασκάνια. Et notabis βασκάνια, & ἀποβασκάνια, res turpiculas, & deformes larvas Græcis appellari, quæ ad avertendum fascinum adhibebantur : cum βάσκα & μάσκα diceretur ; inde mascas Latini recentiores de larvis & personis usurparunt, & ita etiam hodie vocamus.*

MASSACRER. *Scrama* étoit anciennement une sorte d'épée. Les Loys des Wisigots liv. 9, Tit. 2, Loy 19 : *Spathis, Scramis, lanceis, sagittisque instructus.* Et *sax*, un poignard : comme j'ay déja dit sur le mot *Assassin*. De ces deux mots fut formé *Scramasaxus*, qui étoit une épée propre à faire des meurtres : comme j'ay déja dit sur le mot *Escrime*. Grégoire de Tours liv. 4. ch. 46, dit que le Roy Sigebert fut massacré *cultris validis quos vul-*

gò *fcramafaxos vocant.* Je croy que de ce mot *feramafa-
xus* a été fait *maffacrer,* comme qui diroit *feramafaxave.*

MASSON. Les échafaudages que les Maffons
dreffent pour bâtir les muraïlles, font appelés en Latin *machina.* Et ainfi Budée a traduit le *machinari* d'Ulpien par *échafauder.* C'eft pourquoy les maffons ont
été appelés *machiones,* à-caufe de ces machines, ou
échafaudages, dont ils fe fervent. Le Gloffaire de Papias : *Machiones, Conftructores parietum; dicti à machi-
nis quibus infiftunt propter altitudines parietum.* Ifidore liv. 19 ch. 8, dit la même chofe. Orderic Vital
liv. 6 de fon Hiftoire Ecclefiaftique : *Ipfe cum ma-
cione & maturis, neceffariifque miniftris, reliquias in
maceria recondidit.*

MASSUE. Du Latin-Barbare *maxuca.* Orderic Vital liv.8. de fon Hiftoire Ecclefiaftique : *Quidam enor-
mis ftatura ferens ingentem maxucam, presbyterum pro-
perantem pravenit, & fuper ejus capite levato,* &c.

MATÉRAS. C'eft un trait d'arbalête émouffé. Ce
mot nous eft demeuré de l'ancienne Langue Gauloife :
Car *materas* étoit anciennement un bâton de guerre
duquel les anciens Gaulois fe fervoient. L'Hiftorien
Sifenna,au livre 3,cité par Nonius Marcellus : *Galli materibus, Suevi lanceis configunt.* Et au livre 4 : *Alii
materibus aut lanceis medium perturbant agmen.* L'Aureur de la Retorique *ad Herennium* au liv.4 : *Ut fi quis
Macedonas appellarit hôc modô, non tam citò Sariffa Gra-
cia potita funt : aut idem Gallos fignificans dicat ; Nec
tam facilè ex Italia materis Tranfalpina depulfa eft.*Strabon liv.4. parlant des armes des Gaulois : καὶ μακρα
πάλζυ ἃ εἴδος.

MAVFE'S. C'eft ainfi que les Anciens nommoient
le mauvais efprit. Le Roman de Guillaume au Court
nés, au Moinage Renoart :
> *Et fu plus noir qu'atrament détrempés :*
> *Diable femble, ou luitons ou maufés.*

Le Roman de Guion de Tournaut :
> *Car en la fin verras d'Enfer tous les maufés :*
> *Je fçay bien qu'en la fin y feras hoftelés.*

ME'CHANCETE'. La Ménardiere dans fa Poëti-
que part. 1, chap. 8 : μηχάνημα ατος ; d'où eft venu mé-
chanceté, *addreffe pleine de malice ; & enfin pour dé-
pravation, ftratagême, & rufe de guerre chez Xenophon
& quelques autres.* Mathieu Paris en la Vie de Henri
III : *Addens quòd malus miles effet fugitivus & victus,
quod eft in Galliana Lingua* melchanceté ; *& hoc verbum magna offenfionis inter eos* &c.

MEDAILLE. Les Anciens gardoient auffi bien que
nous les monnoies anciennes ; que la rareté plûtôt
que la matiere, rendit précieufes à l'égal de la pierrerie.
Le Jurifconfulte Pomponius, en la Loy 18, ff. *De Ufu-
fructu,* & *Quemadmodum : Numifmatum aureorum vel
argenteorum veterum, quibus pro gemmis uti folent, ufus-
fructus legari poteft.* Nous appelons *Medaille* ces fortes de Monnoies : de *metallum ; metalla ;* comme qui
diroit *Metailles.*

MEHAINGNIE', MEHAING. C'eft-à-dire, *eftro-
pié, eftropiement.* Le livre intitulé *Li Eftabliffement li
Roy de France,* liv. 1, où il dit qu'un Eftropiat, un Se-
xagenaire, & un homme lourd & pefant, lors qu'ils
appellent quelqu'un de meurtre, de rapt, ou de trahifon,peuvent faire batre un autre homme en leur place :
*Se aucuns homs, mehaigniés ou autres, qui aient paffé foi-
xante ans & un jor, ou un autre qui foit fos & lors, ou
qu'il puiffe moftrer autre mehaing.* Au liv. 2 : *Et fe les
parties avoient eu mehaings apparoiffant, & il fe miffent
avant, & ils en euffent fait mention ou retenüe, ils pourroient bien mettre Champions pour eux.* Le Traité des
Vertus & des Vices, parlant des Eftropiats qui deman-
dent l'aumône aux portes des Eglifes : *Et qu'il eft auffi
comme li méhaingniés qui gift au portal du Moftier, qui
point n'a honte de moftrer fes mehains à tous ceaus qui
paffent.*Herman de Valenciennes, au Roman de la Bible, parlant de Jacob qui refta boiteux de la lutte qu'il
fit avec l'Ange :
> *Quand fe fent mehaignié Jacob à luy parla.*

Dans l'une des Chartres que Du Chefne a fait imprimer à la fuite des Hiftoriens de Normandie,on lit ces
paroles, *Concedimus quoque quòd ipfi teneant per libertatem Rothomagi omnia placita & omnes mefteias infra
Rothomagum, & infra banleugam Rothomagi, in qui-*

*bus mors vel mechaignies, vel plucitum enfis non ap-
pendet.*

MÊLER. Du verbe *mifcere,* eft formé le Latin-
Barbare *mifculare,*duquel le Langue d'Oc a tiré *mefclà,*
& la Langue d'Oui *mefler.* Hincmar Evêque de Rheims
en une Epître à Charles le Chauve : *Per plurimorum
ora vulgatur vos dicere quoniam de iftis rapinis atque
depradationibus nil vos debeatis mifculare.* Les Capitulaires de Charles le Chauve Tit.16, ch.7 : *Qualifcun-
que de vobis tali modo in ifto facto commifculatus eft.*

MENACE. Il vient de *minatia,* ou *de minatio,* qui
fignifient même chofe. Plaute, dans fon *Rudens : Mi-
nacias ego iftas flocci non facio tuas.* Ciceron *de Oratore,*
liv. 2 : *Exercitationes, admirationes, minationes.*

MENE'ES. Ce font proprement des confeils fe-
grets. Il vient du verbe Latin *minare,* qui fignifie *faire & Traitter fegrettement.* Fredegaire dans fa Chronique chap.9 : *Flaochardus deinceps vehementer minabat
confilium de interitu Willebadi.*

MENêTRIER. Quelques-uns veulent que ce
mot vienne de μνηςη, qui fignifie celuy qui recherche une fille en mariage. Mais en voicy la vraïe origine. Comme de *Minifterium* on a fait *Métier ;* comme
vous verrez en fon lieu ; on a fait auffi Meneftrier de
Minifterialis, que les Auteurs de la moïenne Latinité
prennent bien fouvent pour *artifan* & homme de métier, qu'on appelle encore en Languedoc *Meneftral.*
Hincmar,Evêque de Reims : *Plebeiis quoque quibufdam
perfonis,villarum fcilicet minifterialibus, pro rebus mini-
fteriorum fuorum nonnunquam fcribens.*De-là vient qu'u-
ne Morale manufcrite compofée en François par le
commandement de S.Louis,que j'ay vûe dans le Collé-
ge de Foix à Toulouse,appelle les Artifans *Meneftriers.
Se il fait œuvres temporelles, comme font cil laboreour
& cil Meneftrier.* Or comme les meilleurs Auteurs Latins appellent quelquefois abfolument *Artifices,* par
excellence,les Joueurs d'Inftrumens : (Quinte-Cuice
liv. 5 : *Sed etiam Artifices cum fidibus fui generis ibant*)
nos anciens François, par la même raifon les appelérent *Meneftriers.* Froiffart vol 3, chap. 39 : *Et y eut là
grand foifon de Meneftriers qui firent bien leur meftier.*
Ce qui confirme clairement le rapport de *minifterium*
avec *minifterialis,* par celui de *Métier* avec *meneftrier.*
Auffi nos anciens François prononçoient *Meneftrel.*
Guillaume de Loris au Roman de la Rofe :
> *Là veiffies fluteours,*
> *Meneftrels & Jugleours.*

MENUISIER. C'eft celui qui travaille de la menüe
charpente, comme chaires, bancs, tables, chalits &c :
comme qui diroit *Faber minutiarius ;* car *minutia,* font
les parcelles ou petites piéces de quoy-que-ce-foit,d'où
vient le verbe *menuifer,* qui fignifie *appetiffer,* & rendre petit. Guillaume Philandre fur le ch. 2, du liv. 4 de
Vitruve, affure que les mots de *materiatura fabrilis,*
font ce que nous appelons Menuiferie : bien-que dans
cet Auteur, & ailleurs,*materia* & *materiatio* fignifient
toute forte de charpenterie ; & *materiarius* tout Artifan qui travaille en bois.

MERCI. *Merci* & *remercier* viennent de *merces,* qui
fignifie *récompenfe ;* parceque favoir bon gré & remercier, ou dire grand merci, tiennent lieu de récompenfe. *Hugo de Cleriis,* que le P. Sirmond a fait imprimer
parmi fes Notes fur les œuvres de Geoffroy de Vendôme : *Tradidi ei grates & mercedes.*

MERCI. Lorfqu'il fignifie *pitié* & *miféricorde,* il
vient auffi de *merces ;* parceque par les anciennes Loix,
& fur tout par la Loy Salique, la peine même des plus
grands crimes étoit rachetée par de l'argent, c'eft-
à-dire, convertie en une amende pécuniaire : ce qui eft
appelé *componere.* Et d'autant que cet argent étoit comme la récompenfe qu'on donnoit pour fe rédimer de
la peine, on appela cela *prendre à merci,* que depuis
nous avons pris généralement pour *pitié* & *miféricorde.* Dans les Anciennes Ordonnances d'Ecoffe, Intitulées *Regiam Majeftatem,* liv. 5, ch. 3, *Amerciamentum*
eft pris pour amende pecuniaire. *Amerciamentum falfi
Judicii contradicti eft decem librarum.*

MEREAU. C'eft une petite piéce de plom, ou de
telle autre matiere, qu'on donne pour un témoignage
de reconniffance, ou pour recevoir quelque chofe qui
doit être diftribué : les Latins l'appellent *teffera.* Et

lorſqu'ils la donnoient pour recevoir le blé en la diſtribution générale qui s'en féſoit à Rome, elle étoit appelée *teſſera frumentaria*; comme en la Loy 52, ff. De J. diciis; & dans Suétone en la Vie de Néron ch. xi. Et quand elle étoit baillée pour la diſtribution de l'argent, elle étoit appelée *teſſera nummaria*, comme on voit dans Suétone en la Vie d'Auguſte ch. 41. Mornac ſur la Loy 52, cy-deſſus alléguée croit que *mereau*, qu'il appelle *meritorius calculus*, eſt même choſe que *teſſera*: & qu'il a été ainſi appelé, parce qu'il eſt baillé à ceux qui le méritent : *Mereaux ; meritorii calculi, quòd tribuerentur merentibus*. Mais il eſt bien plus croïable que ce mot vient de μέρος, ou μέρùς, qui ſignifie *la part & la portion* qui eſt baillée en la diſtribution de quelque choſe. Voyez Budée, & le Treſor de la Langue Grecque.

MERLUS. Robert Etienne, dans un petit Traité des noms des poiſſons, dit que le poiſſon que les Grecs appelent ὄνος & les Latins *aſellus major*, eſt le *merlus* ou *aigreſin*. Jules Scaliger ſur le chap. 21 du liv. 6 de l'Hiſtoire des animaux d'Ariſtote dit que c'eſt le poiſſon que les Latins appelent *lucius*; & que les François l'appellent *merlus*, comme qui diroit *maris lucius*.

MERREIN. De *materia*, qui ſignifie ſouvent en Latin du bois à bâtir, (Vitruve liv.2, chap 7: *Materies cadenda eſt à primo autumno*. Le Gloſſaire : *Materia, ζυλεία*.) la moïenne Latinité à fait *materiamen*, & par contraction *matriamen*. La Loy Salique Tit. 8, §. 4 : *Si quis in ſylva alterius matriamen furatus fuerit. Et de matriamen* nous avons formé *merrein*.

MESCHIN, MESCHINE. C'eſt-à-dire *Jeune Garſon, & jeune Fille*. Le Roman de Guillaume au court-nés, au Charroy de Niſmes :

   Quand je fu juenes meſchin & bacheler,
   Je devint lierres merveilleux pour embler.

Le même, aux Enfances Vivien :

   As Chevaliers, & as Bourgeois meiſnes,
   Et as Pucelles, & as gentes meſchines.

Et en un autre lieu :

   Entor li furent li vieil & li meſchin.

Herman de Valenciennes au Roman de la Bible :

   La Meſchine fu belle & de gentil façon.

MESCHINAGE. Comme de *manceba*, qui ſignifie *jeune fille*, les Eſpagnols ont dérivé *mancebia*, qui ſignifie *un bordel*; ainſi du mot *meſchine* nos Anciens François ont tiré *meſchinage*, qu'ils prenoient pour *bordel*. Dans le livré intitulé *Li Eſtabliſſement le Roy de France*, livre 1, aprés qu'il a été dit que le fils fol, Tavernier, & joueur, qui s'en eſt allé par le pays, revenant aprés la mort du pere peut pretendre autant de part en ſes biens, que celuy des freres qui a aidé à les acquerir, il eſt ajoûté : *& tout ainſi une des ſœurs, s'elle s'en étoit allée en meſchinage : ou en autre lieu ailleurs, pour ſoi jouer, ſi frarageroit-elle par droit avec les autres freres comme li fox.*

MESSIER, MESSILLIER, ou MESSEILLER. En Languedoc *Meſſegnié*. C'eſt celui qui a la charge de garder les blés & les vins qui ſont ſur la terre. Ces mots ſont formés de *meſſis*, comme qui diroit *Garde des meiſſons*. La Coutume de Melun, art. 306 : *Un ſergent ou Meſſier*. Celle de Bar, art. 209 : *Meſſier & garde de finage*. Celle de Rheims art. 402 : *Sergens, Gardes ou Meſſiers*. Celle de Chaumont art. 97 : *Sergent Meſſeiller*. Celle de Troyes, art. 121 : *Sergent Meſſilier*. Dans celle d'Auſſerre artic. 170, il eſt appelé *Blavier*, de blé, comme *Garde de blés : Le ſergent ordinaire blavier ou meſſier*. Il y a dans la Coutume de Lodun une autre ſorte de *Meſſier* qui avoit la charge de meſurer les grains, & qui eſt ainſi appelé, du verbe *metior*. Ch.5. art. 4 : *Meſſier, ou meſureur*. Les Coutumes du Comté de Bourgogne art 56 : *Les Commis à la Garde des fruits de la terre, que l'on nomme en aucuns lieux* Meſſiers, & *en autres* Bannars.

MÉTAIRIE. Quelques-uns veulent que l'origine de ce mot ſoit Grecque, & s'imaginent que de μεσοτεία, qui ſignifie *communication*, on ait tiré *métaiſie*; & enſuite *métairie*, en changeant S en R. Mais il eſt bien plus vray de dire qu'il vient de *medietas*, parce que les métayers labourent la terre à moitié des fruits. Les Capitulaires de Charlemagne liv. 1, chap. 163 : *Qui tale beneficium habent, unde ad medietatem laborent, de ea-*

rum portione proprio presbytero decimas donent. Car la Langue Romaine [*ruſtica ſcilicet*] forma ſans doute de *medietas, medietarius & medietaria*; d'où nous avons tiré *Métayer & métairie*.

MÉTIER. Il vient de *miniſterium*, qui ſignifie même choſe dans les Auteurs de la moïenne Latinité. Joannes Hocſemius liv. 2, chap. 30 : *Erat enim ille magiſter de miniſterio Panniſicum ſeu Textorum*. Les Capitulaires de Charles le Chauve Tit. 11, chap. 13 : *Ipſi Monetarii jurent quòd ipſum miniſterium, quantùm ſcierint & potuerint, fideliter faciant*. La Chronique de Normandie : *Tota civitas ſericis, pannis, & cortinis, extitit ornata, & omnia Civitatis miniſteria novis veſtimentis induta*.

MEURTRE. Lambert d'Ardres, dans l'Hiſtoire des Comtes de Guines, ne ſachant pas la vraye Origine de ce mot, l'a voulu dériver du Latin, appelant *mortidator*, un meurtrier. *Mox quaeſitis mortidatoribus, & proditoribus, & conſciis, & conſiliariis, & multis inventis alios inrotavit, alios imparticavit*. Mais il eſt certain qu'il vient de l'ancienne Langue Teudiſque, qui appelle *morth murdeido* ou *mordrito*, non toute ſorte d'homicide, mais ſeulement celui qui eſt fait par trahiſon & ſegretement. La Loy des Lombards au Titre 5, qui eſt *De Morth : Si quis homicidium in abſconſo perpetraverit*. La Loy des Bajuvariens Tit. 18, §. 2 : *Si quis liberum occiderit furtivo modo, & in flumen ejecerit, vel in talem locum ut cadaver reddere non potuerit, quod Bajuvarii murdrido dicunt*. La Loy des Ripuariens Tit. 15 : *Si quis ingenuum Ripuarium interfecerit, & eum cum ramo operuerit, vel in puteo, ſeu in quocunquelibet loco celare voluerit ; quod dicitur* mordrido. Depuis on l'appela *murt & murdrum*, d'où nous avons fait *meurtre* ou *meurdre*. Chronicon Morigniacenſis Monaſterii : *Nefandiſſimo & abominabili ſuper omnia genere mortis, quod vulgò* murt *vocatur, hominem innocentem nocte ſuffocavit*. Mathieu Paris en la Vie du Roy Jean .... *peſſimo mortis genere, quod Angli* murdrum *vocant*.

* Vous en trouverez pluſieurs autres exemples dans le Gloſſaire Latin de M. du Cange au mot *Morth*.

MEUTE. C'eſt une troupe de chiens courans. Il n'y a point de doute que ce mot ne ſoit formé de *motus*, participe de *moveo*: [* ou plûtôt de *mota*] parce que nos Anciens François appeloient *movere*, en termes de Vénerie, ce que nous diſons *Courir le cerf & le ſanglier*; d'où vient qu'on dit que *les chiens ſont bien ameutés*, quand ils courent d'une égale force. La Loy Salique Tit. 35. *De Venatione*, §. 4 : *Si quis cervum, quem alterius canes moverunt aut laſſaverunt, occiderit*. Et au §. 5 : *Si quis aprum laſſum, quem alieni canes moverunt, occiderit*. La Coutume de Bourgogne ch. 18 : *La beſte mute de la chaſſe d'aucun ayant droit & pouvoir de faire chaſſer, ſe peut pourſuivre en autre Juſtice ou Seigneurie*.

MICHE. C'eſt une eſpéce de pain, qui à cauſe de ſa petiteſſe a été ainſi appelé, de *mica*. Joannes Januenſis dans ſon *Catholicon* : Mica *etiam ponitur pro modico pane qui fit in curiis magnatum vel in monaſteriis*. Auſſi Budée explique le mot de *miche* par ἄρτίδιον, qui ſignifie *un petit pain*.

MIGNON. Un favori, un bien-aimé. Il n'y a point de doute que nos François n'ayent retenu ce mot de leur ancienne Langue Teudiſque. Le Gloſſaire Latin-Teudiſque de Kéron : *Amor*, minna: *Amori*, mina. *Diligere*, minnoon. *Diligit*, minnoot. *Diligunt*, minnont. Goldaſt dans ſes Notes ſur les anciennes Poëſies Allemandes, remarque que *Minne* y eſt pris pour le Dieu ou la Deeſſe d'Amour.

MILAN. Ce mot a été formé de *Milvus*. Il y en a qui tiennent qu'il. eſt ainſi appelé, parce qu'il vit mille ans. Et cette opinion eſt rapportée par P. Chabot ſur l'Epître 6. d'Horace.

MINE, MINIERE. Ce ſont les lieux ſoûterrains d'où l'on tire quelque métail que ce ſoit. Il vient de *minium*, qui eſt une eſpéce de vermillon qui ſe trouve particulierement parmy le mercure dans les mines d'argent. Les lieux où il ſe trouve ſont appelés *miniaria* dans Pline livre 33, chap. 7. Les François ne ſe ſont pas contentés d'étendre ces mots aux mines de toute ſorte de métaux : ils ont encore appelé *Mines* ce que les Latins appelent *Cuniculi*; & *Mineurs* ceux qui travaillent à ces Mines. Marinus Sanutus Torsellus, *cum secretis fidelium crucis* lib.3. part. 12. cap. 21. *Fecit fieri plures minas sive cuniculos, respondentes ad terram novam.* Les Anciens François appeloient les Mineurs *Hurons*. Froissart vol.1, chap 288 : *Le Prince menoit par usage toûjours avec luy grand foison de Hurons, qu'on dit Mineurs.*

MINUTE. Ce que nous disons *menu*, les Anciens l'appeloient *minu*. Dans la Coutume de Bretagne art. 91, *Minute & declaration de terres* : & art. 360, *Adveus & minus* ; sont les Adveus & denombremens que les sujets doivent bâiller par le menu & en detail à leur Seigneur. Aussi ce mot est formé de *minutus* ; & c'est pour cela que nous appelons *minute* la premiere teneur d'un contrat qu'on dresse pour le faire voir aux parties avant qu'on le couche sur le Registre : & elle est ainsi appelée, parce qu'on l'écrit de petites lettres, *minutis litteris* ; quoyque minute soit proprement ce qui est écrit sur le Registre ou Protocole des Notaires. L'Ordonnance de François premier de l'an 1539 : *Esquels registres & Protocolles seront mises & inserées au long les minutes des Contracts.* Marcellus Donatus dans ses Dilucidations sur Suétone chap. 38 : *Notas appellavare Jurista, quas postea transcribunt Notarii in proprio Codice : Quas vulgò appellant minutas, eò quod minutis litteris scribantur.*

MOILON. Les Latins l'appellent *Caementum*. Ce sont des pierres informes & sans façon, qu'on maçonne entre les pierres taillées. M. de Saumaise tient qu'elles étoient ainsi appelées, *quasi medullones* ; *quod in structura medii inferciantur inter quadratos lapides.*

MOILON. Les monceaux de foin qu'on fait dans les prés aprés avoir fauché, s'appellent *moilons* : du Latin-Barbare *mullo*, qui signifie même chose. Orderic Vital. liv. 13 : *Impetus autem irruentis & omnia involuentis aquae foenum sublevavit, & de loco illo mullonem huc & illuc fluctuantem longè transtulit.* Il y a quelque apparence que ce mot a été fait par corruption de *mutuli*, qui signifie des monceaux de terre servans à marquer les bornes des chams, qu'on appeloit anciennement *butina, botones, & botontini.* La Loy des Ripuariens Tit.60, chap. 4 : *Si autem ibidem infra terminationem aliqua judicia, sua arte, aut butina, aut mutuli, facta extiterint.*

MOINEAU. Petit oiseau, qu'on nomme autrement *passereau*. Il vient de μόνος, ou μονάζον, qui signifie *Solitaire* : sur l'opinion qu'on a eûe que ce lieu du Pseaume, *sicut passer solitarius in tecto*, s'entendoit de toute sorte de passereaux. Vlysses Aldrovandus dans son Ornithologie liv.16, ch. 17, tient que le mot *passer solitarius* est pris de ce Pseaume. Et il ajoûte qu'il y a en Hébreu *Zippor*, qui signifie toute sorte de petits oiseaux : de même qu'en Grec στρουθός μουνάζον, qui signifie particulierement *un passereau*, & généralement toute sorte de petits oiseaux.

MOITE. Ce mot, qui signifie *mouillé, humecté, & abreuvé* ; vient d'un ancien mot *matum*, qui signifie la même chose. Les Gloses d'Isidore : *Matum est, humectum, emollitum, infectum.*

* M. Guyet, sur ce mot des Gloses d'Isidore, a remarqué que *matus* a été dit pour *madus*, c'est-à-dire *madidus.*

MOMON, MOMERIE. On appelle *Momon*, des hommes masqués qui vont de nuit dans les maisons pour jouer ou pour danser. Quelques-uns croyent qu'ils sont ainsi appelés, parce que le masque les empêchant de parler distinctement, il semble qu'ils disent *mon mon*. Joachim Périon dans son Traité *De Lingua Gallica cum Graeca cognatione*, dit qu'ils sont ainsi appelés, de μωμώ, qui signifie *masque*. Le Lexicon Longolii : μωμμώ, mormo (*malè* pro mommo) *larva, terriculamenta puerorum.* Les Gloses d'Isidore : *Momar, Siculus, stultus, qui citò movetur ad iram. Plautus. Quid tu, ô Momar, Sicule homo, praesumis.* Je puis ajoûter que peut-être nous avons fait ce mot de *Momus*, qui étoit le Dieu des moqueries. J. Lipse dans l'Epitre 44 de la 3 Cent. de ses Epitres *ad Belgas*, veut que nous l'ayons pris de *momar*, qui en Langage Sicilien signifie *fou*. *Momar, pro stulto Siculi ; quod abit à Gallorum & nostro verbo in personatu.*

MONCEAU. Nous le prenons non-seulement pour un lieu moyennement élevé, mais encore pour un tas de quoy que ce soit. C'est un diminutif de *mons*. Aussi vient-il de *monticellus*, qui se trouve dans Latinus, *De terminis* ; & dans Innocentius l'un des Auteurs des limites, ou *Finium regundorum*. De sorte que je trouve étrange qu'on ait reproché à Calepin l'invention de ce mot.

MONOPOLE. Nous abusons de ce mot, en le prenant pour toute sorte de complots, menées, & partis segrets : bien-que sa vraie signification soit l'artifice de celui qui achéte seul une espéce de marchandise, pour contraindre ceux qui en auroient besoin de l'acheter de lui par-après à tel prix que bon lui semblera. Il est formé de μόνος, qui signifie *solus*, & de πωλέω vendo.

MOQUER, MOQUERIE. Ces mots sont tout-à-fait Grecs, car μωκάω, μωκῶ, signifie *se moquer* ; & μωκία moquerie.

MORGANGEBE. C'étoit en vieux Langage François ou Teudisque, le don que le Mari fesoit à la femme le matin aprés la premiere nuit des noces. Grégoire de Tours liv. 9 chap. 10, l'appelle *morganegiba* ; où quelques-autres lisent *morganeba*. *De civitatibus verò, hoc est Burdegala, Lemovica, Cadurco, Benarno, & Begorra, quas Galesvintam Germanam domna Brunichildis, tam in dote quàm in morganegiba, hoc est matutinali dono, in Franciam venientem certum est adquisisse.* Il est appelé *Jus morganiticum* dans la Chronique d'Albertus Argentinensis : *Dans filia Presburg, &c. multas alias munitiones jure morganitico.* Et plus bas : *Asserens munitiones dominii de Kiburg ad se spectare tanquam matri suae, per Rudolphum Regem olim morganitico jure donatum.* Et c'est ce que les Allemans appellent encore *ein morgengab*. Les Grecs appeloient τὰ Ὀψικήλια les présens que le nouveau marié fesoit à son épouse en récompense de son pucelage.

MORTAISE. C'est un terme de Charpentier & de Menuisier. Philandre sur Vitruve : *Mortesias quasi mordesias, à mordendo, vocant, commissurae scilicet genus.*

MOTE. On appeloit ainsi les maisons fortes Orderic Vital liv 10. de son Histoire Ecclesiastique : *Allerias & Motam Galterii De Clincampo, Mamerz, & alias domos firmissimas quàm plurimas.* Et au même livre : *Fortissimam, quam apud Balaonem possidebat, motam Regi tradidit, per quam totum oppidum adversarius subactum paruit.* Mais proprement les motes étoient de grands monceaux de terre faits ou de gazon ou de terrain bien batu ; elles étoient rondes, & finissoient en pointe, & étoient le plus souvent environnées d'un bon retranchement. Les Anciens s'en servoient comme on fait maintenant des forts : & lorsqu'ils y étoient attaquez, ils les couvroient d'Arbalestiers & d'Archers ; qui, pour être élevés les uns par dessus les autres, pouvoient tirer sans s'incommoder. Guillelmus Gemmeticensis livre 7 de l'Histoire de Normandie chap. 11, parlant de Guillaume Duc de Normandie lorsqu'il étoit encore enfant, fait mention de cette sorte de fortifications qu'il appelle *aggeres*, c'est-à-dire *motes* & monceaux de terre : *Sub ejus ineunte aetate Normannorum plurimi aberrantes ab ejus fidelitate ; plura per loca aggeres erexerunt & tutissimas sibi munitiones construxerunt.* On voit encore en Gascogne grande quantité de ces fortifications, que les gens du pays appellent *Motes*, & tiennent qu'elles furent faites du tems des Rodigous ; c'est ainsi qu'ils appellent les Anglois. Ce sont ces maisons fortes & ces grands monceaux de terre, que la Coutume de Troyes art. 14, appelle *mothe*. *Le principal chastel ou maison forte, mothe ou place de maison Seigneuriale.* Et celle d'Auvergne art. 51, chap. 12 : *La principale place ou manoir, avec le vol d'un chapon, qui comprend mote, fossez, ou douve.*

MOUCHER. *Mucus* signifie la *roupie*, ou la morve qui coule *du nés*. Catulle : *mucusque & mala pituita nasi.* Du mot de *mucus* a été formé le verbe Latin-Barbare *mucare*, d'où nous avons tiré le François *moucher*. La Loy des Ripuariens Tit. 5 : *Si nasum excusserit, ut mucare non possit.* Etienne & Nicot disent que *moucher* a été dit, quasi *monger* : de *mungere.*

MOUCHOIR. De *mucus* on a formé *mucinium*, d'où nous avons fait *mouchoir*. Arnobe livre 2 : *Indicet in quos habitus vestis stragula facta sit, mitra strophium, fascia, pulvinus, muccinium, &c.*

M O U F L E S. Ce sont des mitaines. Celles des Anciens étoient proprement des gans fourrés de laine de mouton ou d'agneau : en quoy elles différoient des gans qui étoient faits de peaux simples & sans fourrure. En la premiere addition au Capitulaire de Charlemagne, chap. 22, il est permis aux Moines de porter, *Wantos in æstate, muffulas in hyeme verveinas.* Et au ch. 79: *Ut muffulæ verveinæ Monachis dentur.* Ces mousfles sont ainsi appelés du mot *moufle* ; dont l'usage est demeuré en Languedoc ; & particulierement à Toulouse, où l'on appelle *moufle* une chose qui pour être remplie ou fourrée de plume ou de laine, est tellement molle, que les doits y enfoncent, si on la presse tant soit peu : & ainsi on y appelle *moufflets* les petits pains mollets.

M O U R O N. En Grec ἀλσίνη, parce qu'elle aime ἐν ἄλσῃ, c'est-à-dire *les lieux opaques & ombragés.* Nous l'appelons *mouron, à muris aure,* à-cause de sa ressenb'ance à l'oreille d'un rat : c'est pourquoy Theodore Gaza explique *alsine* par *auricula muris.*

M O U S Q U E T. Avant l'usage de nôtre artillerie, on appeloit *mousquetes,* certaines arbalestes. Marinus Sanutus Torsellus lib. 2. part. 4. ch. 22 : *Balistæ, quæ muschetæ vulgariter appellantur.* De-là ont tiré leur nom ces grosses arquebuses dont on se sert maintenant à la guerre, parce qu'elles tiennent lieu de ces anciennes *mousquetes,* lesquelles furent à mon avis ainsi appelées, parceque leur trait lâché sésoit un bruit semblable à celui d'une grosse mouche.

M O U S S E. Cet excrement ordinairement vert ; que l'humidité engendre sur la terre, sur les arbres & sur les pierres ; est appelé en Latin *muscus,* & en Latin-Barbare *mussula,* d'où nous avons formé mousse. Grégoire de Tours dans son livre *De Gloria Confessorum,* chap. 44 : *In hoc loco & Tranquillus beatus Confessor requiescit, super terram sepulchrum habens, de quo magnum beneficium præstatur petentibus ; nam de mussulis supernatis medicamina populi promerentur.*

M O U T A R D E. Nous appelons ainsi la semence de l'herbe appelée en Latin *sinapi :* bien-que proprement ce soit la composition qu'on en fait avec du moust, que J. C. Scaliger, *Exercit. in Cardanum 148,* dit être appelée *moustarde à musto & ardore.*

M O U T O N. Jean Picard au livre 4. de son ancienne Celtopedie croit que ce mot vient de μόθων, qui signifie une espéce de danse dans Pollux ; à-cause des sauts que font les moutons. Je ne say s'il le faut dériver de *mutilus,* que la derniere Latinité prent pour une bête écornée, comme sont certains moutons qui naissent sans cornes, qui pourroient bien avoir été appelés pour cela *moutons,* & avoir donné le nom aux autres, quoy qu'ayant des cornes. Le Glossaire d'Ansileubus, Evêque Goth : *Mutilum, sine cornibus.* Joannes Januensis dans son *Catholicon :* Mutilus, *minutus, truncatus ; sine cornibus, vel alia parte.* Mutilare, *minuere, vellere, truncare ;* vel *boum cornua detruncare.* Bonaventura Vulcanius, dans ses Notes sur les Glossaires, dit que les Espagnols appellent *motilon,* une brebis tondüe. Et peut-être que les moutons qu'on tont tous les ans ont été ainsi appelés. Au-reste les mou-

tons sont proprement ceux qui sont chastrés ; & les beliers, ceux qui sont entiers.

M O Y E U. C'est le bois où entre l'essieu, & auquel, comme à leur centre, vont aboutir les rais de la roue. Il vient de *modiolus,* qui signifie même chose. Pline livre 9, chap. 4 : *Apparent & rotæ, appellata à similitudine, quaterni distincta radiis, modiolos earum oculis duobus utrinque claudentibus.* Les Gloses : χειρεὶς ἢ τρόχοι, Radia, modiolus.... *Diminutivum à modio, est illud lignum grossum in rota, per quod caput axis immittitur, & in quo radii in circuitu sunt fixi.*

M U L E S. C'est une chaussûre de pié dont on se sert à la chambre. Ce mot vient de *mulleus,* qui signifie une espéce de soulier. Flavius Vopiscus, en la Vie d'Aurelien : *Calceos, mulleos & cereos & albos, & hedevarios, viris, mnibus tulit, mulieribus reliquit.* Tertullien, dans son Traité *De Pallio : Mulleolum inducit calceum.* Festus Pompeius ; *Mulleos genus calceorum aiunt esse, quibus Reges Albanorum primi, deinde Patricii, usi sunt, &c. quos putant à mullando, id est suendo, dictos.* Papias : *Mullei, calciamenti genus, dicti à rubro Colore mullorum piscium.*

M U R - S A R A S I N O I S. On croioit autrefois que les vieux bâtimens d'ouvrage Romain ; admirables pour leur solidité, & sur tout pour la façon de leur ciment, qui n'est pas moins dur que les pierres ; fussent faits par les Sarasins. Le Traité des Vertus & des Vices : *C'est ainsi comme le bon ciment dont on fait les murs Sarrasinois, qu'on ne peut desconfire à pic ny a perriere.* Et Froissart vol. 1. chap. 110. parlant du château de la Reole : *Il estoit moult haut & de pierre dure, & fut jadis ouvré par mains des Sarrasins, qui faisoient les fondemens si forts, & les ouvrages si estranges, que ce n'est point de comparaison à ceux de maintenant.* De-là vient qu'on appelle *Château Sarazin* une ville qui est sur le la riviere de Garonne au dessous de Toulouse, pour y avoir eu autrefois un Château de pareille structure. Car il n'y a point d'apparence que les Sarasins, ausquels Charles Martel donna si peu de loisir de faire des bâtimens, ussent en peu de temps dressé de si grande masses en tant d'endroits du Roiaume. Mais c'est que nos Ancêtres, qui avoient accoûtumé d'appeler *Sarrasins* toute sorte d'infidéles, envelopoient sous ce nom aussi-bien les Romains que les autres nations.

M U S E R. *Cesser, demeurer oisif.* Il vient de Alleman *muss,* qui signifie *oisiveté.*

M U T I N. *Queréleux, seditieux,* qui émeut *des Contentions.* Il pourroit être formé du verbe *movere,* duquel on fit le Latin-Barbare *movita,* qui signifie *contention, queréle, & dispute.* Les Formules Solennelles, Form. 120 : *Et in sua orta contentione, vel in sua movita, atque per suam culpam, in ipso loco ipsum interfeci.* Ce mot peut aussi être un composé de *moveo* & de *hutin,* comme qui diroit *meuthutin :* Car en vieux François *hutin* signifie *queréle, & contention.* Paul Emile en la Vie de Louis X. surnommé *Hutin :* Hutinus *cognomento dictus : quâ voce apud Francos patrio sermone vis turbationis tumultusque significabatur.* Le Roman de Guillaume au court nés :

Hurlent & brayent, deménent grand hutin.

N A.

N A C A I R E. C'étoit une espéce d'instrument à souffler, comme haubois, ou trompette. Froissart vol. 1. chap. 13. parlant du jeune Despenser, que le Roy d'Angleterre sésoit mener prisonnier : *Et le faisoit ainsi mener par dérision par toutes les villes où ils passoient, à trompes & nacaires pour luy faire grand despit.*

N A C E L L E. De *navicella,* qui est un diminutif de *navis,* on a fait par contraction *naucelle,* d'où nous avons tiré *nacelle.* La Loy 17. ff *De Instructo & Instrumento legato : Instrumente piscatorio contineri Aristo ait naucellas, quæ piscium capiendorum causâ comparata sunt.*

N A G E R. De *navigare* vient le verbe Latin-Barbare *nagare,* qui signifie *floter sur leau.* Les Gloses d'Isidore : Nagare, *vacillare, huc & illuc fluctuare.* De-là est venu le verbe *nager ;* car les anciens François s'en sont servis pour *naviger.*

N A V R E R. *Blesser.* Les Anciens François disoient *naffrer.* La Morale composée par le commandement de S. Louis : *Aprés que li uns membres eut naffrés, li autres li aident à ce qu'il soit guéris.* Aussi ce verbe est formé de *naufragare*. Les Anciennes Annales de S. Bertin sur l'an 870 : *De quodam solario vetustate confecto sub lignis cecidit, & aliquantulum naufragatus in brevi convaluit.* Jean de Garlandia, en son Ancien Dictionnaire, appelle *naufragia* les playes & les cruautés qu'on faisoit souffrir aux Martyrs, & les instrumens de leur martyre, comme qui diroit *navrures. Inter naufragia considerabat supplicia Martyrum, carceres, cruces, patibulum, calofurcium, equuleos, cathastas, & quadragenas, & hippodromia, fustes, laminas ferrat, ungulas, scorpiones, & rotas versatiles beatæ Catharina.* Suger en la Vie de Louis le Gros, donne un sens tout semblable à *naufragari*, lorsqu'il dit *naufragari urbem & Ecclesiam, imò ipsum dominum Papam.* La Loy des Visigoths livre 8. Tit. 3. l. 11, a pour titre *Si pratum defensum à pecoribus naufragetur.* La Loy des Lombards, liv. 1. Tit. 29 L. 6 : *Nos usque ad illam ætatem produximus causam de insensibus, ut ipsi res suas non debeant naufragare aut disperdere.* Et Tit. 32, L. 5 : *Et probatum fuerit quod res domini sui naufragasset.*

NEANT. Quelques-uns croient qu'il vient de *nihil* ; mais il pourroit bien être aussi d'origine Teudisque ; car les Allemans disent encore *neut*, Le Dictionaire Alleman de P. Dasypodius : *Neut, nihil.*

NELLÛRE : *Neller.* Vigénère en ses Annotations sur les Images de Philostrate, décrivant la façon de la nellûre, qui est une espéce d'émaïl, dit entr'autres choses que dans sa composition il y entre trois onces de plomb, sur deux de cuivre & une d'argent ; qu'en le fondant il le faut remuer avec un charbon ; que ces metaux étant fondus, ils sont jettés dans un pot de terre à demi-plein de souffre vif, broïé en poudre, du plus noir qu'on puisse trouver ; bref, qu'après que la nellûre a été appliquée sur l'or ou sur l'argent, on la doit limer doucement & la polir avec du tripoli ou du charbon broïé menu. Je ne say proprement ce que c'est que *nellûre*, ou *neller* ; mais je juge bien par cette description, que puisqu'il y entre tant de noir, ces mots viennent de *nigellus*, diminutif de *niger* ; comme qui diroit *nigellatura*, & *nigellare.* Car aussi-bien nos Historiens de France, Latins, appellent les Seigneurs de Nesle *De Nigella.* Helgaud, Moine de Fleury, au commencement de l'Histoire du Roy Robert, rapporte le Testament de l'Abbé Leodebodus, qui vivoit du tems de Clothaire, pére du vieux Dagobert, dans lequel il légue au Monastére de S. Pierre de Fleury, entr'autres choses, *scutellas 2 minores Massilienses, deauratas, quæ habent in medio cruces niellatas, quæ species argenti*, &c. Où il faut sans doute lire *nigellatas*, c'est-à-dire *niellées* : Ce qui est selon la façon de notre tems même, auquel nous voyons souvent au milieu des bassins des images faites d'émaïl. J'avois cru autrefois que c'étoient des croix que nous appelons *niellées* en Armories : mais, comme je feray voir ailleurs, ce grand nombre de figures de croix, entre lesquelles est la niellée, n'a été introduit que du tems de la premiere Croisade, pour diversifier les croix que le grand nombre des Seigneurs prirent dés-lors pour armes.

NETTOIER. Il n'y a point de doute qu'il ne vienne de *nitidare*, qui signifie proprement *rendre clair & luisant.* Comme dans Columelle livre 12, chap. 3 : *Ferramenta detersa nitidentur, atque ferrugine liberentur.* Toutefois Les Anciens l'ont quelquefois pris, comme nous, pour *laver & rendre net.* Nonius Marcellus : *Nitidant, abluunt, candefaciunt.* Ennius, Cresiph. *Ram secum advocant, eunt ad fontem, nitidant corpora.* Accius, Thebaid. *Quin idcirco fonte admuniunt mundula, nitidantur vulgò.*

NIAIS. Je croy qu'il vient de *νίς*, qui signifie *ignorant* ; composé de la particule negative *νὴ*, & du verbe *ἴδω*, qui signifie *savoir.* Quelques-uns le veulent dériver de *νίος*, qui signifie *nouveau.*

NIAIS. Les Faucons, Autours, & autres oiseaux qui servent à la volerie, pris dans le ni, lors qu'ils n'ont encore que le duvet, sont appelés *oiseaux niais*, de *nidus* ; comme qui diroit *nidariæ aves*, que les Grecs appellent *νεοσσόφευς.*

NICHE. Les enfonçûres que les Architectes font dans les murailles pour y loger des Statues, sont appelées *niches* ; parceque la partie supérieure, qui se termine en demi-voute, est d'ordinaire façonnée en forme de coquilles d'huîtres cauelées, que les Italiens appellent *nichios.*

NIE'CE. Ce mot est sorti du mot Latin-Barbare *neptia*, tiré par corruption de *neptis.* Arnon Archevêque de Salsbourg, dans un Recœuïl de quelques Actes faits du tems de Charlemagne, qui se voient au 2 vol. de Canisius : *In quo & neptiam suam Christi famulam Erndrudam constituit.*

NIELLE. C'est le nom d'une maladie des blés causée par les brouillats, par la pluie qui tombe durant l'ardeur du Soleil, & par un excés d'humidité. Il vient du Latin *nigella* ; parceque la païlle & l'épi en deviennent noirs & brûlés. Et ainsi l'herbe *poivrette*, ou barbûe, est appelée en François *nielle*, en Latin *nigella* ou *papaver nigrum* ; & en Grec *μελάνθιον*, qui est un diminutif de *μέλας*, qui signifie *noir.*

NOIER. Il vient de *necare.* La Chronique de Grégoire de Tours abbregée, chap. 19 : *Matrem ejus lapide ad collum ligato necare jussisti.* Le Continuateur d'Aimoin chap. 40 : *partim in Axona necati sunt*, &c. Reginon liv. 2. de sa Chronique : *Gisalbertus in Rheno submersus necatur.* Les Gascons disent *negà* : & en l'art. 83. de la Loy des Allemans il y a *anegare.* Marius Aventicensis, seu Lausanensis Episcopus, en la Chronique de Gregoire de Tours : *Ita in Vallensi Territorio Rhodanus exundavit, ut copias messium denegaret.* Les Grammairiens Dioméde & Priscien ont remarqué, que des deux preterits de ce verbe, *necavi* & *necui*, le premier signifie proprement *tuer par le fer*, & l'autre *suffoquer.*

NOISE. Joseph Scaliger sur les Priapées dit que ce mot vient de *noxia*, qui dans les bons Auteurs signifie *débat & contention.* Petrone : *In mediam noxiam perfertur.* Ausone :

> *Sæpe in conjugiis fit noxia cùm nimia est dos.*

NON-ÂGE. C'étoit l'âge d'impuberté. Dans le livre intitulé *Li Establissement li Roy de France*, livre 1, il y a un chapitre dont le titre est *De donner erres de mariage pour enfans qui sont en non-âge.*

NONCHALANT. Quoyque *nonchaloir* soit formé de la particule *non*, & verbe *chaloir*, qui signifie *soucier & se mettre en peine* de quelque chose, cependant Joachin Perion, & Jean Picard livre 4 *De Prisca Celtopædia*, le font venir de *νωχελίζειν*, c'est-à-dire *negliger & ne se soucier de rien* ; & *nonchalant* de *νωχελὴς*, c'est-à-dire *paresseux & faineant.*

NONNAIN. Les Religieuses étoient appelées *nonne, nonnanes, & nonnana*, comme on peut voir dans les Capitulaires de Charlemagne chap. 1, Tit. 17 ; chap. 5, Tit. 1, 3, & 78 ; & chap. 7, Tit. 316. Les derniers Grecs ont aussi appelé une Religieuse *ὄννις & νόννα.* Il y en a même qui veulent que ce mot ait été en usage du tems de Domitien, c'est-à-dire au premier tems de l'Eglise Primitive : & à ce dessein ils rapportent un passage de Xiphilin en la Vie de Domitien, où il est dit que cet Empereur representoit souvent de nuit des combats de Nonnains & de femmes. *Νάνους καὶ γυναῖκας συνέβαλεν.* D'autres prétendent qu'il faut lire *νάνους νάνας*, c'est-à-dire *Naines*, ou femmes de fort petite stature. Mais il est plus vrai semblable de lire *νάνους καὶ γυναῖκας*, c'est-à-dire des *nains & des femmes* ; d'autant que Stace au premier livre des Sylves, décrivant un combat des femmes & de nains, representé par le même Domitien, dit,

> *Stat sexus rudis, insciusque belli*, &c.

Et puis en un autre endroit :

> *Hic audax subit ordo pumilonum,*
> *Quos natura brevi statu peracto*, &c.

Or les Religieuses furent appelées *Nonne*, par honneur & par respect qu'on portoit à la chasteté. S. Jérôme écrivant à Eustochium, parlant des veuves ; *Quia Maritorum experta dominatum, viduitatis præferunt libertatem, castæ vocantur & Nonnæ.* Les Religieux étoient aussi appelés *Nonni*, pour la même raison. Le Concile d'Aix la Chapelle, tenu l'an 816, Art. 18 : *Ut qui præponuntur, Nonni vocentur, hoc est, paterna reverentia.* Et la Régle de S. Benoît : *Juniores autem priores suos Nonnos vocent, quod intelligitur paterna reverentia.* Et le Gloss. Arabico-Latin : *Nonnus, major.* Matthias Martinius, dans son *Lexicon Philologicum*, dit que ce mot vient de *νόος*, qui signifie *entendement,*

entendement, de même que νουνεχὴς , qui signifie *prudence* : ou bien de νοῶ , qui signifie *je médite, je pense* ; qui sont des qualités & des vertus qui conviennent plus proprement aux *Supérieurs* des Ordres, qu'aux *inférieurs*. Césaire, Moine de Heisterbach, livre 1. de ses Histoires Mémorables, chap. 17 : *Nonnus Conradus senex, Monachus noster.* Et livre 5, ch. 5 : *Nonnus Alexander, Prior in claustro.* Salomon, Evêque de Coutances, honore aussi S. Jérôme de ce Titre :

Ut sicut Nonnus scripsit fœlixque sacerdos
Hieronymus noster.

NORMAND. *Normandie.* Tous les Auteurs anciens & modernes tombent d'accord que ce mot est composé de *North*, qui signifie *Septentrion* en Langue Allemande ; & de *man*, qui signifie *homme*. Il n'y a que Glaber Rodulphus, liv. 1. ch. 5, qui sans détruire leur opinion, la prend d'un biais un peu différent : *Qui, videlicet Normanni*, dit-il, *nomen inde sumpsere, quoniam rapti amore, primitus egressi ex Aquilonaribus partibus, audacter Occidentalem petiere plagam : siquidem Linguâ eorum propriâ* North, *Aquilo dicitur ;*

Mint quoque populus appellatur. Inde verò Normanni, quasi Aquilonaris populus denominatur. Les Anciens Historiens Anglois appellent *Danois*, ceux que les nôtres appellent *Normans* : parceque la plûpart des peuples qui portoient ce nom étoient sortis du Dannemarck & des autres Provinces de la Scandinavie, lesquelles étant fort Septentrionales à l'égard de la France, donnèrent occasion aux François de les appeler *Normans*. Adam Bremensis, dans son Histoire Ecclésiastique liv. 1. chap. 11 : *Dani, & cæteri qui trans Daniam sunt populi, ab Historicis Francorum, omnes Nordmani vocantur.* Aussi cet Auteur, en divers endroits de son Histoire, les appelle *Danos vel Nordmanos*, pour faire voir que ce sont deux synonimes. Ce peuple aïant long-tems ravagé la France, nos Rois furent enfin contrains de donner à leur Prince en Titre de Duché cette Province du Roïaume que nous appelons maintenant *Normandie* ; & dont on appelle les peuples *Normans*.

NOURRITURE. Du Latin-Barbare *nutritura*. Pierre de Blois Ep. 14 : *Diuturna nutritura conditio.* Et Ep. 46 : *Conditio nutritura.*

O B.

OBLIES. C'est ainsi qu'en beaucoup de lieux on appelle les Droits de Censive, & autres devoirs que l'Emphitéote fait à son Seigneur. Et quoyque dans les Reconnoissances Latines cela soit appelé *Oblia*, il n'y a point de doute neantmoins que ce mot ne vienne d'*oblata* , parce que la plûpart des biens aïant été reconnus aux Seigneurs volontairement pour être sous leur protection, les tenanciers leur faisoient du commencement des présens qui furent appelés *oblata*, mais qui depuis de volontaires ont été rendus nécessaires & perpetuels. On peut dire la même chose du tribut appelé *aurum oblaticium* en la Loy 9. Tit. 1. du 6. livre du Code Theodosien ; & du tribut des Chevaux appelé *oblatio equorum*, qui est appelé *exactio* en la Loy unique *De oblatione equorum* , au même Code Theodosien. Car bien-que du commencement telles oblations & présens fussent libres & volontaires, les Empereurs en firent un Droit perpetuel & necessaire : ce qui se voit clairement en ces paroles de la Loy unique *De oblationibus vectorum* , au même Code : *Quando votis communibus fœlix annus aperitur in una libra auri solidi septuaginta duo obryziaci Principibus offerendi devotionem animo lubenti suscipimus ; statuentes ut deinceps sequentibus annis uniuscujusque sedulitas Principibus suis talia ingerant semper & deferant.*

OFFRANDE. C'est une oblation, & l'Antienne qui se chante à l'Offertoire au sacrifice de la Messe. Il vient du Latin-Barbare *Offerenda*. Eckehardus le jeune, Moine de S. Gal, chap. 3 *De Casibus Monasterii S. Galli : Quos quidem tropos Carolo ad offerendam, quam ipse Rex fecerit, obtulit canendo.* Joannes Belethus, *De divinis Officiis* chap. 41 : *Dicto symbolo cantatur offertorium , sive offerenda.*

OIGNON. Il vient du Latin *unio* ; parceque sa bulbe est composée d'une seule piéce. C'est-pourquoy les Glossaires expliquent *unio* par μονόγκυρον, c'est-à-dire *qui n'a qu'une seule graine* , ou *un seul pepin*. Columelle liv. 12. chap. 10 : *Pompeianam vel Ascaloniam capam, vel etiam marsicam simplicem, quam vocant unionem rustici , eligito.*

OISEAU. Le mot Latin-Barbare *auca* signifioit toute sorte d'oiseaux : & son diminutif toute sorte de petits oiseaux. Les Glossaires de Philoxene : *Auca*, πτηνὸν : *ancellus*, φρούθιον. Du mot *auca* ceux de la Langue d'Oc ont formé celui d'*oie*, dont ils ont restraint la signification à une seule sorte d'oiseaux, dont ils ont compris le genre sous celui d'*oiseaux*. qui n'en est que le diminutif. Ceux de la Langue d'Oc en ontfait de-même du mot *auco* , qui signifie parmi eux une *oie* ; & son diminutif *ausel* , toute sorte d'oiseaux. *Ancilla*, dans l'Ane d'or d'Apulée au livre 9, est pris pour une

poule. *O bona namque ancilla & satis fœcunda , quæ multò jam tempore quotidianis nos partubus satiasti.*

ORFRAIE. Le nom de cet oiseau vient du Latin-Barbare *osfragor* , & du Latin *ossifragus*. Le Glossaire : *Osfragor* ὀσσικόπος : *Ossifragus*, ὀσσικόπος, ὀσυχλάφης, ὀσικριπάπτης ὄρνεον. Isidore livre 13, chap. 7 : *Ossifragus vulgò appellatur avis, quæ ossa ab alto demittit & frangit ; unde & à frangendo ossa nomen accepit.*

ORGŒUIL, ORGUEILLEUX. Joachin Perion, & Jean Picard livre 4. *De Prisca Celtopædia*, formoient ces mots de ὄρχιλος, qui signifie *celui qui est en colére* ; & d'ὀργίζω, qui signifie *se mettre en colére:* parceque, comme dit Périon , les personnes coléres sont d'ordinaire d'une humeur fiére & orgueilleuse.

ORES. *Maintenant.* En Espagnol on dit *aora*, & en Languedoc *are*. Ces mots sont formés, par contraction, de *hâc horâ*. Et dans les anciennes Chartes on trouve souvent écrit *de hac hora in antea*, pour ce que nous disons *d'ores-en-avant*.

OST, ou HOST. Ce mot signifie *Camp* , *armée*. Les Anciens Auteurs François, tant Manuscrits qu'imprimés, usent si souvent de ce mot, qu'il n'est pas besoin d'en rapporter icy les autorités. Il suffit de remarquer que ceux même de nos Auteurs qui ont écrit en Latin se sont servis de ce mot pour signifier un *Camp* & une *armée*. L'Abréviateur de Grégoire de Tours chap. 8 : *At Onagrius, Saxonum ,Dux , cum navali hoste Andegavis Civitatem venir.* Et au chap. 17 : *Præcepit autem Rex hosti suo , ut nec cibum, &c.* Et au chap. *Domi cum Rege suo , nomine Cochilago, cum navale hoste per altum mare Galliam appetunr.* Orderic Vital livre 9. de son Histoire Ecclesiastique : *Mos est Gentilium in hostem copiosas opes deferre.*

OSTAGE, ou plûtôt *ôtage*. Voyez cy-dessus *Hôtage*.

OSTER : ou plûtôt *ôter*. La signification de ce verbe est maintenant fort générale. Anciennement il signifioit seulement *deffendre à quelqu'un le chemin, & s'opposer au passage* ; ou , pour se servir du même verbe, *ôter la faculté , ou la liberté , d'aller par un chemin*. Il vient de *obstare* , c'est-à-dire *empêcher* & *résister*. La Loy des Ripuariens Tit. 80 : *Si quis Ripuarius ingenuum Ripuarium de via sua obstaverit, xl. sol. culpabilis judicetur; aut cum vi juret, quòd ei viam suam cum armis nunquam contradixerit.* Et la Loy des Allemans Tit. 98 : *Si porcarius ligatus de via ostatus vel battutus fuerit.*

OUBLIES. Les hosties, ou pain à chanter que les Prêtres consacrent à l'Autel, étoient appelées *oblata*. Fulbert Evêque de Chartres, Ep. 1 : *Multa oblata propter vota offerentium, unus panis est propter unitatem corporis Christi.* Le cinquiéme Concile d'Arles,

Can. 1 : *Ut oblata, qua in sacro offeruntur altari à comprovincialibus Episcopis, non aliter nisi ad formam Arelatensis offerantur Ecclesia.* Et parceque les oublies de cuisine & de pâtisserie sont faites de la même façon, elles furent aussi appelées *oblata*. Geoffroy Abbé de Vendôme livre 1. en décrit ainsi la façon : *His panibus, quos oblatas appellant, conficiendis pariter & coquendis exhibebat ministerium. Cùmque ille instrumentum ferreum, ut sæpe vidistis, hujusmodi panibus coquendis calefecisset, & illas ferri patenas, quæ sibi concatenata artificiosâ diligentiâ nunc aperiuntur, nunc relaxantur, suscipiendis quæ coquenda erant aperuisset.* Frideric Lindembrog, dans son Glossaire sur le Code des Loix barbares, rapporte ces paroles d'Ison *De Miraculis S. Othmari*, livre 1. chap. 3 : *Quædam panis rotula, quæ vulgò Oblatæ dicuntur.* Burchardus, chap. 6 : *In hebdomada paschali, etiam in meridie, vinum & oblatas fratribus dari constituit.*

OUTARDE. C'est une espéce d'oiseau. Les Grecs l'appellent ὠτὶς, parcequ'il a des plumes qui ressemblent à des oreilles. Les Latins, selon Pline, le nomment *asio.* Quelques-uns veulent que ce mot soit formé de l'accusatif ὠτίδα. Mais H. Etienne, dans son *De Latinitate falsò suspecta*, veut qu'il soit com-

posé d'*avis tarda.* Et en-effet quelques-uns l'appellent *Tarda*; parceque, comme dit Xénophon dans Athenée, il vole si peu, qu'on le peut aisément prendre à la course. Le Glossaire : *Avis tarda, ὠτὶς.* Papias : *Avis tarda; eò quòd gravis volatu sit.*

OUTRAGER. Joachin Périon le dérive d'ὀυτάζειν, qui signifie *blesser.* Quelques-autres veulent qu'il soit formé *d'ultra agere.* L'opinion de ceux qui tiennent qu'il n'est fait que d'*ultra* seul, me plaît mieux; car *outrager*, c'est commettre un excés de fait ou de parole : *outre*, c'est-à-dire *au dela de la raison & du devoir.*

OUTRECUIDE'. Qui pense & qui entreprent au dela de ce qu'il est & de ce qu'il peut. Joachin Périon le fait venir de κυδὸς, κυδαὶς, qui signifient *glorieux.* Mais je croy qu'il est formé d'*ultra*, & de *bidans* & *kedanka* qui signifient *pensée* en ancienne Langue Teudisque, comme j'ay fait voir sur le verbe *Cuider.* Ainsi *outrecuidance* est comme qui diroit *ultra kedanka.*

OZEILLE. Nous l'avons formé de *oxalis*; qui est le nom Latin de cette herbe; formé du Grec ὀξὺς, qui signifie *vinaigre* : parceque cette herbe en a le goust; & c'est pourquoy aussi les Italiens l'appellent *acetosa.*

P A.

PAGE. Les Savans demeurent d'accord que ce mot est formé par contraction de *padagogium*, qui signifie la troupe des Pages & des Enfans d'honneur, ou le lieu où ils sont élevés. Senéque Ep. 124 : *Omnium Pædagogia velata facie vehuntur, ne scilicet illis iter facientibus sol faciem suscaret.* Le même, *De Tranquillitate Vitæ* chap. 1 : *Perstringit animum apparatus alicujus Pædagogii.* Et dans le livre *De vita Beata* chap. 17 : *Quare Pædagogium veste pretiosâ succingitur.* Ulpien, L. *Quæsitum est*, § 16 *De fundo instruct. vel instrum. leg. Si instructum fundum legasset, pædagogiaque ibi haberet, ut quum eò venisset præsto essent, in triclinio legato continentur.* Pline livre 3 de ses Epîtres prent *Pædagogium* pour le lieu où logeoient les Pages. *Puer in Pædagogio mistus pluribus dormiebat.* Ammian Marcellin les appelle *Pædagogianos*, livre 29. *Adultus quidam ex his quos Pædagogianos appellant, ad observandam venaticiam prædam Spartanum canem retinere dispositus.* Et au livre 26 : *In Pædagogiani speciem, purpureis opertus tegminibus*, &c. Où l'on voit que du tems de ces Auteurs les Pages des Grands étoient vestus de riches livrées, comme ils sont à présent.

PAELLE, ou *Poële à frire.* Comme ceux de Languedoc ont formé *padéne*, qui signifie même chose, de *patina* : les François de-même ont fait *poëlle* de son diminutif *patella.* Et les Italiens, par la même raison, appellent *padella* une poëlle à frire; car encore-qu'ordinairement une poëlle à frire soit appelée en Latin *sartago*, le mot *patina* ne laisse pas quelquefois d'être pris pour un instrument de cuisine où l'on fésoit cuire la viande. La Loy *Cum de lanionis*, ff. *De instructo & instrum. legato : Caccabos & patinas in instrumento fundi esse dicimus, quia sine his pulmentarium coqui non potest.* Pline livre 23 : *Decoquitur in patinis cum sale & adipe.* Dans Columelle livre 12, chap. 43, il y a *patena*, au-lieu de *patina.*

PAILLARDER. Il y a apparence qu'il vient de *paille* : d'autant que ces femmes débauchées, qui prostituent à vil prix l'usage de leur corps, exercent leurs saletés sur la paille. Ainsi les Romains les appeloient *prostibula*, parcequ'elles se tenoient devant les portes des étables, où sans doute la paille leur servoit de lit. Nonius Marcellus : Prostibula, *quòd ante stabulum stent, quæstûs diurni & nocturni causâ.* Juvenal, Sat. 6. parlant de la femme de l'Empereur Claudius, qui aimoit mieux suivre les bordels que de s'attacher à la compagnie de son Mari, prouve bien clairement que ces femmes prostituées n'avoient pour l'or-

dinaire d'autre lit que de natte, de paille, & de jonc.

> — *Claudius audi*
> *Qua tulerit. Dormire virum cùm senserat uxor,*
> *Ausa Palatino tegetem præferre cubili*
> *Sumere nocturnos meretrix Augusta cucullos*
> *Linquebat, &c.*

Toutefois Angelus Caninius dans ses Canons des Dialectes, dit que *Paillard* & *Paillarde* viennent du Syriaque *gajar* qui signifie *homme adultére*, & de *gajaria, femme adultére*; en changeant le G en P : comme on a fait en *mapalia*, de *magalia.*

PAILLE, pour Drap. Voyez *Poile.*

PALAIS. Les lieux où les Parlemens de France rendent la Justice sont ainsi appelés, par l'une de ces deux raisons; ou parceque, lorsque nos Rois rendirent le Parlement sédentaire, ils donnérent leur propre Palais ou maison Roïale, pour servir de Tribunal aux Officiers de Justice; qui depuis aïant retenu le nom de *Palais*, l'a communiqué à tous les autres lieux où les Cours de Parlement rendent la Justice; ou bien parcequ'anciennement en France, & particulierement du tems de Charlemagne, il y avoit dans le Palais même du Roy des Officiers appelés *Comtes du Palais*, qui rendoient Justice à toutes sortes de gens. Le Roman de Guillaume au court nés, au Couronnement Loys, parlant d'Aix-la Chapelle, où Charlemagne tenoit sa Cour :

> *Quatorze Comtes gardérent le Palés :*
> *Pòr la Justice la poure gent i vet,*
> *Nus ne se claime qui trés-bon droit n'en ait.*

Eginhart, en la Vie de Charlemagne : *Quùm calciaretur, aut amiciretur, non tantùm amicos admittebat; verùm etiam, si Comes Palatii litem aliquam diceret, quæ sine jussu ejus definiri non posset, statim litigantes introduci jussit, & velut pro Tribunali sederet, lite cognita sententiam dixit.* Pour ce qui est du mot de *Palais*, les Maisons Roïales sont ainsi appelées, parce que comme écrit l'Historien Dion, livre 53, l'Empereur Auguste aïant basti sa maison en un endroit de Rome nommé *Palatium*, non-seulement elle en retint le nom, mais encore les Maisons des Empereurs, en quelque part qu'elles fussent bâties, furent depuis appelées *Palatia.*

PALISSADE. C'est une barriere ou clôture faite de pieux ou de paux plantés bien avant dans la terre. Les Anciens François l'appeloient *palis.* Dorronville en la Vie de Louis 3 Duc de Bourbon chap. 50. parlant du Siége de Liembourg : *Ils firent de moult* telles armes au pallis. Guillaume le Breton livre 7 de la Philippide :

Paliciumque triplex, quod erat Gaillardica subtus
Mœnia, quadratis palis, & robore duro,
Usque sub extremas protensum fluminis oras.

PALLIER. *Couvrir, déguiser.* Il vient de *Pallium*, dont on a formé le verbe *palliare* ; comme qui diroit *couvrir d'un manteau.* Aussi disons-nous *se couvrir du manteau d'autrui,* quand on s'excuse sur quelque autre. Orderic Vital livre 8. de ses Annales Ecclesiastiques : *Carmen Adonico metro nuper edidit, in quo palliatas horum hypocrisis superstitiones subtiliter & copiosè propalavit.* Innocent III. *De Authoritate & Usu Pallii,* chap. 3 : *Tu ergo quod factum est sic studeas palliare, ut in confusionem tuam & sedis ampla opprobrium non redundet.* Guillelmus Gemmeticensis, livre 4. chap. 14. de son Histoire de Normandie : *Ad aliud palliatæ proditionis argumentum, hortante Theobaldo, iteratò devolvitur.* Plaute dans sa Comédie des Captifs Sc. 3. Act. 3, s'est aussi servi de cette métaphore du manteau, par le mot *mantelum,* qu'il prent pour *pallium. Nec mendaciis subdolis mihi usquam mantelum est meis :* pour dire qu'il ne trouve point dequoy couvrir & pallier ses mensonges.

PANCE. C'est la grosseur & l'enflûre du ventre, ou naturelle, ou imitée par l'artifice d'un pourpoint cotonné, tel qu'on le portoit du tems de nos Péres. Les Allemans appellent *ein panzer,* un corps de cuirasse, parce qu'il représente une pance. Ce mot vient de *pantex panticis,* qui signifie un gros ventru. Martial liv. 6 de ses Epigrammes :

Quid cum panticibus laxis & cum pede grandi.

PANIER. Quoyque les Corbeilles d'osier soient ainsi généralement appelées, ce mot neantmoins ne s'entendoit du commencement que de celles qui servoient à porter le pain. Aussi vient-il de *panarium,* qu'on prenoit seulement pour une corbeille destinée à cet usage. Le Glossaire : Panarium, ἀρτοφόρον.

PANTIERE. Un ret ou filet pour surprendre les oiseaux. Il vient de *panthera,* qui signifie même chose. Varron *De Lingua Latina* livre 4 : *Ferarum vocabula item partim peregrina, ut* panthera, Leo, *utraque Græca : à quo etiam & rete quoddam* panther. Ulpien L. xi. §. fin. ff. *De actionibus empti & venditi : Veluti cum futurum jactum retis à piscatore emimus, aut indaginem plagis positis à venatore, vel pantheram ab aucupe.* Il est bien vrai qu'Alciat dans ses *Parerga,* explique *pantheram* par *universam venationem ;* c'est-à-dire *toute la prise que l'Oiseleur pourroit faire ;* comme dérivant ce mot de πᾶν, qui signifie *tout,* & de Θήρα, qui signifie *chasse.* Et je croy volontiers que le mot *panthera* signifie un ret propre à prendre toute sorte d'animaux ; car on sait que les Anciens se servoient de rets, non seulement pour prendre les oiseaux, mais aussi pour prendre les Lions, les Sangliers, & presque tout ce qu'il y a de bêtes sauvages ; car aussi-bien Θήρ, & Θηρίον, signifient une *bête sauvage.*

PAQUET. C'est un petit fardeau troussé & lié ; ou bien un sac que les voïageurs portent attaché à leurs épaules. Il vient du Latin-Barbare *paculum,* qui signifie un *petit sac.* Les Gloses d'Isidore : Paculum, *sacculum, pasceolum.* Quelques-uns croient qu'il vient de πύκος, *densus,* serré, empaqueté.

PARC. Nous le prenons maintenant, ou pour la clôture de bois où l'on tient les brebis enfermées aux chams ; ou pour l'enceinte des Bois, Vignes, Vergers, ou autres dépendances d'une maison champêtre. Ce mot vient de l'ancien Teudisque *parch,* qui signifie indifféremment toute sorte de clôture servant à la ménagerie des chams. La Loy des Bajuvariens Tit. 9. chap. 2 : *De illo granario, quod* parch *appellant.* La Loy des Anglois Tit 7 : *Qui gregem equarum in parco furatus fuerit.* Celle des Ripuariens, Tit. 82, §. 2 : *Si quis peculium alienum in messe adprehensum ad parcum menare non permiserit.* De Parc nous avons fait *parquer,* qui signifie se *retrancher & se camper.*

PARDONNER. Du verbe Latin-Barbare *perdonare.* Les Capitulaires de Charles le Chauve Tit. 26 : *Et pro illius gratia totum perdono quod contra me misfecerunt.*

PAREIL. Il vient du diminutif Latin-Barbare *pariculus ;* comme œuil d'*oculus ;* vieil, de *vetulus.*

Marculphe, Formule 141 : *Unde duas Epistolas pariculas uno tenore conscriptas manu eorum, vel bonorum hominum firmatas, inter se fieri & firmare rogaverunt.* C'est-à-dire, *Ils firent faire deux lettres toutes pareilles.* Et ainsi ceux qui prennent *paricula* pour un substantif, se trompent.

PARER. *Parer aux coups,* c'est se couvrir contre les coups : & nous appelons *paresol,* ce qui nous sert à nous couvrir du Soleil. Il vient sans doute du verbe *parare,* que je n'ay pu encore trouver, & qui devoit être déja en usage du tems du Poëte Ausone, qui dans l'Epître 5 *ad Theonem,* appelle *paradas,* certains bateaux couverts.

Expositum subter paradas, lectoque jacentem,
Corporis ut tanti non moveatur onus.

Sidonius Apollinaris, livre 8. Ep. 12, fait aussi mention, & en même tems la description de ces vaisseaux. *Hic superplexa crate paradarum sereni brumalis insida vitabis.*

* M. du Cange reprent Scaliger, qui dans ses Notes sur Ausone a expliqué le mot *paradas,* cité d'ans l'un des vers cy-dessus allégués, par *Naves voluptarias & cubiculatas, undique tectas.* Et il dit que ce mot ne signifie autre chose, sinon cette partie d'un vaisseau où l'on se retire & où l'on se met à couvert. Et cette pensée se trouve confirmée par ces paroles de Wower sur le *paradas* de Sidonius : Paradæ, *integumenta navium ad arcendum solem.*

PARER. Bien-que ce mot signifie proprement *orner,* il ne laisse pas d'être formé de *parare,* qui en bon Latin signifie *preparer, appréter :* parce que lorsqu'une chose est ornée, elle est bien préparée & apprêtée ; c'est-à-dire, assortie de tout ce qui luy sied bien. Le Comte S. Everard, mari de Gisle, fille de l'Empereur Louis le Debonnaire, dans son Testament, qui se lit dans le Code *Donationum Piarum* d'Aubertus Myræus : *Vestitum unum de auro paratum ; mantellum unum de auro paratum, cum fibula aurea.* Ainsi *paramenta* étoient les ornemens. Dans le même Testament : *De paramento verò capella nostra cyboreum cum cruce aurea,* &c.

PARQUET. C'est le barreau, ou l'enclos, où se placent les Avocats dans les Salles où se tient l'Audience. Il ne faut pas douter que ce ne soit un diminutif de *Parc,* qui signifie *Clôture :* C'est ainsi que de *caula,* qui signifie un *parc de brebis,* on a fait *caules,* qui signifie le barreau ou le parquet des Avocats. Le Glossaire d'Isidore : Caules, *cancelli Tribunalis, ubi sunt Advocati.* Quintilien liv. 12 ch. 2 : *Conseptum fori.*

PARVIS. C'est le porche ou le cloître qui est à l'entrée d'une Eglise. Il vient de *paradisus,* qui étoit anciennement pris pour l'enclos ou le cloître d'un Couvent. Fulbert Evêque de Chartres, Ep. 715, écrivant à Guillaume, Abbé de Dijon : *suâ culpâ de vestri cœnobii paradiso se conquerebatur expulsum.* La Chronique de Laureshein sur l'année 948 : *Paradisum totum plumbo operuit, pulpita ante portas ejusdem paradisi fabricavit, refectorium augmentavit, dormitorium renovavit.* Leo Marsicanus, livre 3. chap. 26 : *Atrium ante Ecclesiam, quod nos Romana consuetudine paradisum vocamus.*

PASSER. Nous disons qu'une femme & une beauté se passent, lorsque l'une vieillit & que l'autre se fane & se flêtrit. Et en ce sens-là *passer* vient de *passum,* qui signifie *ridé & flêtri.* Lucille, livre 9. de ses Satires :

Rugosi passique senes eadem omnia quærunt.

D'où vient que les raisins qu'on fait sécher, lorsqu'ils sont ridés & flêtris, sont appelés *uva passa.* Nonius Marcellus : * Passum proprie est rugosum vel siccatum. Unde & uva passa est, quod sit rugis implicata.*

PASTEL. C'est une herbe qui sert à teindre les draps. Les Latins l'appellent *glastum,* & les François *guedde.* On l'appelle communément *Pastel ;* comme l'a remarqué Ruellius ; *quia redigitur in pastillos :* c'est-à-dire, parce qu'on en fait de petits pâtés. Car ceux qui ont vu en Lauragois comme se fait le pastel, ont pu remarquer qu'après que l'herbe a été réduite comme en une espéce de pâte, on en fait comme de petits pâtés, que ceux du pays appellent *cocs,* qui est le masculin de *coco,* qui en Languedoc, dont le Lauragcois est une partie, signifie *gâteau.*

PÂTÉ. Il est ainsi appelé, parce qu'il est fait de pâte ; ou bien il vient de *pastillus*, qui est, à mon avis, un diminutif de *pastus* ; comme qui diroit *petit manger*, & *petite viande* Et en-effet il y a apparence que nos anciens François disoient *pastel*. Le Roman de Guion de Tournaut :

Amis, ce dit Guion, je vous suis supplians

Qu'à manger me donniés pastels, tartres, ou flans.

Les Espagnols l'appellent encore *pastel*.

PÂTE. Il vient de *pastus*, qui signifie ce dequoy on se repaît : parce que la pâte dont se fait le pain est la pâture ordinaire des hommes On appelle pourtant *pâte*, par métaphore, tout ce qui, pour être mis en masse, oit être paîtri comme de la pâte.

PAUMIERS. On appeloit autrefois ainsi les Pelerins qui venoient de Jerusalem : à-cause des Palmes qu'ils portoient pour témoigner qu'ils avoient été en Palestine. Le Roman de Guillaume au cort nés, au Coronnement Loys :

Nus hom de chair, Pelerin, ne Paumier,

Ne seust tant errer & chevaucher.

Mais enfin toute sorte de Pelerins, de quelque part qu'ils vinssent, furent appelés *Paumiers*. Dans le même Roman, au Moinage Renoart :

A ces paroles est venus un Paumier,

Qui de S. Jaques venoit por Deu prier.

Ainsi en Languedoc on appelle *Romiens*, toute sorte de Pelerins ; encore-que l'on ne dût proprement appeler ainsi que ceux qui viennent de Rome.

PAYER. En Languedoc & en Gascogne on dit *pagà* ; en Italie *pagare*, en Espagne *pagar*. Ces mots viennent de *pacare*, qui signifie *appaiser* ; parce qu'il n'y a rien qui appaise tant un créancier, que quand il se voit payé. Et c'est pourquoy en Latin-Barbare on a dit *pacare* au-lieu de *solvere*. Dans les Ordonnances d'Ecosse, intitulées *Leges Burgorum*, chap. 130 : *Et si non pacaverint, non tenentur plus commodare*. Et dans celles qui ont pour titre *Statuta Gilda*, chap. 22 : *Pacabis mercatori, à quo prædicta mercimonia emit, secundùm forum priùs statuitum.*

PÊCHE. Ce fruit est appelé par les Latins *malum Persicum* ; d'où l'on fit par corruption *pessicum*, d'où nous avons fait *pêche*. Le Glossaire : Pessicum μηλον.

PENNE, PIGNON. Les Charpentiers appellent *pennes*, les chevrons qui couvrent le faîte d'une maison : d'où vient le mot de *pignon* ; comme qui diroit *pennon*. Et en Gascogne on appelle *pennes*, certains clochers dont les pointes sont faites en forme de chevron. Il y a beaucoup d'apparence que ces mots ont tiré leur origine de *penne*, qui signifioit autrefois la pointe d'un rocher, qui a ordinairement du rapport avec la figure du chevron. Et en-effet les Espagnols appellent *penna*, une roche. Et il y a deux villes bâties sur le sommet de deux rochers, qui pour cette raison sont appelées *Péne* : savoir *Péne* en Agenois, & *Péne* en Albigeois. Le mont *Pennin*, ou *Appennin* ; tire aussi de là sa dénomination. Car Tite-Live, livre 1, Decade 3, n'étant point d'accord avec ceux qui tiennent qu'il est ainsi appelé à-cause du passage des Pœnes, ou Carthaginois, veut qu'il ait été nommé de la sorte, *ab eo quem in summo sacratum vertice Penninum Montani appellant*. Il pourroit bien être que tous ces mots eussent tiré leur origine de *pinna*, qui en Latin signifie une chose aiguë & faite en pointe : & ainsi *pinna murorum* sont le sommet d'une muraille ; & *pinnaculum*, le faîte d'une maison.

PERCER. Du participe *pertusus*, abbregé par le retranchement de la syllabe du milieu, a été formé *percé*, & de-là le verbe *percer*. Latinus, *De Terminis : Terminus, si transpertusus fuerit* : c'est-à-dire *transpercé*. Et ces paroles sont accompagnées de la figure d'une piéce carrée & percée à jour.

PERLE. Il y a une espéce de perles faites en forme de poires, appelées *Elenchi* par les Anciens. Pline livre 9. chap. 35 : *Et proceribus sua gratia est,* [Elenchos appellant] *fastigiata longitudine, alabastrorum figura in pleniorem orbem desinentes*. Les Auteurs du tems moïen, les ont appelées *perula* & *pirula* ; comme qui diroit *poirettes*, à-cause de leur figure : d'où nous avons formé *perle*. Les Gloses d'Isidore, pour

la même raison, & à-cause de la ressemblance qu'il y a du bout du nés avec les poires & les perles, leur donnent le même nom. Perula, *extrema pars nasi*. Papias : Pirula, *à formula piri*. Les Gloses Latin-Barbares de Rabanus Maurus : *Ejus* [nasi] *extremitas* pirula *vocatur, à forma pomi, pyri*. Un Ancien Interprete d'Horace : *Perulos* ...... * M. de Caseneuve en est demeuré là. Voyez ce que dit Casaubon sur la deuxiéme Satire de Perse ; & M. Ménage sur le mot *Perle*.

PERRON. Ce mot se prent aujourd'huy pour une montée de pierre, avancée à l'entrée d'un appartement : il est formé de *petra* ; comme *perriere*, de *petraria*. Aussi signifioit-il anciennement *une pierre*. Le Roman de Guillaume au cort nés :

En un perron contre terre a heurté.

Et en un autre endroit :

Prend cel perron qui est grans & quarrés

Et si le liéve par ses grandes fiertés.

PERSIL. Cette herbe est appelée en Grec σελινον, & *apium* en Latin. Mais parcequ'en Macedoine elle naît sur les Roches des montagnes, on l'appela *petroselinum Macedonicum* ; d'où nous avons formé *persil* : *persil de Macédoine*.

PESER. Parceque pour peser une chose, il la faut tenir suspendue dans le bassin de la balance : de-là vient que *pensare*, fréquentatif de *pendeo*, signifie *peser* ; que nous avons tiré du Latin-Barbare *pesare*, formé de *pensare*. Le Glossaire Arabico-Latin : *Peso, libro.*

PETIT. Il pourroit venir de l'ancien mot Latin *petitum*, qui signifie *maigre, mince, delié.* & *petit*. Nonius Marcellus : *Petilum, tenue, exile*. Festus : *Petilam suram siccam & substrictam vulgo interpretatur Lucillius.*

Insigni varis & cruribus, atque petilis.

Nicot croit qu'il vient du mot *Pethi* : *quod apud Hebraos,* dit-il *idem valet quod apud Latinos parvulus.*

PIGEON. Il vient du Latin *pipio pipionis*. Lampridius en la Vie d'Alexandre Sévére : *Servos habuit vectigales, qui eos ex ovis, ac pullicinis, ac pipionibus alevent.* Et il faut remarquer que *pipiones* étoient proprement les *petits pigeons*, ainsi appelés, du verbe *pipire*, formé de l'imitation de la voix des oiseaux qui n'ont encore que le duvet. Matthæus Silvaticus : *Pipiones sunt pulli columbarum : & est nomen formatum à proprio sono animalis.* Jean de la Porte dans son Catholicon : *Pipio, resonare, clamare accipitrum est, vel pullorum columbarum ; unde* hic pipio, *pullus columbarum.* Les Gloses : πραγόνισα, ἀελεφὲ, *pipio.* Et neantmoins nous appelons aujourd'hui *pigeons*, aussi-bien les grans que les petis.

PILIER. *Pila* signifient proprement des masses faites de pierre ou de brique ; d'où est sorti le mot *pilier*, dont la colonne est une espéce ; avec cette différence neantmoins, que la colonne est d'une seule pierre, & que le pilier est massonné de diverses piéces. C'est pourquoy en la Loy *Sicuti. ff. Si servitus vindicetur,* les piliers sont appelés *columna structiles.* Où le Docte Budée a fait cette remarque : *Columna uno scapo constant, id est lapide oblongo perpetuo. Pila structurâ constant aut lapideâ, aut cementitiâ, aut latericiâ : propterea ab Ulpiano* structiles columnæ *dicuntur. Nostrates* pilaria *vocant.*

PILLER. Ce verbe ; comme les Latins *compilare,* & *expilare* ; vient de Φιλητὴς, qui signifie *un larron* dans Hésiode, dont le Dialecte Eolien a fait πιλητὴς. Festus Pompeius : Pilare & compilare à Græco trahitur : Græci enim fures Piletas dicunt.

PILOTE. Simon Marion dans son cinquiéme Plaidoïé, assûre qu'il vient d'un ancien mot François *pila*, qui signifie *navire*. Ce qui est d'autant plus vraisemblable, que nous appelons *pile* le revers des monnoies, que les Latins appeloient *navis.* Car au jeu des Enfans ; qui jettant la monnoie en haut s'écrient *croix* ou *pile* ; les Anciens disoient *capita* aut *navis.* Macrobe livre 2. de ses Saturnales, chap. 7 : *Cùm primus quoque Janus ; qui creditur geminam faciem pratulisse ; ara signaret, servavit & in hoc Saturni reverentiam : ut quoniam ille navi fuerat advectus, ex una quidem parte sui capitis effigies, ex altera verò navis exprimeretur, quò Saturni memoriam in posteros propagaret. Æs ita fuisse signatum hodieque intelligitur in alea lusu, cùm pueri denarios in sublime jactantes capita aut navim, lusu teste vetustatis exclamant.* S. Augustin dans son Traité De Anima livre 4, chap. 14 : *Et duas habebit imagines ; à summo quidem Dei, ab imo autem corporis : sicut in num-mo dicitur caput & navis.* Mais la pieté de Chrétiens a depuis marqué la monnoie de la figure de la Croix, au-lieu de celle du navire, & a representé au revers l'image ou les armes du Prince.

PIMENT. C'étoit une boisson composée de vin de miel & de certaines épiceries ; telle, peut-être, qu'est l'ipocras. Pierre, surnommé *le Vénérable*, Abbé de Clugni, dans les Statuts de son Abbaye, Statut xi : *Statutum est ut ab omni mellis ac specierum cum vino confectione, quod vulgari nomine* pigmentum *vocatur ; cœnâ Domini tantùm exceptâ, quâ die mel absque spe-ciebus vino mistum antiquitas permisit ; Omnes Clunia-censis Ordinis Fratres abstineant.* Le Roman de Guil-laume au court nés, au charroy de Nismes :

Apportes li à manger à planté,
Et pain & vin, & piment, & claré, &c.

* Le Roman de la Rose :

Quand je ne beuvray de piment
Devant un an, se je cy ment.

La Chronique M S. de Bertran du Guesclin :

Tant luy ont presenté de vin & de piment,
Qu'il fut tout enyvré, &c.

Voyez le Glossaire Latin de M. du Cange au mot *Pigmentum.*

PIMPRENELLE. En Latin *bipinella, à binis pinnis* : parce que ses fœuilles, qui sont toûjours dou-bles, s'élevent en pointe, & représentent la figure que les Latins appellent *pinnam.*

PINTE. Budée, & après lui Baïf, remarque que de πίνειν, qui signifie *boire*, les Grecs ont formé *pitina*, qui signifie un *pot de vin* ; & par contraction *pitna* : duquel ils dérivent *pinte.*

PIONNIER. La premiere signification de ce mot étoit un *homme de pié*, parce qu'à la guerre les gens de pié étoient anciennement employés à faire les tran-chées, & tels autres travaux de guerre. De-là vient qu'on appelle aujourd'huy *Pionniers*, ceux qu'on em-ploie seulement à cet usage. Joseph Scaliger sur le Poëme d'Ætna, qui est aux Catalectes de Virgile, remarque que les Romains ont aussi appelé les Pion-niers *Pedites* ; & il le prouve par ces vers du même Poëme,

Cernis & in sylvis spatiosa cubilia rutro,
Antraque demissis Pedites *fodisse latebris.*

Et il tient que de *pedites* on a fait *peditones*, & de-là *Pionniers.*

* Voyez ce qu'a écrit M. Ménage au mot *Pions.*

PIPE. Le tuïau avec lequel on tire la fumée du tabac est ainsi appelé, à cause qu'il ressemble aux pipeaux avec lesquels les Chasseurs appellent les petis oiseaux qu'ils veulent prendre: lesquels pipeaux sont ainsi nom-més, du verbe *pipire*, qui exprime le cri des petis oi-seaux. Les Anciens Chrétiens ; lorsque les Lays [ou Laïques] prenoient le Corps de Jesus-Christ sous les deux espéces ; appeloient *pipas* ces petis tuïaux d'or ou d'argent avec lesquels ils humoient le sang dans le Calice. Le Comte S. Everard, mari de Gisle fille de l'Empereur Louis le Debonnaire, dans son Testament qui se voit au Code *Donationum piarum* d'Aubertus Miræus, légue entr'autres choses, *Thuribulum argen-teum unum, pipam auream unam.*

PIPER. *Tromper.* C'est une Métaphore, prise des chasseurs qui prennent les oiseaux à la pipée, c'est-à-dire par le sifler qu'ils font avec un pipeau ; ainsi ap-pelé du verbe *pipire*, parce que par le moïen de ces pi-peaux ils imitent la voix de ces oiseaux, qu'ils attirent par là dans leurs filets.

PIQUE. Ce mot vient sans doute du verbe *pi-quer*, à cause du fer pointu & picant dont cette sorte de bâton, qu'on appelle *pique*, est armé au bout. Les Latins même l'appellent *contus* ; du verbe κεντέω, qui signifie *pungo.* Je ne trouve aucune mention de cet-te sorte d'arme dans nos anciens Historiens ; si ce n'est qu'ils l'aient entendu sous quelque autre nom, comme chez Rigordus, en la Vie de Philippe Auguste, sous celui de *graciles lanceæ*, dans ce passage : *Pedites*

circumvallaverunt Regem, & ab equo uncinis & lanceis provolverunt.

PIQUER, *Aiguillonner, Poindre.* En Gascogne on dit *picà*, pour dire *béquer*, ou *béqueter.* L'origine de ces verbes vient à mon avis de bien loin. Cet Animal que les Poëtes appellent *Sphinx*, & auquel ils donnent des ongles aigus & picans, est appelé en Dia-lecte Dorien πίξ. De-là les Latins ont surnommé *picati*, certaines gens qui avoient les ongles des pieds cro-chus & picans. Festus Pompeius : *Picati appellantur quidam, quorum pedes formati sunt in speciem Sphin-gum : quòd eas Dorii Picas vocant.* De-là aussi les Latins ont appelé une pie *pica*, parce que la natu-re lui ayant mis toute la force au bec, elle se plaist à béqueter ou piquer du bec, & le Pivert *picus*, parce que de la pointe de son bec qui est dur & aigu, il bé-quete si puissamment les chênes, qu'il y fait des trous pour se nicher : & c'est pour cette raison que les Grecs luy ont donné le nom δρυοκολάπτης, composé de δρῦς, qui signifie *un chêne*, & de κολάπτειν, qui veut dire *ca-ver & cizeler.*

PISTOLE, PISTOLET. H. Etienne, dans la Préface de son Traité de la Conformité du Langa-ge François avec le Grec : *A Pistoie, petite ville, qui est à une bonne journée de Florence, se souloient faire de petits poignards, lesquels étant par nouveauté appor-tez en France, furent appelez, du nom du lieu premiere-ment* pistoyers, *depuis* pistoliers, *& en la fin* pistolets. *Quelque temps après estant venüe l'invention des peti-tes harquebuses, on leur transporta le nom de ces petits poignards. Et ce pauvre mot aiant ainsi esté pourmené long-temps, en la fin encores a esté mené jusques en Espagne & en Italie, pour signifier petits écus, &c.*

PITANCE. *Pitantia*, c'est la portion du man-ger & du boire qu'on donne aux Moines. On trouve souvent écrit *pietantia*, parce qu'en-effet le revenu des Moines provient de la pieté des fidéles. Wats dans son Glossaire sur Mathieu Paris : *Pietanciam alii scribunt ; nam dapes suas ad pietatem ducebant.* Pour la même raison on appeloit *misericordias*, certains festins qu'on fésoit aux Moines. Mathieu Paris dans les Vies des Abbés de S. Auban : *Ut detestabiles ingurgitationes mi-sericordiarum, in quibus profecto non erat misericordia, prohiberentur.* Car les Italiens disent *pietanza.*

PLACARD. Ce mot, selon Henri Etienne, vient du Grec πλάξ, dont l'accusatif est πλάκα, qui signifie une piéce de bois, ou de pierre, ou de telle autre ma-tiére plate & large.

PLANCHER. En Latin *tabulatum.* Il est ainsi appelé, à cause des ais ou planches dont il est fait. Fe-stus : *Plancæ dicebantur tabulæ planæ.* Le mot de *plan-che* signifie communément un ais servant à passer d'un lieu à un autre.

PLAT. Quand il signifie ce qui sert à mettre & porter les viandes sur la table, il vient de πλάθανον, qui dans Hesychius & dans Pollux signifie un *rond* & un *plat* sur lequel on forme & façonne les pains : ou bien de πλάστιγξ, qui signifie le bassin d'une balance.

PLAT. Quand il signifie une figure plate, il vient de πλατή, qui signifie *large* ; ou de πλάτος, *largeur :* & *pla-tine* vient de πλατύνειν, élargir, applatir, & rendre large.

PLâTRE. D'autant que le plâtre sert à faire des nuages & former toute sorte de figures, ce mot vient du Grec πλάσσειν, qui signifie *former & façonner :* d'où πλάστηρ ou πλάστης, qui signifie celui qui forme & façonne.

PLESSIS. Il y a des lieux en France ainsi ap-pelés, & qui ont donné le nom à des Maisons illu-stres. Ces lieux ont été sans doute ainsi nommés, à-cause des bois qui servent d'ornement & d'embellis-sement aux maisons. Car ces sortes de bois s'ap-pellent *Plessis.* La Coutume de Chartres art. 12 : *l'ar-pent de bois en Plessis, que les Anciens appellent* Touf-che. La Coutume de Dunois art. 25 : *Pour chascun arpent de bois de tousche, qu'on appelle* embellissement de Maison.

POIGNARD. On ne peut pas bonnement ju-ger si ce mot vient ou de *poin*, parce qu'on l'em-poigne facilement, & qu'il est quasi contenu dans le *poin* ; ou bien s'il vient de *poindre*, de-même que le participe *poignant*. La même difficulté se trouve dans l'origine de *pugio*, qui signifie même chose. Festus Pompeius le dérive de *pungo*. *Pugio dictus est, quòd eo punctim pugnatur.* Isidore livre 28 chap. 6 de ses Origines : *Pugio à pungendo & transfigendo vocatur.* Quelques-uns le font venir de *pugnus ; ab eo quòd facile pugno apprehendatur :* de-même que l'adjectif *pugillaris*, qui se dit de tout ce qui peut être contenu dans le poin.

POILE. C'est le drap soûtenu avec des bâtons, qu'on porte aux Processions sur le S. Sacrement, sur les Reliques, ou sur les Roys quand ils font leur entrée en quelque ville. Il vient de *pallium*. Bertrandi dans les Antiquitez de Toulouse : *In die Festi Gloriosissimi Corporis Christi, Domini Capitularii portabant more solito pallium.* De *pallium* les anciens François ont formé *palle, paille, & poile*, qui signifie même chose. Olivier de la Marche, livre 1. de ses Memoires, chap. 7 : *Et les Citoiens apportérent un palle de drap d'or, porté par les plus notables Bourgeois.* Et au chap. 37 : *Le corps gisoit en son chariot ; & par dessus avoit un paille élevé.* Et dans le même chapitre : *Le poile eslevé fut soustenu par quatre des plus grands de Bourgogne.*

POILE C'est un endroit de la maison où, par le moïen d'un fourneau, on entretient une chaleur lente & modérée ; & où en pays froid, & durant les rigueurs de l'hiver, les gens font leur demeure ordinaire. Il vient de *pyrale*, dérivé de πῦ, qui signifie *feu*. Eckehardus le jeune, *de Casibus Monasterii S. Galli* chap. x1 : *Veniunt in pyrale ; & in eo lavatorium, nec non & proximum pyrali scriptorium, & has tres regularissimas pro omnibus quàm unquam viderint asserebant esse officinas.* L'Auteur sans nom du livre intitulé *Historia de Fratribus Conscriptis*, qui est au tome 1, partie 2, des Antiquités d'Allemagne de Goldast : *His exactis, idem liberalissimus Præsul pyrale Congregationis intravit, pectinesque eburneos, magnitudine & artificio insignes, catenis fecit aureis ibidem suspendi, ac manutergia per singulos singulas adjungi.*

POTERNE. Fausse Porte. On écrivoit du commencement *posterne* : Car ce nom vient de *posterula*, qui signifie même chose ; parce que d'ordinaire les fausses portes sont en la partie postérieure, c'est-à-dire au cartier opposé à la principale entrée, qui est proprement le devant ou la partie antérieure. Cassien livre 5. *De Institut. Cænob.* chap. 11 : *Quantalibet urbs sublimitate murorum & clausarum portarum firmitate muniatur, posterula unius, quamvis parvissimæ, proditione vastabitur.* Ammian Marcellin livre 30, prent ce mot pour un *Sentier dérobé. Viator quidam ad citeriora festinans, cum bivium armato milite vidisset oppletum, per posterulam tramitem medium squalentem frutectis & sentibus vitabundus excedens, &c.* Les Grecs l'ont appelé ψευδόθυρον, d'où Paul Orose a tiré son *pseudothyrum. Ægrè per pseudothyrum in Palatium fugiens*, &c. Sulpice Sévére l'appelle *pseudoforum :* & tous ces mots signifient proprement ce que nous appelons *fausse-porte.* Le veritable mot Latin est *posticum ostium* dans Festus.

POUCIN : Ou, comme on l'écrivoit autrefois, *poulcin.* Il sort de *pullicenus*, qui est un diminutif de *pullus.* Ælius Lampridius en la Vie d'Alexandre Sévére : *Qui eos ex ovis, ac pullicenis, ac pipionibus alerent.*

POULAIN. Les Latins l'appellent *pullus :* de πῶλος, qui signifie même chose. Mais nous l'avons immédiatement formé de son diminutif *πωλίον*, qui est *un petit poulain.*

POULIE. Elle est ainsi appelée à-cause que le fréquent mouvement de la corde qui la fait tourner la polit, & la rent luisante. C'est pour cette raison que les Allemans l'appellent *scheibe ;* du mot *schein*, qui signifie *lueur & politesse.* Le Dictionnaire Alleman-Latin de Dasypodius : *Scheibe, trochlea. Schein, splendor, nitor.*

POUTRE. *Une jeune Jument.* Nous avons formé ce mot, par contraction, du Latin-Barbare *pulletrus*, ou *poledrus*, qui signifie un *Poulain.* Les Loix des Wisigoths livre 8, tit. 4, L. 5 : *Si quis quocunque pacto partem equæ pragnantis excusserit, pulletrum annicuium illi, cujus fuerit, mox reformet.* La Loy Sali-

que Tit. 40 : *Si quis poledrum aunniculum vel binum furaverit, DC. den. qui faciunt sol. xv. culp. jud. &c.* La Loy des Allemans Tit. 73 : *Si aliquis homo ictu fecerit pragnam jumentam, & abortivum fecerit, ita ut jactet poledrum mortuum, 1. sol. componet.* Ces mots ont été formez de πῶλος, qui signifie un *Poulain.*

POURPIE'. En Latin *portulaca.* Serenus, selon le témoignage de Robert Etienne, en un Traité des Arbres & des Herbes, l'appelle *pullipedem ;* parce que cette herbe, & particuliérement celle qui naît dans les vignes, représente le pié d'un poucin de poule : d'où nous avons formé *pourpié*, comme qui diroit *poule-pié.*

PREST. *Appareillé, Préparé.* De l'adverbe *præstò*, qui signifie *presentement, tout-à-propos.* on a formé le Latin-Barbare *præstus*, qui signifie *prest, present, & appareillé.* La Loy Salique Tit. 47, §. 2 : *Si verò ..... & testes suos, qui ad ipsa placita fuerunt, secum præstos habeat :* comme témoigne Pierre Pithou. La Glose interpréte *præstos*, par *præsentes.* La Loy des Wisigoths livre 2. Tit. 1. L. 11 : *Quando cum petitore causam fintre sit præstus.* Et liv. 9, Tit. 1, L. 9 : *Præstum se unusquisque ..... exhibeat.*

PROMENER. Comme de *minare*, qui signifie *conduire devant soy, & toucher les animaux*, on a fait *mener ;* aussi de *prominare* on a fait *promener.* Apulée livre 9 : *Universa Jumenta ad locum proximum bibendi causâ gregatim prominabat.* Car d'autant que ceux qui touchent les animaux les ménent pour l'ordinaire lentement, on a exprimé le Latin *deambulare* par *promener ;* parce que la promenade se fait à pas lent.

PRÔNE. Les premieres Eglises des Chrétiens étoient divisées en trois parties. La premiere, où étoit le maître-Autel, étoit appelée ἱερατεῖον, ou βῆμα : la seconde étoit nommée ναος, qui est ce que nous appelons la *nef :* & la derniere, qui étoit le porche & l'entrée de l'Eglise, s'appeloit πρόναος. Les Gloses πρόναος, *ante Templum.* Le *porche* étoit le lieu où se tenoient les *Cathécumenes*, c'est-à-dire ceux qu'on instruisoit pour être baptisés : & c'étoit-là qu'on leur apprenoit les Mystéres de la Religion, & qu'on fésoit les proclamations publiques qui regardoient le Service Divin, & ce qui se fait encore en beaucoup d'endroits sur les portes des Eglises. De-là vient le nom de *Prône.* Le *Prône* que nos Curés font tous les Dimanches a pris de-là son nom, parce que la plû-part des choses qui s'y publient étoient anciennement annoncêes aux portes des Eglises.

PROPOS. Il vient de *propositum :* & ce que nous disons *parler-à-propos*, se dit en Italien *favellare a proposito.*

PROUESSE. *Vaillance.* Comme de *largitas* nous avons fait *largesse*, nous avons de-même tiré *prouesse* de *probitas.* Guillaume le Breton, livre 1. de sa Philippide :

Tot bene gesta domi, Tot Militia probitates.

Willelmus Calculus Gemmeticensis Monachus Historiæ Normanorum lib. 7. cap. 30. *Torstinus, cognomento Scitellus, vir in multis probitatibus admodum expertus.* Foucher, Evêque de Chartres: dans son *Gesta Peregrinantium*, livre 2, parlant du Siége de Tyr : *Interim autem probitate quadam excogitatâ quinque Venetici, secundâ satis fortunâ usi, carabum suum ingressi domum unam diripuerunt, duobus ibi capitibus amputatis.* Et ce n'est pas seulement dans le moïen tems que le mot de *probitas* a été emploïé pour marquer la valeur & la générosité des hommes : car dans les siecles les plus avancés, & ausquels on a vu régner le plus beau & le plus pur Latin, il a signifié la même chose. Sénéque Ep. 37 : *Quod maximum vinculum est ad bonam mentem, promisisti virum bonum ? sacramento ligatus es. Deridebis si quis tibi dixerit mollem esse militiam & facilem.* Virum bonum *Latini dixere ; sicut Græci ἀγαθὸς, virum scilicet* strenuum & Martium.

PUISNE'. De *post natus.* Une ancienne Chartre, intitulée *Saisina Paganelli*, que Du-Chesne a fait imprimer sur la fin des Historiens de Normandie : *Si dominus Fulco Paganellus aliquid ceperit in portionibus postnatorum suorum.* Les Ordonnances d'Ecosse, intitulées *Regiam Majestatem* livre 2, chap. 35 :

Cùm quis moritur habens filium postnatum, & ex primogenito filio jam mortuo nepotem. Et livre 3. chap. 29: Si frater primogenitus postnato fratri donavit.

PUTAIN. Comme on a dit que *Bellum dicitur, quia bellum non est* ; & *Parca, quia nemini parcat*, il y a beaucoup d'apparence que nos Anciens François ont tiré, par antiphrase ou contrarieté de sens, le mot *putain* du Latin *putus*, qui signifie *pur*. Festus Pompeius : Putus *Antiqui dicebant, pro puro.* Quoy-que c'en soit, nos Anciens François disoient *Pute*, pour *méchante.* Le Roman de Guillaume, aux Enfances Vivien :

Fuyes de ci Pute gent esgarée.

Et en un autre endroit :

Des Sarrasins la Pute gent haïe.

Ils disoient aussi un homme *de putaire* pour dire *méchant.* Le mesme Roman :

Fel fu & de putaire.

Et Herman de Valenciennes au Roman de la Bible :

Onc ne fut hom sur terre plus hait traiteor, Ne hom de putaire ne selon boiseor.

Peut-être aussi ce mot vient-il de *putitus*, qui signifie *un fou*, & qui est employé dans ce sens par Plaute.

Q U.

QUAÏLLE. C'est ainsi, à mon avis, qu'il faut écrire ce mot : & les Italiens l'appellent aussi *quaglia.* Quelques-uns tiennent que cet oiseau a été ainsi appelé à-cause du son de sa voix. Joannes Baptista Pius, dans ses dernieres Annotations, *Sylloge* 3. *cap.* 54 : *Nonnulli cothurnices negant esse illas aves quæ vulgò quaïex, à sono dicuntur.* Jean de la Porte dans son *Catholicon* : Qualea *est quædam avis* ; & *dicitur à* qualis : *vel dicitur qualia, à voce quam facit, scilicet* quaquera. Monachus l. b. 1. parlant de certains chiens: *qui agitatur sua vulpes & cæteras minores bestiolas facillimè capiunt, quaquaras etiam & alia volatilia adsensu celeriore sæpe fallerent.*

QUARRIERE. C'est le lieu d'où l'on tire la pierre pour bâtir. Ce mot vient de *quadraria*, que l'Abbé Sugger, dans son livre de la Consecration de son Eglise de S. Denis, prent souvent pour ce que nous disons *quarriere de pierre* : & quadrati sont les quartiers de pierre. Sidonius Apollinaris livre 5, Ep. 7 : *Marmorum quadratos.* Et en l'Ep. 8. du même livre : *Ut sine cujusdam concussione vel damno quadrati ad Ravennatem urbem nostra jussione devehantur.* Quadratarii sont proprement ceux qui taïllent la pierre dans les carrieres : ainsi appelés, parcequ'ils lui donnent une espéce de figure quarrée ; ce qie ne font pas les Taïlleurs de pierre qui la mettent en œuvre, & qui, selon le dessein de l'Architecture, sont contraints de leur donner diverses figures. Il est parlé de ces *Quadratarii* dans la Loy 1. au Code *De Excusat. artif.* au Code Theodosien ; & en la Loy 2. du même titre, au Code Justinien : où, parce qu'il y a *Quadratariis*, quos Græco vocabulo πλινθεῖς *appellant*, Cujas à corrigé λιθολόγους, quoyqu'il faille lire, selon mon avis, ψιλωτὰς, qui se trouve dans le Glossaire. Ψιλωτής *quadratarius* : qui vient du verbe ψιλόω, qui signifie *mettre en piéces* ; car aussi le métier de ces ouvriers est de taïller une roche & un rocher en diverses piéces.

QVAY. On appelle *Quays*, les muraïlles dont on fortifie le bord d'une riviere. Un ancien Glossaire : Cai, *Cancelli.* Ansileubus : Kaii, *cancelli.* Spelman, dans son Glossaire : Kaia, *area in littore, onerandarum atque exonerandarum navium causâ* &c. Kaiagium, *Portorium quod* Kaiæ *nomine exigit Telonarius.* Joseph Scaliger dans ses Notes sur Ausone livre 2. chap. 11, tient que ce mot est de l'ancien verbe Latin *caiare*, qui signifie *arrêter* & *retenir. Nam crepidines illæ sunt opposita fluminibus, ad eorum impetum coercendum* Caïare *verò apud Veteres erat cohibere, coercere, compescere. Fulgentius* : Caieta, *coartrix ætatis.* Apud Antiquos Caiatio *dicebatur puerilis cædes.* Unde Plautus in *Clitellaria* Comœdia ait :

Quid ? tuam amicam times, ne te manuleia caiet.

* Voyez M. Ménage sur le mot *Quay.*

QUENOUÏLLE. Parce qu'on fait d'ordinaire les quenouïlles de petites cannes, à-cause de leur légéreté, nos Anciens formérent du diminutif *cannula*, le mot de *Canouïlle*, qu'on a depuis changé en *quenouïlle.* Ce que j'assûre d'autant plus hardiment, que le mot ἠλακάτη, qui signifie *quenouïlle*, est expliqué dans Hesychus par δόναξ, qui signifie une *canne* ou un *roseau.*

QUERCERELLE. C'est *tertia pars accipitris.* Les Grecs l'appellent ὁ κίρκος : Les Latins *circus*, d'où nous avons fait *quercerelle*, comme qui diroit *Circerella.*

QUÊTE. Dans l'usage ordinaire ce mot est pris pour *recherche & perquisition* que font les Pauvres & les Religieux mendians des charités qu'on leur depart. Il vient du participe de *quæro* : *quæsitus*, & par contraction *quæstus.* Aussi *quæstus* signifie toute sorte de *gain*, bien-qu'originairement il se dût entendre du gain que fésoient ceux qui recœuïlloient de diverses personnes les fruits de leurs travaux. Ainsi *Quæstor* est un Tresorier qui reçoit les sommes qui ont été quêtées & ramassées pour les Taïlles ou tels autres subsides. Le mot *Quête* se prent aussi pour un droit qu'on paye aux Seigneurs, lequel étant dû par toute la communauté d'un Seigneur est payé par chacun en particulier. Les Coutumes d'Aqs, Tit. 9, Art. 15 : Queste *est une rente générale, uniforme ; communément payée pour raison de toute une Paroisse, ou de tous les tenemens & Terres d'une Baronnie par les habitans d'icelle : pour le payement de laquelle chascun des habitans, entr'eux, contribûe pour la quantité des terres qu'il a pris.* Quête se trouve quelquefois confondu avec *Taïlle.* Les Coutumes de Bourbonnois, art. 343 : Taïlle *es quatre cas, qu'on appelle* queste.

QUEUX Ce mot, qui signifie *Cuisinier*, est un abregé de *Coquus.* Le Roman de Guillaume au court nés :

Tuit s'enfuirent, & Queu & Boutillier.

L'Histoire du Connétable du Guesclin, chap. 4 : *Queux, Bouteillers, varles & autres mesnies.* Du Tillet a remarqué qu'outre le Grand Queux de France, qui avoit la surintendance sur tous les Officiers de Cuisine de la Maison du Roy, le Comte de Champagne avoit un Grand Queux dont la charge étoit héréditaire. Et dans le Catalogue des Gentilshommes qui tenoient des terres en Fief de Guillaume le Conquérant, que Du Chesne a fait imprimer ensuite des Auteurs de l'Histoire de Normandie, j'en trouve quantité, qui portent le tiltre de *Queux* : *Albericus Cocus, Gislebertus Cocus, Radulphus Cocus, Valterius Cocus, Ausgerus Cocus.* Orderic Vital livre 12. de son Histoire Ecclesiastique fait mention d'un Harcher, Queux du Roy de France, en l'an 1124 : *Harcherius, Regis Franciæ Coquus, & miles insignis.* Fortunat Evêque de Poitiers, livre 6, se plaint du *Queux* ou Cuisinier du Roy, qui lui avoit ôté une barque à Metz, au passage de la Meuse : mais ce n'étoit qu'un simple Cuisinier, voici le lieu :

Venimus in Mettin : Cocus illic Regius instans, Absenti nautas abstulit atque ratem. De flammis ardente manu qui diripit escas, Ille rati nescit parcere tutus aquis : Corde niger, fumo pastus, fuligine tinctus, Et cujus facies cacabus alter adest.

Ce qui témoigne que cette charge n'étoit point honorable durant la premiere race de nos Rois : car c'étoit le Cuisinier de Sigebert, ou Childebert son Fils, Roys de Metz.

QUINTAINE. Lorsqu'on se servoit de Lances

à la guerre, la Noblesse s'exerçoit à joûter, ou rompre la lance contre une statüe de bois, portant un Ecu qu'on appelle un *faquin* ; ou contre un casque qu'on mettoit au bout d'un pôteau de bois. Cet Exercice s'appelle *Quintaine*. L'Histoire de Bertran du Guesclin chap. 1, dit qu'étant jeune garçon, il fésoit dresser Quintaines & y joûtoit, & fésoit joûrer. Ragueau en son Indice sur le mot *Quintaine*, rapporte qu'en beaucoup de lieux de France les Nouveaux Mariés sont obligés par les Coutumes Locales de tirer à certains jours à la Quintaine, c'est-à-dire de rompre une perche contre un pal. Robert Moine de S. Remi de Reims, liv. 5 de l'Histoire de Jérusalem : *Terra infixis sudibus scuta apponuntur, quibus in crastinum Quintana ludus, scilicet Equestris, exerceretur.* Le Roman de Girard de Roussillon :

> *Quant le Reys ac mengat, dort miriana,*
> *Lhi douzel van burdit à la Quintana.*

Cette sorte d'exercice est fort ancien. L'Empereur Justinien L.1.C. *De Aleatoribus*, l'appelle *vibratio Quintiana* : du nom d'un certain *Quintus.* κυντανὸν κόντανα, χωρὶς τῆς πόρπης : ce qui est interprété par *ludere vibratione Quintianâ, absque spiculo, sive aculeo, aut ferro : à quôdam Quinto ita nominata hac lusus specie.* Ce sont les termes de la Loy. En-effet un homme nommé *Quintus* étoit l'inventeur de cet exercice, comme le témoigne Theodorus Balsamon sur le titre penultiéme du *Nomocanon* de Photius. L'Exercice de la Quintaine étoit différent de celui que les Romains appeloient *Exerceri ad Palum* ; dans lequel les Soldats lançoient leurs javelots contre un pal : & le lieu où se fésoit cet exercice s'appeloit *Palana*, comme le remarque le Grammairien Sosipater. De-sorte-que je me persuade que la Coutume de lancer les dards & les javelots aïant été changée en celle de mettre la lance à l'arrest pour aller choquer l'Ennemi, ce *Quintus*, qu'on fait Auteur de la Quintaine, inventa l'exercice de rompre les lances contre un pal de bois : & parce qu'en cette action il ne faloit que montrer son adresse & sa force à choquer de droit fil le pal, & y briser la lance, on se servit de lance sans fer, au-lieu que dans l'ancien exercice du pal, il étoit nécessaire que le javelot eût une pointe de fer, afinque demeurant fiché contre le pal, il témoignât l'adresse de celui qui l'avoit lancé. Et c'est pourquoy en la Quintaine les lances étoient, comme dit l'Empereur, *absque spiculo, sive aculeo, aut ferro.* Or parce que nos Anciens François rompoient d'ordinaire leurs lances contre un pal, on en forma le verbe *paleter*, qui signifie combatre à outrance, & tout de bon. L'ancienne Chronique de Flandres chap. 67 : *Ains vinrent tous les jours au pied du Mont paleter aux Gens du Roy.* Et *paletis* est pris pour *combat*. Enguerrand de Monstrelet, vol. 2 : *Le lendemain y eut grand paletis, & plusieurs journées ensuivant.* Et *palare* se prent pour l'exercice du pal. Papias : *Palare, id est, milites ad palum exercere.* L'Auteur *De recuperatione Terræ Sanctæ* l'explique par *combatre rudement. Palitando fortiter contra hostes.* De-là les Espagnols ont formé leur *pelear* qui signifie *combatre*. * Voyez *Paletare* dans le Gloss. de M. du Cange.

QUITE, QUITER : *Laisser.* Il est dit de toutes choses, quoy qu'Originairement il ne se dît que des creanciers qui laissoient en repos leurs débiteurs, en ne leur fésant plus de poursuite. Jean de la Porte dans son *Catholicon* : Quieto, as ; *id id est quietum facere, & quandoque pro* absolutè à debito reddere quietum. *Quidam tamen in hac significatione subtrahunt* E, *& dicunt* quito as, quitavi, quitare, *quod magis vulgare est quàm regulare.* De-là vient aussi l'Alleman *quitiren*, qui signifie *quitter* ; *quit, quite* ; & *quitung, quitance* : que Lindembrog croit être dérivés de *ferquidum*, qui se lit en divers endroits de La Loy des Lombards. Mais je ne say sur quoy il se fonde ; d'autant qu'en tous les lieux de ces Loix où ce mot se trouve, il y a *ferquidum*, id est *similem*. Il y a plus d'apparence qu'il vient de *quietus*, parce qu'après qu'on a aquité ce qu'on doit on est en repos. En la 2. Partie des Statuts de Robert 1. Roy d'Ecosse, chap. 10 : *Nisi Capitalis debitor monstraverit se quietum esse adversus* &c. Les Statuts de Guillaume Roy d'Ecosse : *De multura quietus erit.* De *quietus*, comme nous avons déja dit, on fit le verbe Latin-Barbare *acquietare*, d'où nous avons tiré *acquiter*. Les Ordonnances d'Ecosse Intitulées *Regiam Majestatem* livre 2. chap. 41 : *hæreditates instauratas, & de debitis acquietatas.* Et au livre 4, chap. 24 : *Qualiter homo acquietabit se contra dominum suum.*

R A.

RACE, RACINE. Ces mots viennent, à mon avis, de *radix*. Toutefois quelques-uns tiennent qu'ils viennent de *ratio*, qui est pris pour ce que nous disons *race*, dans le titre 63 de la Loy Salique : *Ut de juramento, & de hæreditate, & de tota illorum se ratione tollat.* Il est vray que pour connoître la force de ce passage il est à observer que ce titre est conçu en ces termes : *De eo qui se de parentilla tollere vult.*

RAINCEAU. De *ramus* nos vieux François firent *raim*, dont *rainceau* est le diminutif ; comme qui diroit *ramicellus*. Ce mot signifioit anciennement *bal & danse*. Froissart tom. 4, chap. 6 : *C'estoient tous rainceaux, dances & soulas.* Car la Coûtume étoit, comme elle est encore pratiquée en beaucoup de lieux, que celui qui devoit donner le bal à son tour en étoit averti par un rameau qu'on lui présentoit. Tels bals ou danses s'appeloient *rameaux*, ou *rainceaux*. Voyez cy-dessous *Rameaux*.

RAINSER ou RINSER. On dit *rainser un verre*, quand on le nettoie. Ce mot vient de *rainceau*, diminutif de *raim*, qui en vieux François signifioit un *rameau* ; parce qu'on a accoûtumé de nettoïer les verres avec de petits rameau de vigne ou de figuier.

RAMEAU. Comme j'achevois l'Origine de *Rainceau*, j'ay trouvé que pour la donner parfaite, il étoit important de rapporter icy beaucoup de passages qui conviennent à l'un & à l'autre. Ces mots donc signifient *Bal & Danse*, qu'en Languedoc on appelle encore *Ramelet* ; lequel mot signifie un *bouquet* de fleurs, ou plus proprement une *petit rameau*, de-même que *rainceau*, qui est un diminutif de *rain*, qui signifie un *rameau*, comme j'ay déja fait voir au mot *Rainceau*. Ce qui se voit encore clairement représenté dans ces paroles de Froissart au chap. 41. du vol. 4, parlant du Roy Charles VI, qui étoit allé voir le Pape à Avignon : *Le Roy de France & le Duc de Touvaine son frere, & le Comte de Savoye, quoy qu'ils fussent logés de lés le Pape & les Cardinaux, ne se vouloient ni ne pouvoient tenir qu'ils ne fussent en dances, en caroles, & en esbattemens, avec les Dames & les Damoiselles d'Avignon : & leur administroit leurs rameaux le Comte de Genêve, lequel estoit Frere du Pape.* Et plus bas : *Le Roy de France fut avec le Pape & les Cardinaux, je ne sçai quants jours en joye, en rameaux, & en esbattemens : Car bals estoient aussi appellés rainceaux ou rameaux.* Denis le Sauvage, qui n'avoit jamais pu entendre ce que signifioient ces mots, a noté sur la marge de Froissart, qu'il faloit lire *revaux*, au lieu de *rameaux* ; mais c'est une pure rêverie.

RAMPÔNE, RAMPÔNER. C'est-à-dire *moquerie, raillerie* ; *se moquer, raïller*. Jean de Meun dans son Testament :

> *Li Estranges le moquent, & li sien le defuyent :*
> *Et ceux qui du sien vivent le ramponnent &*
> *huyent.*

Le Roman de Guillaume au Court nés :

> *Foques baissa le chef quant soy ramponner,*
> *Oncle Guichart fet il bien vos faves gaber.*

La

Le même, en un autre endroit :

Voftre rampone *nos a irés fouvent :*
Li fol s'en rient, mais je m'en efpoant.

Et ailleurs :

Si venes aprés moy la où vous cuit mener :
Et rampones, & gabs vous convient oblier.

RANÇON. Ou c'eft un abbregé de *redemption* ; [car les Anciens écrivoient *raançon*, ou *reançon*] ou bien il vient de ῥύσιον qui fignifie ce qu'on donne pour le rachat de quelqu'un.

RANCUNE. Inimitié, haine. Du Latin-Barbare *rancor*. Le *Catholicon Parvum* : Ranceo, *avoir rancune*. Rancor, *rancune*. En Languedoc, *rangou*.

RAQUETTE. Les Anciens, qui s'en fervoient au jeu de Paume l'appeloient *reticulum* ; parce qu'en-effet ce n'eft qu'un ret. Ovide ne l'appelle pas autrement, au liv. 3 *De Arte Amandi* :

Reticuloque pila leves fundantur aperto :
Nec, nifi quam tollas, ulla levanda pila eft.

Varron *Sefqui-Ulyxe*, cité par Non. Marcellus : *Sufpendit Laribus marinas mollis pilus, reticula, ac ftrophia.* Il y a de l'apparence que de *reticulum* nous avont fait *raquette*, par une corruption de langage ; comme nous en avons mille exemples dans la Langue Françoife.

REBOURS. Quelques-uns tiennent qu'il vient de ῥαιβός qui fignifie *oblique*, & qui a les piés tournés. Mais il y a bien plus de raifon de dire qu'il vient du Latin-Barbare *reburrus*, qui fignifie *velu* : [Les Glofes d'Ifidore : *Reburrus, hifpidus*] parce que les étoffes de drap étant tournées au rebours, ou mifes à-l'envers, font plus velûes. Et ce mot a pris fon origine de *burrus*, ou *byrrus*, qui fignifie fouvent une étoffe velûe, ou gros bureau.

REBRASSER. C'eft-à-dire *retrouffer*. Et quoyqu'on puiffe dire *rebraffer le chapeau, le bonnet, le manteau*, ce mot neantmoins ne s'entent proprement & primitivement que dés manches ; car il vient du verbe Latin-Barbare, *rebrachiare*. La Vie de S. Othon Evêque de Bambenberg livre 1, chap. 13, imprimée dans le tome premier des Anciennes Leçons de Canifius : *Rebrachiatis manicis fuccinctaque vefte*.

RECHAUD. Voyez *Chaufferette*.

RECORS. On appelle ainfi ceux qui affiftent les Sergens pour leur fervir de témoins : du verbe Latin *recordari*, qui fignifie *fe fouvenir*. L'art. 711 de l'Edit de l'an 1539 : *Exploit recordé eft celuy qui a efté fait en prefence de tefmoings à ce appelés*, comme remarque *Ragueau*. Anciennement en France les ajournemens, affignations, & autres exploits, fe féfoient avec des témoins : comme il fe voit en plufieurs endroits de la Loy Salique, & particulierement au titre 54.

RECREANCE. RECROIRE. Ce mot fignifioit *rendre & reftituer*. Et de-là vient le mot *Recreance*. Le livre intitulé *Li Eftabliffement le Roy de France*, livre 1 : *Et fe il ne dit chofe raifonnable, il ne veuille rendre ou recroire la Jouftice, le Roy le doit parforcier par la prife de fes hommes*. Il eft pris au même fens dans Ives de Chartres Ep. 175 : *Quòd libenter reddet aut recredet Comitem Aruernenfem.* [M. du Cange dit *Comitem Niuernenfem*.] Et dans Geoffroy de Vendôme livre 1 Ep. 30 : *Carnotenfis Ecclefia boves & oves, vel quacumque Ecclefiarum præda, fi caperentur, reddi aut recredi faciebat.*

* Voyez le Gloffaire Latin de M. du Cange au mot *Recredere*.

REFERENDAIRE. C'eft ainfi qu'on appeloit le Chancelier de France, fous la premiere race de nos Rois. Gregoire de Tours livre 5, chap. 3 : *Siggo quoque Referendarius, qui annulum Regis Sigiberti tenuerat.* La dérivation de ce mot vient du verbe Latin *referre*. Aimoin livre 4. chap. 41 : *Qui Referendarius ideo eft dictus, quòd ad eum univerfa deferrentur.* [Il faut lire *referrentur*] *publica confcriptiones, ipfeque eas annulo Regis, five ab eo figillo fibi commiffo muniret feu firmaret*, &c. Cette charge étoit quelquefois donnée à de grans Capitaines, que la qualité de *Référendaire* n'empêchoit pas de commander aux armées Roïales. Témoin le Référendaire *Audoenus*, [S. Ouen] que le Roy Dagobert fit Général d'une armée où il y avoit dix Ducs, & un grand dombre de Comtes ; comme il fe voit dans Fredegarius Scholafticus chap. 78.

de fa Chronique, & dans Aimoin livré 4 chap. 28 & 29. Les Reines avoient auffi des Référendaires : car Grégoire de Tours, livre 5, chap. 43, fait mention d'un *Urficin*, Référendaire de la Reine. Et au chap. 32. du livre 8 : *Cum Boboleno, Referendario Fredegundis.* * Voyez le Gloffaire Latin de M. du Cange au mot *Referendarius*.

REFUSER. Bien-que le Verbe *refutare* fignifie proprement *Convaincre* une opinion ou un blâme par des raifons & des preuves contraires : nos anciens François, par ignorance, ont crû qu'il vouloit dire *denier*, & en ont tiré le verbe *refufer*. Eckehardus Junior, *De Cafibus Monafterii S. Galli* Chap. 3 : *Ab Abbatibus ei per obedientiam quod refutarat injunctum eft.* Radevicus *de Geftis Friderici* livre 1. chap. 2 : *Accufator fi vult poteft juramentum refutare.*

REGAIN. Voyez cy-deffus *Cifeau*.

REGARDER. J'ay dit fur le mot de *Gardé*, qu'il fignifioit du commencement *Guet & Sentinelle* : & par confequent *garder* é oit *guetter & faire fentinelle*. Or parce que la particule *re* ajoûtée au commencement d'un mot François, ne fignifie pas toûjours itération d'action ; mais que quelquefois elle fert à en augmenter la force & la fignification ; comme dans ces mots, *reconnoître, répandre, reluire, repaître*, &c. il eft vray de dire que *regarder* eft plus que *garder* : car ce dernier fignifie le foin que toute forte de perfonnes peuvent apporter à la confervation de quelque chofe, & l'autre ne fe difoit proprement que de l'employ honorable de ceux aufquels on commet la garde de quelque chofe de grande importance. Et en-effet les Gouverneurs de Provinces étoient anciennement appelés *Regards*. Froiffart vol 4, chap. 14 : *Le Sire de Couci qui eft Regard & Souverain de par le Roy ez marchés de par deça*. Et en un autre endroit : *Capitaine & Souverain Regard de tout le Pays*. Mais comme la force des mots s'abâtardit avec le tems, *Regard & regarder* n'ont été pris enfin que pour la feule & fimple action de la vûe. Les Ordonnances des Forefts, rapportées par Mathieu Paris en la Vie du Roy Jean : *Regardatores noftri eam per foreftam ad faciendum regardum*, &c.

REPAS. La particule *re* dans ce mot ; comme j'ay dit cy-deffus au mot *Regard* ; n'eft qu'une particule intenfive. Ainfi le verbe *repaître* dit plus que celui de *paître* d'où il defcent : & *repas* eft un compofé de la particule intenfive *re*, & de *paftus*, qui fignifie tout ce qui fe mange. Une ancienne Formule, que Pithou en fon Gloffaire fur les Capitulaires de Charlemagne attribue à Marculfe : *Non ad Manfionaticos vel repaftos exigendum, non ad minifteria defcribendum.*

REPIT. C'eft un delay de certain tems, que le Prince ou le Magiftrat donne aux debiteurs contre les creanciers ; pour quelque grande confideration ou refpect : Auffi vient-il de *refpectus*. Rigordus, en la Vie de Philippe Augufte, & dans l'Ordonnance que ce Prince fit de l'Inftitution des Decimes : *Milites qui fignum crucis affumpferint de debitis fuis reddendis, quæ debebantur iam Judais quàm Chriftianis, antequam crucem Rex affumpfiffet refpectum habebunt à proximo fefto Omnium Sanctorum poft diem motionis Regis in duos annos.* Dans un Arreft de Louis le Jeune, rapporté par Du-Chefne dans le livre 2 De l'Hiftoire de Chaftillon : *Demiffo poftmodum refpectu veniens Simon in curiam.* Jves de Chartres Ep. 69, & 154, l'explique & l'établit fi clairement que ce feroit un crime d'en douter.

REPOSTAÏLLES. *Faire quelque chofe en repoftailles*, c'eft-à-dire fecrettement & couvertement. Le Traité des Vertus & des Vices : *Cis font hypocrites, ors qui font les ordures en repoftailles, & le Preud'homme devant la gent.* Et en un autre endroit : *Li Larron couvert font ciaux, qui emblent repoftailles, & couvertement.* Il vient du Latin *repoftum*, qui fignifie couvert & caché. Virgile livre 1. de l'Eneïde :

———— Manet alta mente repoftum
Judicium Paridis, fpretæque injuria forma.

On difoit auffi *repoft*, pour *caché*. Le Roman de Guillaume au court nés, au Charioy de Nifmes, parlant des Chevaliers cachés dans les tonneaux, avec lefquels il prit cette ville :

Quant ce oy le barnage repost
Ens es tonneaux où ils erent enclos;

REPROCHER. C'est proprement quand un accusé allégue des objets contre les témoins pour rendre leur déposition inutile. Et parceque d'ordinaire on l'accuse de quelque crime, il semble qu'il leur renvoyent quelque sorte le blâme & l'infamie dont par leur déposition il se voit chargé. Ce verbe est formé du Latin *reciprocare*, qui signifie proprement *renvoyer* une chose au lieu d'où elle est venuë. Et c'est en ce sens qu'il faut entendre ces paroles de S. Bernard *De Consideratione* livre 4. Chap. 6 : *Quotidianas expensas quotidiano reciprocamus scrutinio.* Et Sugger Abbé de S. Denis au livre *De rebus in administratione sua gestis* : *Cùm Aurelianum cum militari manu post Dominum Regem festinarem, & Prepositum Puteoli priora mala* reciprocantem *reperissem, turpiter captum tenui.*

RESEUL. C'est un *ret*, *filé* ou *tissu de mailles*, fort delié. Comme de *filiolus* on a fait *filleul*; ainsi de *retiolum*, diminutif de *rete*, on a fait *réseul*.

RICHE, RICHESSES. Quelques-uns tiennent que ces mots viennent de l'Ebreu *rechus*, selon Robert Etienne, ou *Rechesch*, comme dit Gaspar Waserus *De Nummis Hebraeorum* livre 1. chap 1. Angelus Caninius dans ses Canons des Dialectes dit que *richesse* vient de *Rizeq*, qui en Langue Punique signifie aussi *richesse*. Toutefois ce mot pourroit bien venir de l'ancien Teudisque *reich*, qui signifie encore en Alleman *Roïaume & Empire*. Et parceque les Rois & les Empereurs sont les plus riches des hommes, les Allemans appellent aussi *reich*, un homme riche & opulent. Le Dictionnaire de Dasypodius : *Reich, Imperium, Reich, dives, foelix, opulentus, beatus.*

RIDE. On demeure d'accord que ce mot est formé de *ῥυτίς ῥυτίδος*, qui signifie même chose. Aussi *ῥυτιδόω* signifie *être ridé*; & *ῥυτιδόης*, qui est ridé, *rugosus*. J.C. Scaliger sur le chap. 9 du livre 5 de l'Histoire des Animaux d'Aristote, le dérive de *ῥιδωτόν*. *Ριδωτόν*, dit-il, *Striatio: rectè. ῥικνωτόν enim & ῥιδωτόν, quo nomine etiam Franci utuntur in eo significatu.*

RIDEAU. Parce qu'étant tiré, il se plisse en forme de rides. Joachin Perion : *Ruga, ride. Hinc vela lectorum à plicis & rugis rideaus.*

RIEN. Nous l'avons formé de *res*. En-effet les anciens François prenoient *rien* pour *chose*. Froissart voi 1. chap. 155: *Ils n'ayderoient de nule riens.* l'Histoire du Conétable du Guesclin chap. 30 : *Bertrand ne s'esbahissoit de rien quelconque.* Olivier de la Marche livre 1. chap. 21 de ses Mémoires : *De sa nature desiroit la mer, & les bateaux sur toutes riens.* Le Sire de Joinville en la Vie de S. Louis : *Craignant Dieu en tout son pouvoir sur tout rien.*

ROCHE. Du verbe *ῥήσσειν*, qui signifie *rompre*, sortent *ῥάξ* & *ῥωγάς*, qui signifient *un rocher*. Quelques-uns en derivent *roche* & *rocher* : de-même que de *rumpere* vient à mon avis *rupes*, qui doit être proprement un *rocher rompu & escarpé*; ou, comme l'on dit en Latin, *Saxum praeruptum*. Toute-fois j'ay remarqué que les Italiens appellent *Rocca* une Tour & une Citadelle; qu'au jeu des Echecs la figure qu'on appelle *Roc* est aussi appelée *Tour*; & que nos Anciens Auteurs appellent *rocs* les lieux forts. L'Ancien fragment des Annales de France, qui se voit dans le 3e vol. des Antiques Leçons de Canisius sur l'an 767 : *Inde iter peragens usque ad Garumnam pervenit, multas* roccas *& speluncas conquisivit.* Et en-effet il y a plusieurs lieux en France, estimés pour la force de la situation, qui sont appelés *Roches*; comme *Rochefort*, *Rochemaure*, &c. qui ne sont point bâtis sur des rochers. Ce qui peut faire croire que *Roche* vient de *ῥώω* est *ῥώννυμι*; qui signifie *firmo*, c'est-à-dire *fortifier* & *renforcer* : comme si la roche étoit ainsi appelée, ou parce qu'elle étoit forte d'assiette, ou parceque c'est là-dessus qu'on bâtit volontiers les Citadelles & les lieux forts. Le Corona Pretiosa : *Rocha, κρασ'ελον.* Arx, *ἀγγότ-πολις.*

ROCHET. C'est une espéce de vestement. Les Grecs Vulgaires appellent encore *ῥούχον*, un vêtement. *vestis, ῥούχον, indumentum, ἐνδύμηγε.* Tous deux viennent

du Latin-Barbare *roccus*, qui est conté entre les habits. Monachus en l'addition premiere aux Capitulaires de Louis le Debonnaire chap. 22 : *Pedulium 4 paria, Femoralium 4 Paria, voccum unum, pellicias usque ad talos 2.* Goldast : *Roch, vox Allemanica significans supremam vestem.* Eckehardus, *De Casibus Monasterii S. Galli* Chap. 10 : *Roccos videlicet, & camisias, caligas & calceos.* Et au chap. 14 : *Capitium capiti imponens, brachialeque rocci super caput revolvens.* Et au chap. 15: *Monachicis indutos roccis.* C'étoit aussi un vêtement Roïal. Helgaldus Floriacensis, en l'Abbrégé de la Vie du Roy Robet : *Exuens se vestimento purpureo, quod Lingua rustica dicitur rocus.* Maintenant c'est un habit d'Evêque.

ROSSE. C'est un cheval foible, & de peu de valeur. Nous avons emprunté ce mot des Allemans, qui appellent simplement & absolument un cheval *ross*.

ROST, RÔTIR. Il se dit proprement de ce qui est cuit sur le gril. Il vient de *rost* qui signifie un *gril* en Langue Vandalique & Teutonique; selon le témoignage de Wolfgangus Lazius au livre 10. *De gentium migrationibus*

* Le petit *Lexicon Britannico-Latinum* de Boxhornius : *Rhost, Assum, assatum, antiquam esse vocem Brit. ostendit nomen Regis Armoricani, Daniel Dremrost, ab ustis oculis, vel usto vultu sic dicti. Rostio, assare, torrere.*

ROUAN. *Cheval rouan.* Ledoico Dolce dans son Dialogue des Couleurs : *Benche il rovano sia chiamato dal luogo ove si fà panno, quasi nero finissimo. E Rovano è Citta suddita al Regno di Francia,* &c. J. C. Scaliger contre Cardan Exercit. 325 : *Itali roan, quasi ravum, hunc esse oculorum* χαρόπον *videmus apud Varronem, qui galli canisque oculos ravos requirit.*

ROUX. C'est la couleur jaune, & ce que les Latins appellent *rufus*, & les Grecs *πυῤῥός*. Toutefois ce mot vient du Latin-Barbare *ruscus* Les Gloses : *πυῤῥός, ruscus, rubricus, & rufus.* Il faut lire *ruscus*, au-lieu de *ruseus*. Caton livre 7. de ses Origines : *Mulieres opertas auro purpuraque arsinea, rete, diadema, coronas aureas, russeas falcias, galbeos, lineas, pelles, redimicula.* Catulle : *densam atque russam defricare gingivam.* C'est ainsi qu'il faut lire, selon Apulée.

RUE. Les chemins & lieux de passage dans les villes sont ainsi appelés, du verbe *ῥέω*, ou *ῥίω*, qui signifie *fluo* : à-cause que c'est par là que s'écoulent tant les eaux de la pluie, que celle qu'on tire du puis & des fontaines pour le service des maisons. De-là vient aussi le mot *ῥύμη*, qui signifie une *rûe* : [Les Gloses *Ruga, ῥύμη*] & le vieux mot *ru*, qui signifie *ruisseau*. Le Sire de Joinville : *Et y avoit une belle fontaine dont le ru defluoit parmi le Jardin.* Voyez Guillaume de Tyr livre 11 chap. dernier.

RUER. *Se ruer sur quelcun*, c'est ce qu'on dit en Latin *irruere, impetum facere*. Ce mot vient de *ῥύειν*, d'ou sort *ῥύμη*, qui signifie *impetus*. Et c'est par une métaphore tirée de la rapidité & impetuosité des torrens des rivieres. D'où vient que dans Homére le verbe *ῥέειν*; quoyqu'il signifie proprement *couler & fluer*, est appliqué aux paroles, aux dards, aux pierres, & à tout ce qui est poussé avec vitesse & impétuosité.

RUFIEN. Ce mot signifie ou maquereau ou païllard. Il vient de l'Alleman *roef*, qui signifie une *voute* : comme on appelle *fornicatio* la païllardise, *à fornicibus*; parce qu'anciennement à Rome les femmes débauchées exerçoient leur vilenie en quelques endroits de la ville faits en voute.

RUT. Lorsque les Cerfs sont en chaleur, on dit, en Termes de Vénerie, qu'ils sont *en rut*. Ce mot vient de leur façon de crier; sur-tout lors qu'ils s'échauffent après les biches; & que du Fouillous chap. 17. appelle *rére*. *L'on connoist*, dit-il, *les vieux Cerfs à les ouir rére & crier.* Et plus bas : *Ils lévent la teste en haut, reans ou braimans hautement.* Ce que nous appelons *rut* & *rére*, est en Latin *rugitus* & *rugire*. Fulbert Evêque de Chartres, Ep. 102 : *Quia Rex proximo rugitu, ut dicitur, venire habet, in sylvam Legium.* C'est-à-dire, *au prochain rut* : qui commence environ la mi-Septembre, & dure près de deux mois; auquel tems ils font fort aifés à tuer, comme montre du Fouillous au même chapitre cy-deſſus. *Lex Longobardorum* lib. 1. Tit. 78. l. 13. *Si quis cervum domeſticum alienum qui non rugit intricaverit* , &c. Les

Annales de S. Bertinien ſur l'an 864. *Hludovicus Italiæ Imperator nominatus* , *à cervo quem in rugitu poſitum ſagittare voluit* , *graviſſimè vulneratur.*

S A.

SAC. *Homme de ſac & de corde* , c'eſt-à-dire un Scelerat, qui mérite d'être ou noyé dans un ſac, ou pendu ; c'étoient anciennement deux ſupplices uſités en France. Enguerrand de Monſtrelet vol 2 , parlant du Bâtard de Bourbon, convaincu de pluſieurs crimes : *Et ſon procés fait, fut condamné à eſtre rué & jetté dans un ſac à la riviere, tant qu'il ſ ſt noyé.* Et c'eſt pourquoy auſſi on attachoit anciennement des ſacs à l'entrée des lieux où ſe rendoit la Juſtice, afin de donner de la terreur aux malfaiteurs. L'ancien Juriſconſulte, *Petrus Jacobi de Aureliano* , dans ſon livre intitulé *Aurea Practica Libellorum : Item dicunt quidam , quòd prædicta actio , & pœna , habent etiam locum , ſi quis dolo malo furcas diruat, vel ſaccos in Porticu Curiæ poſitos ſuſtulerit.* Hiſtor. Miſcell. lib. 17. De Phoc. Imper. *Quoſdam verò decollavit , nonnullos autem in Saccos miſſos mari necavit.* Et au livre 10, parlant de l'Empereur Juſtinien : *multos perdidit, multos etiam in Saccos miſſos mari necavit.*

SAC de Ville. SACCAGER, SACQUEMAN. J'ay déja fait voir, ſur le mot *Aſſaſſin* , que *Sax* ou *Sas* , en ancienne Langue Teudiſque, ſignifie un *poignard* ; & que les *Saxons* furent ainſi appelés, pour avoir défait leurs Ennemis avec cette ſorte de poignards. Il ſemble que de là vient auſſi le mot *Sacqueman* , qui ſignifie un meurtrier, & un homme à entreprendre toute ſorte de violence ; comme eſtant formé de *Sax*. & de *man* qui en Langue Allemande ou Tioiſe ſignifie *homme*. Je ne ſai ſi ce mot doit être pris en ce ſens dans le vol. 2. d'Enguerrand de Monſtrelet. *En ce tems-là la Comteſſe de Haynaut , douagére. fut deffiée d'un pauvre Sacqueman , lequel eſtoit nommé L'Eſcremot Caſiel , natif de Ligni en Cambreſis pour lors Capitaine de la Tour de Bea mont. Et plus bas : En ces jours un Sacquement , nommé* Tonnelaire, *qui eſtoit Prevoſt de Laon, de par le Roy Charles.* Comme *Sacqueman* a été fait de *ſax*, il y a auſſi apparence que *ſaccager* & *ſac de Ville* en ont été formés : car encore-que ces mots ſignifient maintenant tout le deſordre qui ſe fait à la priſe d'une ville, leur premiere & naturelle ſignification eſt le *meurtre* & le *maſſacre* : ſi ce n'eſt que la reſtraignant au ſeul pillage on la veuille dériver de σαχκιζειν , qui ſignifie l'action d'un coupeur de bourſe. Monſtrelet vol. chap. 105 : *Entra dedans & mis tout à Sacquement en pillant & robant tous les riches.* Goldaſt dit que dans ſes anciennes Poëſies Allemandes *Sackeman* veut dire *Larron, voleur.* Schach , *latrocinium* , *Cædes* . *Strages*. Le Moine Otfrydus livre 4, chap. 22 : Schacher , *Latro*. Et 27. Schachman , *Latro famoſus*. Il ſemble qu'il lo tire de *Sahs*, comme nous avons dit au mot *Aſſaſſin*.

SAFRAN. Ruellius veut que nous ayons emprunté ce mot des Mores. Mais je croy qu'eux & nous l'avons tiré des Langues Septentrionales. Car les Anglois l'appellent *Safron*, les Allemans *Saffran* & les Sclavons *Sſafran* , ſelon le témoignage de Sigiſmundus Gelenius dans ſon *Lexicon Symphonum*.

SAGE. Le verbe *ſagire* ſignifie proprement la force & l'efficace des ſens exterieurs. Ciceron livre 1 *De Divinatione : Sagire enim acutè ſentire eſt : ex quo Saga anus & ſagaces dicti canes.* Et au même endroit. *Is igitur qui antè ſagit quàm ablata res eſt, dicitur præſagire.* D'où il eſt aiſé de voir que comme nous prenons *ſens* pour *entendement*, les Latins ont auſſi étendu la ſignification de ce verbe *ſagire* à la force & à l'action de l'entendement. Les Gloſes : *Sagio, is, præſago* ; c'eſt-à-dire, *je conçoy avec une profonde penſée.* C'eſt de-là ſans doute que nos anciens François ont tiré le mot *ſage*, dont l'uſage eſt fort ancien, puiſque dans la Loy Salique Tit. 56. §. 2, 3, & 4, *Sagibarones* ſont des Hommes ſages & prudens qui étoient en qualité de Juges aux jugemens des cauſes. Au Tit. 4 : *Sagibarones in ſingulis mallobergiis ; id eſt plebs quæ ad unum mallum convenire ſolet ; pluſquàm tres eſſe non debent : & ſi cauſa aliqua ante illos ſecundam Legem fuerit definita. ante Grafionem removere eam non licet.* ✳ Un vieux Gloſſaire ſur la Loy Salique : *Sagibarones dicuntur quaſi Senatores* Matthias Martinius ajoûte que : *Sagibaro videtur eſſe ſagus Baro, id eſt ſapiens vir.*

SAISIR. Pour trouver l'origine de ce verbe, il eſt comme néceſſaire de remonter bien avant dans les Siécles paſſés. Du tems de l'ancien Empire Romain, il n'y avoit que le ſeul Prince qui fût en droit d'afficher ſur ſes poſſeſſions des marques & des enſeignes, pour faire connoître qu'elles lui appartenoient : ce qu'on appeloit *Titulos affigere* , & *vela Regia ſuſpendere* , comme il ſe voit dans le livre 1 Du Code. *Tituli* étoient des écriteaux qui portoient le nom du poſſeſſeur, appelés σκευίδια par Agathias livre 5. Et en la Novelle 164, *Vela Regia* étoient des pannonceaux ou petits drapeaux de pourpre, que S. Ambroiſe en l'Epiſt. 33. du livre 5 appelle *Cortinas Regias*. Et Agathias, au lieu cy-deſſus allégué : τὰ ῥάκη ὑποπόρφυρα, c'eſt-à-dire, des lambeaux ou un haïllon de pourpre, que nos anciens François appeloient *brandons* , comme je l'ay remarqué ſur le mot *Brandon*. Nous les appelons aujourd'hui *Pannonceaux Roïaux*. Les Creanciers pouvoient bien, comme il ſe pratique encore, afficher le nom du Prince, ou ſuſpendre ces voiles ou pannonceaux Roïaux ſur les biens de leurs debiteurs qui leur étoient hypothéqués, pourvû que ce fût par autorité du Juge. La Loy 2, au Code *Ut nemo privatus* &c. Ce qui ſe féſoit pour faire voir que tels biens étoient mis ſous la main du Prince, c'eſt-à-dire ſous ſa puiſſance & autorité juſqu'à ce que la Juſtice en ût autrement ordonné. Les Loix Barbares ſe ſont en cela conformées au droit Romain, avec cette ſeule différence, qu'au lieu de *vela ſuſpendere* , elles ont dit *guiffare* & *ſacire*. Car on a trouvé dans une Gloſe ancienne du Code, ces paroles, *vela Regia ſuſpendas* , interpretées de cette façon, *quod vulgò Longobardico more* guiphare *dicitur ; apud nos* ſaiſire ; *quod vulgari Lingua* cyden. Or que les Lombards aient uſé autrefois de ce terme, il demeure verifié par ces paroles de la Loy 8. Tit. 17. livre 1. de leurs Lois : *Si quis ſua authoritate terram alienam ſine publico juſſu guiffaverit, & dicendo quòd ſua debeat eſſe. & poſteà non poſuerit probare quòd ſua ſit , componat ſolidos VI.* Le verbe *guiffare* ; ou *Wiffare*, comme il ſe trouve écrit au livre 3, Tit. 3, L. 6. de la même Loy des Lombards ; vient de *Wiffa*, qui en Langue Barbare ſignifie une Enſeigne ou Pannonceau Roïal qu'on affichoit & ſuſpendoit, ou pour la déffenſe de quelque choſe, comme pour empêcher l'injuſte ſervitude d'un paſſage , & pour ſervir de ſauvegarde ; comme on le peut voir au tit. 9, chap. 12 de la Loy des Bajuvariens ; ou-bien pour ſervir de marque de ſaiſie, comme en la Loy des Lombards livre 3, Tit. 6 Et c'eſt de-là qu'eſt venu le mot *guifanon* , ou *goufanon* , qui ſignifie *Enſeigne* ou *Drapeau*.

Le verbe *ſaiſir* vient de *ſacire* , qui ſignifie même choſe. Les Formules Solennelles Form. XXIX : *In ea verò ratione, ut aliubi , ipſas res nec vendere, nec donare, nec alienare, nec ad proprium ſacire,* &c. La Formule CL. a pour titre, *Si aliquis rem alterius, quam excolit, ad proprietatem ſacire vult ſed non poteſt* , &c. Et dans la même Formule : *& ipſam terram ad proprietatem ſacire, & non potui,* &c. En ancien françois *ſaiſir* étoit pris pour *armorier , blaſonner & marquer des armes de quelqu'un.*

Froissart, vol. 1, chap. 210: *Et fit developer sa banniere, qui estoit saisie d'or & d'azur à un chef palé.* Et dans le Roman de Guillaume au court nés, Anselise, Princesse Sarrasine, pour demander à un jeune Seigneur François quelles sont les armes, use de ces termes,

De quex Escu est vostre Fiefs saisis ?

Car il faut remarquer que nos Rois, lorsqu'ils rendirent les Fiefs héreditaires & patrimoniaus entre les droits de Régale qu'ils laissérent aux Seigneurs , leur accordérent celui non-seulement de faire afficher leurs armes sur les biens de leurs feudataires saisis sous leur autorité,& mis sous leur main, [car dans les anciennes Coûtumes, on voit que cela étoit autrefois pratiqué] mais de les appendre sur leurs Fiefs : d'où est venu la coutume de graver ou de peindre les Ecus de leurs armoiries sur les Portes des maisons. Et ainsi, s'il faut faire descendre du Grec les verbes *saisir* & *sacire* , il faut que ce soit de σάκος, qui signifie un *Ecu* & un *bouclier* ; & non pas de σακκίζειν , qui signifie *Couper une bourse* , comme nous veut persuader Saumaise.

S A I S O N. Encore-que ce mot signifie le tems & l'occasion propre à faire quelque chose, il vient pourtant de *satio*, qui est proprement l'action de semer les fruits. Pierre de Blois, dans l'Epistre 66. *Ager sationarius* , une Terre assaisonnée , c'est-à-dire preste à estre ensemencée. *Ut cretâ , vel simô ager sationarius empinguetur.*

S A L A D E. *Un Casque.* Je croy qu'il vient du mot Latin-Barbare *Salatta*, qui signifioit ou le casque, ou les armes complétes. Car nous trouvons dans le Glossaire d'Isidore , *Salattarius , portitor armorum.*

S A L A D E. Comme les Latins l'appellent *acetarium*, parcequ'on y mêle du vinaigre ; nous l'appelons *salade* à-cause du sel dont on corrige la crudité des herbes.

S A L E. C'est proprement une grande Chambre qui sert à recevoir ceux qui viennent voir le Maître du logis, à faire les festins, & à tenir le bal : ce qui a fait dire à Baptiste Albert que ce mot venoit *à saltando.* Il signifioit anciennement *une Maison.* La Loy des Allemaus Tit. 81 : *Si quis super aliquem focum in nocte miserit, ut domum ejus incendat aut Salam suam.* Il signifie le même en la Loy des Lombards livre 1. Tit. 4. l. 4. & 7. Et dans la Loy des Bajuvariens , au Decret du Duc Tassillon , *Salisuchen* est une résistance à la recherche qui se fait dans une maison pour chose dérobée. *Qui resisterit domum suam , quod Salisuchen dicunt, qualem rem quarenti resistebat, talem componat in publico 40 sol.* Nos Anciens François appe'oient aussi *sale* l'Hôtel d'un Seigneur. Froissart vol. 1. chap. 45 : *Les nouvelles furent sçeües à Valenciennes ; & les sceut le Comte Guillaume qui se dormoit en son hostel, que l'on dit en sa sale.* Encore en Gascogne on appelle *Sales*, les Maisons des simples Seigneurs , lesquelles n'ont point de Tours. C'est ainsi qu'on a pris en Latin le mot *aula*, qui signifie *une sale*, pou *une Maison.* Dudo Aquitanicus livre 2 : *Urbes & Castra, villæ & oppida, aulas & palatia.*

SALE. Ord, Villain, & deshonnête. Quelques-uns le font venir de *Salax*, qui signifie *enclin à la paillardise.*

S A N G L E S. Ce mot vient du Latin *Cingula* : car il y a cette difference entre la ceinture d'un homme & les sangles d'un cheval, que celle-là est appelée *Cingulum*, & celle-cy *cingula.* Isidore liv 20. chap. 16 : *Cingulum hominum, generis neutri est ; nam animalium, genere fœminino dicimus* has cingulas. Rigordus en la Vie du Roy Philippe Auguste : *Aqua torrentis miraculosè tantùm excrevit, & sine pluvia ; quod attigit usque ad cingulas equorum.*

S A N G L I E R. En Languedoc *Singlà.* Il vient de *Singularis*, c'est-à-dire *seul & solitaire* , à la difference des pourceaux privés & domestiques , qu'on voit d'ordinaire ramassés en un troupeau. Ainsi les Grecs appellent μονιός, c'est-à-dire *Singularis* , un sanglier, ou pourceau sauvage. Suidas : ἔχεσιος ὗς. Et Alde Manuce a traduit ce titre de la Fable d'Esope du Sanglier & du Renard, μονιός κỳ ἀλώπηξ , *Singularis & Vulpes.*

S A R G E. ou Serge. Quoy-que cette étoffe soit faite de laine, elle ne laisse pas de tirer son origine de

Sericum , qui signifie *Soie* , parce qu'à mon avis elle étoit tissuë à la façon des étoffes de *Soie.* Eckehardus le jeune, Moine de S. Gal, *De Casibus Monasterii S. Galli* , chap. 3 : *Missus est Magontiam, utique pro pannis laneis emendis, quos sericales, aut tunicas vocant.*

S A S. En Languedoc *Sedas.* C'est un instrument avec quoy on passe la farine. Il vient de *Setarium*, ou *setacium.* Jean de la Porte dans son *Catholicon* : *Setarium, quod & setacium dicitur ; instrumentum purgandi farinam.* Il est formé de *seta* , qui signifie le gros poil des animaux. Le même : *A seta dicitur hic Setarius , a , um.* Aussi d'ordinaire les Sacs sont tissus du poil de la queuë d'un cheval : & quoyque *seta* soit proprement le gros poil d'un pourceau, il signifie souvent le poil du crin ou de la queuë d'un cheval. Cicéron livre 5 de ses Tusculanes : *Gladium à lacunari setâ equinâ appensum.*

S A V O I R. Il vient de *Sapere*, comme qui diroit *Sapoir.* Aussi en Languedoc on dit *Sapiats*, pour dire *sachez.* Les Capitulaires de Charles le Chauve Tit. 8 : *Volumus ut vos sapiatis quod noster adventus hic fuerit.* Et au Tit. 12 : *Si sapuero qui hoc faciat, non celabo.* Hincmar contre son neveu , sur la fin : *Vos sapitis quomodo illi jam altera vice factum fuit.* Quelquefois dans les Auteurs Classiques mêmes *sapere* est pris pour *scire.* Plaute : *Rectè rem meam sapio.* Grégoire de Tours livre 7 chap. 29 : *In cujus Patronum reverentiam habere non sapuit.* Foucher , Evêque de Chartres , dans son *De Gestis peregrin. Francorum : Qui de numero sapiebant, sexies centum millia in bello valentium esse æstimabant.*

S A U C I S S E. Jean de la Porte dans son Catholicon : *Salcicia dicitur à Salsus, quia salsa est. Acron in satyram 4 Horatii legit Salsa intestina hirci. Guillelmus Canterus Novarum Lectionum lib. 2. Cap. 16. legendum esse satta asserit.*

S A U V A G E. De *Silvaticus*, que les Auteurs du temps moïen ont pris pour *ferus*: on a fait *Salvaticus*, d'où nous avons tiré notre *Sauvage.* La Loy des Bajuvariens Tit. 20, chap. 6 : *De his quidem avibus, quæ de Salvaticis per documenta humana domesticantur industriâ , & per curtes Nobilium mansuescunt volitare atque cantare, cum solido uno & simili componat, &c.*

S E I G L E. Du Latin *Secale* on forma *sigele* , d'où nous avons tiré *Seigle.* Goldast en son Glossaire sur les Constitutions Imperiales : *Secale, farrago : Scigle, Gallis. Sigele, idem quod secale.*

S E M A I N E. Nos Anciens François disoient *semes*, pour *semaine* : c'est-à-dire septiéme. Et ainsi de *septimana* on a fait *semaine.* Le Roman de Guillaume au court nés, au Moinage Guillaume , parlant de certains Voleurs qui consultoient sur le traittement qu'ils devoient faire à un passant,

Et dit li quars, Il a vescu assés.
Et dit li quins, si l'allons tost tuer ?
Et dit li sistes, Il n'en puet eschapper.
Non dit li semes, s'il a que destrosser.

S E M B L E R. De *similis* a été formé le verbe Latin-Barbare *simulare*, dont nous avons fait *sembler* & *ressembler.* Eckehardus le jeune, *De Casibus Monasterii S. Galli* Chap. 3 : *Monachos tamen hodie S. Gallus habet, quorum similes ipse inter suos nunquam simulabit.* Et comme nous avons abusé de la naturelle signification de la plûpart des mots, le verbe Latin *simulat*, & le François *semble*, ont été pris pour ce que le vrai Latin exprime par *videtur* ; parceque notre opinion & notre volonté n'admettent rien qui n'ait du moins la semblance du vrai ou du bon. Hincmar Evêque de Laon, dans une lettre qu'il écrit à son Oncle du même nom, Evêque de Rheims : *Ut ille possit res de sua Ecclesia ordinare, & illi liceat sicut ei simulaverit disponere.* Les Capitulaires de Charles le Chauve Tit. 16. Cap. 17 : *Et illi simulat ut ad alium seniorem.* * M du Cange, qui dans son glossaire Latin rapporte aussi le passage cy-dessus allégué d'Eckehardus, a écrit *similabit* , & non pas *simulabit* , comme M. de Caseneuve. Ce qui m'a donné la curiosité de voir l'Original : & j'ay trouvé ce passage au chap. 11. du Traité *De Casibus Monast. S. Galli* à la pag. 19. du 11. vol. des Allemaniques de Goldast , qui porte, comme M. du Cange *similabit* : & en marge une diverse leçon dit *simulabit*. M. du Cange cite plusieurs autorités de l'un & de l'autre.

SENEGRE'. Les Grecs l'appellent *buceras* ; les Latins *fœnum græcum*, d'où nous avons tiré *senegré*, en changeant la lettre F en S.

SENTIER, ou *Sente*. L'Espagnol dit *Sendero*, & *Sendilla*. Ces mots descendent de l'ancienne Langue Teudisque. Le Glossaire Latin Teudisque de Kéron : *Itinera*, Sindo. *Itinera*, Sinda.

* Mr de Caseneuve s'est un peu trompé dans la genealogie de ces mots. Ils ne sont point d'origine Teudisque. *Sente* descent en ligne directe du Latin *semita* : *sentier*, aussi-bien-que l'Espagnol *sendero* son frère, de *semitarium* : & l'autre Espagnol *sendilla* vient de *semitilla*, diminutif de *semita*.

SERPE. C'est une petite faux qui sert à émonder les Arbres, & couper les sarmens, & les raisins, au tems de la vendenge. Varron livre 1. *De Re Rustica*, chap. 22. parle de diverses sortes de faux, qui sont *vineatica sirpicula, silvatica, arboraria, rustaria*. Celles qu'il appelle *Sirpicula* servoient anciennement, comme il dit au 4. liv. *De Lingua Latina*, à ce travail de la vigne qu'on employe à lier les faisceaux ou javelles des sarmens. *Sirpicula*, dit-il, *vocatæ à sirpando, id est, ab alligando : sic Sirpata delia quassa cum alligata dicta, heis utuntur in vinea alligando fasces, incisos fustes, faculas*. De ce mot *sirpicula*, quelqu'un à voulu dériver *serpe*. Mais je croy plus volontiers qu'il vient du verbe Latin-Barbare *sarpere*, qui signifie tailler les vignes. Le Glossaire : χλαδίον αμπέλινον, *sarpo*.

SERPOLET. En Latin *Serpillum* : à *serpendo* ; parceque cette herbe rampe à terre, comme dit Ch. Etienne en son liv. *De Re hortensi*.

SERRER. C'est proprement *enfermer sous la clef* : Car de *sera*, qui signifie *serrure*, les anciens Latins formèrent le verbe *sero, serare*, duquel nous avons tiré notre *serrer*. Ce mot Latin n'est guère en usage, parceque les Auteurs se servent d'ordinaire de son composé *obsero*. Toutefois les Auteurs du tems moïen s'en sont quelquefois servis : c'est pourquoy les François en ont fait *serrer*. Eckehardus Junior, *De Casibus Monasterii S. Galli* chap. 16 : *Januas nocte proxima serrare te simulato, reseratasque sinito* Anastase le Bibliothécaire en la Vie de Sergius II : *Tunc Almiticus Præsul claudi fecit omnes januas Beati Petri, atque serrari præcepit*.

SERRES. Ce sont les ongles ou griffes d'un oiseau de proïe On veut dériver ce mot du Verbe *serrer* : mais il est plus vrai de dire qu'il vient du nom Latin-Barbare *serro*, qui signifie *Crochu*. Le Glossaire. χεῦρος, *serro*. Car ce mot Grec signifie *crochu* ; & c'est de-là aussi qu'est venu *griffe*.

SEVE. En Languedoc on dit *Save*. C'est le suc & l'humeur qui nourrit les herbes & les arbres. Ce mot vient de *Sapa*, qui signifie du vin cuit, appelé en Grec ἕψημα, c'est-à-dire toute chose propre à être cuite, *sirop*. Les Gloses : *Sapa*, ἕψημα. Pline livre 14, chap. 9 : *Siræum, quod alii hepsema, nostri sapam appellant, ingenii non naturæ opus est : musto usque ad tertiam partem mensura decocto*, &c. Or nous appelons *Séve* cette humeur nourricière des herbes & des arbres, parcequ'elle est en quelque façon cuite par le soleil, outre qu'il y a de l'apparence que *Sapa* signifie *Suc* ; aussi-bien que *Sapor*, qui en est dérivé. Les Gloses : *Sapor*, χυλός. Pline liv. 20, chap. 18, prent aussi ce mot pour *séve*. *E nigro papavere sapor gignitur, scapo inciso*. Et Tibulle prent aussi *Sapor* pour le *suc*, & l'épreinte des herbes : car parlant à Appollon il dit,

Sancte veni, tecumque feras quicunque sapores,
Quicumque excantus corpora fessa levant.

SEVERONDE. C'est cette partie du toit qui s'avance pour rejetter l'eau loin des murailles ou des parois. En Languedoc *soroies*. Il vient de *suggrunda*, qui signifie même chose.

SIFLER quelqu'un. C'est-à-dire *se moquer de quelqu'un*, & le chasser avec honte. Il vient de *sifilare*, que les Anciens, selon le témoignage de Nonius Marcellus, disoient au-lieu de *sibilare* : ou pour mieux dire, il vient de σιφλόω, qui dans Homère, Iliade ξ, signifie *remplir de honte & de confusion* : Suidas σιφλώ-

σθε, μίμψητε, εκφωλιόσθε : c'est-à-dire *reprehenderit, vituperarit* : & ce verbe est formé de σίφλος, qui signifie *moquerie, blâme, & reprehension*. Le même Suidas : σίφλος. μῶμος, ψόγος, μῶμλις.

SOIN. Ce mot signifie proprement la contention d'un esprit fort occupé. Il est croïable qu'il vient de *sunnis*, ou *sonnis*, qui dans les Lois Barbares signifient les occupations & les empêchemens légitimes qui ne permettent pas à une personne de comparoître en Jugement. Voyez cy-dessus ce que j'ay dit sur le mot *Essoine*.

SOLDAT. Quelques-uns tiennent que ce mot vient de *Soldurius*, qui étoit l'appellation d'une certaine sorte de Cliens, qui tenoient si étroitement à ceux ausquels ils s'étoient dévoués, qu'ils ne se pouvoient pas dispenser de courre même fortune qu'eux, jusques à être obligés à ne leur pas survivre : comme il est remarqué par Jules Cæsar, livre 3 p. 59. *De Bello Gallico. Adcantuannus, cum D C. devotis, quos illi soldurios appellant, quorum hæc est conditio, ut omnibus in vita commodis unà cum his fruantur, quorum se amicitiæ dediderunt*. Mais je ne saurois être de cet avis, d'autant que la condition de telles Gens n'avoit rien de commun avec celle de nos Soldats, qui ne s'exposent aux dangers de la guerre que pour de l'argent, dont la paye est appelée *Solde* ; d'où même ils ont pris le nom de *Soldats*. Et ce mot vient de *Solidus*, qui étoit la monnoie ordinaire dont on les payoit, & que nos anciens François appeloient par contraction *Soldus*. Le Moine Erricus, livre 5. de la Vie de S. Germain Evêque d'Auserre :

Bis centum promunt instructo munere soldos;
Dona viro.

Et c'est de-là que telles Gens de guerre Stipendiaires furent appelés *Solidarii*. Radevicus *De Gestis Friderici I.* livre 1 : *Qui adversu Guillelmum Siculum largitione pecuniæ milites, qui Solidarii vocantur, colligeret*. Jean de la Porte dans son *Catholicon* : *Solidarius, ad solidum pertinens, vel scilicet solidum accipiens, vel pro solidis serviens*. Une ancienne Chronique de Normandie, que Du Chesne a fait imprimer parmi les Historiens de Normandie, sur l'an 1155, parlant de Henri Roy d'Angleterre, lorsqu'il alloit assiéger Toulouse : *Capitales Barones suos cum paucis secum duxit, Solidarios verò milites innumeros*. Roger de Hoveden, dans la 1. Partie de ses Annales : *Rex Willelmus de tot Galliæ solidariis pedonibus & sagittariis multis millibus conductis, & nonnullis de Normania sumptis, Autumnali tempore in Angliam rediit*. Enfin les Princes, ou les Capitaines, qui ramassoient les Gens de guerre à prix d'argent, furent appelés *Solidatores*. Sugger, Abbé de S. Denis, en la Vie de Louis le Gros, parlant de Guillaume Roy d'Angleterre, dit : *Mirabilis militum mercator & solidator*.

SOLIVE, SOLIVEAU. *Solum* est proprement en Latin tout ce qui porte & soutient quelque chose. De-là viennent les mots *Sole, Solive*, & son diminutif *soliveau*. Séve en Languedoc est une pièce de bois sur laquelle, comme sur un fondement, sont apuiés les bâtimens. Les Anciennes Coutumes l'appellent *seule*. Celle de Nivernois chap. 16. art. 12. *Edifice assis sur seule, qui n'a fondement sur terre*. Celle d'Orleans, art. 138 : *Quand aucun édifie maison, & assiet ses seules & poutres*. Celle de Bretagne, art. 716 : *Quand aucun édifie maison, & assiet ses soles*.

SOMMIER. C'est un cheval ou telle autre bête qui porte de grands fardeaux. St Bernard livre 3 *De Consideratione* chap. 3 : *Summarii non levati, sarcinis onusti, nihilominus repatriant, vel inviti*. Ce mot est corrompu de *sagmarius*, formé de σάγμα, qui signifie *charge, fardeau*. Isidore livre 20 de ses Origines, chap. 16 : *Sagma, quæ corruptè vulgò sauma, à Stratu Sagorum, vocatur ; unde & caballus Sagmarius, & caballa Sagmaria* Le Glossaire d'Ansileubus dit la même chose. Pierre de Blois, Ep. 14 : *Videbis sagmarios sub oneribus expectantes*. Le même. Ep. 94 : *Somarii eorum, non ferro sed vino ; non lanceis sed caseis ; non ensibus sed utribus ; non hastis, sed verubus onerantur*. Arnoldus, dans son *Chronicon Slavorum* livre 7, Chap. 17 : *Habebat sanè Rex Otto munera multa Regis Angliæ, avunculi sui Richardi, & 15 millia marcharum, quæ in somma-*

riis ferebant 80. *dextrarii.* Orderic Vital livre 6 :
*Concessit etiam ut Monachi de lignis sylva sua, quæ
hamspart dicitur, ad fomitem ignis duas sagmas asini
quotidie acciperent.*

* Le MS. de M. de Caseneuve est chargé d'une confusion d'autres citations sans ordre, & sans raisonne-
ment. Et comme les termes s'en trouvent au long dans
M. du Cange, dans Vossius, &c. il suffit de les nommer icy : Vegéce livre 2 *de Mulo-Medicina.* chap. 59.
Les Loix des Lombards 1. 14. 7. Ditmarus Mersepurgensis livre 3. *Centuria Chartarum* Goldast. *Cent.* 58.
M. de Caseneuve ajoûte que *Saumatés* en Gascogne
sont les Voituriers : que *sommiers* sont ces grosses
poutres qui portent tout le fardeau d'un plancher : &
que *sommier d'orgue* est un canon Musical.

SORCIERE. De *Sortiaria.* Les Capitulaires de
Charles le Chauve, Tit. 39, §. 7 : *Audivimus quòd
malefici homines & sortiaria per plura loca in nostro
regno insurgunt.* Rigordus sur l'an 1194. *Ipse Rex, ut
dicitur, maleficiis per sortiarias impeditus, uxorem tam
longo tempore cupiam exosam habere cœpit.* Voyez ce
qu'a dit M. Ménage sur le mot *sorciere.*

SORET. On appelle ainsi les harens qu'on fait
sécher à la fumée un peu salés ; à-cause de la couleur qu'ils prennent : Car les Goths appellent *Sor,*
la couleur jaunâtre tirant sur le noir, selon la remarque d'Adrianus Junius dans *Nomenclator. In Bataviâ,*
dit-il, *Soretum, voce Gothicâ, Galli id genus nuncupant:
quòd subrufus, ad atrum accedens, color eâ Linguâ So-
rus vocitetur.* J. C. Scaliger Exercit. 226 : *Suret vocatur in Gallia, vocabulô Gothicô, qui etiam in equino pilo
mansit apud Italos. Subruffium enim sotum vocant.
Ita condicos pisces ab aris colore splendido calchidas ap-
pellarunt Veteres.*

SORTE. Parceque non-seulement la condition
des hommes qui vient de la naissance est une chose
fortuite, mais encore celle qui vient d'ailleurs, les Latins ont quelquefois pris ce nom pour *condition* ; d'où
vient qu'ils appellent *consortes* ceux qui sont de même
condition & de même fortune. De *sors* nous avons
fait *sorte,* qui ne se dit pas seulement de la condition
des personnes, mais de toutes choses. Ainsi disons-
nous *toute sorte d'animaux, toute sorte de marchandises,* & ainsi du reste.

SORTIR. Robert Etienne en son Dictionnaire
dit qu'il est formé de *foras ire.*

SOT. Un étourdi, & qui ne sait ce qu'il fait. Je
ne say si je dois hasarder de dire qu'il vient de ἄσωτος,
en retranchant la lettre α : Car ce mot signifie proprement celui qui se pouvant sauver & se garantir,
n'en veut rien faire ; qui est à vrai dire être bien sot :
& il vient de σώζω, qui signifie *sauver & garantir.*
Toutefois on en a étendu la signification à toute sorte d'injures. Le vieux Glossaire : ἄσωτος, *ganearius,
lascivus, luxuriosus, prodigus, profusus, sumptuosus,
belluo, exoletus, balatro.* L'Histoire de la Fondation
Monasterii Casaurensis livre 2, parlant d'une montagne
appelée *Soti : Unus eorum, quoniam in summitate sui
est durus & asper, ab asperitate vocatur* Mons Soti.

SOUCI. Cette fleur, que les Latins appelent *Cal-
tha,* est appelée *souci,* selon quelques-uns, comme qui
diroit *solisequium,* parcequ'elle s'épanouit au lever
du soleil, & se resserre quand il se couche. Toutefois
j'oserois assûrer qu'à-cause de sa couleur jaune elle a
été ainsi appelée de *succinatum,* mot dérivé de *succi-
num,* qui signifie *l'ambre.* Le Glossaire de Papias : *succinatum, fulvi coloris.*

SOUCI. Nous appelons ainsi tout ce qui peut
affliger un esprit. Et nous disons que celui qui s'in-
quiéte beaucoup, est *soucieux* ; & que ceux-là ne se
soucient de rien, ausquels les plus grands déplaisirs
sont indifférens. Tous ces mots viennent du verbe
sauciare, qui signifie *blesser.* Car quoique ce mot ne

s'entende communément que des blessûres du corps;
il est bien-souvent employé par les bons Auteurs
pour les déplaisirs & les inquiétudes, qui sont comme les blessûres de l'ame. Virgile livre 4. de l'E-
néide :

    At Regina gravi jamdudum saucia curâ.

Cicéron dans l'Oraison pour Cœlius, raporte ces pa-
roles d'un Ancien Poëte : *Medea amore savo saucia.*
Ce qui confirme davantage mon opinion est l'ancien
Glossaire d'Ansileubus, Evêque Goth, où j'ay lu,
Saucius, Tristis.

SOUDER. Parceque par le moïen de la sou-
dûre la chose qui étoit disjointe devient solide : de
solidus on a fait le verbe *solidare,* d'où nous avons
fait *souder.* Geoffroy de Vendôme, *Opusc.* 7, *De
Arca Fœderis : Æs etiam in tabernaculo cum auro &
argento solidamus.*

SOUFLET. C'étoit proprement l'action de celui qui en souflant enfle les joûes : & parceque d'ordinaire on fait enfler les joûes aux Enfans & aux Valets
qu'on veut frapper sur cette partie du visage, on a appelé indifféremment *souflet,* toute sorte de coup donné avec la main étendûe sur les joûes. Camden dans
sa Bretagne, rapporte d'un vieux livre, qu'un certain
Baudouin, surnommé *le Peteur,* devoit faire tous les
ans à la feste de Noël devant le Roy d'Angleterre,
pour la redevance de certain Fief, *unum saltum, unum
suffletum, & unum bombulum.* Ce que Camden explique en ces termes : *ut saltaret, buccas cum sonitu
inflaret, & ventris crepitum ederet.*

SOUFFRANCE. Ce mot est venu du Latin
Barbare *Sufferentia.* Gille Moine d'Orval, dans son
Histoire des Evêques chap. 36 : *Laudabilis suffe-
rentia scutum opposuit incommodo.*

SOUHAITER. Robert Etienne croit que ce
mot est un composé de l'ancien mot *haiter,* qui signifie *plaire & agreer.* Cependant je trouve que nos
anciens François écrivoient *soubshaidier.* Jean de
Meun dans son Testament, qui est dans la Bibliothéque du College de Foix à Toulouse : *Ne qu'an qu'on
peut penser, ne soushaidier, ne dire.* L'Histoire du
Connétable du Guesclin, chap. 5 ; *Et soubshaidierent
qu'il pleust à Dieu que il tenist le remenant.* Ce qui
m'oblige en quelque façon à croire qu'il est plûtôt
composé du verbe *aider* ; ou, comme prononcent les
Anciens, *aidier* : parceque desirer du bien à quelqu'un,
c'est le *sous-aider,* c'est-à-dire lui prêter un tacite
secours du desir & de la pensée. Comme dans les
Notices des deux Empires, il y a un Officier subal-
terne appelé *Subadjuva,* & un autre appelé *Adjuter.*

SOULAGER. De *Solaciari.* Dans la Chroni-
que de Cambray livre 3, chap. 52 : *Mercimoniis Vecti-
galium solaciantur.*

SOûLER. Les Anciens Latins disoient *satullare,*
au-lieu de *saturare.* Nonius Marcellus rapporte ce
passage de Varron, αἴρεσαν, *Neque in pulvere mi-
thico coquam carnes quibus satullem corpora ac famem
ventris.* De *satullare* les Languedociens ont fait *sadou-
là* ; & les François, par contraction *soûler,* comme
roûler, de *rotulare.*

SOUPE. On appele ainsi le pain trempé dans
le potage. Ce mot vient de l'Alleman *supp,* qui signifie *potage, bouillon.* Le Dictionnaire Alleman-Latin
de Dasypodius : *Supp,* bruhe, *jus, jusculum.* Suppe, *offa
jusculata.* Suppen, *sorbere.*

SOUVENIR. Quoi-que ce mot signifie proprement *rappeler dans la mémoire,* il ne laisse pas de
sortir du verbe Latin *Subvenire,* qui signifie *secourir.*
Car aussi *succurrere,* qui est proprement *secourir,* signifie bien souvent dans les bons Auteurs *se souvenir.* Cicéron : *Neque enim succurrebant verba quæ ante
discessum à Dolabella audieramus.* Suétone en la Vie de
Tibére chap. 21 : *Succurritque versus ille Homericus.*

T A.

TABELLION. Quelques-uns veulent que ce mot soit formé de *tabella* : Mais il me semble plus-à-propos de le dériver de *tablinum*, qui signifie le lieu où l'on garde les Actes publics. Vitruve livre 6, chap. 4 : *In tablino codices & monimenta rerum in Magistratu gestarum asservantur.* Pline livre 35, chap. 1: *Tablina codicibus implebantur, & monimentis rerum in Magistratu gestarum.*

TACHE. Ce mot a bien changé de sa premiere signification. Il signifie aujourd'hui ce que les Latins appellent *macula*, qui est toute marque qui altére la couleur de quelque corps. Anciennement on s'en servoit pour exprimer les bonnes ou les mauvaises qualités d'un homme ou d'une bête. L'ancienne Chronique de Flandre chap. 26, parlant de Marguerite Comtesse de Flandres : *En elle avoit quatre taches ; premierement elle estoit une des plus grandes Dames du Lignage de France, secondement elle estoit la plus sage, & mieux gouvernant terres qu'on sceust,* &c. Les autres deux taches sont qu'elle étoit libérale & riche. L'ancien livre intitulé *Li Establissement li Roy de France : Or se aucuns menoit sa beste au marché, ou entre gens, où elle mordist ou ferist aucun, & cil qui seroit blessiés se pleinst à la Joustice, & li autres deist, Sire je ne savoye mie qu'elle eust icelle teiche,* &c. Et notez que le Titre de ce chap. est *Du domage qui pueut avenir de beste qui a male teiche.*

TAÏLLE. *Exaction, Tribut.* Pierre de Blois Ep. 102 : *Quid de talliis & exactionibus, quid de obventionibus placitorum, & cæteris improbis extorsionibus loquar.* Le Concile de Latran, tenu sous Innocent III. chap. 46 : *Talliis seu collectis & exactionibus aggravare.* Gerard Vossius livre 2, chap. 18 de son Traitté *De Vitiis Sermonis,* est en quelque façon porté à croire que *Taïlle* vient de ce rameau couppé, appelé *talia,* dont nous venons de parler : parceque commé ce rameau est coupé de l'arbre, ainsi la *Taïlle* est retranchée du bien des Citoïens. On pourroit aussi le dériver de πλεῖν, qui signifie *payer Tribut ;* formé de τέλος, qui signifie *Tribut,* d'où vient aussi συντέλεια, c'est-à-dire *Tribut, Taille, Contribution.*

TAÏLLE. Nous disons qu'un homme est *de belle Taïlle,* lorsqu'il est bien proportionné ; & *de petite taïlle,* lorsqu'ils est petit. Cette façon de parler est prise des Statûes de pierre ou de marbre, qui étant l'ouvrage des Taïlleurs de pierre ont sans doute été dites *de belle taïlle,* lors qu'elles étoient taïllées avec proportion, & symmetrie. Nous disons aussi *stature ;* pour *taïlle ;* & un *homme de belle stature,* pour dire *un homme de belle taïlle.* Si-bien-que être *de belle taïlle,* & *de belle stature* sont synonymes : & il est croïable que *statura,* & *statua ;* tous deux derivés de *stare,* qui signifie *être debout ;* ont beaucoup de ressemblance, car on ne peut mieux connoître de quelle taïlle est un homme que quand on le voit debout.

TAÏLLER. M. de Saumaise sur Tertullien *De Pallio :* Talia *est ramus arboris ex utraque parte æqualiter præcisus : Græci* κλάδον, *aut* κλῶνα, *appellant. Glossa :* Talia, κλῶνα. *Hinc* taliare scindere, *significat,* κλῶνα. Nam taliæ sunt scissiones lignorum. *Nonius Marcellus :* Taleas, scissiones lignorum, vel præsegmina Varro dicit, *de* Re rust. lib. 1. *Nam etiamnum rustica voce* intertaliaré dicimus, dividere vel excidere ramum : Ex utraque parte æqualiter præcisum, quas alii clavulas, alii taleas appellant. [* Il y a dans Varron *clavolas,* & non pas *clabulas*] Un Auteur incertain *de Limitibus :* Terminus, si aliquam scissuram hoc est taliaturam habuerit, montem scissum, hoc est taliatum ostendit, &c.

TAMBOVR. Joseph de l'Escale, en ses Notes sur le Poëme intitulé *Copa,* des Catalectes de Virgile, page 258, dit que les Espagnols ont emprunté des Arabes, & le tambour, & son nom. *Sic Hispani,* dit-il, tympanum crotalisticum, quòd ab Arabibus vel Mauris acceperint, Mauritana voce Atabal vocant. Sic & ab Arabibus magnum item Tympanum Altambor, simul cum ipsa Arabica appellatione acceperunt.* Mais je croy que chés les Arabes, les Espagnols & nous, le nom de cet instrument de guerre, est une pure onomatopée, à-cause du grand bruit qu'il fait. Les Grecs disent θόρυβος, pour *tumultus :* & les Anciens François disoient *Tabor,* pour *bruit.* Fauchet livre 2. des anciens Poëtes François, rapporte ce vers d'un vieux Poëte nommé *Huon de Villeneuve :*

Gardes, quil n'y ait noise, ne tabor, ne criée.

TAMIS. C'est un sac ou un instrument à passer de la farine. Il vient de *Attamen,* qui signifie même chose. Jean de la Porte dans son *Catholicon :* Attamen, is, gen. neutr. Id est Sedacium. Attamino, id est, purgare farinam cum setario.*

TANE'. Quelques-uns croient qu'il vient de *castaneus,* en retranchant la premiere syllabe : mais il est plus croïable qu'il vient de *Tanerie* & *Taneur ;* parceque c'est sa couleur que les Taneurs donnent aux cuirs. J. C. Scaliger Exercit. 315. *Obscurionem Franci* tané, *Vascones* Rosset. Tané, quia putamen tan vocant Septentrionales ; sicut & cortices quernos ad coria interpolanda.*

TANEUR. C'est celui qui courroie les cuirs, c'est-à-dire, qui leur donne la perfection. Je croy que ce mot vient du Latin-Barbare *Tinniso,* qui signifie celui qui travaille les cuirs. Les Gloses Anciennes : *Tinniso,* κωλοδέψης : qui est composé de κωλέαν, qui signifie *travailler,* & de δέρμα, c'est-à-dire *peau.* Car il y a pparence que *Taneur* ne vient point de *tan,* qui est la matiére avec quoy on donne la couleur au cuir ; mais bien au contraire, que *Tan* vient de *Taneur.*

* N'en déplaise à M. de Caseneuve, c'est le Courroïeur qui donne la derniere main, ou, comme il dit, la perfection au cuir ; & non pas le Taneur, qui ne lui donne que le premier appreft, c'est-à-dire qui le tane pour en ôter le poil & la graisse.

TANTE. C'est ainsi que les Enfans appellent la sœur de leur pére, qui est en Latin *amita ;* & celle de leur mére, qui est *matertera.* Je veux croire que ce mot vient du Latin *tata,* qui est un nom de respect, dont les jeunes se servoient envers les vieux : avec cette seule différence, que les Anciens appeloient *Tata* les hommes, & les femmes *Mamma.* Martial livre 1, Epigr. 101 :

Mammas atque Tatas habet Afra ; sed ipsa Tatarum

Dici, & Mammarum maxima Mammu potest.

Une veille Inscription : *M. Elpidius Pamphilus Platoni Tata suo benemerenti fecit.* Janus Laurembergius, dans son Antiquaire : *Unde* Atavus, *quasi* Tatavus : quòd sit Tata avi. Caton *De Liberis educandis : Cùm cibum aut potionem* buas ac Pappas *docens, & matrem* Mammam, *& patrem* Tatam. Les Grecs se sont aussi servis du mot τήτα en cette signification, car Homére a dit τήτα γέρον, parlant d'un vieillard. Et les vieux François ont dit *Tayon,* pour dire *oncle.* Froissart, Tome 4. chap. 63 : *Onques le Roy son Tayon ne le peut soumettre à sa subjection,* &c. Si nous appelons aujourd'huy les femmes *Tantes,* au-lieu que les Anciens appeloient les hommes *Tata,* & *Tayons,* c'est un effet de la vicissitude des siécles ; car il en est à-peu-près de-même des mots *Nonne, Nonnain,* & *Nonnette,* qui ne se disent plus maintenant que des Religieuses, au-lieu qu'anciennement on appeloit les Religieux *Nonni,* & les Religieuses *Nonna.*

TAON. C'est une grosse moûche qui par ces piqûres se prent aux bœufs. Les Grecs l'appellent οἶστρος, ὁ μύωψ ; & les Latins *asillus.* Ce mot est formé par contraction de *tabanus,* Latin-Barbare, qui signifie la même chose. Les Gloses μύωψ, tabanus, asillio.* Anfileubus : Asilium, tabanum.* En Languedoc on l'appelle *taban*, & en Italie *tafano*. Le même Glossaire : μύωψ, *tabanus*, *vespa*, *asilio*.

TARGE. Quelques-uns croient que ce mot nous est resté de l'ancienne Langue Gauloise, en laquelle θυρέος signifioit un Ecu, selon le témoignage de Pausanias dans ses Phociques & dans ses Arcadiques.

TARTE, TOURTE. Il y a peu de différence entre ces deux mots ; qui sont, à mon avis, formés par contraction *d'artotyra*. Le *Catholicon Parvum* : Artotyra, *tartre ou goyére* : ab ἄρτος panis, & τυρός *caseus*.

* M. de Caseneuve avoit écrit *Tartre* & *Tourtre*.

TASSETTE. Ce qui pent du bas des pourpoints, ou des corps de cuirasse, est ainsi appelé, de *tassula*. Mathieu Paris dans les Vies des Abbés de S. Auban : *Dedit etiam casulam unam, auro, tassellis ac gemmis pretiosis adornatam.* Où Watsius veut que *tassella* soient une espéce de boutons pendans : *Nodos, sive glandes, auro & serico multiplici confectos, dependentes de vestium angulis.* Il y a apparence que c'étoient des lambeaux pendans, à la façon des Tassettes tels que nous les voyons representés aux corps de cuirasses des Anciens Grecs & Romains. Quoy-que c'en-soit, les Picards appelent *Tasserte*, l'herbe appelée par les Latins *bursa pastoris* ; parceque sa feuïlle qui s'élargit par le haut, représente la figure d'une tassette.

TENSER. Tenson : c'est-à-dire *Offenser quelcun de paroles*. Le Traité des Vertus & des Vices : *Li premier est estrivet, li segons Tenser.* Et un peu plus bas : *Après L'estrif & le contens vient la noise & la tenson ; tout ainsi comme quand on allume le feu, après la fumée saut la flambe. Estrif & contens, est quand li uns dit à l'autre, Si fu non fu. Tenson est quand disfament l'un l'autre, & dient grosses paroles.*

TENSER. Ce mot signifioit *deffendre, supporter, soustenir quelcun*. Le Roman de Guillaume au court nés, au Chatroy de Nismes :

   Ains le devez servir & honorer,
   Contre tos homs le servir & tenser.

Le Roman de Guion de Tournaut :

   Les Sarrasins s'enfuyent en criant haut & cler,
   ô Roy Brun d'Origent, las veuillez nos tenser
   Contre le Roy Tharsille d'Ermenie sor mer.

Et en un autre lieu :

   Or verrai-je comment vo corps me tensera
   Contre le Roy Tharsille qui demandée m'a.

TERMES. Ce mot, en termes d'Architecture, signifie des statûes sans bras & sans jambes, & qui de la ceinture en bas finissent d'ordinaire en toute autre figure que l'humaine. H. Etienne croit que nous disons *Termes*, au-lieu de *Hermes* ; parceque ἑρμαῖ, chés les Grecs, étoient des Statûes de Mercure tronçonnées & manchotes. Quelques autres veulent que le mot *Termes* vienne de *Terminus*, qui étoit un Dieu des Bornes & des Limites des chams, qu'on représentoit aussi manchot & tronçonné.

TERRE-MAJOR. Je ne say si quelcun aura déja fait cette remarque, que le Roïaume de France étoit anciennement appelé, par honneur, *La Terre Major*. Dans le Roman de Guillaume au court nés, les François sont nommés *ceux de la Terre Major*.

   Fierement viennent cil de Terre Major ;
   Ne portent mie as Sarrasins amor.
   Ainçois des lances les mettent à dolor.

Et en un autre endroit, voulant dire que l'Empereur Louis le Debonnaire s'en retournetoit en France, sur l'opinion qu'on avoit que Thiebaud Roy des Sarrasins avoit été tué, il parle en ces termes,

   Mors est Thiebaut sans faille, si en sont en freor,
   Rendus ert Erablois, ils n'ont point de valor :
   Looys s'en ira en la Terre Major.

Roger de Hoveden, dans la derniere partie des Annales d'Angleterre, nous a laissé la coppie d'une lettre que Faramella, Fils d'Abdelabe Courdouan, Arabe de nation, nourri dans le Palais du grand Roy Even-Jacob, surnommé *Helimiramunoli*, écrivoit à Jean Archevêque de Tolède, où l'on voit ces paroles : *Vidimus quasdam homines secta vestra habitu nobis & lingua dissimiles, qui & negotiatores erant, & pannos lineos diversorum colorum satis bones venales habebant :*

dicebant autem se venisse de Terra longinqua, qua dicitur Terra Majorum, *id est, Regnum Francia, &c.* Où j'estime qu'il faut lire *Terra Major*.

TESSON ou TAISSON : Autrement *blaireau*. Jaques Fouilloux dit qu'il y en a une espéce qu'on appelle *porchins* ; & c'est parceque cet animal ressemble à un petit *pourceau*, qu'en Languedoc on appelle *Tessón*. Les Espagnols l'appellent aussi *Texon*. L'origine de ces mots vient de *Tertussus*, par le retranchement de la premiere syllabe. La Loy Salique Tit. 2. Art. 10. *Si quis Tertussum porcellum furaverit usque ad anniculatum, cxx. den. qui faciunt sol. 3, culpabilis judicetur, &c.*

TESTE. Encore que ce mot soit pris pour le chef de quelque animal que ce soit, il signifie proprement le crane ou l'os de la teste dépouillé de la chair, qu'on appelle en Languedoc *Test*. Le Poëte Ausone :

   Abjecta in triviis inhumati glabra jacebat
   Testa hominis, nudum jam cute calvitium.

Les Grammairiens ont remarqué que les Anciens disoient *testa*, pour la *teste*. Mummius *in Atellana : Est videre in testa quantum sit caput.* Cependant le crane est appelé *testa* non pas que ce soit sa propre & naturelle signification, mais à-cause de sa ressemblance à des pots de terre, & aux coquilles des huîtres & des Tourtûes, qui sont proprement appelées *Testa*. La Loy des *Bajuvariens* Tit. 3. chap. 1. §. 3 : *Vel in capite testa appareat.* Vous trouverez la même chose au Tit. 4. §. 3. La Loy des Allemans Tit. 59, §. 6 : *Si autem testa transcapulata fuerit, ita ut cervella appareat.* Gisbertus, en la Vie de S. Romain livre 6, chap. 7 : *Os capitis, quo superum cerebrum tegitur, quod vulgò testa dicitur, &c.*

TESTON. C'est une sorte de monnoie, ainsi appelée, parce qu'elle est marquée de la teste du Prince : car c'est en cela qu'elle differe du quart d'Ecu. Toutefois *testones*, dans la Loy des Bourguignons Tit. x I. de la premiere Addition, sont les *testicules : Si quis acceptorem alienum involare præsumpserit, aut sex unciae carnis acceptor ipse super testones comedat, aut certò si noluerit, sex solidos illi, cujus acceptor est, cogatur exsolvere.*

TETER : TETIN. De πτθὸς & πττὴ, qui signifient la *mammelle* d'une Nourrice : d'où & τίτη & πθήνη, qui signifient *Nourrice* ; & πθήνειν, qui signifie *nourrir* & *allaiter*.

TOMBER. Quelques-uns veulent que ce mot vienne de *titubare*, qui signifie *chanceler* : comme si *chanceler* & *tomber* étoient la même chose. Mais il est bien plus croïable que comme de *mont* nous avons fait *monter*, nous avons aussi dérivé *tomber* de *tombe* : Car *tumba*, Latin-Barbare, dérivé de τύμβος, qui signifie un *sépulcre* ; signifie non-seulement un *petit monceau de terre*, mais il se dit encore d'une montagne, ou d'un lieu fort élevé. Sigebert en sa Chronologie, sur l'an 707, parlant de l'apparition de S. Michel à l'Evêque Aubert, appelle le Mont S. Michel *Tumba*, sur lequel il vouloit qu'on luy bâtît une Eglise. *Ut in loco maris, qui propter eminentiam sui Tumba vocatur fundaret Eclesiam in memoriam sui.*

* L'Histoire de cette apparition de S. Michel, citée par M. du Cange, chap. 1 : *Hic igitur locus* Tumbâ *vocatur ab incolis, ideò quòd in morem tumuli, quasi ab arenis emergens in altum, &c.*

TOQUE. C'est une espéce de bonnet. Je croy que nous avons emprunté ce mot des Langues Orientales. Joannes *Leunclavius* en son Onomastique ou Vocabulaire des mots Turcs & Persans, qu'il a donné à la fin de son Histoire Musulmane : Toc, & Tocca, *lineum capitis indumentum.*

TORCHE. Les flambeaux de cire sont ainsi appelés, parceque le fil dont ils sont faits est tors ; ou parceque quelquefois leur figure est torse. Ce mot est formé du Latin Barbare *intorticium*, qui signifie même chose. C'est pourquoy les flambeaux ont été premierement appelés *Tortis*. Froissart vol. 1. chap. 131 : *Ils allumérent grand foison de falots & de tortis, pourtant qu'il faisoit moult brun.*

TORCHER, NETOYER. Nos Dictionaires le voudroient former de *tergere* : mais il vient du verbe *tordre,*

tordre, parce qu'on nettoye les chevaux avec de petites bottes de foin ou de paille, qui pour être de figure torse, sont appelées *torchons*.

TOURNOIS. Il vient de *Turonensis. Denarius Turonensis*, c'est-à-dire *monnoie battüe à Tours*, & marquée de ces mots *Turonis Civitas*. Car dans les Capitulaires de Charles le Chauve Tit. 31, Art. x 1, il est ordonné que les monnoies soient marquées du nom de la ville où elles sont battües. *Ut in denariis nova nostra moneta, ex una parte nomen nostrum habeatur in gyro, & in medio nominis nostri monogramma; ex altera parte nomen civitatis, & in medio Crux habeatur.* De-sorte qu'il se trouve encore dans les Cabinets des Curieux quantité de monnoies faites environ ce tems-là, avec ces mots, *Turonis Civitas*. Toutefois Guillaume, Evêque de Tournay, Abbé de S. Bertin, & Chancelier de la Toison d'or de Philippe Duc de Bourgogne, nous veut persuader sur quelque Tradition fabuleuse que les Tournois ont commencé depuis le tems de S. Louis. Car parlant de la prison de ce saint Prince, il ajoûte ces paroles : *Autres disent qu'outre les choses dessus-dites fut adjoustée cette condition, que pour mémoire de cette Captivité en laquelle fut S. Louis, lui & ses successeurs Roys de France, jusqu'à certain temps déterminé, feroient en toutes monnoyes qu'ils feroient forger d'argent en leur Royaume, imprimer la figure d'une Tour, en signe que S. Louis y fut tenu enclos ; & un fer de Prisonnier, en mémoire de sa prison & de sa Captivité. Et pourceque telle condition estoit dure à porter aux François, on laissa long-temps à forger en France monnoye d'or & d'argent, par especial temps que S. Louis fut absent de son Royaume ; & n'estoit autre monnoye, fors de cuir bouilli en pieces. Et en chacune piece estoient fichés clous d'or ou d'argent, & tant que plus y avoit de clous, tant plus valoit la piece. Mais après le retour du Roy S. Louis il voulut accomplir sa promesse sans palliation, & fis forger monnoye d'or & d'argent, & y empreindre la Tour & les fers, comme il avoit promis : mais pour honnestement couvrir la cause de cette empreinte, cette monnoye fut forgée en la Cité de Tours, & fut appelée* Monnoye Tournoise *; & de-là vindrent originellement les Gros Tournois, que aucuns appelloient les Grains S. Louis. Et combien que depuis cette mesme Monnoye fust forgée à Paris & ailleurs par le Royaume, si y estoit toutesfois l'escriture telle* Turonis Civitas.

TOURNOY. Il y avoit cette difference entre les *Joûtes* & les *Tournoys*, qu'aux Joûtes on combatoit seul-à-seul, & aux Tournois on se battoit par Escadrons. Et parceque la Cavalerie en escarmouchant fait des caracols, qu'on appelle encore aujourd'huy des *tours*, les mots de *Torneamentum* & *Tournoy* sont sortis du verbe Latin-Barbare *Tornare*, lequel se trouve dans l'Histoire Mêlée de Paul Diacre : *Torna torna, frater.* Et ainsi les Autenrs du tems moïen qui ont voulu parler de *torneamentum*, n'ont pas voulu se servir de ce mot, comme le trouvant trop barbare ; mais pour exprimer la façon du Tournoy ils se sont servis des *tours* & *détours* que fésoit la Cavalerie en cette maniere d'exercice. Mathieu Paris en la Vie de Henri II. Roy d'Angleterre, raconte comme ce Prince en l'an 1179 passa en France pour prendre part à l'honneur qui s'y aqueroit en la victoire du Tournoy. *Regia Majestate prorsus depositâ, totus est de Rege translatus in militem, & flexis in gyrum genuis, in variis congressibus triumphum reportans, sui nominis famam circumquaque respersit.* Jean, Moine de Marmoûtier, liv. 1 de la Vie de Geoffroy Duc de Normandie & Comte d'Anjou : *Dimicabant quotidie, non congressibus aciezum, sed militarium anfractuum circuitionibus.* Robert, le Moine, en l'Histoire de Jérusalem livre 5 : *Alea, suci, veloces cursus equorum, flexis in gyrum frænis, non defuerunt & militares impetus.*

TOURTE, TOURTEAU. En beaucoup d'endroits de France, & particulierement en Languedoc & en Guienne ; une *Tourte* est un grand pain, & son diminutif *Tourteau* est une espéce de gâteau. Ils sont formés de *tortus*, participe de *torqueo*. Jean de la Porte dans son *Catholicon*: Torta à torqueo *dicitur: hæc* torta *; unde* tourtula, *diminutiuum quoddam genus cibi, vel panis, quod vulgò ita dicitur.* Car primitivement

Tourte & *torta* étoit un pain rond de figure torse, & ouvert par le milieu, de sorte qu'on le pouvoit passer au bras : Metellus Tegerseensis, dans son Poëme intitulé *Quirinalia*, qui est de la Vie de S. Quirin, parlant d'une femme qui alloit à l'offrande :

> *Circulum de pane creaverat tum*
> *Quem volebat, scilicet offerendum*
> *Debili circundare bracchio potest.*

On fait encore en beaucoup de Lieux des gâteaux de cette figure ; mais l'usage a fait avec le tems que les pains & les gâteaux qui ne sont point de figure torse, ont été appelés *tourtes* & *tourteaux*. Dans les Armoiries même on appelle *tourteaux*, les ronds qui sont de couleur, à la différence de ceux de metail, qu'on appelle *Besans*.

TOXIN ou **TOCSEIN.** C'est le son d'une cloche quand on s'en sert pour donner l'allarme. Il vient de *Toc*, qui encore en Languedoc signifie le son d'une cloche ; & de *sein*, en Latin *signum*, qui signifioit *une cloche*. Orderic Vital livre 6. de l'Histoire Ecclesiastique : *Omnia signa Cænobii per se ipsa sonare cœperunt.* Gregoire de Tours livre 2, chap. 23 : *Signum ad Matutinum audiens fuisse commotum.* Et au livre 6 chap. 25 : *Cùm de Dominico ad Urbem Turonicam ad Matutinas signum commotum fuisset.*

TRACE. C'est la marque par où il paroist qu'un homme ou un animal ont passé par quelque endroit. Il vient du Latin-Barbare *trassare*, qui signifie *suivre la piste* de quelqu'un qui va devant. Les Lois d'Ecosse intitulées *Regiam Majestatem*, livre 4, chap. 32 : *Nullus perturbet aut impediat canem trassantem, aut homines trassantes cum ipso, ad sequendos latrones, aut ad capiendum malefactores.*

TRAÎNEAU. *Traîner.* Un *Traineau* est un instrument de bois sans roües, sur lequel on voiture des fardeaux en les traînant. Ce mot est formé du Latin-Barbare *trana*. Goldast en son Glossaire sur les Constitutions Imperiales : Trana, *evectio, tractatoria evectio.* Dans une chartre de Charlemagne, en faveur de l'Eglise de S. Germain des Prés, qui se lit dans la Vie de Louis le Debonnaire : *Theloneus exigatur nec de navali vel carrali, neque de saumis, seu de trana evectione.* Je ne say si *trana* a été fait par corruption du Latin *traha*, qui signifie même chose, ou de l'ancien Teudisque *tracan*, qui signifie porter, & qui se trouve dans le Glossaire de Kéron : d'où vient le mot de *tretzenie*, qui signifie *voiturer*, en Languedoc. Je croy neantmoins que *trana, traîneau* & *traîner* viennent du verbe *trano, tranare*, qui signifie *passer-à-nage* ou dans un batteau : qui est en quelque façon se traîner sur l'eau.

* Le mot *Traîne*, d'où vient *trainer*, a été fait du substantif *trahina*, formé du verbe *trahere*. Il n'y a rien de plus naturel. Ainsi M. de Caseneuve s'est trompé, aussi-bien que M. Ménage, qui a fait descendre le verbe *trainer* de *traxinare*.

TRANCHER. Il est formé du verbe *transcindere*, qui signifie *couper & fendre tout à travers. Mons transcisus,* est proprement une montagne à travers de laquelle on a ouvert un chemin. Latinus, *De Terminis : Terminus, si caput de aquila factum habuerit, montem transcisum transit.* Il semble qu'il s'entende proprement de la terre : car *tranche* est le nom de l'instrument qui sert à faire des fossés, qui s'appellent *tranchées*, quand ils servent à retrancher des Gens de Guerre. Tels retranchemens étoient appelés *tranchis* par nos anciens François. Froissart. vol. 1, chap. 6 : *Il y avoit si grand tranchiz de fossés, qu'il n'y pouvoit arriver.* Et *Trancheurs*, ou *Trancheours*, étoient les Pionniers qui servoient à faire ces retranchemens. Ville-Hardouin livre 1 : *Si mirent los Trancheors à une Tour, & cil commencerent à trancher le mur.*

TRAVAIL. Bien-que ce mot signifie ordinairement ce que les Latins appellent *opera & labor*, il ne laisse pas pourtant de signifier souvent *tourment & douleur.* Aussi disons-nous *être travaillé de la fiévre*, & *être en travail d'enfant.* Le Roman de Guillaume au court nés :

> *Dont est issus li enfés, qui est en ce trepail conceu.*

Aussi vient-il du mot *trepalium*, qui étoit le lieu de

stiné au supplice des Criminels. Le Concille d'Auxerre, tenu l'an 578, au chap. 33 : *Non licet presbytero nec Diacono, ad trepalium, ubi rei torquentur, stare.* Et en-effet les Maréchaux appellent *travail*, une machine à quatre pilliers, semblable aux potences que les Hauts-Justiciers font planter aux limites de leurs Seigneuries, à laquelle ils attachent les chevaux vicieux quand ils les veulent penser ou ferrer. Par où l'on peut juger combien est ridicule l'opinion de ceux qui veulent dériver ce mot de *transvigilium*, comme qui diroit *tréveil*.

* M. de Fontenelles croit qu'il vient de *trabalium*, formé de *trabs*.

TREILLE. Les Romains appeloient *umbra*, les Couverts faits de feuilles & de branches d'arbre. Festus Pompeius : *Umbræ vocabantur Neptunalibus casæ frondea pro tabernaculis.* Ils les ont depuis appelé *Trichila* : de τρίχινον, qui signifioit épais chez les Tarentins; d'où selon Joseph Scaliger & Casaubon sur le *Copa* de Virgile, nous avons fait le mot de *Treille*.

At qui sub Trichila manantem repit ad undam.

* M. Ménage s'étend davantage sur cette Note, & il rapporte exactement les paroles de Scaliger qui sont curieuses.

TREMPER. Les Formules anciennes d'un Auteur anonyme, Form. 86 : *Ego herbas maleficas, nec potiones malas, numquam temperavi, nec bibere dedi.* Quelques-uns veulent que ce mot vienne de *temperare*.

TRÉPAS, TRÉPASSER. Nous prenons ces mots pour *mort*, & *mourir*; quoiqu'ils signifient proprement *passage* & *passer* : car la mort n'est qu'un passage de cette vie à une autre. Ville-Hardouin livre 3 : *Ensi coururent par mer, tant que ils vindrent à un Trespas qui sor mer siet.* Et au livre, 5 : *Celle nuit trespassa, & vint li jors.* Ces mots viennent du verbe Latin-Barbare *transpassare*. La Loy des Allemans Tit. 81, §. 7 : *Et donec alium Catellum qui jugum transpassare possit.* Marius, *Aventicensis seu Lausanensis Episcopus*, dans sa Chronique : *Eo anno transiit magnanimus Dux Francorum.*

TRESSE, TRESSER. Les Cheveux, & les rubans avec lesquels ils sont entortillés, sont appelés *Tresses*. Il semble que ce mot vient de θρίξ, qui signifie *cheveux*. Mais comme *Tresser* est proprement faire un entrelas de trois piéces; comme nous voïons qu'il se pratique és perruques des hommes & au crin des chevaux; je serois d'avis de dériver *Tresse* de τρισσός, qui signifie *triple*, & composé de trois; & *Tresser* de τρισσόω, qui signifie *tripler*. Cæsaire Moine de Heisterbach, livre 12, chap. 10 : *Tricas capillorum ejus brachio suo sinistro circumligavit.*

TRIPOT. On a ainsi nommé un jeu de Paume, à-cause des trous où se jettent les bales en jouant. Il vient de τρῆμα, qui en Grec vulgaire signifie un trou. Le *Corona pretiosa* : *Bucco*, τρῆμα, *foramen*, ὀπή.

TROP. Il vient de *troppus*, qui signifie troupe, & multitude : *nimium pro multum.*

TROTER. Saumaise sur les Auteurs de l'Histoire Auguste, à remarqué que ce verbe vient de *Tolutare*, qui signifie *ambler* : d'où l'on a fait *tlotare*, & enfin *troter*, en changeant *L* en *R*. Ce verbe signifie aussi fort souvent *courir çà & là* : ce qui a donné sujet à quelques-uns de le dériver de τρέχω, qui signifie *Course*, formé de τρέχω, *curro*.

TROU. En Languedoc on dit *Traug*. Ces mots viennent du Latin-Barbare *Traugus*, qui signifie même chose. La Loy des Ripuariens Tit. 43 : *Si quis in clausura aliena traugum ad transeundum fecerit.* Il y en a qui le veulent dériver de τράω, ou τρέω, qui signifie *percer* ou *blesser*; d'où vient τρῆμα, ou τρῶμα, qui signifie *blessure*.

TROUPE, TROUPEAU. Le premier se dit des hommes & l'autre des bestes : & tous deux viennent du mot *troppus*, qui dans La Loy des Allemans Tit. 71, Signifie un haras ou *Troupeau de Jumens. Si enim in troppo de jumentis illam ductricem aliquis involaverit.*

TROUSSE, TROUSSEAU, TROUSSER. Nous appelons *Trousseau*, un paquet en général;

Trousse, un paquet de fléches; & *Trousser*, empaqueter : ou-bien, trousser une robe, & un habit, c'est-à-dire la replier & l'empaqueter. *Troussel* est le paquet des meubles que les Peres & les Meres donnent à leurs filles quand ils les marient. La Coutume de Bourgogne art. 87, parlant d'une femme : *Le Troussel, & biens meubles.* La Coutume de Bretagne art. 63 : *Excepté son Troussel, c'est à sçavoir, son lict, ses Coffres, ses robes, & ses joyaux.* Celle de Melun art. 276 : *Trousseau, comme lits, draps, & autres choses à eux données.* Celle de Sens art. 268 dit la même chose. Tous ces mots viennent de *Trussulus*, qui signifie ce qui est empaqueté, & serré en petit volume. Les Gloses; *Trusulus*, ο ον μικρὸ παχὺς. C'est-à-dire troussé & serré en petit volume. Les Savans veulent que *trusulus* soit même chose que *trosulus*, qui se lit dans les Anciens Auteurs de la Langue Latine; & que Nonius Marcellus veut être dit, *quasi torosulus*, c'est-à-dire charnu & épais.

TRUAND. L'Espagnol appelle *Truan* un bouffon & un Bâteleur. Mais nous appelons *Truand* un gueux : auquel sens je trouve aussi que nos Anciens François l'ont pris. Le Traitté des Vertus & des Vices : *Li Truant te doivent enseigner à confesser qui mostrent li plus lais avant pour avoir l'aumosne.* Ce mot vient du Latin-Barbare *Trudennis* qui signifie même chose, & dont Guibert, au livre 7 de l'Histoire de Jérusalem, nous fournit l'Etymologie, en ces termes : *Thafur apud Gentiles dicuntur, quos nos, ut minus litteraliter loquar, Trudennes vocamus : qui ex eo sic appellantur, quia tradunt, id est leviter transigunt quaquaversus peragrantes annos.* Joannes Januensis, dans son *Catholicon* : *Trutanus, à trudo, dic: quia suis verbis trudat adhoc ut decipiat; facit enim credi quod verum non est.* Cæsaire Moine de Heisterbach, livre 1. de ses Histoires Mémorables chap. 3 : *Quemdam Clericum actu Trutanum, quales per diversas vagari solent provincias.*

TRUELLE. Il vient du Latin *trulla*, qui entre autres significations est quelquefois pris pour la truelle d'un Masson. Et en-effet Vitruve livre 7, chap. 3, s'est servi du verbe *trullissare*, pour enduire les murailles de mortier ou de plâtre. *Coronis explicatis*, dit-il, *parietes quàm asperrimè trullissentur : posteà autem suprà, trullissatione subarescente, deformentur directiones arenati, uti &c.*

TRUFE. Jean Picard livre 4 de son ancienne Celtopedie, croit que ce mot vient de τρυφή, qui signifie *delices & passetems*; parceque cet excrément de la terre a été de tout tems employé aux delices de la bonne chére. Juvenal Sat ......

TRUIE. Hadrianus Junius, en son livre intitulé *Batavia*, dit que les Trojens avoient pour devise de leur enseigne une Truie, que Messala Corvinus dit avoir été vulgairement appelée en Latin *Troïa*. *Trojani screpham vel suem, quod animal etiam troia vulgò Latinorum vocatam fuisse, Messala Corvinus testatur; unde & Trojana verbis memoria sacravisse illud insigne Autenor dicitur in aureo vexillo.*

* Pomponius Sabinus dans ses Commentaires sur Virgile, sur cet endroit du livre 1, *Armaque fixit Troïa*: *Troia, quo nomine in Latio scrofa appellatur : cui vocabulo licentia Poëtica allusit, quia & hoc Urbis nomen fuerat, & ipse Antenor suem in aureo vexillo posuit, ut absumpta urbis memoria ante oculos esset.*

TRUITTE. Jo. Januensis, dans son *Catholicon* : *Trutta, à trudo, is. Dicitur hæc trutta, æ, quidam piscis : quia vim habet trudendi, vel quia semper moritur obstrusa.* Les Gloses : *Trutta*, τρώκτης.

TUER. Comme les Espagnols ont fait *matar*, de *multare*, qui signifie *sacrifier* : ainsi nous avons formé *tuer*, de θύειν, qui signifie aussi *sacrifier*. Neantmoins Goropius livre 1. de ses Origines d'Anvers nous veut persuader qu'il vient de *Doien*, qui en *Langue Flamande* [ou, comme il dit, Cimbrique] signifie *tuer*, en changeant *D* en *T* : & que la ville *Tuinum* est ainsi appelée, comme qui diroit *Toüing*, ou comme le prononcent les Flamans communément, *Doüing*; à-cause d'une grande tuerie de Neniens qui fut faite en cet endroit.

TULIPE ou *Tulipan*. Cette fleur, qu'on ne connoît en France que depuis quelques années, est ainsi appelée, à-cause de la figure d'un chapeau à la Turque qu'elle represente. Le Glossaire Grec-Barbare de Meursius : Τουλουπᾶν, *pileus Turcicus. occurrit in Turco-Græcia Crusii*. Leunclavius, dans le Vocabulaire des mots Turcs qu'il a mis à la fin de son Histoire Musulmane des Turcs : Tulbant & *Tulpant , lineum capitis involucrum Turcicum , quod Græci recentiores* φακιόλιον *dixere, veluti fasciolam aut fasciam. Tulipant , fascia linea quâ Turci caput involvunt*. C'est le même que le turban, car il y a dans le même Vocabulaire *Tulbant, & Tulpani*. &c.

TURBAN. Voyez *Tulipe*.

V A.

VACARME. *Bruit , Trouble , Sédition*. Je ne say si je dois assûrer que ce mot tire son origine de l'ancien mot *Carmulus*, qui signifie *sédition* dans la Loy des Bajuvariens Tit. 2, §. 3. *Si quis seditionem excitaverit contra Ducem suum, quod Bajuvarii Carmulum vocant*. L'Auteur *De Vita & Miraculis S. Virgilii , Salisburgensis Episcopi* , au Tome 2 de Canisius : *Orta seditione , quod carinula dicimus*. Il faut lire *carmula*, & non pas *carinula*. Les Grecs ont dit & χάρμῳ, & χάρμη , pour *pugna*.

VAILLANCE. Il vient de l'ancien mot *valentia*, qui signifie la même chose. Nævius en sa *Danaë*, cité par Nonius Marcellus : *Omnes formidant hominis ejus valentiam*. Les Anciennes Gloses : *Valentia*, ῥώμη, εὐραξία.

VALET. Ce mot en sa premiere signification s'est dit d'un enfant, & d'un jeune garson, qu'on appelle encore en Picardie *valeton*. Le Roman de Guillaume au court nés, fésant combatre le jeune Fouquet, fils de Bernard de Brabant, frére de Guillaume, contre Thiebaut Roy des Sarrasins, l'appelle *valet* & *Enfant*.

> Or vient la joste du Roy & de l'Enfant.
> Pas ne s'espargnent. des brans se donnent grant.
> Fort en empirent li vert heaume luisant.
> Et li Escu quil trajent à garant
> Au valet membre de Bernart de Brabant,
> Et du lignage que Diex parama tant.

Et un peu après parlant du même :

> Sil est valet , sel vengera ce croi
> Juenes Enfes ca pris noviax conroi.

Et en un autre lieu, luy fésant dire qu'il n'est pas Enfant :

> Guidés-me vos de parole esmaier ?
> Jo ne suis mie vallet à enseigner.

Et encore en un autre endroit, introduisant quelqu'un parlant à une Princesse, d'un jeune Seigneur qui la servoit :

> Venus est li vallet qui toûjours vous dement,
> Ne cuit qu'il ait si bel de si en Orient ;
> Si est de haut Lignage , & preu ; el vous creant.

Les Enfans des Empereurs & des Rois ont été appelés *valets*, de-même qu'en Espagne, les filles des Rois ont été appelés *Jnfantes* : Comme l'*Infante de Castille* , l'*Infante de Portugal*. Le Maréchal de Ville-Hardouin livre 1. appelle *valet de Constantinople*, Alexis fils de l'Empereur Isaac Comnéne. Ensi furent li Messages envoyé en Allemagne al *Valet de Constantinople, & al Roy Phelippe d'Allemagne*. Et au livre 2 : *Et aprés un autre quinzaine revindrent li Messages d'Allemagne , qui estoient al Roy Phelippe & al valet de Constantinople*. Le Roman de Guillaume au court nés au Moinage Guillaume :

> Gautiers de Troye, & Jocelin le Comte,
> Et le Prevost au valet d'Aragonne.

Par où, à mon avis, il entent le fils du Roy d'Aragon. Car quelque tems auparavant que ce Roman fût corrigé & augmenté par Guillaume de Bapaumes, Sancho le Grand avoit donné l'Arragon en Titre de Royaume à Ramyr son fils Bâtard. Et parceque quelqu'un me pourroit demander pourquoy est-ce qu'on appelle les Serviteurs *valets* , je diray que c'est parce-qu'on se sert de jeunes Garsons pour Pages & laquais ; & que comme l'on abuse d'ordinaire des noms, on a donné celuy de *valet* aux autres Serviteurs , encore qu'ils fussent hommes faits. Ainsi on a appelé *pueri* , les serviteurs de quelque âge qu'ils fussent : comme on peut voir en plusieurs endroits de la sainte Ecriture, & particulierement au livre 4 des Rois, où le valet du Prophéte Elisée, nommé *Giesi*, est qualifié *puer*, & les serviteurs du Roy des Juifs *Pueri*. L'Abbreviateur de Grégoire de Tours livre 1 chap. 35 appelle *Pueri* ceux qui par le commaudement de Fredegonde tuérent le Roy Chilperic. *Quidam pueri adulatores, inebriati vino, à Fredegunde missi*. &c.

VANTER. Ce mot ne vient pas de *venditare* , comme croient quelques-uns, mais bien de *vanitare* Latin-Barbare. Joannes Januensis dans son *Catholicon* : Vanito, as : *id est. vanitatem dicere, vel vanitando laudare. Et dicitur à vanus*. S. Bernard Epit. 42 : *Dum vos vanitando peritis , & nos spoliando perimitis*. Ce qui m'a porté à croire qu'en l'Epitre 66 d'Ives de Chartres, il faudroit lire *vanitando*, au-lieu de *vanizando* , en ces paroles : *Plus justo præsumentes vanizando dicuntur*.

VASSAL. C'est celui qui tient un Fief noble sous la redevance de l'Hommage. Il y en a qui croient que ce mot vient de *gessus*, qui signifie *vaillant-homme* parmi les Anciens Gaulois : comme l'a remarqué le Grammairien Servius sur le lieu du livre 8 De l'Eneide,

> —— Duo quisque Alpina coruscat
> Gessa manu.

Et il y a grande apparence qu'ils prononçoient *vessus* ou *vassus*, dont les Romains qui avoient l'accent plus doux, firent *gessus*, de même que nous prononçons par *G* ce que les Allemans disent par *W*. Et en-effet dans la Loy des Barbares, dans les Capitulaires, & dans nos Anciens Historiens, *Vassi Dominici. Vassi Comitum. Vassi Episcoporum* , sont les vassaux du Roy, des Comtes, & des Evêques. Quelques-autres le veulent dériver de l'Alleman *guessel* , qui signifie *campagnon d'armes* ; ou du Latin *vas vadis*, qui signifie *obligé* , comme qui diroit *vadal*. Quoy-que c'en soit il est certain que *Vassal*. outre sa commune signification, s'est encore dit d'un vaïllant homme ; de-même que *vassaticum* & *vassellage* signifient *vaillance*. Et c'est d'autant que les Fiefs Nobles furent du commencement donnés aux gens de guerre, en considération de leur vaïllance. C'est aussi pour cette raison que dans les Romans *vassal* est souvent pris pour *vaïllant-homme*. Et dans le Roman de Guillaume au court nés Louis le Debonnaire est appelé *fils à vassal*, quoyque les Etats de Charlemagne son Pere ne relevassent que de Dieu. Il en est de-même de *vassaticum* & de *vassellage*. qui signifient souvent vaïllance. Hincmar Evêque de Reims, au livre qu'il a fait contre son neveu chap. 52 : *Multi te apud plurimos dicunt de fortitudine & agilitate tui corporis gloriari ; & de præliis, atque ut nostratium Lingua dicitur, de vassaticis, frequenter ac libenter sermonem habere*. &c. L'ancienne Chronique de Flandre chap. 18 : *Et feist moult de beaux vasselages au vivant de son pere*.

VELOUS. Zonare appelle βηϱὸν, les étoffes de soie. Et dans le Code Justinien , *vestes holobera*, sont des habits de soie. *De vestibus holoberis & auratis* , &c. Cujas tient que de βῆϱος , nous avons tiré le mot *velous*. Toutefois Goldast sur ce lieu du Sermon *de Bono Disciplinæ* , de St Valerien *Cimelenensis Episcopi : Niveo vellere membra componas* ; dit que cela s'entend du velous blanc, qu'il dérive de *vel-*

lus, alléguant pour preuve, que du tems de cet Evêque les Grands s'habilloient de soie blanche. Sidonius Apollinaris livre 4, Ep. 20, décrivant l'habit du Roy Sigemer : *Flammeus cocco, rutilus auro, lacteus serico.*

VERDIER. Est celui dont l'office consiste à garder les Forests, & qui a quelque sorte de Juridiction sur ceux qui les endommagent, & duquel on appelle au grand Maître. Il vient de *viridarius,* formé de *viride,* qu'on prend absolument pour le *bois vert.* La Charte de Jean Roi d'Angleterre, intitulée *Charta Libertatum : Singulis quadraginta diebus per totum annum convenient Viridarii & Forestarii, ad videndum attachiamenta de foresta, tam de viridi, quàm de venatione.*

VERJUS. Ce mot est sans doute composé de *vert* & de *jus :* comme qui diroit *jus viride.* Nous appelons ainsi la liqueur épreinte du raisin non encore mûr : bien que dans la Coutume de Bourbonnois chap. 36, *verjus de grain,* & *verjus de pomme,* signifient la *biere* & le *cidre,* à-cause de leur couleur verdâtre.

VERMEIL, VARMILLON. Sicile Roi-d'armes, ou Héraut d'Alphonse Roi d'Aragon, livre 2 du Blason des couleurs : *Au pays de Provence, en certains rivages qui sont sur la mer, croissent certains petits arbres, qu'ils appellent* quals ; *& environ la racine de ces arbres, quand vient au mois de may, il se concrée & engendre de moult petites bossettes pleines d'humeur rouge comme sang : & les gens du pays les seichent au soleil, qui semblent des morceaux de cuir rouge. Et en la fin de l'esté en ces monceaux s'engendrent petits vers qui ont dedans leurs corps une humeur aussi rouge que le sang, de laquelle est fait le* vermillon *dont sont teints draps de soye.* La graine dont on fait l'écarlate & que les Latins appellent *coccum,* se change comme dit Pline livre 24, chap. 4, bien-tost en vermisseau ; c'est pourquoy les Grecs l'appellent σκωλήκιον, qui signifie un *petit ver. Celerrimè,* dit-il, *in vermiculum se mutans, quod ideò scolecion vocant.* Vigénére, en une de ses Notes sur les Images de Philostrate, parlant de la cochenille : [*Ce mot est sans doute derivé de* Coccum] *On tient,* dit-il, *que ce soit une maniere de ver qui vient en la Terre Ferme de l'Inde, en la contrée de Cerateras sur un arbre presque ressemblant au figuier.* Papias : Rufus, *vermiculus rubeus.* Isidore livre 19 chap. 28 : Coccum *Graeci, nos rubrum vel vermiculum dicimus : est enim vermiculus ex Sylvestribus frondibus.* D'où il se prouve assés clairement que ces mots, *vermeil* & *vermillon,* ont tiré leur origine du Latin *vermis.* Que si maintenant on appelle *vermillon* ce que les Latins appellent *minium,* qui est une espèce de metail ; c'est à-cause de la ressemblance de sa teinture avec celle de la graine d'écarlate, ou le *Coccum* des Latins, que les Auteurs Grecs du dernier tems appellent communément σκώληξ, c'est-à-dire *ver.* Nous lisons dans Fredegaire chap. 25, que Willibaud envoya dire à Flaocat, que s'il desiroit qu'ils se rencontrassent en la bataille pour vider leurs differens, qu'ils se devoient tous deux signaler de Cottes d'armes rouges. *Indumur ego & tu vestibus vermiolis.* Aimoin, livre 3, chap. 91 : *Tunc si placebit, ego & tu vermiculatis adoperti vestibus,* &c.

VERNIS. Du Latin-Barbare *vernix.* C'est ordinairement La gomme du Genièvre dont les Peintres se servent pour donner plus de lustre & de jour aux couleurs. M. de Saumaise, dans ses *Exercitationes Plinianae,* dit que ce mot vient de βερνίκη, βερνίχα, ou βερνίχα, que les Auteurs Grecs-Barbares prennent pour ce que nous disons *vernis.* Myrepse dans son Traitté des Antidotes, chap. 327 : Βερνίκης κυρρωδίου : C'est-à-dire *vernis de cyral.* Nicomedes : βερνίκης κλίνηξεν ρίνιτμος ; c'est-à-dire *du vernis, raclure d'ambre.* Car le vernis se fait de diverses matières. Isac Pontanus dans son *Glossarium Prisco-Gallicum : Galli hodie nostratesque purpurissum, sandycem, & sandaracham, vernis indigitant. Vnde vernisten iidem nos Germanique dicimus, fucato sandaracha, purpurisso inficere. Item vernissinghe, purpurissum.*

VERROUIL. De *veru,* qui signifie une broche de fer ou petit baston de fer, est formé le diminutif *veruculus,* duquel nous avons tiré *verrouil,* qui

est une brochette de fer servant à fermer la porte. Les Gloses Anciennes : *Veruculi,* βάλανοι ἐπὶ τ κλήθρου, καὶ ὀξέλιακοι ; c'est-à-dire *les verrouils de la serrure,* ou *petites broches.* Où il faut remarquer qu'au-lieu de *vermiculi,* qui se trouve trés-mal-à-propos dans l'impression ordinaire des Glossaires, Saumaise substitue doctement *veruculi.*

VESSER : ou plûtôt *Vessir.* Ce verbe vient du Latin-Barbare *vissire* ; & le nom *vesse,* de *vissio,* ou *vissium.* Les Gloses : Βδέω, *visso.* Βδέσμα, *vissium.* Et un autre Glossaire : *Vissio,* βδόλος.

VIANDE. Ce mot vient du nom Latin-Barbare *vivanda,* formé de *vivo.* Aux Capitulaires de Charlemagne de l'an DCCCIII : *Vt nullus audeat in nocte negotiari, excepto vivandâ & fodrô, quòd iter agentibus necessaria sint.* Les Italiens l'appellent aussi *vivanda.*

VIDER. Le Veuvage est la privation d'un bien si cher, que les Latins en ont étendu la signification à la privation presque de toutes choses. Virgile au livre 8. de l'Eneïde parlant d'une ville desolée de ses habitans :

Tam multis viduasset civibus urbem.

Seneque, Act. 3. de son Hyppolyte :

Quid ense viduat dextram ?

VILLEBREQUIN. Outil de Menuisier & de Charpentier. C'est un foret ou une terriere à percer le bois. Je croy que ce mot a tiré son origine du Flaman. Olivier de la Marche livre 1. chap. 25, parlant de ceux de Gand : *Si eut un Coutelier qui faisoit couteaux & canivets à la marque de* Wibrekin, *qui en François est appelé un* foret à percer vin. Mais nos François ont prononcé *villebrequin,* s'imaginant que c'étoit un diminutif de *villette,* qui est une espèce de terriere ou de foret.

VINETE. C'est une herbe que Charle Etienne croit avoir été ainsi appelée, à-cause que son goût tient quelque chose du vin. Comme c'est un homme qui a excellé dans son livre *De Re Hortensi,* il a eu beaucoup de Partisans de son opinion. D'autres ont cru, contre son avis, qu'elle étoit ainsi appelée, parceque l'eau où ses racines ont bouilli represente parfaitement la couleur du vin.

VIRER. *Tourner en rond.* Ce mot est formé de *gyrare,* comme *environ* de *in gyrum,* qui signifie proprement *environ & autour.* Voyez cy-devant *Environ.*

VIVIER. Nous appelons seulement de ce nom l'étang ou sont réservés les poissons : ou parcequ'on les y conserve en vie, ou bien parceque c'est pour nous fournir de quoy vivre. Anciennement le mot de *vivier* signifioit indifféremment les lieux où toute sorte d'animaux, tant terrestres qu'aquatiques, étoient réservés en vie. Joannes Hocsemius, dans son Traité *De gestis Pontificum Leodiensium,* livre 2, chap. 3 : *Vivaria, tam sylvestrium animalium, quàm piscium.*

V . . . Ce mot, que l'honnêteté me deffent d'écrire, vient de *vectis.* La Loy des Anglois, Tit. 5 : *Qui Adalingo unum vel ambos testiculos excusserit, CCC. sol. componat. Si libero, C. sol. componat, vel juret ut superiùs. Si vectem, similiter.*
* Vous trouverez dans les Additions aux Etymologies de feu M. Ménage les différens noms sous lesquels les Auteurs Latins ont parlé de cette partie antropogenetique. Mais vous n'y trouverez aucune mention de *virga* en cette signification. La Loy des Lombards : livre 1, Tit. 7. §. 18 : *Si quis alium praesumptivè sua sponte castraverit, & ei ambos testiculos amputaverit, integrum Widrigildum suum, juxta conditionem persona, componat. Si virgam absciderit, similiter.* Le Scholiaste d'Horace a expliqué ces mots *caudamque salacem,* par *virgam virilis membri.*

VOGUER. On écrivoit anciennement *vauguer.* Enguerrand de Monstrelet vol. 1. chap. 15. *La navire desdits François vauguoit sur la mer.* Il est croïable que ce mot est formé de *vaucrer,* dont nos Anciens François se servoient dans le même sens. Olivier de la Marche, dans l'Introduction à ses Mémoires chap. 3 : *Et tant vaucra la mer, qu'il approcha l'Isle de Cypre.* Ce verbe, qui signifioit proprement *errer & aller çà & là,* se disoit aussi-bien de la terre que de la mer. Froissart vol. 1. chap. 110. . . . . .

VOIRIE. Ce mot est pris pour *justice,* en

beaucoup d'anciennes Coûtumes du Roiaume. *Grande voirie*, en la Coûtume de Tours, en l'inscription du 2. chap. Art. 39, & en celle d'Anjou art. 39. c'est la *moïenne ou basse Justice. Voirie*, en l'inscription du premier chapitre de celle de Tours, est la *basse Justice.* Comme aussi simple *Voirie*, en celle du Maine art. 3. Cette sorte de Justice, pour n'àvoir droit que sur les chemins, étoit ainsi appelée, du mot *voie* : c'est pourquoy elle est appelée en Latin-Barbare *viatura*. Sugger, Abbé de S. Denis, au livre *De Rebus in administrane sua gestis* chap. 2 : *In pago Meldensi, villa qua dicitur* Marogilum, *occasione cujusdam viatura ; quam Anseldus de Cornello fere usque ad ipsas villa domus possidebat ; gravissimè infestabatur : cùm nec agricola, nec alii quilibet, villam exire tutò anderent, quin occasionibus multis viatura à servientibus Anseldi raperentur, & ad curiam ejus intercepti ducerentur, nec minus de pecoribus villam exeuntibus redimerentur.* Le *Chronicon Morigniacensis Monasterii* livre 1, l'appelle *viaria. Quidam viri impii, videntes locum proficere, cœperunt lacessere, & calumnias quasdam inferre ; quorum alii sibi minaciter expetebant furfuragium, alii gallinacium, alii tutamentum, quod vulgò dicitur tensamentum : mea est, aiebat, illa viaria : ille petebat illa, iste ista.*

VOLER. *Ravir, Enlever, Dérober. Vola* signifie proprement le creux de la main ou du pié : d'où nous avons fait *voler* pour dire *prendre & dérober* ; comme les Latins en ont formé *involare*. Servius sur le livre des Georgiques : *Vola est medietas palma vel pedis : unde & involare dicimus, quod est propriè furari.* Les Auteurs du tems moïen prennent d'ordinaire *involare* pour ce que nous disons *voler & dérober*. Les Gloses : *Involat,* κλέπτω : c'est-à-dire, *il dérobe*. Un autre Glossaire :

Fur, involator : κλέπτω, *furor. involo.* Cornelius Fronto : *Involat, qui in die venit : surripit clam, id est furtivè.*

VOUTE. Parceque les voutes sont des bâtimens tournés en demi-rond, ce mot vient de *voluta*, participe du verbe *volvo* : de-même que volutes ou rouleans d'Architecture. Ægidius, Monachus Aureæ vallis, au chap. 4 de l'Histoire des Evêques de Liége chap. 37 : *In medio Ecclesia, qua camerato transvoluta opere decentis structura reddit aspectum.* Nos anciens François prononçoient *volte*. Le Roman de Guillaume au court nés :

> *Se veies le Palais de la ville*
> *Qui tos est fés à voltes & à lices.*

L'Histoire des Evêques de Tours, qui se lit ensuite de celle de Gregoire de Tours : *Unà cum quatuor primis voltis, prædicto pinnaculo immediatè junctis.* * Voyez le Glossaire Latin de M. du Cange au mot *Volutio*.

VOYER. Seigneur Voyer, qui a Juridiction & Seigneurie sur les chemins. De *viator*. Les Gloses : *Viator,* ἀμφοδάρχης. C'est-à-dire *Maître & Gouverneur des chemins*. Voyez Cujas au livre 22 de ses Observations, chap. 31.

USSIERS. C'étoient de grandes barques qui servoient à porter les chevaux & le bagage d'une armée. Le Maréchal de Ville-Hardouin livre 1 : *Nos ferons ussiers à passer quatre mille cinq cents Chevaux & neuf mille Escuyers :* Et au livre 2 : *Lors veissies maint Chevalier & maint serjans issir des nefs, & maint bon destrier traire des* ussiers. Et au livre 3 : *Adonc commencérent li Marinier ouvrir les portes des* ussiers, *& à giter les ponts forts, & on commence de chevaux traire.* Vigénère a remarqué que de son tems on les nommoit *Palandries*, & en Langue Venitienne *Arsili*.

ADDITIONS
ET
CORRECTIONS.

ACCOUTRER. Ce mot ne vient point d'*adcultellare*. Il vient d'*adculturare*, formé d'*ad* & de *cultura*.

AGRIER. Le passage des Formules est mal cité. Il faut: Form. 61. *Pascuarium, aut agrarium, aut carropera, aut quodcumque dici potest exinde solvere.* Voyez le Glossaire de M. du Cange, & Vossius *de Vitiis Sermonis* sur le mot *Carropera*. [La Loy des Bajuvariens chap. 14. CORRIGEZ: Tit. 1, ch. 14, §. 1. [*de modiis tres.* CORRIGEZ *de triginta modiis tres.*

ALMANAC. Mr Médon a écrit les paroles suivantes à la marge du MS. de Mr de Caseneuve sur ce mot: *Heb. Lingua Periti*, dit Schrevelius, מנה *derivatum aiunt à manach, quod computare significat: unde & nomen Arabicum Almanach ortum tradunt. Etymol. verò dici posse scribit* ἀπὸ τ μὴ μίνειν ἐν τῷ αὐτῷ.

AMAS. Mr Médon à la marge du MS. de Mr de Caseneuve, sur le mot μάζα, dit en parlant de ce mot Grec: *Vox merè Latina*, *dit Meursius.* Toutefois μάζα est du plus ancien Grec, pour un mélange, & en quelque maniere un amas. Les Grecs d'aujourd'huy disent μάζωμα & μάζωξις, pour ἀθροισμὸς, σύλλεξις.

ASSOMER. De σάγμα. CORR. σώγμα.

AUBAIN. [Galfredus Momemetensis. CORR. Gal. Monumetensis. [Ponticus Verunnius. LISEZ: Pont. Virunius, ou Virunnius.

BACHELIER. [Pag. 18. col. 2. Dans un passage cité de la vieille Chronique de Flandres chap. 30. [*aller bahourder.* CORR. *behourder.* Voyez *Behourd* dans les Antiquités Gauloises de Borel.

BARBACANE. Pag. 20. col. 2. [Petrus Vallisfernensis. CORR. Vallis-Sernensis : c'est-à-dire de l'Abbaye du Vau-de-Cernay.

BATAILLE. Aprés le passage cité de la Loy des Bajuvariens, AJOUTEZ: La même Loy Tit. 3. chap. 1, §. 14 : *Sed est mancus & stat rectus, ut non possit plicari : hoc impedimentum est ad arma batalare, majorem compositionem &c.*

BATTRE. [dans les Form. *Sec. Leg. Rom.* Form. 30. CORR. Form. 119. [*ipsam legem foriatudum*, &c. CORR. *legem ipsum ferro battudo.*

BERENGER. Pontius Heuterus. CORR. Pontus Heuterus.

BERNARD. Pontius Heuterus. CORR. Pontus Heuterus : & de-même ailleurs, où la même faute se trouvera.

BESANT. [que les Besans étoient ainsi appelés. CORRIGEZ : étoient appelés *purpurati.*

BIERE. Hainsmensfeld Goldast. CORRIGEZ: Haiminsfeld.

BIGLE. La citation du Catholicon de Jo. Januensis n'est pas juste. Voicy ses termes : Petus ; à peto, tis, *derivatur* hic petus, ti, *id est guelcus, strabo aliquantulum : scilicet cujus oculi quadam velocitate citò volvuntur huc & illuc : & hæc peta, tæ ; id est, guelca & aliquantulam straba ; & producitur* pe. &c.

BISCUIT. [Ord. Vital. IV. 9. CORRIGEZ: Ord. Vit. liv. 9.

†† BLOND. La couleur blonde, que les Latins appellent *flavus*, est proprement celle de la paille & des moissons. Et elle a pris son nom de l'ancien mot *ablunda*, qui dans Papias & dans Ugutio signifie palea. Ainsi on a dit *couleur blonde*, pour *couleur d'ablonde*, c'est-à-dire de paille.

* M. du Cange le dérive du Saxon *blonde* qui sign. *mixtus*, Voyez son Gloss. Latin au mot *Blondus.* M. Ferrari le dérive d'*Apluda.* Voyez M. Martinius, & l'Etymolog. de Vossius, sur le mot *Apluda.*

BOUCHER. [Au liv. 39. *Constit. Sicul.* CORRIGEZ : Au liv. 3 Tit. 36.

†† BOULANGER. Aprés avoir long-tems médité sur l'origine de ce mot, j'ay été contraint de hazarder celle-cy qui est de l'Empereur Constantin Porphyrogennete, dans son Traité *de Thematibus.* Th. 6. où il dit que celui qui a la garde du pain dans les Armées, est appelé en Latin *Buccellarius.* Βουκελλάριος, dit-il, κατὰ Ρωμαίων διάλεκτον, ὁ φύλαξ τ ἄρτου καλεῖται. Et il ajoûte que ce mot est formé de *Buccellus*, qui signifie une viande de figure ronde ; & de *Cellarius*, qui est celui qui garde le pain. Βούκελλος γὰ τὸ κρικελοειδὲς ψωμίον καλεῖται· κελλάριος ὁ φύλαξ τ ἄρτου. De-sorte-qu'il se pourroit faire que de *buccellus*, ou *buccella*, en la signification de *pain* ; d'où *buccellatum*, qui dans les anciens Auteurs signifie ce que nous appelons *pain de munition* ; on auroit fait *Buccelliger*, c'est-à-dire porteur de pain, d'où nous aurions formé nôtre *Boulanger* : bien-qu'il ne soit pas moins vrai-semblable que nous ayons fait *Boulanger* de *Buccellarius*, que *verger* de *viridarium.*

†† BUIMES. Ce sont les chaînes de fer dont on entrave les piés des prisonniers. Le Roman de Guion de Tournaut :

> *Lors fist saisir le Roy & derriere & devant,*
> *Buimes de grans anneaux lui vont as pieds*
> *mettant.*

C'est ce que les Latins des derniers siécles ont appelé *Boia.* Orderic Vital, liv. 6. de l'Hist. Ecclesiastique : *Ad hæc verba vir venerabilis Benedictus manum suam ad Boias misit, ex utraque parte fregit*, &c. Dans les Gestes de Guillaume Duc de Normandie & Roy d'Angleterre : *Denique comprehensum boiis arctavit.*

* Le mot *Boia* se trouve pourtant dans Plaute, *in Asinaria. Carceres, numellas, pedicas, boias, tortoresque acerrimos.* Nos anciens les ont encore appelé *Buies.* Vous en trouverez plusieurs exemples dans M. du Cange, & Matt. Martinius au mot *Boie.*

CANELLE. [*in Catholico* : Canella. CORRIGEZ, Cannella.

CHAT. Les paroles suivantes avoient été oubliées.] Jo. Januensis dans son *Catholicon* : Musio ; *A mus derivatur musio, nis, quòd muribus infestus sit. Hunc vulgus cattam, à captura, vocat. Alii dicunt, quia capiat, id est videt ; nam tam acuiè cernit, ut fulgore luminis noctis tenebras superet : unde & à Græco venit cattus, id est ingeniosè Kagestai ; ut cattus, quasi cautus. Hunc vocant gattum corrupiè.*

* Le même, au mot *Cattus.* Cattus, *quoddam animal ingeniosum, scilicet murilegus, quod alii dicunt gattus, sed corrupiè : unde hæc catta, tæ. & dicitur* cattus, à catus, *quasi* cautus, *per sincopam, eò quod sit cautus in muris capiendis. (* Il faut muribus *) & scribitur* cattus *pro animali, per geminum* T. Voyez le Glossaire de M. du Cange au mot *Catta.*

CHEMISE [du Latin Barbare *Camisa.* CORRIGEZ : *Camisia.*

DIFFAMER. CORRIGEZ le passage de Jo. Januensis, de cette maniere : *Defamo, as, avi : ex* de & famo, as. *Et est* defamare .... &c.

ECU-SOL. [Sibrandus Siccania. CORRIGEZ: Sybrandus Siccania.

ECURIE [.... *vel fœnum reponitur.* AJOUTEZ: Scura. C'est un ancien mot Alleman.

EMPALER [La Loy des Lombards Tit. 9. CORRIGEZ: liv. 1. Tit. 19. [alterius, intus. OTEZ la virgule.

ESSOINE. [ou comme lit Lindeburgius *exidoniare.* LISEZ: *exidoneare.* [*Si parentes ejus non exidoniarent eam ut libera esset.* LISEZ: *si par. e. n. exidoniaverint e. ut lib. fuisset.*

FREDON. [*jubilos illos animatus.* LISEZ: *jub. illis an.*

GANS. [La Vie de S. Bethier. Je ne say pas si l'on dit *S. Bethier* ou *S. Bethaire.* Il y a dans le MS. de M. de Casent *Vita S. Betharii.* Il faut voir l'*Hagiologium* de M. Chastelain, à la fin de ces Origines.

GISARME. [Jo. Jan. dans son *Catholicon* : Gesa, *genus,* &c. LISEZ: Gesa; *à* gero, ris, *ducitur* hæc gesa æ; *genus armorum quod Gall. dicitur* gisarme. *vel* gesa æ, à cædendo: *& gese, vel cese · Gallorum, pila Romanorum, sarissæ Macedonum.*

GONNELLE. [Le Glossaire de Carbasilas. LISEZ: Le Gl. de Cabasilas.

HAIE. [Beatus Rhenanus *Rer. Germ.* lib..... LISEZ: liv. 1:

HEAUME. AJOUTEZ à la fin de la Note: Lindembrog dans son Glossaire sur les Loix Anciennes, sur le mot *Helmum* de la Loy des Bajuvariens : Helmum, *Vox Germanica est,* Lat. Conus. *Glossa MSS. ad lib. Beda de Miraculis Gutberti: Cone,* id est helme. *Gloss. Latino-Theotisc. Cassis,* helm, heldenbuch.

> Schilt und svvert mit ehren,
> Helm, halsberg, si danam, *&c.*

Inde Itali suum Ielmo, *& Galli* Heaume *derivarunt.*

LAMBRIS. [Ce n'est pas sans raison que ... AJOUTEZ: Budée. Voicy ce que dit Budée; *Materiariam incrustationem Galli* lambrissuram *vocant.*

LETRIN. [Et Jo. Jan. d. s. *Catholicon* : Lectram, &c. LISEZ: Lectrum i, *à* lego is, *dicitur* hoc lectrum, *&* hoc legium, *gti, pro eodem,* &c.

MAGASIN. [Althamarus, &c. LISEZ: Althamerus dans ses Commentaires sur la Germanie de Tacite: † † Magum *prisis Gallis* domum *significavit. Sic habemus* Drusomagum, *Drusi domum; id est* Rempten; *in Rhætia :* Borlectomagum *in Vangionibus; hoc est* Wormatiam: Brocomagum, *Brumat:* Rigomagum, *Rhiinmegen :* Duromagum, *Durmegen :* Noviomagum, *Nymegen, in Batavis :* Rotomagum, *Roan, in Gallia.* Isac Pontanus, après avoir dit à-peu-près la même chose dans son Glossaire du vieux Gaulois, ajoûte: *Vult ergo Althamerus* Magum *Gallis antiquitus domum significasse : nec Gallis tantum, sed & Belgis Germanisque ego censeam. Argumento sint locorum modò recitata nomina : quibus addo hodieque in Dania quoque pagos mihi notatos istiusmodi appellationis. Nam prope Rhoschildiam, Cathedrale Selandiæ oppidum,* l'Isle Magle, *& Store Magle invenies, id est minor & Major Magus. Item Amage, quod Hafniensium penu possis dicere,* &c. *Galli interim ipsi atque Itali reservare etiamnum videntur in* Magesine, *quod rerum venalium majorumque mercium promptuarium illis, sive reconditorium denotat.*

NORMAND. [Dans le passage de Glaber Rodulphus, au-lieu de *rapti amore.* CORRIGEZ *raptûs amore.* Il nous fait bien de l'honneur. [Et ensuite, au-lieu de *liguâ eorum propriâ,* il faut *linguâ illorum.*

OISEAU. [*Aucilla* dans l'Ane d'or. &c. LISEZ: *Aucella.* CORRIGEZ aussi *aucella* dans le passage d'Apulée: & au-lieu de *satiasti,* il faut lire *saginasti.* C'est ainsi que j'ay lû ce passage dans le Gloss. de Lindembrog.

QUINTAINE. [Robert Moine...... AJOUTEZ: de Reims. Ce n'est pas proprement l'Histoire de Jérusalem qu'il a faite ; c'est l'Histoire de la guerre des Chrétiens contre les Sarrasins pour la Terre sainte.

F I N.

www.ingramcontent.com/pod-product-compliance
Ingram Content Group UK Ltd.
Pitfield, Milton Keynes, MK11 3LW, UK
UKHW021737090726
13657UKWH00002B/772